高等职业教育"互联网+"创新型系列教材

液压与气动技术

主　编　李秋芳　姜洪有

副主编　侯艳霞　郝瑞朝

参　编　何跃斌　赵静静　张　健　裴怡宁

机械工业出版社

本书介绍了与课程知识体系相关的国家新政策、行业新动态，全书选材和编写体现了系统性、严谨性、先进性和实用性。本书共 9 个项目，以液压传动为主，气压传动为辅，包括液压传动技术的认知、液压传动基础认知、液压动力元件的认知与使用、液压执行元件的认知与使用、液压控制元件的认知与使用、液压辅助元件的认知、液压控制回路分析、典型液压系统分析及气压传动的认知与使用。

本书可作为高等职业教育本科及专科层次机械设计制造类、机电设备类、自动化类的机械制造与自动化、模具设计与制造、数控技术、机电设备技术、机电一体化技术、电气自动化技术、工业机器人技术等专业的教材，也可供从事相关行业的工程技术人员学习和参考。

为方便教学，本书配套了 PPT 课件、电子教案、项目训练参考答案、教学视频资源（以二维码形式呈现于书中），选择本书作为授课教材的教师可登录 www.cmpedu.com，注册后免费下载使用。

图书在版编目（CIP）数据

液压与气动技术 / 李秋芳，姜洪有主编 . —北京：机械工业出版社，2024.5
高等职业教育"互联网 +"创新型系列教材
ISBN 978-7-111-75602-6

Ⅰ . ①液… Ⅱ . ①李… ②姜… Ⅲ . ①液压传动 – 高等职业教育 – 教材 ②气压传动 – 高等职业教育 – 教材 Ⅳ . ① TH137 ② TH138

中国国家版本馆 CIP 数据核字（2024）第 072750 号

机械工业出版社（北京市百万庄大街 22 号　邮政编码 100037）
策划编辑：赵红梅　　　　　　责任编辑：赵红梅　苑文环
责任校对：杨　霞　陈　越　　封面设计：王　旭
责任印制：邬　敏
三河市宏达印刷有限公司印刷
2024 年 7 月第 1 版第 1 次印刷
210mm×285mm・15.5 印张・413 千字
标准书号：ISBN 978-7-111-75602-6
定价：48.00 元

电话服务　　　　　　　　网络服务
客服电话：010-88361066　机 工 官 网：www.cmpbook.com
　　　　　010-88379833　机 工 官 博：weibo.com/cmp1952
　　　　　010-68326294　金 书 网：www.golden-book.com
封底无防伪标均为盗版　机工教育服务网：www.cmpedu.com

为贯彻《关于深化现代职业教育体系建设改革的意见》《国家职业教育改革实施方案》精神，适应新形势下推动制造业高端化、智能化、绿色化发展的需要，本书以"行业需求为导向、能力培养为本位"的先进教育理念为指导，坚持"工学结合、校企合作育人"模式，采取项目化的形式对液压与气动的知识和技能进行重新构建，凸显了职业教育特色。

本书的编写特色如下：

1. 落实立德树人，有效融入职业素养要求

本书突出知识传授与能力培养并重，强化学生职业素养养成，每个项目都注重"知识目标、能力目标、素质目标、职业能力"的实现，以解决实际问题的核心能力为纽带，结合教学环节和教学内容融入职业素养要求。

2. 工学结合，校企共同开发

本书在编写过程中邀请企业专家参与教材编写指导，校企合作共同开发，融入了大量的企业实例，突出了教、学、做一体化，体现了工学结合。本书较多地采用了图文结合的表达形式，内容丰富、便于理解，对内容的介绍符合学生的认知规律，体现了现代高等职业教育的特点。

3. 项目引领、任务驱动

每个项目下有多个任务，通过任务和技能训练将知识点、技能点融入其中，将学习内容鲜活化，使学习目标得以渗透，让学生始终在做中学、学中做，既是理实一体理念的融合，又符合企业的作业习惯，便于对学生职业能力的培养。

4. 采用现行国家标准编写

本书的选材和编写以系统、先进、实用为目标，突出体现了新系统、新结构、新方法。书中的液压气动元件、回路和系统原理图全部贯彻现行国家标准 GB/T 786.1—2021《流体传动系统及元件　图形符号和回路 第 1 部分：图形符号》。

5. 配套丰富的数字化教学资源

为方便教学，本书配套了 PPT 课件、电子教案、项目训练参考答案、演示动画和教学视频资源，方便教学。

本书由北京经济管理职业学院李秋芳、姜洪有担任主编，侯艳霞、郝瑞朝担任副主编，何跃斌、赵静静、张健、裴怡宁参加了本书的编写工作。本书编写过程中得到北京燃气能源发展有限公司领导和相关技术人员的大力支持，在此表示衷心的感谢。

由于编者水平有限，书中若有不妥之处，敬请广大读者批评指正。

编　者

二维码索引

（续）

页码	名称	图形	页码	名称	图形
166	节流调速回路		179	压力控制的顺序动作回路	
173	液压缸差动连接快速回路		192	机械手液压系统分析	
174	双泵并联供油的快速回路		229	单气控换向阀换向回路	
176	采用行程阀的速度换接回路		229	单电控电磁阀换向回路	
176	采用电磁阀的速度换接回路		229	磁感应开关控制的换向回路	
177	调速阀串联的二次进给速度换接回路		229	单缸循环往复运动回路	
177	调速阀并联的二次进给速度换接回路		232	机动换向阀换向回路	
178	行程控制的顺序动作回路				

目录
▶ CONTENTS

项目一

液压传动技术的认知

▶ **项目描述**

　　液压传动以液体为工作介质进行能量的传递和转换，从而实现各种传动和控制。本项目通过对典型机械设备液压系统的分析，研究液压传动与控制系统的组成与基本工作原理，为液压系统的使用与维护奠定基础。

▶ **项目目标**

➤ **知识目标：**

1.掌握液压传动的工作原理；
2.掌握液压传动的基本参数；
3.掌握磨床工作台液压传动系统的组成；
4.掌握基本液压元件图形符号的表示方法。

➤ **能力目标：**

1.能够说出一个液压系统的组成与工作过程；
2.能够分析液压系统中压力、负载、速度、流量之间的关系；
3.能够说出液压传动的发展概况、系统特点及在实践中的应用。

➤ **素质目标：**

1.了解液压技术在众多学科和社会生活中的广泛应用，进一步认识该技术的科学价值、应用价值；
2.培养"科技兴国、科技强国、科技报国"的使命感；
3.具备积极向上的人生态度、自我学习的能力和良好的心理承受能力；
4.培养学生严谨求实的科学态度，形成科学的世界观。

➤ **职业能力：**

1.会使用液压千斤顶；
2.会对磨床工作台的运动速度和运动方向进行调节；
3.会绘制磨床工作台的液压系统原理图。

任务一　了解液压千斤顶的工作过程

▶▶ 任务概述

在汽车紧急维修时经常会用到液压千斤顶，利用它就能轻松将一辆汽车顶起来。通过学习液压千斤顶（图 1.1）这种简单的传动装置，弄清它的工作过程和工作原理，从而研究液压传动是如何实现运动和动力传递的。

图 1.1　液压千斤顶

了解液压千斤顶的工作过程

▶▶ 知识与技能

一、液压传动概述

机器的种类有很多，形式各异，但就其功能而言，任何一台完整的机器主要由四个部分组成：原动机、传动装置、工作机、控制部分。传动装置的传动方式包括以下几种类型。

机械传动——通过齿轮、齿条、蜗轮、蜗杆等机件直接把动力传送到执行机构的传递方式。

电气传动——利用电力设备，通过调节电参数来传递或控制动力的传动方式。

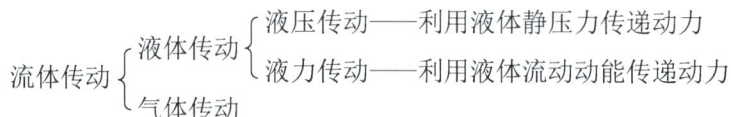

$$\text{流体传动}\begin{cases}\text{液体传动}\begin{cases}\text{液压传动——利用液体静压力传递动力}\\\text{液力传动——利用液体流动动能传递动力}\end{cases}\\\text{气体传动}\end{cases}$$

液压传动是以液体作为工作介质，在密封的回路里，以液体的压力能进行能量传递的传动方式。

由于液压传动有许多突出的优点，因此被广泛用于机械制造、工程建筑、石油化工等各个工程技术领域。随着我国创新能力的不断提高，我国液压行业目前已形成一个产品门类齐全、具有专业化生产实力和技术水平的工业体系。21 世纪以来，随着我国逐步提升对液压行业发展的重视程度，液压行业已作为工业发展的战略重点之一，并被列入多项国家发展计划中，我国液压行业步入了快速发展阶段。2010—2021 年，我国液压行业市场规模复合增长率达到 5.81%，高于全球水平。2021 年我国液压行业市场规模达到 106.5 亿欧元，同比增长5.86%。

机械工业各部门使用液压传动的出发点不尽相同，有的是利用其动力传递的长处，如工程机械、压力机械和航空工业采用液压传动的主要原因是其结构简单、体积小、重量轻、输入功率大；有的是利用它在操纵控制上的优点，如机床上采用液压传动是因其能在工作过程中实现无级变速，易于实现频繁换向，易于实现自动化等。

液压传动中的两个重要参数：压力和流量。

（1）压力　即物理学中的压强，是液体单位面积上所受的法向力。液压传动中的压力用字母 p 表示，如图 1.2a 所示。当面积 A 不变时，液体内部的压力取决于负载 F。

负载对液面产生的压力可以等值地传递到液体内部的每一个质点上，即帕斯卡原理。如图 1.2b 所示，根据帕斯卡原理，施加于较小活塞上的比较小的力，转换为液体内部的压力，此压力可以等值地传递到大活塞上，使大活塞上输出较大的顶举力。面积越小，其上输出的作用力越小；活塞面积越大，其上输出的作用力越大，作用力和作用面积成正比。

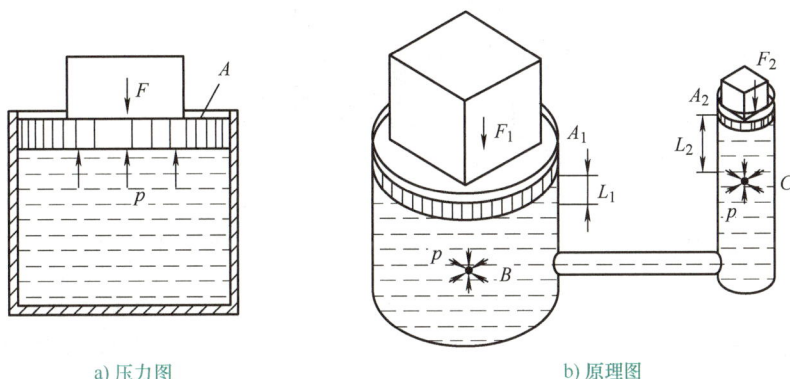

a) 压力图　　　　　　　　　　　　　　　b) 原理图

图 1.2　液压传动

由上可知，力可以放大很多倍。

（2）流量　指单位时间内流过某一过流断面的液体体积，用字母 q_v 表示，单位为 $\mathrm{m^3/s}$，如图 1.3 所示。当过流断面的面积 A 一定时，液体在管道中流动的平均速度取决于通过的流量。

二、液压传动原理

图 1.4 所示是比较简单的液压传动过程，该图也能反映出能量转换的过程：传动时，它先将电动机旋转运动产生的机械能 $2\pi n T_i$ 利用液压泵转换为便于输送的压力能 pq_v，传递到液压缸（或液压马达）后又将压力能转换为直线（旋转）运动的机械能做功。图 1.4a 中液压缸将输入的液压能 pq_v 转换为机械能 Fv，图 1.4b 中液压马达将输入的液压能 pq_v 转换为机械能 $2\pi n T$。

液压传动装置是一种能量转换装置，其最基本的原理是帕斯卡原理，它是依靠液体在密封容积变化过程中的压力能来实现运动和动力传递的。

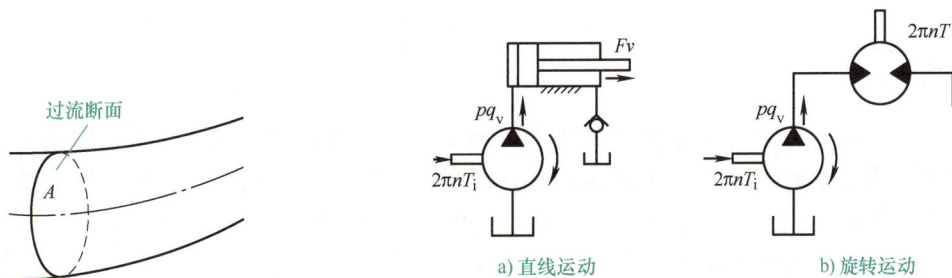

图 1.3　流量

a) 直线运动　　　　　　　　　b) 旋转运动

图 1.4　液压传动过程

技能训练

训练1 以液压千斤顶为例分析液压传动是如何实现运动和动力传递的。

液压千斤顶是一种结构紧凑、工作平稳、有自锁作用的简单起重设备，所以，其应用比较广泛。液压千斤顶的工作原理如图1.5所示，它是结构中采用活塞作为刚性顶举件的工作装置。

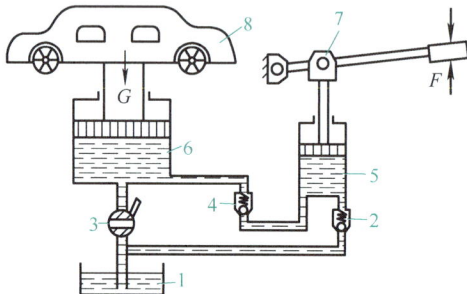

图1.5 液压千斤顶工作原理

1—油箱 2，4—单向阀 3—截止阀 5—小缸 6—大缸 7—杠杆 8—汽车

在图1.5中，杠杆7、小缸5、单向阀2和4组成手动液压泵，大缸6是顶举液压缸。

用手向上抬起杠杆7，小活塞上移，其下端密闭腔容积增大，形成局部真空，此时单向阀2自动打开，通过吸油管在大气压的作用下从油箱1中吸油到小活塞下端。

用手向下压杠杆7，小活塞下移，小活塞下腔压力升高，将油液的机械能转换成压力能，由于单向阀的单向导通作用，单向阀2关闭，单向阀4打开，小缸5下腔的油液经管道输入顶举缸6的下腔，利用大活塞的面积把力放大，迫使大活塞向上移动，从而顶起汽车8，此时，装置又将油液的压力能转换成机械能。

再次手抬杠杆时，单向阀4自动关闭，使油液不能倒流，从而保证了汽车不会自行下落。反复上、下抬压杠杆，就能不断地把油液压入顶举缸下腔，使汽车逐渐升起。升起的速度取决于单位时间内流入顶举缸6中油液的体积，也就是流量。

打开截止阀3，顶举缸下腔的油液在重力作用下通过管道、截止阀3流回油箱，汽车下落回到原位置。

液压传动装置是一种能量转换装置，其最基本的原理是帕斯卡原理，是依靠液体在密封容积变化过程中的压力能来实现运动和动力传递的。

任务二 了解液压传动系统的组成

任务概述

图1.6a所示为平面磨床的外观图。磨床是利用磨具对工件表面进行磨削加工的机床。大多数的磨床是使用高速旋转的砂轮进行磨削加工的，平面磨床属于精加工设备，其所需磨削力及变化量不大，但对工作台往复运动速度及平稳性要求较高。通过学习磨床工作台的运动使学生掌握其液压系统的组成，能识读液压系统的结构原理图，会绘制液压系统的图形符号原理图。

知识与技能

了解液压传动系统的组成

一、磨床工作台液压系统的运行

图 1.6b 所示为平面磨床液压系统结构原理图。电动机带动齿轮泵从油箱中吸油，然后将油经管路输送到液压缸，推动磨床工作台做往复直线运动。

扳动换向阀使其处于图 1.6b 中（1）的位置，液压泵 3 由电动机驱动后，从油箱 1 中吸油，油液经过滤器 2 过滤后进入液压泵 3，然后经节流阀 5、换向阀 6 进入液压缸 7 的右腔，推动活塞 8 和活塞杆带动工作台 9 向右做直线运动。此时，液压缸右腔的油液经换向阀 6 和回油管排回油箱。

扳动换向阀使其处于图 1.6b 中（2）的位置，液压泵从油箱中吸油，出油经节流阀 5、换向阀 6 进入液压缸 7 的右腔，推动活塞 8 和活塞杆带动工作台向左运动。此时，液压缸左腔的油液经换向阀 6 和回油管排回油箱。

松开换向阀手柄，复位弹簧使其回复到图 1.6b 所示中间位置时，换向阀处于中位，4 个油口均被封住，液压缸停止运动，工作台停在当前位置。

工作台运动时要克服阻力，主要是磨削力和工作台与导轨之间的摩擦力等。克服上述负载所需的推力，是由液压缸中油液的压力产生。负载越大，缸中所需油液的压力越高，泵的输出压力也就越高，即压力的高低取决于工作台负载的大小，但同时受溢流阀 4 的调控，当负载超过系统设定值时，液压油经过溢流阀流回油箱。

磨床工作台左、右运动的速度通过节流阀 5 调节。当节流阀开度增大时，进入液压缸的流量增多，工作台的移动速度增大；当节流阀开度关小时，进入液压缸的流量减小，工作台的移动速度变小。

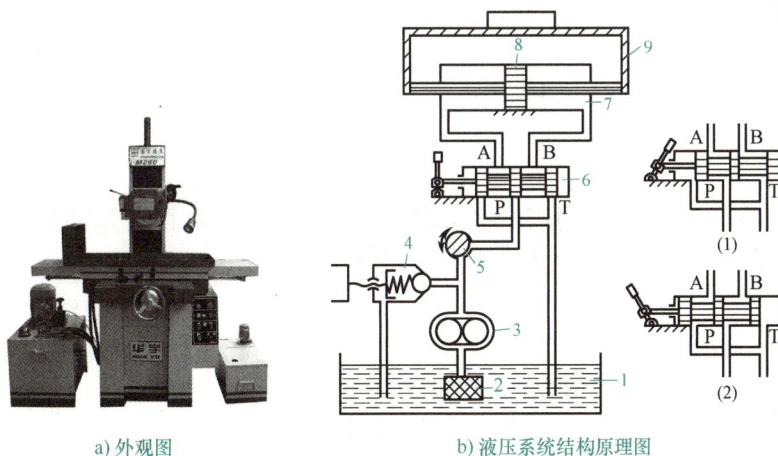

a) 外观图　　　　　　　b) 液压系统结构原理图

图 1.6 平面磨床的外观及液压系统结构原理图

1—油箱 2—过滤器 3—液压泵 4—溢流阀 5—节流阀 6—换向阀 7—液压缸 8—活塞 9—工作台

二、液压传动系统的组成

从平面磨床工作台的液压系统原理图可以看出，一个完整的、能够正常工作的液压系统，应该由五个部分组成，即动力元件、执行元件、控制元件、辅助元件和工作介质。

1）动力元件——供给液压系统压力油，把原动机的机械能转换成液压能。常见的是液压泵。

2）执行元件——把液压能转换为机械能的装置。其形式有做直线运动的液压缸，有做旋转运动的液压马达。

3）控制元件——完成对液压系统中工作液体的压力、流量和流动方向的控制和调节。这类元件主要包括各种液压阀，如溢流阀、节流阀及换向阀等。

4）辅助元件——指油箱、蓄能器、油管、管接头、过滤器、压力表以及流量计等。这些元件分别起散热储油、蓄能、输油、连接、过滤、测量压力和测量流量等作用，以保证系统正常工作，是液压传动系统中不可缺少的组成部分。

5）工作介质——在液压传动及控制中起传递运动、动力及信号的作用，包括液压油或其他合成液体。

▶▶ 技能训练

训练2　解读图1.7所示液压系统图形符号原理图。

在液压系统结构原理图中，各个液压元件均是用简单的结构表达出来的图形，这种图形比较直观，容易理解，但结构较复杂，绘制较难。在实际工程应用中，一般是用国家标准规定的、简单的图形符号来绘制液压系统的工作原理图。这种图形便于分析、阅读、设计和绘制。

1）原理图中的图形符号只表示液压元件的功能，不表示元件的具体结构和参数。

2）原理图中所示的符号状态，表示的是液压元件的静止或零位置。

3）元件可根据其在图中的具体位置画成水平或垂直方向。

4）绘制图形符号时，其大小应以图形清晰、美观和符合图纸幅面大小为原则。

5）图形符号要按照统一的比例绘制。

6）元件符号应给出所有的接口。

图形符号标准画法见 GB/T 786.1—2021/ISO 1219—1：2012《流体传动系统及元件　图形符号和回路　第1部分：图形符号》。

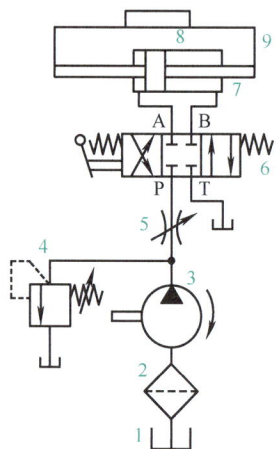

图 1.7　平面磨床工作台液压系统图形符号原理图

1—油箱　2—过滤器　3—液压泵
4—溢流阀　5—节流阀　6—换向阀
7—液压缸　8—活塞　9—工作台

训练3　分析平面磨床工作台液压系统的组成。

主要由五大部分组成，分别是：

① 动力元件——液压泵3；

② 执行元件——液压缸7和工作台9；

③ 控制元件——溢流阀4、节流阀5和换向阀6；

④ 辅助元件——油箱1、过滤器2和油管等；

⑤ 工作介质——液压油。

任务三　了解液压传动的特点

▶▶ 任务概述

实际中，对平面磨床工作台的要求是调速范围广，能够实现无级变速，换向灵敏迅速，冲击振动小。采用液压传动来操纵平面磨床的往复运动则能够达到这些目的。通过学习平面磨床工作台液压传动装置，使学生了解液压传动的优缺点、应用场合及发展前景。

>> **知识与技能**

一、液压传动的特点

液压传动与机械传动、电气传动相比，具有以下特点。

1.液压传动的优点

1）在相同的体积下，液压执行装置比电气装置产生更大的动力。在同等功率的情况下，液压执行装置的体积更小、重量更轻、结构更紧凑。

2）液压执行装置的工作比较平稳，并且可在大范围内实现无级调速。

3）液压传动在不改变电动机旋转方向的情况下，可以较方便地实现工作机构旋转和直线往复运动的转换。

4）液压传动容易实现自动化，因为它是对液体的压力、流量和流动方向进行控制或调节，操纵很方便。当液压控制和电气控制或气动控制结合使用时，能实现较复杂的顺序动作和远程控制。

5）液压装置易于实现过载保护。

6）液压件能自行润滑，因此其使用寿命长。

7）由于液压元件已实现了标准化、系列化和通用化，因而液压系统的设计、制造和使用都比较方便。

2.液压传动的缺点

1）液压传动以液体为工作介质，在相对运动表面间不可避免地会发生泄漏，同时，液体不是绝对不可压缩的，故不宜在传动比要求严格的场合采用，如不宜用在螺纹和齿轮加工机床的内传动链系统。

2）液压传动在工作过程中有较多的能量损失，如摩擦损失、泄漏损失等，故不宜远距离传动。

3）液压传动对油温的变化比较敏感，油温变化会影响运动的稳定性。因此，在低温和高温条件下，采用液压传动有一定的困难。

4）为了减少泄漏，液压元件的制造精度要求高，因此，液压元件的制造成本高，而且对油液的污染比较敏感。

5）液压系统故障的诊断比较困难，因此，对维修人员提出了更高的要求：既要系统地掌握液压传动的理论知识，又要有一定的实践经验。

二、液压传动系统的应用

液压传动因其独特的优点和技术优势，其应用领域比较广泛，几乎涵盖国民经济的各个行业，如图1.8所示为一些应用液压传动系统的设备。液压传动在各个行业的应用情况见表1.1。

a) 压力机　　　　　　　　b) 挖掘机　　　　　　　　c) 小吊车

图 1.8　液压传动系统的应用

表 1.1　液压传动在各个行业的应用

行业名称	应用场合举例
机床工业	磨床、铣床、拉床、刨床、压力机、自动车床、组合车床、数控机床、加工中心等
工程机械	挖掘机、装载机、推土机、压路机、铲运机等
起重运输机械	起重机、叉车、装卸机械、传动带运输机、液压千斤顶等
矿山机械	开采机、凿岩机、开掘机、破碎机、提升机、液压支架等
建筑机械	打桩机、平地机等
农业机械	联合收割机的控制系统、拖拉机和农用机的悬挂装置等
冶金机械	电炉控制系统、轧钢机控制系统等
轻工机械	注塑机、打包机、校直机、橡胶硫化机、造纸机等
汽车工业	自卸式汽车、平板车、高空作业车、汽车转向器、减振器等
船舶港口机械	起货机、起锚机、舵机等
铸造机械	砂型压实机、加料机、压铸机等
智能机械	折臂式小汽车装卸器、数字式体育锻炼机、模拟驾驶舱、机器人等

三、液压传动技术的发展趋势

在过去几十年的发展中，液压技术已经取得了显著的进展。随着科技的不断发展和应用需求的增加，液压技术的发展趋势也在不断演进。

（1）现代化技术的应用　随着信息技术和自动化技术的快速发展，液压技术也开始融入现代化控制系统中。现代液压系统采用智能化控制，通过传感器和电子控制器实现更高效和精确的控制。例如，采用电液比例技术的液压系统可以实现更高的精度和可调节性。

（2）节能环保技术的应用　随着能源的日益紧张和环境污染的不断加剧，节能环保成为液压技术发展的重要方向。新型液压元件和系统的设计制造越来越注重提高能源利用效率和减少污染物排放。例如，采用可再生能源作为驱动力源，或者采用新型材料和润滑剂减少能量损耗和摩擦。

（3）小型化和轻量化技术的应用　随着机械设备的小型化和轻量化趋势，液压技术也需要相应的发展。小型化和轻量化可以降低机械设备的重量和体积，提高机械设备的灵活性和移动性。因此，液压元件的设计和制造越来越注重轻量化和紧凑化，例如，采用新型材料和先进制造工艺减少元件自重和体积。

（4）智能化和自动化技术的应用　随着工业自动化和智能制造的推进，液压技术也开始向智能化和自动化方向发展。通过引入传感器、执行器和控制系统实现自动化的控制和监测。液压技术可以与其他自动化技术相结合，例如，机器视觉、激光测距和人工智能等，以实现更高级的自动化和智能化。

（5）可靠性和安全性的提高　液压系统的可靠性和安全性是液压技术发展的重要方向。在工业和机械领域，液压系统的故障往往会带来严重的后果，因此提高系统的可靠性和安全性至关重要。液压元件和系统的设计和制造需要更加注重品质和可靠性，同时加强安全保护和监测。

≫ 技能训练

训练4　分析平面磨床液压传动系统的特点。

平面磨床工作台采用了液压泵和双活塞杆液压缸组成的液压传动系统。工作台的纵向运动由液压缸的活塞杆牵引着工作台往复运动。平面磨床工作台用液压传动的直线运动远比机械传动结构简单，且重量轻、体积小、运动惯性小、反应速度快、运动平稳、生产效率高、劳动强度低、零件使用寿命长、易于实现过载保护、便于实现自动化等；但其技术要求、加工成本和密封性能要求都较高，加工和安装比较困难，油液易污染。

项 目 训 练

一、填空题

1. 液体传动主要是利用_____为工作介质来实现能量传递的传动方式。

2. 液压传动主要是利用_____系统中的受压液体来传递运动和动力的传动方式。

3. 液压传动的工作原理是：以_____作为工作介质，通过密封容积的变化来传递_____，通过油液内部的压力来传递_____。

4. 液压传动系统由五部分组成，即_____、_____、_____、_____、_____。其中_____和_____是能量转换装置。

二、判断题

1. 辅助部分在液压系统中可有可无。　　　　　　　　　　　　　（　　）
2. 液压传动存在冲击，传动不平稳。　　　　　　　　　　　　　（　　）
3. 液压元件的制造精度一般要求较高。　　　　　　　　　　　　（　　）
4. 液压元件易于实现系列化、标准化、通用化。　　　　　　　　（　　）

三、简答题

1. 什么是液压传动？液压传动的基本工作原理是什么？
2. 液压传动系统由哪几部分组成？各部分的作用是什么？
3. 简述液压传动的优缺点。
4. 液压系统图形符号原理图如何绘制？
5. 举例说明你所见到的液压传动的实际应用。

项目二

液压传动基础认知

▶ 项目描述

　　液体是液压传动的工作介质，因此，了解液体的某些基本物理性质，研究液体的静力学、运动学和动力学规律，对理解和掌握液压传动的基本原理是十分重要的。只有掌握了液体的特性及相关的流体力学知识，才能真正理解液压传动系统的构成和工作原理，并设计出符合要求的液压回路。

▶ 项目目标

➤ **知识目标：**

1. 掌握液压油的种类、物理性质及液压油的选用方法；
2. 掌握液体的静力学特征、运动学和动力学规律；
3. 掌握液压冲击和气穴现象的原因、危害及预防措施；
4. 掌握液压油的污染原因、危害及控制措施。

➤ **能力目标：**

1. 能够运用静力学基本方程进行计算；
2. 能够运用帕斯卡原理、连续性方程、伯努利方程和动量方程进行计算；
3. 能够计算雷诺数、压力损失、孔口和缝隙流量。

➤ **素质目标：**

1. 培养学生分析问题、解决问题的能力和一定的应变能力；
2. 培养学生的优良学风、创新理念及科学家严谨的工作精神；
3. 培养学生的社会责任心、环保意识；
4. 培养学生正确的学习态度，树立其信心，鼓励学生立志成才。

➤ **职业能力：**

1. 会根据液压油的种类、物理性质、选用原则合理选用液压油；
2. 会根据液体的静力学特征、运动学和动力学规律分析液压回路和系统中出现的各种情况；
3. 会根据液压油的污染原因及危害正确采取控制液压油污染的措施。

任务一　认识液压油

>> 任务概述

液压油是液压传动的常用工作介质，是液压系统中的"血液"，本任务学习液压油的主要性质、选用方法、污染原因及控制措施。

>> 知识与技能

一、液压油的作用与性能

1. 液压油的作用

液压油主要有以下作用。
1）对液压系统进行冷却。
2）在系统中传递运动和动力。
3）润滑运动部件，减小摩擦力。
4）防止液压元件生锈。
5）冲洗带走元件和管道中的污染物。

2. 液压油的性能

不同的工作机械、不同的使用情况对液压传动工作介质的要求有很大的不同。为了更好地传递运动和动力，液压传动工作介质应具备如下性能。
1）黏度适当，黏温特性好。
2）润滑性能好，防锈能力强。
3）抗氧化稳定性好，不易变质。
4）热膨胀系数小，比热容大。
5）燃点高，凝点低。
6）抗泡沫性、抗乳化性好。

二、液压油的种类

一般液压系统对液压油的工作要求应满足以上要求中的几项，但不可能完全相满足。

国际标准化组织把液压油分为三大类：石油基液压油、含水液压油和合成液压油，具体见表 2.1。目前，90% 以上的液压设备采用的是石油基液压油。

表 2.1　液压油的种类

类别	代号	名称	组成	特性
石油基液压油（矿物油型）	L-HH	无添加剂的石油基液压油	L-润滑剂，H-液压油，一种精制矿物油	比全损耗系统用油 L-AN（机械油）质量高，但稳定性差、易起泡、使用寿命短，液压系统中不再使用，主要用于机械润滑
	L-HL	普通液压油	HH+抗氧化剂、防锈剂	能减少机件磨损，降低温升，延长油品使用寿命，换油期比机械油长一倍以上，用于机床等中、低压系统中

（续）

类别	代号	名称	组成	特性
石油基液压油（矿物油型）	L-HM	抗磨液压油	HL+抗磨剂	可满足中、高压液压系统液压泵等部件的抗磨性要求，适用于使用性能要求高的大型中、高压液压设备
	L-HR	高黏度指数液压油	HL+增黏剂	改善黏温性的液压油，用于环境变化大的中、低压系统，如数控机床液压系统
	L-HV	低温液压油	HM+增黏剂	有良好的低温特性，适用于 -30℃ 以上、环境温度变化较大的室外中、高压液压系统
	L-HG	液压导轨油	HM+防爬剂	在低速下防爬效果好，适用于机床液压与导轨合用的润滑系统或机床液压系统
含水液压油	L-HFA	水包油乳化液	H- 液压油，F-防火含水量 90% 左右，其余为油和各种添加剂	抗燃液压油，黏度低、润滑性差、泄漏大、易产生气穴，但冷却效果好、价格便宜，用于有抗燃要求的低压系统
	L-HFB	油包水乳化液	油占 60% 左右，其余为水和各种添加剂	性能与矿物油接近，难燃烧，价格便宜，适用于有抗燃要求的中压系统
	L-HFC	水－乙二醇液	乙二醇占 40% 左右，水占 50% 左右，增黏剂占 10% 左右	黏温特性好，有良好的抗燃性能，低温下黏度较小，低温起动性好，可在 -20℃ 直接起动液压泵而无须加热，适用于中、低压系统
合成液压油	L-HFDR	磷酸酯液	不含油，易水解	燃点高，抗燃性、润滑性好，能在 -30～130℃ 温度范围内工作。但能溶解许多非金属材料，价格较贵，有一定毒性，对环境有污染，用于高温、高压液压系统中

如普通液压油 L-HL32，L 表示类别（润滑剂、工业用油和相关产品），HL 表示介质的品种（具有抗氧化、防锈的精制矿油），数字表示黏度等级代号。

三、液压油的性质

1．液压油的密度

液压油的密度即单位体积液体所具有的质量。用公式表示为

$$\rho = \frac{m}{V} \tag{2-1}$$

式中　ρ ——液压油的密度（kg/m³）；

　　　m ——液压油的质量（kg）；

　　　V ——液压油的体积（m³）。

液压油的体积随着温度的上升而增大，所以其密度随温度的上升而有所减小。体积随着压力的提高而减小，故其密度随着压力的增大而增加。但这种变化值很小，在计算中往往可以忽略不计。所以在进行液压系统的相关计算时，液压油的密度通常取一个常值，即 900kg/m³。

2．液压油的黏性

如图 2.1 所示，液压油受外力作用而流动时，由于液压油分子间的内聚力和它与固体壁面之间的附着力，会产生一种阻碍液压油分子间相对运动的内摩擦力，这种产生内摩擦力的特性即为黏性。用公式表示为

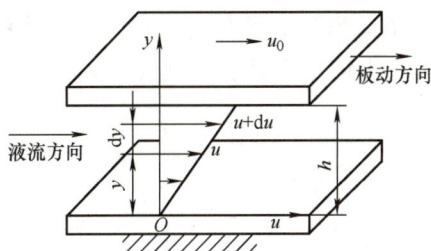

图 2.1 液压油的黏性示意图

$$F = \mu A \frac{\mathrm{d}u}{\mathrm{d}y} \qquad (2\text{-}2)$$

式中　　F——液压油流动时相邻液层间产生的内摩擦力（N）；

　　　　μ——比例系数，称动力黏度（绝对黏度）（Pa·s 或 N·s/m^2）；

　　　　A——液层间的接触面积（m^2）；

　　du/dy——速度梯度（1/s）。

液层间单位面积上的内摩擦力为切应力，则可得牛顿液体内摩擦定律：

$$\tau = \frac{F}{A} = \mu \frac{\mathrm{d}u}{\mathrm{d}y} \qquad (2\text{-}3)$$

液体只有在流动或有流动趋势时才有黏性，静止的液体是没有黏性的。不同的液压油黏性是不同的，其大小可用黏度来表示。

（1）黏度表示液体黏性的大小

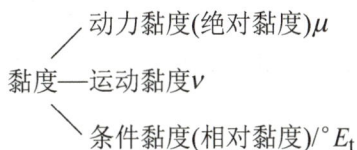

$$\text{黏度} \left\{ \begin{array}{l} \text{动力黏度(绝对黏度)} \mu \\ \text{运动黏度} \nu \\ \text{条件黏度(相对黏度)}/ {}^{\circ}E_t \end{array} \right.$$

① 动力黏度 μ：液体在单位速度梯度下，单位面积上内摩擦力的大小。其公式可由式（2-2）转换而得

$$\mu = \frac{F}{A \frac{\mathrm{d}u}{\mathrm{d}y}} \qquad (2\text{-}4)$$

② 运动黏度 ν：液体的动力黏度与它的密度之比，即

$$\nu = \frac{\mu}{\rho} \qquad (2\text{-}5)$$

运动黏度的单位为 m^2/s，因其有长度和时间的量纲，即具有运动学的单位，所以称为运动黏度。液压油的牌号就是用 40℃时的运动黏度平均值（单位 mm^2/s）表示的，如普通液压油 L-HL32，表示其运动黏度平均值为 32mm^2/s（1m^2/s=10^{6}mm^2/s）。

③ 条件黏度：在特定的条件下测量出来的黏度。它的单位根据测量条件的不同而有所不同，我国采用的是恩氏黏度，其符号是 ${}^{\circ}E_t$。

恩氏黏度的测量方法：将 200ml（cm^3）被测液体装入恩氏黏度计的容器中，加热到温度 t℃后，再让此液体从底部孔径为 2.8mm 的小孔流尽，记录从开始流出到流尽的时间为 t_1，再测出相同体积、加热至温度为20℃的蒸馏水在同一黏度计容器中流尽所需的时间 t_2，这两个时间之比，即为被测液体在 $t℃$ 之下的恩氏黏度。其公式为

$$°E_t = \frac{t_1}{t_2} \qquad (2-6)$$

动力黏度和运动黏度难以直接测量，实际应用中要先求出条件黏度，然后再换算成动力黏度和运动黏度。运动黏度（m²/s）和条件黏度的换算关系式为

$$v = \left(7.31°E_t - \frac{6.31}{°E_t}\right) \times 10^6 \qquad (2-7)$$

（2）黏度和温度的关系　液压油的黏度随着温度变化而变化。

① 黏温特性：液压油的黏度随温度变化而变化的性质称为黏温特性。温度升高，黏度降低；温度下降，黏度升高。一般石油基型液压油的黏温关系式为

$$v = v_{40} = \left(\frac{40}{t}\right)^n \qquad (2-8)$$

式中，v 为液压油在 $t℃$ 时的运动黏度；v_{40} 为液压油在40℃时的运动黏度；n 为指数，可查表 2.2 获取。

表 2.2　n 的值

v_{40}/（mm²/s）	3.4	9.3	14	18	33	48	63	76	89	105	119	135	207	288	368	447	535	771
n	1.39	1.59	1.72	1.79	1.99	2.13	2.24	2.32	2.42	2.49	2.52	2.56	2.76	2.86	2.96	3.06	3.10	3.17

图 2.2 所示为几种液压油的黏温特性。温度变化时，黏度变化量较小，即其黏温特性好，温度对系统的工作性能影响就小。

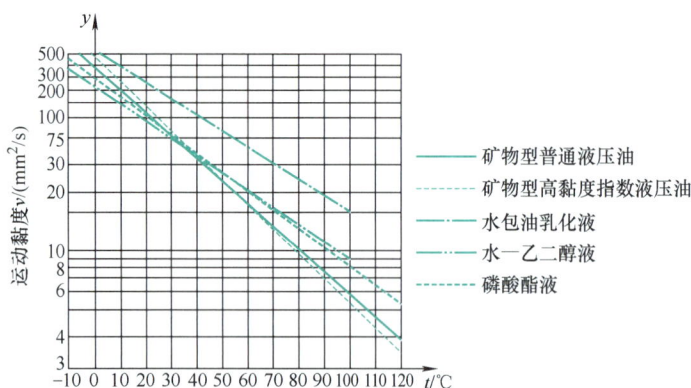

图 2.2　黏温特性曲线

② 黏度指数 VI：用于检测液压油黏度随温度变化的程度，它是衡量黏温特性好坏的指标。它的值越高，说明液压油黏度随温度变化越小，黏温特性越好。一般的液压系统要求 VI 值大于 90。

（3）黏度和压力的关系　当压力增大时，液压油分子间的距离缩小，内聚力增大，液压油的黏度也会增大；反之，黏度会减小。但在一般工程的液压系统中，压力的变化对黏度的影响很小，尤其是在中、低压系统中。所以，只有在高压（压力大于 32MPa）系统中才考虑压力对液压油黏度的影响。具体的影响可用式（2-9）计算，即

$$v_p = v_0（1+0.003p）\tag{2-9}$$

式中　v_p ——工作压力为 p 时液压油的运动黏度（m²/s）；

　　　v_0 ——压力为一个大气压时液压油的运动黏度（m²/s）；

　　　p ——工作时液压油的压力（MPa）。

3. 液体的可压缩性

液体所受压力增大时发生的液体体积减小的性质称为可压缩性。体积减小程度可用压缩率 κ 来表示，即液压油单位压力变化下的体积相对变化量。其表达式为

$$\kappa = -\frac{1}{\Delta p}\frac{\Delta V}{V}\tag{2-10}$$

式中　κ ——压缩率（m²/N）；

　　　Δp ——压力变化量（N/m²）；

　　　ΔV ——液压油体积变化量（L）；

　　　V ——液压油的体积（L）。

在工程应用中，常用体积模量表示液压油抵抗压缩能力的大小，即产生单位体积相对变化量所需要的压力增量。它是压缩率的倒数，即

$$K = \frac{1}{\kappa} = -\Delta p\frac{V}{\Delta V}\tag{2-11}$$

体积模量大，说明抵抗压缩能力强，体积不易变化。当温度升高时，体积模量会变小；压力增大时，体积模量增大；油中混有空气时，体积模量会急剧变小。常温下，液压油的体积模量一般为（1.4～2）×10³MPa，当油中混入空气时，体积模量降为 0.7×10³MPa。所以在实际应用中，应尽量减少液压油中的空气含量，以提高体积模量，即增加液压油抵抗压缩的能力。

一般情况下，因液压油的体积模量很大，它的可压缩性对液压系统的工作性能影响很小，故可以忽略不计。

四、液压油的选用

液压油选择的合理与否，直接影响到液压系统的运行情况。正确合理地选择液压油，可保证设备的可靠运行，延长液压元件的寿命。

液压油的选择包括品种的选择和黏度的选择。

1. 选择品种

液压油品种不同，其性能差别很大。选择液压油的三个品种（即石油基型、含水型和合成型）中的哪一种，主要考虑使用性能的要求。液压系统中广泛使用的是石油基液压油。具体选择时应主要从以下几个方面考虑。

（1）工作压力　为减少泄漏，工作压力较高的液压系统应选择黏度较大的液压油。

（2）运动速度　为减小摩擦损失，工作部件运动速度较高时，宜选用黏度较小的液压油。

（3）环境温度　为减少泄漏，环境温度较高时，宜选用黏度较大的液压油。

根据液压系统对工作介质的要求选用合适的液压油品种，见表 2.3。当液压油品种确定后，主要考虑液压油的黏度，进而选择油液的黏度等级及牌号。

一般压力增大，对液压油的润滑性、耐磨性要求也会增大，故高压时应选用耐磨性好的

HM 型液压油。使用时，尽量选择质量高的液压油，虽然价格较贵，但使用寿命长，总的经济效益好。

表 2.3　液压油品种的选择

工作条件 环境条件	$p \leqslant 7\mathrm{MPa}$ $t \leqslant 50℃$	$7\mathrm{MPa}<p\leqslant14\mathrm{MPa}$ $t \leqslant 50℃$	$7\mathrm{MPa}<p\leqslant14\mathrm{MPa}$ $50℃<t\leqslant80℃$	$p>7\mathrm{MPa}$ $80℃<t\leqslant100℃$
室内固定设备	L–HL	L–HL、L–HM	L–HM	L–HM
露天、严寒地区	L–HR	L–HV	L–HV	L–HV
地下、水上	L–HL	L–HL、L–HM	L–HM	L–HM
高温、明火	L–HFA	L–HFB	L–HFDR	L–HFDR

2. 选择黏度

在油液品种选定后，最主要考虑的应是油液的黏度问题。石油基型液压油黏度共分 8 个等级，即 10、15、22、32、46、68、100、150。黏度选择主要考虑的因素有压力、温度、速度和泵的类型等。

（1）工作压力　压力较高时，应选用黏度较高的液压油，主要是为了防止泄漏，提高效率；压力较低时，可选用黏度较低的液压油，可减小压力损失。

（2）环境温度　环境温度较高时（大于 40℃），应选用较高黏度的液压油，以保证设备需要的黏度。即夏季油液应选用较高的黏度，冬季油液应选用较低的黏度。

（3）运动速度　工作机构运动速度较快时，为了减小摩擦，降低功率损失，应选用黏度较低的液压油；运动速度较慢时，应选用黏度较高的液压油。

（4）液压泵类型　在液压系统中，液压泵的工作压力、工作温度、运动速度和工作时间都比较高和长，所以，它对油液的黏度要求最高。因液压泵对介质最敏感，一般将泵对油液的黏度要求作为选择液压油的基准，以此规定品种和黏度等级。

液压油黏度的选择见表 2.4。

表 2.4　液压油黏度的选择

液压泵类型		工作压力 /MPa	工作温度 /℃	黏度范围 /(mm^2/s)	推荐油液品种及黏度
齿轮泵			5 ～ 40	30 ～ 70	L–HL（低压）、L–HM（中、高压）， 32、46、68、100、150
			40 ～ 80	95 ～ 165	
叶片泵		≤7	5 ～ 40	30 ～ 40	L–HM，32、46、68
			40 ～ 80	40 ～ 75	
		>7	5 ～ 40	50 ～ 70	L–HM，46、68、100
			40 ～ 80	55 ～ 90	
柱塞泵	轴向		5 ～ 40	25 ～ 40	L–HL、L–HM（高压），32、46、 68、100、150
			40 ～ 80	70 ～ 150	
	径向		5 ～ 40	30 ～ 50	
			40 ～ 80	65 ～ 240	
螺杆泵			5 ～ 40	30 ～ 50	L–HL，32、46、68
			40 ～ 80	40 ～ 80	

五、液压油污染的原因、危害及控制

根据统计，液压油的污染是液压系统发生故障的主要原因，液压系统 75% 以上故障是由油液的污染（水、空气、固体颗粒、胶状生成物等）引起的。液压油的污染直接影响着液压系统的可靠性和液压元件的使用寿命，所以，了解油液的污染产生的原因，找到解决污染的办法，是提高液压系统使用性能和延长寿命的有效措施。

1. 污染原因

液压油的污染主要有以下三个方面原因。

（1）残留污染　液压元件和液压系统装配中的残留物，如毛刺、切屑、型砂和棉纱等。

（2）侵入污染　液压系统运行中，由于密封不完善由系统外部侵入的污染物，如灰尘和水分等。

（3）生成污染　液压系统运行中本身生成的污染物，如腐蚀剥落的金属颗粒、油液老化后胶状生成物等。

2. 污染危害

液压油污染后，会造成以下不良后果。

（1）磨损　固体颗粒会增加相对移动面的磨损，也会擦伤密封件，使油液泄漏量增大，降低传动效率；造成运动元件的卡死，缩短其寿命。

（2）元件堵塞　固体颗粒或胶状生成物会堵塞过滤器，使泵吸油困难，造成吸空，产生振动和噪声，若堵塞阀类元件，将使液压阀的性能下降或操作失灵。

（3）系统振动、爬行和气蚀　液压油中的空气分为溶解空气和混入空气两种，一般油液中溶解有 8% ～ 10% 的空气，它均匀地分布在油液中，对其性能没有影响；而混入空气则是以直径为 0.25 ～ 0.5mm 的气泡状悬浮于液压油中，混入的空气会使液压系统产生振动、爬行和气蚀现象，并加速液压油的氧化变质，增大可压缩性，对其工作性能有较大影响。

（4）降低润滑性，使油液乳化变质　液压油中混入水分，会降低润滑性，使金属元件表面产生锈蚀，还可使液压油乳化变质和生成沉淀物，影响元件使用性能和寿命。如果油液中含有 0.5% 的水分，它将呈现浑浊状；如果含有 1% 的水分，它将变成像牛奶一样的乳化物。

3. 污染控制

对液压油的污染程度进行控制，能有效保证设备的良好运行，延长液压元件的使用寿命。对污染的控制应从两个方面着手：一是防止污染物的侵入，二是把侵入的污染物从液压系统中清除出去。主要采取以下措施进行控制。

1）所有液压元件在装配前都应清洗干净，并保持干燥，液压系统在装配后、运转前必须用系统工作中使用的油液进行彻底清洗。

2）液压油在工作中应保持清洁，尽量防止工作过程中空气、水分和灰尘侵入。

3）采用合适的过滤器，并要定期检查和清洗过滤器和油箱。

4）定期更换液压油，一般为半年更换、一年更换等。

5）控制液压油的工作温度，液压系统的理想工作温度为 15 ～ 55℃，一般不能超过 60℃。

技 能 训 练

训练1 走进实训室或实训车间，进行以下实验。

在一片平放的纸上滴上三种不同的液压油，然后垂直立放，观察其向下流动的速度，判断液压油的黏度，并进一步观察认识液压油。

任务二 流体静力学基础知识认知

任务概述

了解液体的压力及其表示方法，重力作用下静止液体中的压力分布，静止液体内压力的传递和液体对固体壁面的作用力，掌握压力的计算方法。

知识与技能

流体静力学基础知识认知

液体静力学主要是研究在外力作用下，处于静止状态下液体力的平衡规律。静止液体是指液体内部各个质点间没有相对运动，不呈现黏性的液体。液压传动中所用的压力一般是指液体静止状态的静压力。

一、液体静压力及其特性

液体静压力（压力）：当液体静止时，液体内部各质点间没有相对运动，无摩擦力存在，但每个质点受其上液体自重所产生的质量力，同时又有液面上所施加的表面外力，即受质量力和表面力。由于静止液体只能受压、不能受拉（否则会产生流动），故静止液体在单位面积上所受的法向力（垂直于作用面）称为液体静压力，简称压力。用公式表示为

$$p = \frac{F}{A}$$ （2-12）

式中　　p ——液体压力（N/m^2，Pa）；

　　　　F ——液体所受均匀分布的法向力（N）；

　　　　A ——液体的受力面积（m^2）。

压力单位的换算：压力的单位是 Pa（N/m^2），由于它的单位量值太小，在工程应用中常用 MPa 或 bar、atm（标准大气压）等。其换算关系如下：

$$1MPa = 10^6 Pa$$

$$1atm \approx 1bar \approx 10^5 Pa$$

$$1atm \approx 10m\ 水柱 \approx 760mm\ 水银柱$$

液体静压力的两个重要特性：

1）液体静压力的方向总是沿作用面的内法线方向（只能处于垂直受压状态）。

2）静止液体内任一点的液体静压力在各个方向上都相等。

二、液体静力学基本方程

在图 2.3 所示容器中处于静止状态的液体，某一深度的任意一点上所受的压力由两部分组成：一是重力作用下产生的压力，二是液面上施加的外力所产生的压力。则其受力平衡方程式为

$$p = p_0 + \rho g h \qquad (2\text{-}13)$$

式中　p ——液体中任一点的压力（Pa）；

　　　p_0 ——液面上的压力（$p_0 = F/A$）（Pa）；

　　　ρ ——液体的密度（kg/m^3）；

　　　g ——重力加速度（m/s^2）；

　　　h ——液面到某一质点的高度（m）。

由式（2-13）可知，重力作用下静压力分布特征如下。

1）静止液体内任一点的压力，都由两部分组成：一是液面上的压力，二是该点以上液体自重形成的压力。

2）静止液体内压力随深度呈直线规律分布。

3）在连通器中，液体深度相同的各点形成一等压面，它是水平面，但必须满足静止、连续的同一种液体的适用条件。如图 2.4 所示 C—C 和 D—D 是等压面；A—A 面不连续，两管不是等压面；B—B 面是不同种液体，两管也不是等压面。

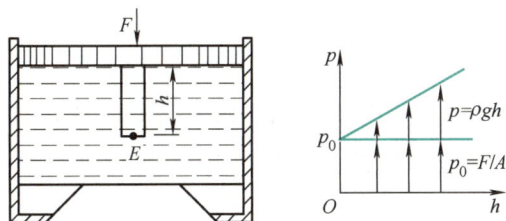

图 2.3　静止液体内的压力分布

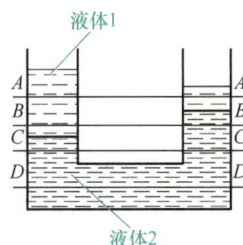

图 2.4　等压面

三、帕斯卡原理

如图 2.5 所示，在密封容器内，施加于静止液体任一点的压力将等值传递到液体各点，这就是帕斯卡原理或静压传递原理。用公式表示为

$$p = \frac{W}{A_2} = \frac{F}{A_1} \qquad (2\text{-}14)$$

用帕斯卡原理可以解释液压千斤顶力的传递与放大很多倍的原因。力放大的倍数就是两活塞面积之比，即 A_2/A_1。

由式（2-14）可知，当负载 W 为零并略去各种阻力时，无论怎么推动右边的小活塞作上下移动，液体内部都不会有压力。这就是所谓的液体压力取决于负载。

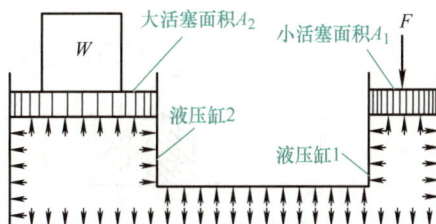

图 2.5　静压传递原理

四、压力的表示方法

按照度量基准的不同，压力可分为绝对压力和相对压力，如图 2.6 所示。

1）绝对压力：以绝对真空作为基准来度量的压力，称为绝对压力。

2）相对压力（表压力）：以大气压力作为基准来度量的压力，称为相对压力。由于大气中的任何物体受大气压的作用是自相平衡的，大多数测压仪表所测得的压力都是相对压力，故相对压力也称为表压力。

3）真空度：当绝对压力小于大气压力时，绝对压力比大气压力小的那部分值称为真空度。

绝对压力、相对压力与真空度三者的关系为

$$相对压力 = 绝对压力 - 大气压力\qquad 真空度 = 大气压力 - 绝对压力$$

五、液体静压力对固体壁面的作用力

静止液体和固体壁面相接触时，固体壁面上将受到液体静压作用力。在液压传动的计算中，由液体重量所产生的质量力可以忽略，看成静压力处处相等，所以可认为作用于固体壁面上的压力是均匀分布的。液体静压力对固体壁面的作用力可分如下几种情况分别计算。

（1）平面固体壁面所受的作用力　静压力在平面上的总作用力为液体的压力与该平面面积的乘积（图 2.7）。用公式表达为

$$F = p\frac{\pi D^2}{4} \qquad\qquad (2\text{-}15)$$

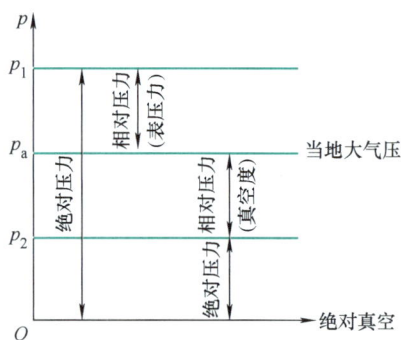

图 2.6　压力的分类

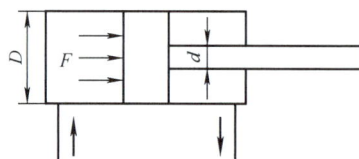

图 2.7　平面固体壁面受力分析

（2）曲面固体壁面所受的作用力　曲面上的液压作用力在某一方向上的分力，等于液体压力和曲面在该方向的投影面积的乘积。

图 2.8a、b 所示圆球、圆锥面上所受液体作用力的表达式为

$$F = p\frac{\pi d^2}{4} \qquad\qquad (2\text{-}16)$$

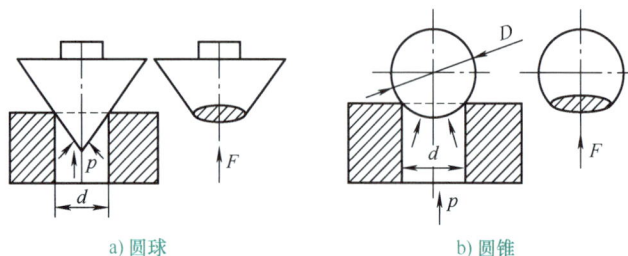

a) 圆球　　　　　　　　　b) 圆锥

图 2.8　曲面固体壁面受力分析

技能训练

下面通过几个技能训练来巩固本任务所学内容。

训练2　如图2.9所示，油箱内装有液压油，活塞上作用力为10kN，活塞的面积$A=10^{-2}\text{m}^2$，液压油的密度$\rho=900\text{kg/m}^3$，求活塞下方0.5m处的压力。

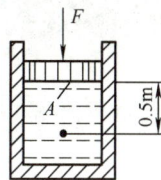

图2.9　油箱

解：油面上所受的压力为

$$p_0=\frac{F}{A}=\frac{10\times10^3}{10^{-2}}\text{Pa}=10^6\text{N/m}^2（\text{Pa}）$$

活塞下方0.5m处液体自重所产生的压力为

$$\rho gh=900\times9.8\times0.5=4.41\times10^3\text{N/m}^2（\text{Pa}）$$

活塞下方0.5m处总的压力为

$$p=p_0+\rho gh=10^6\text{Pa}+4.41\times10^3\text{Pa}=10^6\text{Pa}+0.00441\times10^6\text{Pa}\approx1.00441\times10^6\text{Pa}=1\text{MPa}$$

由此可知，在外力作用下的液压系统，因液体自重所形成的那部分压力相对很小，常可忽略不计。一般液压系统的安装高度不超过10m，因此，可以认为液压系统中的各处压力是相等的。

训练3　液压机原理图如图2.10所示，操纵缸直径$d_1=50\text{mm}$，压制缸直径为$d_2=500\text{mm}$，若压制缸需要向下施加的变形力$F_2=60\text{kN}$，问需向操纵缸小活塞上施加多大的力F_1？

解：由式（2-14）得

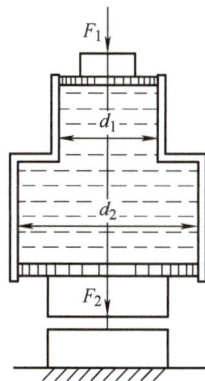

图2.10　液压机原理

$$\frac{F_1}{\dfrac{\pi d_1^2}{4}}=\frac{F_2}{\dfrac{\pi d_2^2}{4}}$$

$$F_1=F_2\left(\frac{d_1}{d_2}\right)^2=60\times10^3\times\left(\frac{50}{500}\right)^2\text{N}=600\text{N}$$

所以，液压传动最显著的优点就是它可把力放大很多倍，因而常应用于负载比较大的场合。

训练4　如图2.11所示，一个具有一定真空度的容器用一根管子倒置于一液面与大气相通的油箱中，液压油在管中上升的高度$h=1\text{m}$，液压油的密度$\rho=900\text{kg/m}^3$，试求容器内的真空度。

解：真空度=大气压力–绝对压力。设球形容器内的绝对压力为P_1，已知油箱表面大气压力为P_a，油的密度为900kg/m^3，根据式（2-13）有

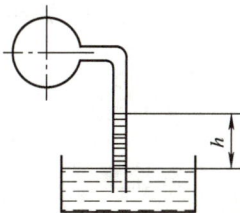

图2.11　球形容器

$P_a=P_1+\rho gh$，将公式变形后得

$$真空度=P_a-P_1=\rho gh=900\times9.8\times1\text{Pa}=8820\text{Pa}$$

所以，球形容器内的真空度为8820Pa。

▶▶ 任务概述

了解液体的两种流动状态、液体管路的压力损失、孔口流量、动量方程、液压冲击和气穴，能利用雷诺数判断液体的流态，掌握液体的运动规律、连续性方程和伯努利方程的计算方法。

▶▶ 知识与技能

一、基本概念

流体动力学基础知识认知

1. 理想液体和实际液体

理想液体：既无黏性又不可压缩的液体。

实际液体：既有黏性又可压缩的液体。尤其是黏性的影响不能忽略，而液体的黏性阻力是一个很复杂的问题，这就使对流动液体的研究变得复杂。为了方便研究与分析液体，常常先假设是理想液体，找出流动的规律，然后再通过实验对结论进行修正。

2. 恒定流动和非恒定流动

恒定流动：液体流动时，若液体中任何一点的压力 p、速度 v 和密度 ρ 都不随时间而变化，则这种流动称为恒定流动（定常流动）。

非恒定流动：在流体的上述运动参数中，只要有一个运动参数随时间而变化，液体的运动就是非恒定流动。一般研究和分析时，常把流动假定为恒定流动，然后再对结论进行修正。

图 2.12 所示为恒定流动和非恒定流动。

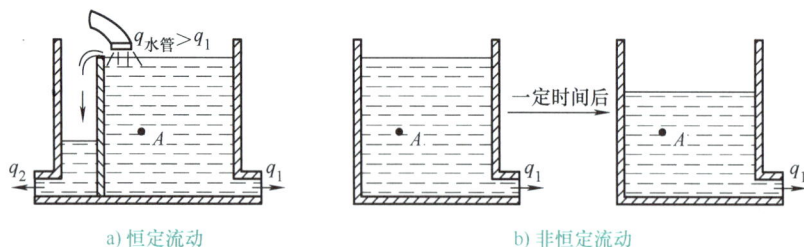

a) 恒定流动　　　　　　　b) 非恒定流动

图 2.12　恒定流动和非恒定流动

3. 流量

液体在管道中流动时，垂直于流动方向的管道截面称为过流断面，如图 2.13 所示的 A。

单位时间内流过某一过流断面的液体的体积称为流量，其单位为 m³/s。由于此单位太大，工程实际中常用 L/min，1m³/s=6×10⁴L/min，流量公式为

$$q_v = \frac{V}{t} \tag{2-17}$$

式中　q_v——液体流过某一过流断面的流量（m³/s）；

　　　V——流过某一过流断面液体的体积（m³）；

　　　t——上述液体的体积流过某一过流断面所需的时间（s）。

4.平均流速

实际液体流动中，由于黏性摩擦力的作用，过流断面上各点的流速 u 并不相同。对于实际液体，利用流速 u 计算流量时比较困难，因此引入平均流速的概念，即认为过流断面上各点的流速均为平均流速，用 v 来表示，令流量与上述实际流量相等，则通过过流断面的流量就等于平均流速乘以过流断面面积，即

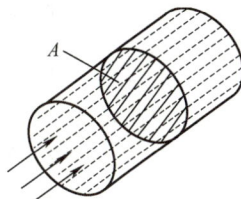

图 2.13　过流断面

$$q_v = vA \tag{2-18}$$

在实际工程应用中，常用式（2-18）计算液压缸内活塞运动的速度。因推动活塞带动工作台运动的速度就是缸内液体运动的平均速度，速度大小取决于进入液压缸内的流量，即速度取决于流量，$v = q_v/A$。流量大，工作台运动速度快；反之则慢。

5.液体的流动状态

实际液体的黏性是产生流动阻力的根本原因。液体的流动状态不同，则其流动阻力也不相同。液体的流动有两种状态，即层流和紊流，如图 2.14 所示，如水管阀门打开的大小程度不同，水流就会出现两种不同的状态。

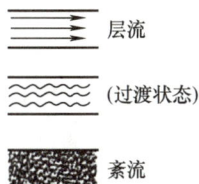

层流

（过渡状态）

紊流

图 2.14　液体的流动状态

（1）层流　液体的质点间在运动时互不干扰，流动呈线状或层状，能够维持安定的流束状态，并且平行于管道的轴线，这种流动称为层流。

（2）紊流　如果液体流动时各质点运动杂乱无章，引起流层间质点相互错杂交换。即除了沿管道轴线运动，还存在横向的运动，这种流动称为紊流。

观察两种流态，可通过雷诺试验进行，其实验装置如图 2.15 所示。试验时，打开水阀 7，保持水箱中水位恒定。水箱右下方装有透明玻璃管，并保持液体在里面稳定流动。然后将水阀 1 微微开启，使少量水流流经玻璃管，即玻璃管内流量和平均流速 v 很小。这时，如将装有红色液体的小水箱下部的水阀 6 也微微开启，使红色液体经小导管也流入玻璃管内，在玻璃管内看到一条与轴线平行且细直、清晰的红色流束，和大玻璃管中的清水互不混杂和干扰。说明玻璃管中水流都是安定地沿轴向运动，而没有垂直于轴线方向的横向运动，这时水流是分层的，即为层流；如果把水阀 1 阀口缓慢开大，管道中的流量和它的平均流速 v 也将逐渐增大，直至增加至红色流束开始弯曲抖动，玻璃管内液体质点不再保持安定，不仅具有横向的波动速度，而且也具有纵向波动速度，这时的红色流束呈波纹状，处于一种临界状态；如果水阀 1 继续开大，红色流束波动加剧，直到与周围液体完全混杂在一起，红色流束消失，这就是紊流；若将水阀 1 阀口反向再慢慢关小，可看到和上述现象相反的过程，这时液体又从紊流变为层流。

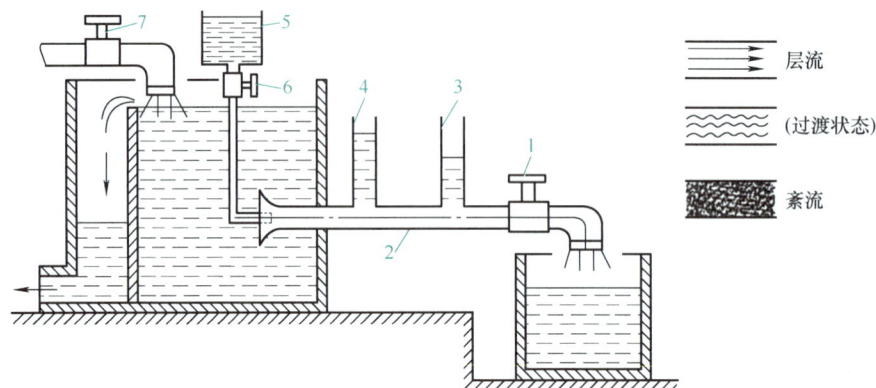

图 2.15   雷诺试验

1，6，7—水阀   2—玻璃管   3，4—测压管   5—红色液杯

6.雷诺数

液体流动时究竟是层流还是紊流，须用雷诺数 Re 来判别。

雷诺将一些影响液体流动形态的因素用 Re 表示，经其实验，液体在圆管中的流动状态不仅与管内的平均流速 v 有关，还和管道直径 d、液体的运动黏度 v 有关，但真正决定液流状态的却是这三个参数所组成的一个无量纲数，即雷诺数，其公式如下：

$$Re = \frac{vd}{v} \tag{2-19}$$

式中 Re ——雷诺数，无单位；

v ——液体在管道中的流速（m/s）；

d ——管道直径（m）；

v ——液体的运动黏度（m^2/s）。

如果液流的雷诺数相同，它的流动状态也就相同。要区分是层流还是紊流，须用临界雷诺数（Rec）来判断。因由层流转变为紊流和由紊流转变为层流的临界雷诺数不同，后者雷诺数较小，一般是用由紊流转变为层流时的雷诺数来判断液流状态，即临界雷诺数。

层流：$Re \leq Rec$；紊流：$Re > Rec$

光滑金属圆管：$Re \leq 2000 \sim 2300$ （层流）

$Re > 2000 \sim 2300$ （紊流）

Re 的物理意义：它是液流的惯性力对黏性力的无因次比。当 Re 较小时，黏性力起主导作用，这时是层流；当 Re 较大时，惯性力起主导作用，这时是紊流。

液流管道的临界雷诺数由实验求得，常见液流管道临界雷诺数见表 2.5。

表 2.5   常见液流管道临界雷诺数

管道形状	Rec	管道形状	Rec
光滑金属圆管	$2000 \sim 2300$	光滑偏心环状缝隙	1000
光滑金属方管	2070	平行平板	1000
橡胶软管	$1600 \sim 2000$	圆柱形滑阀阀口	260
光滑同心环状缝隙	1100	锥阀阀口	$20 \sim 100$

二、连续性方程

流量的连续性方程是质量守恒定律在流体力学中的一种表达形式。

根据质量守恒定律，做恒定流动的不可压缩的液体在单位时间内流入过流断面 A_1（图 2.16）的液体的质量（流量），等于流出过流断面 A_2 的质量（流量）。即在相同的时间内，液体流过任一过流断面的流量必相等。液流的连续性方程表达为

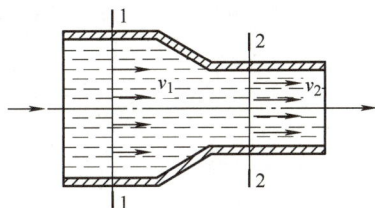

图 2.16　液体流量的连续性

$$q = v_1 A_1 = v_2 A_2 \qquad (2\text{-}20)$$

式中　　　q——通过任一截面的流量（m^3/s）；

A_1、A_2——管道内两个过流断面的面积（m^2）；

v_1、v_2——管道内两个过流断面 A_1、A_2 上的液体的平均流速（m/s）。

当流量一定时，任一过流断面上的平均流速与过流面积成反比。如一条河上的流量在各个截面上都是相同的，可以观察到河面窄处水流湍急，河面宽处水流缓慢。

三、伯努利方程

伯努利方程是能量守恒定律在流体力学中的一种表达形式。因液压传动是利用有压力的流动液体来传递能量的，所以，伯努利方程也称为能量方程。

1. 理想液体的伯努利方程

为了研究方便，一般将液体看作没有黏性摩擦力和不可压缩的理想液体来处理。如图 2.17 所示，根据能量守恒定律，外力对物体所做的功等于其机械能的变化，可得理想液体的伯努利方程为

$$p_1 + \rho g h_1 + \frac{1}{2}\rho v_1^2 = p_2 + \rho g h_2 + \frac{1}{2}\rho v_2^2 = 常数 \qquad (2\text{-}21)$$

式中　p_1、p_2——截面 1 和 2 的压力（Pa）；

ρ——液体的密度（kg/m^3）；

g——重力加速度（m/s^2）；

h_1、h_2——截面 1 和 2 距基准面的距离（m）；

v_1、v_2——截面 1 和 2 液流的平均流速（m/s）。

伯努利方程的物理意义：在密封管道内作恒定流动的理想液体，在任意一个过流断面上都具有三种形式的能量，即压力能（p）、位能（$\rho g h$）和动能（$pv^2/2$）。这三种能量的总和是一个恒定的常量，而且三种能量之间是可以相互转换的。即在不同的过流断面上，同一种能量的值会不同，但各个断面上的总能量数值都是相同的，即能量守恒，如图 2.18 所示。

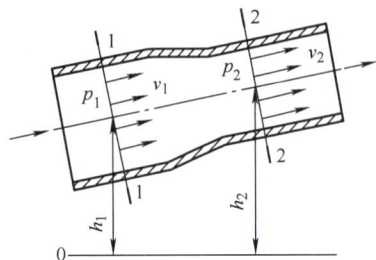

图 2.17 伯努利方程示意图

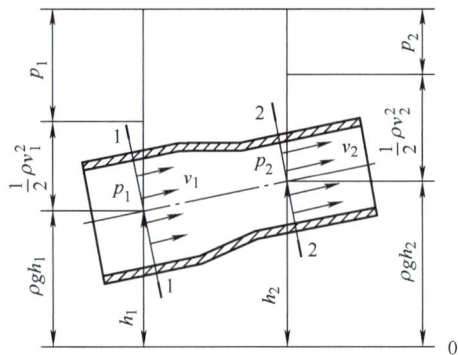

图 2.18 伯努利方程能量转换图

2. 实际液体的伯努利方程

实际液体和理想液体的伯努利方程存在以下区别。

① 由于液体存在着黏性，其黏性力表示为对液体流动的阻力，实际液体的流动要克服这些阻力，表示为机械能的消耗和损失。所以，当液体流动时，沿液流方向的总能量在不断地减少（Δp_{w1}）。

② 管道局部形状和尺寸有骤然变化的地方，会引起扰动的能量损失（Δp_{w2}）。

③ 实际流速分布是不均匀的，若按均匀分布的平均流速计算动能，会引起一定的误差，所以有必要引入动能修正系数 α。

所以，实际液体的伯努利方程为

$$p_1 + \rho g h_1 + \frac{1}{2}\alpha_1 \rho v_1^2 = p_2 + \rho g h_2 + \frac{1}{2}\alpha_2 \rho v_2^2 + \Delta p_w \qquad (2\text{-}22)$$

伯努利方程的适用条件如下：

① 稳定流动的不可压缩液体，即密度为常数。

② 截面中心在基准以上时 h 取正值；反之，取负值，常选特殊位置水平面（如油箱液面）作为基准面。

③ 断面 1 和 2 须顺流向选取，否则 Δp_w 为负值。

④ 层流时，$\alpha = 2$；紊流时，$\alpha = 1$。

四、动量方程

动量方程是动量定理在流体力学中的具体应用。动量定理是指作用在物体上（这里是液体）的外力等于物体在单位时间内的动量变化量。其公式为

$$\sum F = \frac{m v_2}{\Delta t} - \frac{m v_1}{\Delta t} \qquad (2\text{-}23)$$

则液体在做恒定流动时的动量方程可由以上刚体力学中的动量定理转化而来。其公式为

$$\sum F = \rho q_v (\beta_2 v_2 - \beta_1 v_1) \qquad (2\text{-}24)$$

式中　$\sum F$ ——作用于液体上的合外力，它是矢量，计算时应将其分解为某个方向上的值（N）；

　　　ρ ——液体的密度（kg/m³）；

q_v——液体的流量（m^3/s）；

β_1、β_2——动量修正系数，修正由平均流速代替实际流速所产生的误差。它与液体的流动状态有关，层流时取 1.33，紊流时取 1，计算时常取 1；

v_1、v_2——液体在流过前后两个过流断面的平均流速。它是矢量，计算时应将其分解为 $\sum F$ 方向上的值（m/s）。

式（2-24）中的 $\sum F$ 是求外力作用于液体上的力，但在工程实际应用中，经常会求液体对固体壁面的作用力，二者方向相反，则其方程变为

$$\sum F'_\chi = -\sum F = \rho q_v(\beta_1 v_1 - \beta_2 v_2) \tag{2-25}$$

▶▶ 技能训练

下面通过几个技能训练，来巩固本任务所学内容。

训练5　图 2.19 所示为自吸式喷雾器原理图，截面 1—1 的直径 $d_1 = 500mm$，截面 2—2 的直径 $d_2 = 50mm$，气流在截面 1—1 处的速度为 0.1m/s，求气流在截面 2—2 处的速度。

解：由式（2-20）得

$$v_1 \times \frac{\pi d_1^2}{4} = v_2 \times \frac{\pi d_2^2}{4}$$

$$v_2 = v_1 \times \left(\frac{d_1}{d_2}\right)^2 = 0.1 \times \left(\frac{500}{50}\right)^2 \text{m/s} = 10\text{m/s}$$

训练6　图 2.19 所示为一种自吸式喷雾器，试说明其喷雾原理。

解：雾其实是水的微滴，由液流的连续性方程式（2-20）可知，大断面流速慢，小断面流速快，所以 $v_1 < v_2$。再者，由上面的计算也能看出，截面 2—2 的速度远远大于截面 1—1 的速度。再利用伯努利方程的原理，当流体高度相同时，伯努利方程就变为 $p_1 + \frac{1}{2}\alpha_1\rho v_1^2 = p_2 + \frac{1}{2}\alpha_2\rho v_2^2$，每个截面总的能量不变，流速慢的大断面管中的压力（压力能）高，流速快的小断面管中压力（压力能）低，当左端通入一定速度气流，达到断面 2 时，速度变得很快，因而压力就会很小。当此处压力小于大气压力而出现真空时，下面水箱里的水在大气压的作用下被吸入喷管，水与高速气流混合后就形成水雾在右端喷出。

训练7　如图 2.20 所示，液压泵从油箱中吸油，泵吸油口到油箱液面的高度为 h。试分析液压泵的吸油条件（真空度和安装高度）。

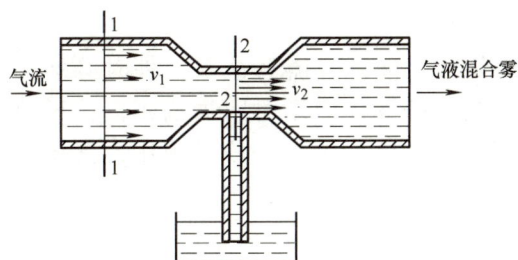

图 2.19　自吸式喷雾器原理　　　　图 2.20　液压泵吸油

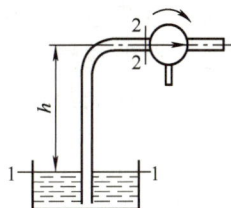

解：以油箱液面 1 为第一个过流断面，并设为基准面；以泵的吸油口处 2 为第二个过流断面，利用伯努利方程：

$$p_1 + \rho g h_1 + \frac{1}{2}\alpha_1 \rho v_1^2 = p_2 + \rho g h_2 + \frac{1}{2}\alpha_2 \rho v_2^2 + \Delta p_w$$

式中，p_1 为油箱液面的大气压力，用 p_a 表示；h_1 是基准面的高度，$h_1 = 0$；v_1 为油箱液面的液流速度，因其截面 1 的面积比油管截面 2 的面积大很多，根据连续性方程 $v_1 A_1 = v_2 A_2$，v_1 与 v_2 相比很小，可近似认为 $v_1 \approx 0$。于是，上式可写成求真空度的计算式：

$$p_a - p_2 = \rho g h + \frac{1}{2}\alpha_2 \rho v_2^2 + \Delta p_w$$

上式右边，当泵安装在液面之上时，$h>0$，动能项和压力损失都大于零，$p_a - p_2 > 0$，这样泵的吸油口必定形成真空度。泵的吸油是靠其进油口处的真空度来完成的，即其绝对压力 p_2 必小于大气压，泵的吸油实际上是油箱液面上的大气压将油压进液压泵的。但真空度的值 $(p_a - p_2)$ 也不能太大，一般小于 0.03MPa，过大会使 p_2 过小，当泵入口绝对压力 p_2 小到低于油液的空气分离压时，将使溶于油液中空气分离出来形成气泡，产生气穴现象。当小于油液的饱和蒸气压时，油液本身会产生汽化，以致产生更大量的气体，破坏油液的连续性，产生噪声和振动，影响工作性能。

为了使真空度不至于过大，一般需限制液压泵的安装高度 h，应在液面之上不超过 0.5m 的地方，且采用较大直径的吸油管。

当液压泵安装于油箱液面之下时，高度 h 为负值，且当 $|\rho g h| > \frac{1}{2}\alpha_2 \rho v_2 + \Delta p_w$ 时，$p_a - p_2 < 0$，液压泵的进油口不能形成真空度，而是靠液压油的重力自行灌到泵中，如图 2.21 所示。

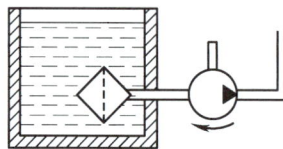

图 2.21　泵倒灌吸油

任务四　流体流动的压力损失计算

任务概述

了解管路内压力损失情况，掌握沿程压力损失和局部压力损失计算方法。

知识与技能

液压系统都是由管道、管接头和阀门等元件组成，液体在流经这些元件时必然会产生能量损失。能量损失在液压传动中称为压力损失，按液体流动时阻力的不同，压力损失分为沿程压力损失和局部压力损失两种形式，在图 2.22 所示的一段管道中，其压力损失 $\Delta p = p_1 - p_2$。

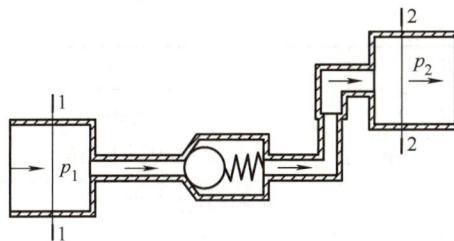

图 2.22　液体流动的压力损失

一、沿程压力损失

液体在等径直管中流动时，由于液体的黏性和过流断面上质点运动速度的不同，造成液体分子间的内摩力；同时液体分子与管道内壁也会形成摩擦力，这两种摩擦力形成一种能量损失即沿程压力损失，它是沿着整个流动管道都会产生的压力损失。

沿程压力损失主要取决于管路的长度、内径、粗糙度、液体的流速和黏度等。液体的流态（层流和紊流）不同，沿程压力损失也不同。

因压力损失不仅浪费功率，还会使系统油温升高，黏度下降，泄漏增加，元件受热膨胀，尺寸增大，影响正常工作，甚至卡死，所以必须控制系统的压力损失。

1. 层流时的沿程压力损失

一般在液压传动中，液体的流动状态多数是液体在圆管中做层流流动（低速流动）。液体层流时的沿程压力损失公式为

$$\Delta p_\lambda = \lambda \frac{l}{d} \frac{\rho v^2}{2} \tag{2-26}$$

式中　　Δp_λ——沿程压力损失（Pa）；

λ——沿程阻力系数，无量纲。圆管沿程阻力系数公式见表2.6，对于金属管，一般取 $\lambda = 75/Re$，橡胶管取 $\lambda = 80/Re$；

l——管道长度（m）；

d——管道内径（m）；

ρ——液体密度（kg/m³）；

v——液体的平均流速（m/s）。

由式（2-26）可以看出，管道越细、越长、黏度越大、流速越快，则压力损失越大。控制沿程压力损失最有效的措施就是限制流速，管道内的平均流速不能超过表2.7中的推荐值；但流速也不能太小，太小会加大管道和阀类等元件的尺寸（$v_1 A_1 = v_2 A_2$）。即管道内的液体流速不能太大，也不能太小，一定要控制在一定的范围内。

表 2.6　圆管沿程阻力系数 λ 的计算公式

液态	Re	管道		λ 的计算
层流	$Re<2300$	等温金属管		$\lambda = 64/Re$
		非等温光滑金属管	$\lambda = 75/Re$	
		橡胶软管	$\lambda = 80/Re$	

（续）

液态	Re	管道	λ 的计算
紊流	$4000 < Re < 10^5$	光滑管	$\lambda = 0.3164 Re^{-0.25}$
	$10^5 < Re < 3 \times 10^6$	$\lambda = 0.032 + 0.221 Re^{-0.237}$	
	$Re > 900 \Delta/d$	λ 的值除与 Re 有关外，还与相对粗糙度 Δ/d 有关。绝对粗糙度 Δ 值与管材有关：钢管为 0.04、铸铁为 0.25、铜管和塑料管为 0.0015 ～ 0.01	$\lambda = \left[2\lg(\Delta/d) + 1.74 \right]^{-2}$

表 2.7　管道推荐流速

管道		允许流速 /（m/s）
吸油管	有过滤器	0.5 ～ 1.5
	无过滤器	1.5 ～ 3
回油管		2 ～ 3
压油管	2.5MPa	3
	5MPa	4
	10MPa	5
	>15MPa	7

2. 紊流时的沿程压力损失

当管道内流速较大时，液体各质点不再是有规则（抛物线）的轴向运动，而是在运动过程存在剧烈的横向流动，各质点形成互相掺混和脉动。这种极不规则的运动，引起质点间的碰撞，产生大量不规则的小旋涡，因而紊流能量损失比层流大得多。所以，在液压系统中，为了避免产生紊流，管道内的流速不应超过 7m/s。

二、局部压力损失

液体流经阀口、弯管、突变截面和粗滤器等局部结构时，由于液流方向和速度均发生变化，形成了漩涡（图 2.23），使液体的质点间相互撞击，从而产生较大的能量损耗，即称为局部压力损失。

局部压力损失的计算式为

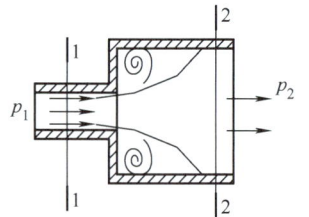

图 2.23　管路突然扩大时液流状况

$$\Delta p_\zeta = \zeta \frac{\rho v^2}{2} \qquad (2\text{-}27)$$

式中　Δp_ζ——局部压力损失（Pa）；

　　　ζ——局部阻力系数，其数值与局部阻力结构有关，通过实验确定，可查手册；

　　　v——液体的平均流速（m/s）。

阀类元件的局部压力损失可用式（2-27）计算，也可采用下面更易计算的公式：

$$\Delta p_v = \Delta p_n \left(\frac{q_v}{q_{vn}} \right)^2 \qquad (2\text{-}28)$$

式中　Δp_v——通过阀类元件的局部压力损失（Pa）；

　　　Δp_n——阀类元件在额定流量下的压力损失，可由手册查出（Pa）；

q_v——通过阀类元件的实际流量（m³/s）；

q_{vn}——通过阀类元件的额定流量，可由手册查出（m³/s）。

减小局部压力损失的措施是减少管道截面的突变，减少接头与弯头数量，选用压力降较小的阀类元件等。

三、管路系统总压力损失

管路系统总的压力损失可由以上所有沿程压力损失和局部压力损失组成，其式为

$$\sum \Delta p = \sum \lambda \frac{l}{d} \frac{\rho v^2}{2} + \sum \zeta \frac{\rho v^2}{2} + \sum \Delta p_n \left(\frac{q_v}{q_{vn}} \right)^2 \qquad （2\text{-}29）$$

一般液压系统的管路不是太长，所以沿程压力损失较小，阀类等元件的局部压力损失比较大。

但压力损失也有有利的一面，如减压阀和流量阀等多种阀类元件，就是利用增大或减小通过它的液流的压力损失（压降）来实现压力和流量控制的。

计算出压力损失值后，就可求得液压泵的实际工作压力。若已知执行机构所需的工作压力为 p（一般在 2.5～32MPa），因液压系统中油管安装的最大高度一般不超过 10m，管道内的平均流速一般不会超过 7m/s，则可得液压泵出口的压力。

假设压力（能）p=2.5MPa

位能　　ρgh =900×9.8×10=0.09MPa

动能　　$\rho v^2/2$ =900×7²/2 =0.023MPa

由以上计算可看出，压力能比位能和动能大很多。所以，在以后的液压系统计算时，位能和动能可忽略不计，只靠压力能做功。利用伯努利方程，则泵的压力为

$$p_p = p + \Delta p_w \qquad （2\text{-}30）$$

所选液压泵的额定压力要略大于系统工作时的最大压力，一般取加 $P_n = （1.3 \sim 1.5）p_p$。

技能训练

训练8　如图 2.20 所示，泵的流量为 42×10^{-5} m³/s，吸油管内径为 30mm，油液密度为 900kg/m³，运动黏度为 32×10^{-6} m²/s，过滤器压力损失 Δp=0.02MPa，吸油管局部阻力系数 ζ =0.2，泵吸油的真空度为 0.025MPa，求泵的安装高度。

解：以 1—1 为基准面，$p_1 = p_a$，$v_1 \approx 0$，$h_1 = 0$，设泵的安装高度为 h，根据式

$$p_1 + \rho gh_1 + \frac{1}{2}\alpha_1 \rho v_1^2 = p_2 + \rho gh_2 + \frac{1}{2}\alpha_2 \rho v_2^2 + \Delta p_w$$

则

$$p_a - p_2 = \rho gh + \frac{1}{2}\alpha_2 \rho v_2^2 + \Delta p_w$$

$$v_2 = \frac{q_v}{\dfrac{\pi d^2}{4}} = \frac{42 \times 10^{-5}}{\dfrac{\pi \times 0.03^2}{4}} \text{m/s} = 0.59\text{m/s}, Re = \frac{v_2 d}{v} = \frac{0.59 \times 0.03}{32 \times 10^{-6}} = 553$$

所以液流是层流，$\alpha_2 = 2$，$\lambda = \dfrac{75}{Re} = \dfrac{75}{553} = 0.136$

$$\Delta p_w = \lambda \frac{l}{d} \frac{\rho v_2^2}{2} + \zeta \frac{\rho v_2^2}{2} + \Delta p = \left[\left(0.136 \times \frac{h}{0.03} + 0.2\right) \times \frac{900 \times 0.59^2}{2} + 0.02 \times 10^6\right] \text{Pa} = (710h + 20031)\text{Pa}$$

把所求数据代入 $p_a - p_2 = \rho g h + \dfrac{1}{2} \alpha_2 \rho v_2^2 + \Delta p_w$

$$0.025 \times 10^6 \text{Pa} = \left(900 \times 9.8h + \frac{1}{2} \times 2 \times 900 \times 0.59^2 + 710h + 20031\right)\text{Pa}$$

得 h=0.49m。

任务五　孔口和缝隙流量的计算

▶▶ 任务概述

了解孔口和缝隙流量的特性，掌握计算孔口和缝隙流量的方法。

▶▶ 知识与技能

在液压传动系统中，孔口和缝隙是最常见的结构。如节流阀、调速阀的节流调节小孔，减压阀的压力调节孔口，方向阀的控制阀口等。在各种液压元件的相对运动表面间都会存在各种形式的间隙，它将影响着液体泄漏量的大小。研究液体流经这些孔口和缝隙的流量压力特性，对于研究节流调速性能，计算泄漏十分重要。

一、孔口流量

液体流经小孔的情况可以根据孔长 L 与孔径的比值分为以下三种情况：

① 薄壁孔：$L/d \leqslant 0.5$，如图 2.24a 所示。
② 短孔：$0.5 < L/d \leqslant 4$，如图 2.24b 所示。
③ 细长孔（阻尼管）：$L/d > 4$，如图 2.24c 所示。

孔口和缝隙流量的计算

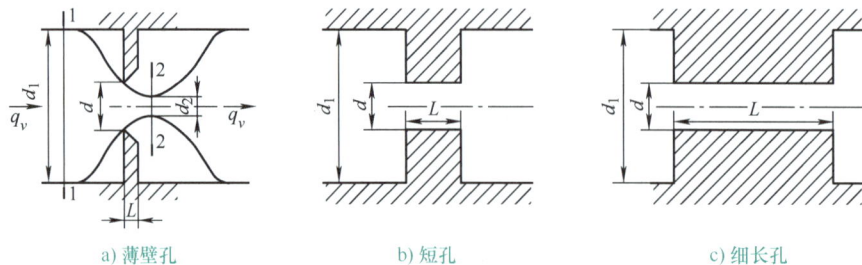

a) 薄壁孔　　b) 短孔　　c) 细长孔

图 2.24　孔口的形式

1. 薄壁孔的流量

薄壁孔的流量计算公式为

$$q_v = C_q A_{\mathrm{T}} \sqrt{\frac{2}{\rho} \Delta p} \qquad (2\text{-}31)$$

式中　q_v——液体流过薄壁孔的流量（m^3/s）；

　　　C_q——流量系数。完全收缩（$d_1/d \geqslant 7$）：流速的收缩作用不受孔口前管壁的影响，当
　　　　　　$Re \leqslant 10^5$ 时，$C_q = 0.964 Re^{-0.05}$；当 $Re > 10^5$ 时，$C_q = 0.6 \sim 0.62$；不完全收缩
　　　　　　（$d_1/d < 7$）：孔口前管壁对液流进入孔口起导向作用，对收缩程度有影响，
　　　　　　$C_q = 0.7 \sim 0.8$；

　　　A_{T}——薄壁孔口面积，$A_{\mathrm{T}} = \pi d^2 / 4$（$\mathrm{m}^2$）；

　　　Δp——薄壁孔口两端的压力差，主要为管道内液体在流经孔口处时突然缩小和突然增
　　　　　　大而形成的两部分压力损失（Pa）；

　　　ρ——液体的密度（$\mathrm{kg/m}^3$）。

由于薄壁孔口流程短，沿程压力损失很小，压差变化对流量影响较小，对油温不敏感。这种小孔流量比较稳定，宜做节流阀。

2. 短孔的流量

短孔的流量公式和薄壁孔的公式相同，但流量系数不同，一般取 $C_q = 0.8 \sim 0.82$。由于短孔比薄壁孔容易加工，所以短孔适合做固定节流器。

3. 细长孔的流量

细长孔的流量计算公式为

$$q_v = \frac{\pi d^4}{128 \mu l} \Delta p \qquad (2\text{-}32)$$

式中　q_v——液体流过细长孔的流量（m^3/s）；

　　　d——管道直径（m）；

　　　Δp——孔口两端的压力差（Pa）；

　　　μ——液体的动力黏度（$\mathrm{Pa \cdot s}$）；

　　　l——细长孔的长度（m）。

细长孔的流量计算公式也用于管道内液体的流量计算。细长孔的流程长，流动多为层流，液体会因黏性而流动不畅，易发热和堵塞，所以不宜做节流阀，而是常做成阻尼孔使用。

三种孔口的综合流量通式为

$$q_v = C A_{\mathrm{T}} \Delta p^m \qquad (2\text{-}33)$$

式中　C——孔口系数，由孔口的形状、尺寸和液体性质所决定。对于薄壁孔和短孔，$C = C_q$
　　　　　$(2/\rho)^{1/2}$，对于细长孔，$C = d^2 / 32 \mu l$；

　　　m——长径比指数，对于薄壁孔和短孔，$m = 0.5$，对于细长孔，$m = 1$。

流量通式常用作分析孔口的流量压力特性。由通式可知，通过各种孔口的流量主要与过流断面面积 A_{T} 成正比，改变 A_{T} 就能改变流量，这就是节流阀的原理。

二、缝隙流量

液压元件各个零件的配合面之间都存在缝隙（图2.25），尤其是运动元件的配合面之间要有适当的缝隙。运动配合面缝隙太小，会使液压元件中的摩擦损失增大，或致使零件卡死，影响运动；缝隙太大，泄漏增大，降低效率和传动精度，污染环境。所以，装配元件配合面间一般都有几微米到几十微米的缝隙，以使泄漏功率和摩擦功率这两种功率损失之和达到最佳值，并不是缝隙越小越好。

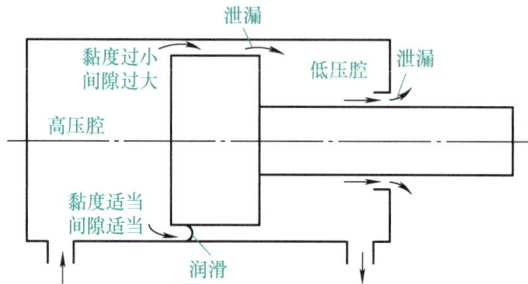

图 2.25　液压元件的缝隙流量

缝隙流量：液体流经缝隙的流量称缝隙流量，也称泄漏量。缝隙有两种，即两个平行平板之间形成的平行缝隙，另有两个内、外圆柱面形成的环形缝隙。

缝隙中的液体流动一般为层流，它分为三种情况：一种是压差流动，它是由缝隙两端的压力差造成的流动；第二种是剪切流动，是由形成缝隙的两元件配合面做相对运动形成的流动；第三种是压差与剪切同时作用下的流动。

1. 平行平板缝隙的流量

（1）流过固定平行平板缝隙的流量（压差流量）　由于两板间不存在相对运动，造成缝隙流动的原因是它两端形成的压力差，如图2.26所示。则压差流量的计算式为

$$q_v = \frac{b\delta^3}{12\mu l}\Delta p \tag{2-34}$$

式中　q_v——液体流过两固定平板缝隙的流量（m^3/s）；

b——缝隙宽度（m）；

δ——缝隙高度（m）；

Δp——缝隙两端的压力差（Pa）；

μ——液体的动力黏度（Pa·s）；

l——缝隙长度（m）。

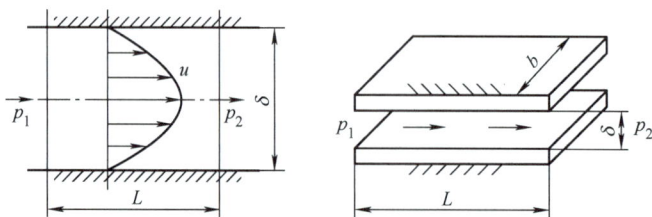

图 2.26　固定平行平板缝隙的流量（压差流量）

这里 $l \geqslant \delta, b \geqslant \delta$。由式（2-34）可知，在压差作用下，流过固定平行平板缝隙的流量与缝隙高度 δ 的三次方成正比。所以，要想减少泄漏量，就必须控制缝隙的大小，这就要求液压

元件的加工精度不能太低。

（2）流过相对运动平行平板缝隙的流量（剪切流量）　如图 2.27 所示，假设下平板不动，上平板以速度 u_0 向右运动，但液体两端无压差作用。因液体有黏性，所以，附着在下平板的液体运动速度为零，附着在上平板的液体随着上平板以速度 u_0 向右运动，缝隙中间液体则在上部分液体带动下也做向右运动。但顺着高度方向液体从上到下的速度按线性规律递减。剪切流量的计算式为

$$q_v = \frac{u_0}{2} b\delta \tag{2-35}$$

式中　q_v ——液体流过两相对运动平板缝隙的流量（m^3/s）；

u_0 ——两平行平板间相对运动速度（m/s）。

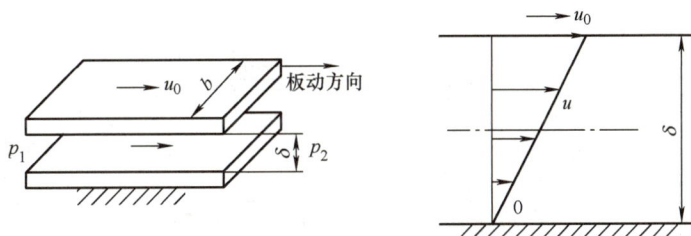

图 2.27　相对运动平行平板缝隙的流量（剪切流量）

（3）流过相对运动平行平板缝隙的合成流量（压差流量＋剪切流量）　两平行平板既有相对运动，两端又存在压差，其速度和流量是以上两种情况的线性叠加，如图 2.28 所示。其流量表达式为

$$q_v = \frac{b\delta^3}{12\mu l}\Delta p \pm \frac{u_0}{2} b\delta \tag{2-36}$$

式中正负号的确定：当运动平板与固定平板的运动方向和压差流动方向（由 p_1 流向 p_2）一致时，取"＋"；反之，取"－"。

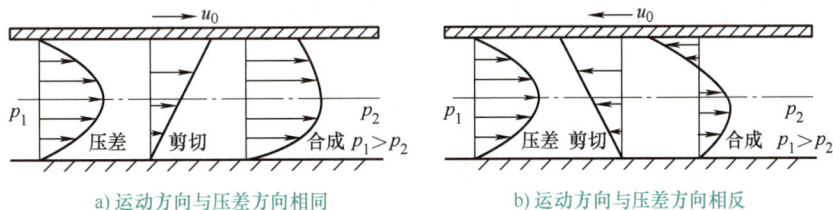

a）运动方向与压差方向相同　　　　b）运动方向与压差方向相反

图 2.28　相对运动平行平板缝隙的合成流量（压差流量＋剪切流量）

2. 圆环缝隙的流量

在液压系统中，很多元件的配合均属于圆环缝隙的流量。如缸体与活塞的配合面，阀体与阀芯的配合面等。圆环缝隙分为两种，即同心圆环缝隙和偏心圆环缝隙。

（1）同心圆环缝隙的流量　流过同心圆柱体间配合缝隙的流量称为同心圆环缝隙流量，如图 2.29 所示。当圆柱体直径 $b \geq \delta$ 时，可以将圆环缝隙间的流动展开，近似地看作是平行平板间缝隙的流动，只要将 $b = \pi d$ 代入式（2-35），就可得到同心圆环缝隙的流量公式：

$$q_v = \frac{\pi d \delta^3}{12 \mu l} \Delta p \pm \frac{u_0}{2} \pi d \delta \qquad (2\text{-}37)$$

（2）流过偏心圆环缝隙的流量　在实际液压传动系统中，由于制造和装配的原因，真正的同心圆环缝隙是很少存在的，一般都存在一定程度的偏心。如活塞与液压缸不同心时就形成了偏心圆环缝隙，如图2.30所示。其流量公式为

$$q_v = \frac{\pi d \delta^3}{12 \mu l}(1 + 1.5\varepsilon^2) \Delta p \pm \frac{u_0}{2} \pi d \delta \qquad (2\text{-}38)$$

式中　ε——相对偏心率，计算式 $\varepsilon = e/\delta$，它是配合圆柱体的偏心距 e 和同心时缝隙厚度 δ 的比值，$\varepsilon = 0 \sim 1$。

由式（2-38）可知，最大偏心时，$\varepsilon = 1$，此时的压差流量为同心时压差流量的 2.5 倍。所以，为了减少泄漏量，在加工和装配时应尽量使两圆柱体配合面处于同心状态。

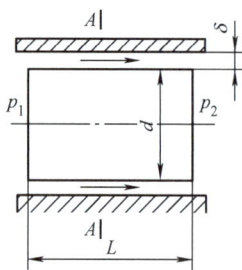

图 2.29　流过同心圆环缝隙的流量　　　　图 2.30　流过偏心圆环缝隙的流量

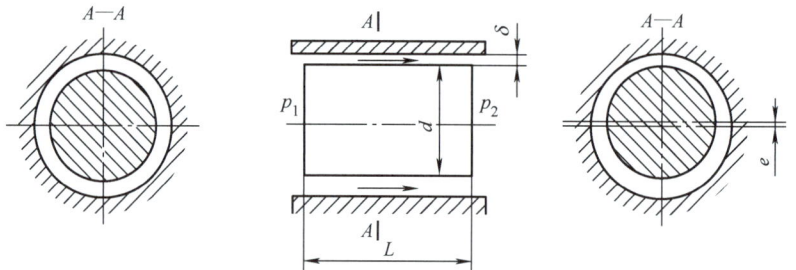

▶▶ 技能训练

训练 9　如图 2.31 所示，泵的出油压力为 3.5MPa，活塞直径为 100mm，活塞宽为 50mm，节流阀薄壁小孔的开口面积为 2mm²，负载为 20kN，节流阀阀口的流量系数为 0.6，密度为 900kg/m³，运动黏度 30mm²/s。

（1）试求活塞向右运动的速度。

（2）若活塞与缸体间有 0.1mm 的缝隙，求同心时的泄漏量。

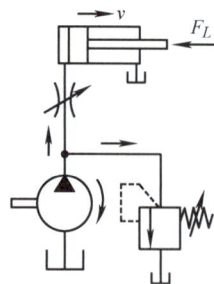

图 2.31　技能训练 9 图

解：（1）缸左腔压力为

$$p = \frac{F}{A} = \frac{F}{\frac{\pi D^2}{4}} = \frac{20000}{\frac{\pi \times 0.1^2}{4}} \text{Pa} = 2.5\text{MPa}$$

节流阀两端的压差 Δp=（3.5-2.5）MPa=1MPa，通过节流阀小孔的流量为

$$q_v = C_q A_T \sqrt{\frac{2}{\rho}\Delta P} = 0.6 \times 2 \times 10^{-6} \times \sqrt{\frac{2 \times 1 \times 10^6}{900}}\, \text{m}^3/\text{s} = 5.7 \times 10^{-5}\,\text{m}^3/\text{s}$$

活塞运动的速度为

$$v = \frac{q_v}{A} = \frac{q_v}{\dfrac{\pi d^2}{4}} = \frac{5.7 \times 10^{-5}}{\dfrac{\pi \times (100 \times 10^{-3})^2}{4}}\,\text{m/s} = 7.3 \times 10^{-3}\,\text{m/s}$$

（2）圆环缝隙同心时的流量。因为压差流量是从无杆腔流向有杆腔，方向向右，Δp=（2.5-0）MPa=2.5MPa，活塞相对于缸体运动方向向右，即剪切流量向右，总流量为二者的叠加。

$$\begin{aligned}
q_v &= \frac{\pi d \delta^3}{12\mu l}\Delta p + \frac{u_0}{2}\pi d \delta = \frac{\pi \times 0.1 \times (0.1 \times 10^{-3})^3 \times 2.5 \times 10^6}{12 \times 30 \times 10^{-6} \times 50 \times 10^{-3}} \\
&\quad + \frac{7.3 \times 10^{-3} \times \pi \times 0.1 \times 0.1 \times 10^{-3}}{2} = 4.8 \times 10^{-5} + 1.1 \times 10^{-7} \\
&\approx 4.8 \times 10^{-5}\,\text{m}^3/\text{s}
\end{aligned}$$

本技能训练中素质目标（分析问题、解决问题的能力和一定的应变能力）的体现主要是分析压差流量与剪切流量到底是方向相同还是相反，二者是相加还是相减。

任务六　认识液压冲击与气穴现象

▶▶ 任务概述

了解液压冲击和气穴现象，掌握液压冲击和气穴现象产生的原因、危害及控制方法。

▶▶ 知识与技能

一、液压冲击

在液压系统中，由于某种原因致使液体的压力在某一瞬间突然升高，产生很高的压力峰值，这种现象称为液压冲击。它可能比正常值高出几倍或者更高。

1. 液压冲击产生的原因

1）阀口突然关闭，液流的速度发生变化，由于其惯性作用，液体瞬间的动能转变为压力能，致使产生液压冲击，如图 2.32 所示。

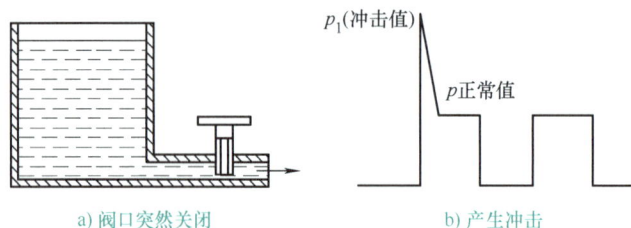

a) 阀口突然关闭   b) 产生冲击

图 2.32   液压冲击

2）部件突然制动或换向，因其惯性也会产生液压冲击。

3）元件动作不灵敏（如溢流阀反应迟钝打不开），系统失去控制功能，致使压力升高，产生液压冲击。

2. 液压冲击的危害

1）损坏密封、管道等液压元件。

2）产生巨大的振动和噪声，并使油温升高，影响工作性能。

3）压力继电器、顺序阀和溢流阀等压力控制元件产生误动作，造成设备故障或事故。

3. 减小液压冲击的措施

1）延长阀门关闭和运动部件制动的换向时间（最好大于 0.3s）。

2）限制管道流速（如机床液压系统管道内液体的流速应小于 5m/s）和运动部件速度（小于 0.17m/s）。

3）适当加大管道直径，以降低流速及冲击波的速度；尽量缩短管路长度，以减小压力冲击波的传播时间。

4）采用软管，以增加系统的弹性。

5）安装安全阀（溢流阀），或在冲击源处设置蓄能器。

二、气穴

当液体内某处压力低于其空气分离压时，原来溶于液体中的气体就会释放出来，产生气泡，这种现象称为气穴。当压力进一步减小，低于液体的饱和蒸气压时，液体本身开始汽化，形成大量的蒸汽气泡，加重气穴现象。

1. 气穴产生的原因

液体中都溶解有空气，其溶解度与压力的大小成正比。当压力低于大气压时，原先溶解于油液中的气体就处于过饱和状态，分解出游离状态的微小气泡，其速率较低；当压力降到低于空气分离压时，溶解的气体就会以很高的速度分解出来，成为游离微小气泡，并聚合长大，使原来充满油液的管道变为混有许多气泡的不连续状态。油液的空气分离压随油温而变化，当油温 $t=50℃$ 时，空气分离压 $<0.04MPa$。

当压力继续降到低于液体的饱和蒸气压时，液体本身开始气化，形成大量蒸气气泡。

液体的饱和蒸气压比空气分离压小很多，这种情况更要避免发生。

容易发生气穴的部位都是在狭窄处，因 $q=vA$，流量一定时，A 小则 v 大，流速急剧增大。又根据伯努利方程，位能一定时，流速高、动能大，则压力能会变得很小，如泵的吸油口、过流断面小的节流部位、启闭的阀口等，如图 2.33 所示 2 处断面。产生气穴的根本原因是压力的过度下降，具体原因有黏度过大、过滤器堵塞、吸油管过长和吸油管直径小等引起的吸油不畅。

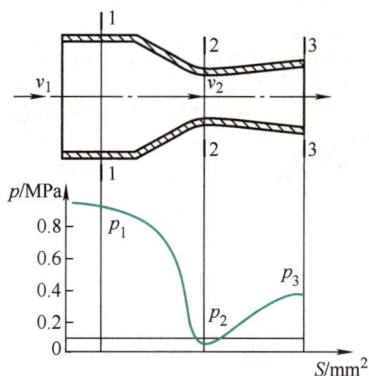

图 2.33 产生气穴的部位

2.气穴的危害

1）破坏液体的连续性，使压力、流量产生脉动。
2）产生噪声、振动和液压冲击，使工作状态恶化。
3）使金属产生腐蚀（气蚀）。

3.减少气穴的措施

1）控制急变部位，小孔和间隙前后压力比小于3.5。
2）降低泵安装高度，泵的转速不要太高，加大吸油管径，限制流速，减小压力损失。
3）油口接头密封好，防空气进入。
4）液压缸加上排气装置。
5）用抗腐蚀能力强的材料，降低粗糙度。
6）及时清洗或更换过滤器，避免其堵塞。

▶▶ 技能训练

训练 10 进入实验室操作液压回路，让液压缸急停，观察压力表压力的变化，验证液压冲击。
训练 11 通过更换很细的吸油管，听泵口的声音，观察振动情况，判断泵口是否产生气穴。

项 目 训 练

一、填空题

1.液体在管道中存在两种流动状态，_____时黏性力起主导作用，_____时惯性力起主导作用，液体的流动状态可用_____来判断。

2.由于流体具有_____，液流在管道中流动需要损耗一部分能量，它由_____损失和_____损失两部分组成。

3.我国采用的相对黏度是_____，它是用_____测量的。

4.在液压系统中，由于某些原因使液体压力突然急剧上升，形成很高的压力峰值，这种现象称为_____。

5.液体的黏性是由分子间的相互运动而产生的一种_____引起的，其大小可用黏度来度量。温度越高，液体的黏度越_____；液体所受的压力越大，其黏度越_____。

6.我国生产的机械油和液压油采用_____℃时的运动黏度（mm^2/s）为其标号。

7.液体在直管中流动时，产生_____压力损失；在变直径管、弯管中流动时，产生_____压力损失。

8.液压油有三类，即_____、_____、_____。

二、选择题

1.流量连续性方程是（　　）在流体力学中的表达形式，而伯努利方程是（　　）在流体力学中的表达形式。

A.能量守恒定律　　　　　　　　B.动量定理

C.质量守恒定律　　　　　　　　D.其他

2.在液体流动中，因某点的压力低于空气分离压而产生大量气泡的现象，称为（　　）。

A.层流　　　　B.液压冲击　　　　C.空穴现象　　　　D.紊流

3.当绝对压力小于大气压力时，大气压力减绝对压力是（　　）。

A.相对压力　　　B.真空度　　　C.表压

4.下面哪一种状态是紊流？（　　）

A.$Re<Re_{临界}$　　　B.$Re=Re_{临界}$　　　C.$Re>Re_{临界}$

5.选择液压油时主要考虑油液的（　　）。

A.密度　　　B.成分　　　C.黏度　　　D.色泽

6.当环境温度较高时，宜选用黏度等级（　　）的液压油。

A.较低　　　B.较高　　　C.都行　　　D.都不行

三、判断题

1.液体流动时，其流量连续性方程是能量守恒定律在流体力学中的一种表达形式。　　　　　　　　　　　　　　　　　　　　　　　　　　　　　　　（　　）

2.理想流体伯努利方程的物理意义：在管内稳定流动的理想流体，在任一截面上的压力能、势能和动能可以互相转换，但其总和不变。　　　　　　　　　　　（　　）

3.雷诺数是判断层流和紊流的依据。　　　　　　　　　　　　　　　　　（　　）

4.标号为N32的液压油是指这种油在温度为40℃时，其运动黏度的平均值为$32mm^2/s$。　　　　　　　　　　　　　　　　　　　　　　　　　　　　　　（　　）

5.流体在管道中做稳定流动时，同一时间内流过管道每一截面的质量相等。　（　　）

6.液流的雷诺数相同，它的流动状态也就相同。　　　　　　　　　　　　（　　）

7.液体流动时，若其中任一点的压力、密度和速度都不随时间变化，则这种流动称为恒定流动。　　　　　　　　　　　　　　　　　　　　　　　　　　　（　　）

8.油液在管道中流动时的压力损失和它的流动状态无关。　　　　　　　　（　　）

四、简答题

1.什么是液体的黏性？常用的黏度方法表示有哪几种？各自的公式和单位是什么？

2.液压油主要有几种？如何选用液压油？

3.什么是压力？压力有几种？压力取决于什么？

4. 什么是流量？速度取决于什么？
5. 液体的流态分为几种？如何判别流态？
6. 液压系统中的压力损失有几种？如何减小压力损失？
7. 什么是液压冲击和气穴？如何预防？
8. 人为什么不能太靠近铁道两旁行走？

五、计算题

1. 如图 2.34 所示，液压缸活塞直径 $D=0.1\text{m}$，活塞杆直径 $d=0.07\text{m}$，输入液压缸的流量 $q_v=8.33 \times 10^{-4}\text{m}^3/\text{s}$。试求活塞带动工作台运动的速度 v。

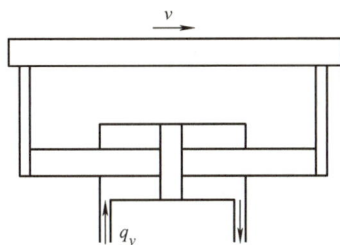

图 2.34 题 1 图

2. 已知两条油管的内径分别为 $d_1=15\text{mm}$，$d_2=20\text{mm}$，长度 $L_1=10\text{m}$，$L_2=15\text{m}$；压力油的运动黏度 $v=40 \times 10^{-6}\text{mm}^2/\text{s}$，密度 $\rho=900\text{kg/m}^3$，流量 $q=50\text{L/min}$。临界雷诺数 $Re_{临界}=1650$，求压力油通过每一条油管时的压力损失。

3. 如图 2.35 所示，已知流量 $q_1=30\text{L/min}$，小活塞杆直径 $d_1=20\text{mm}$，小活塞直径 $D_1=75\text{mm}$，大活塞杆直径 $d_2=40\text{mm}$，大活塞直径 $D_2=125\text{mm}$，假设没有泄漏，求大、小活塞的运动速度。

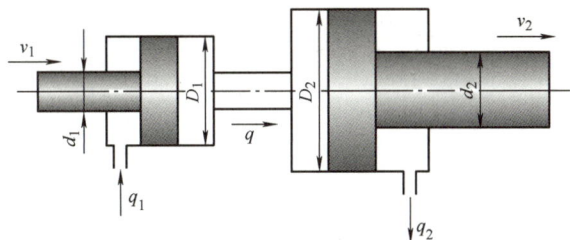

图 2.35 题 3 图

4. 图 2.36 所示为一无盖盛水容器，计算容器底部所受的作用力；若在容器上部加一活塞，并从上给水面以 100kN 的作用力，求此时容器底部所受的作用力。

5. 如图 2.37 所示，球形容器上部为气体，球形容器下部和 U 形管中有两种液体，密度分别为 ρ_1 和 ρ_2，高度如图中所示，U 形管左端开口通大气，求球形容器内的真空度。

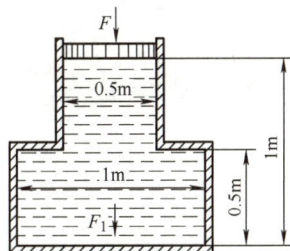

图 2.36 题 4 图

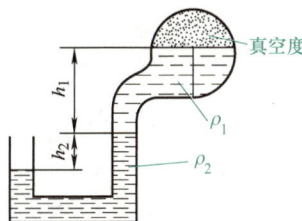

图 2.37 题 5 图

6.有一个管子，其内径为50mm，液体在管子中的流速为4m/s，液体的运动黏度为32mm^2/s，判断液体在管子中的流动状态。若要使其为层流，流速应为多少？

7.如图2.38所示，水平放置的管道，大、小截面处的管内径分别为20mm和5mm，液体黏度为30mm^2/s，密度为900kg/m^3，分析两截面哪一处压力高？

8.如图2.39所示，已知泵的流量为30L/min，吸油管径为22mm，液压油运动黏度为30mm^2/s，空气分离压为0.04MPa，过滤器的压力损失为0.03MPa，高度H为1m，求泵入口处的真空度，判断是否会产生气穴。

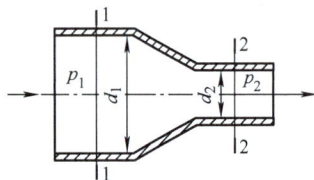

图2.38　题7图

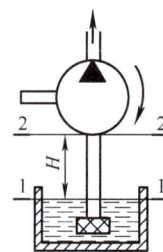

图2.39　题8图

项目三

液压动力元件的认知与使用

▶ 项目描述

　　液压动力元件是一种能量转换装置，其作用是为液压系统提供动力源，是系统中不可缺少的核心元件。它将电动机或内燃机等原动机输入的机械能转换为液体的压力能，并以压力和流量的形式输出，为液压系统提供足够的压力油。本项目通过对常用液压动力元件的识别和拆装，让学生掌握其工作原理、结构特点和应用场合，并根据需要对其进行合理选择。

▶ 项目目标

➤ **知识目标：**

1. 掌握液压泵完成吸油与压油的必备条件；
2. 掌握液压泵的压力和流量等概念；
3. 掌握齿轮泵、叶片泵、柱塞泵的结构组成与工作原理。

➤ **能力目标：**

1. 能够分析齿轮泵、叶片泵、柱塞泵的结构特点；
2. 能够识读液压泵的图形符号；
3. 能够计算液压泵的流量、功率、效率。

➤ **素质目标：**

1. 培养学生的自主学习能力；
2. 培养学生安全操作意识、质量意识、文明规范操作意识；
3. 培养学生较强的语言表达能力、沟通能力及团队协作精神；
4. 弘扬劳动精神、奋斗精神、奉献精神、创造精神、勤俭节约的精神。

➤ **职业能力：**

1. 会分析液压泵的吸油腔、压油腔和工作工程；
2. 会根据液压泵的结构特点及使用注意事项正确选择和使用液压泵；
3. 会判断液压泵的简单故障并进行解决。

任务一 液压泵的认知

▶▶ 任务概述

了解液压泵的类型、工作原理及结构特点，掌握液压泵的主要性能和参数的计算方法。

▶▶ 知识与技能

液压泵属于液压动力元件，是一种能量转换装置，它可将原动机（如电动机或内燃机）输入的机械能转换为工作液体的压力能，为执行元件提供压力油，起着向系统提供动力的作用，因此它是液压系统的重要组成部分。液压泵的性能好坏直接影响到液压系统的工作性能和可靠性。

液压泵的认知

一、液压泵的工作原理

图 3.1a 所示是人体心脏，它是供给全身血液，使人体获得能量的器官，液压泵就像人体的心脏一样，给液压系统提供动力。

图 3.1b 所示是一单柱塞液压泵的工作原理图，图中柱塞 2 装在泵体 3 中形成一个密封腔 C，柱塞在弹簧 4 的作用下始终压紧在偏心轮 1 上。原动机驱动偏心轮 1 旋转，使柱塞 2 做往复运动，密封腔 C 的大小周期性地交替变化。当 C 由小变大时就形成部分真空，使油箱中的油液在大气压力作用下，经吸油管顶开单向阀 6 进入 C 腔而实现吸油；反之，当 C 由大变小时，C 腔中吸满的油液顶开单向阀 5 流入系统而实现供油。这样液压泵就将原动机输入的机械能转换成液体的压力能，原动机驱动偏心轮不断旋转，液压泵就不断地吸油和压油。

液压泵中的密封腔 C 处于吸油状态时称为吸油腔，处于输油状态时称为压油腔。吸油腔的压力取决于吸油高度和吸油管路的阻力；压油腔的压力则取决于外负载的大小和排油管路的压力损失。

由上述分析可见，液压泵是依靠密封容积变化的原理进行工作的，故一般称为容积式液压泵。

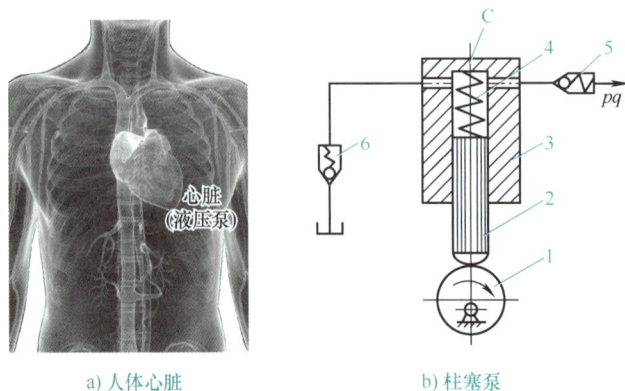

a) 人体心脏   b) 柱塞泵

图 3.1 液压泵工作原理

1—偏心轮 2—柱塞 3—泵体 4—弹簧 5，6—单向阀 C—密封腔

二、液压泵的特点

工业用泵分为容积式和非容积式泵，以上的柱塞泵是容积式的，离心水泵属于非容积式的。

容积式液压泵要完成吸压油工作应具有以下三个必备条件。

1）具有若干个密封且又可以周期性变化的空间。液压泵输出的流量与密封空间的容积变化量和单位时间内的变化次数成正比，和其他因素无关。这是容积式液压泵的一个重要特性。

2）油箱内液体的绝对压力必须恒等于或大于大气压力，这是容积式液压泵能够吸入油液的外部条件。因此，为保证液压泵正常吸油，油箱必须与大气相通，或采用密闭的充压油箱。

3）具有相应的配油机构将吸油腔和排油腔隔开，即使泵在吸油时密封腔 C 与油箱相通，而与压力管路不相通；在压油时使密封腔 C 与油液流向系统的管道相通，而与油箱不相通，这样才能保证液压泵有规律地、连续地吸、排油液。液压泵的结构原理不同，其配油机构也不相同。图 3.1b 中的单向阀 5、6 就是配油机构。

三、液压泵的种类

液压泵有以下几种分类方法。

1）按结构形式的不同，液压泵分为齿轮泵、叶片泵、柱塞泵和螺杆泵。

2）按排量是否可变，液压泵分为定量泵和变量泵。

3）按压力的不同，液压泵分为低压泵（p=0 ～ 2.5MPa）、中压泵（p>2.5 ～ 8MPa）、中高压泵（p>8 ～ 16MPa）、高压泵（p>16 ～ 32MPa）和超高压泵（p>32MPa）。

四、液压泵的主要性能参数

1. 压力

（1）工作压力 p　液压泵工作时实际输出液压油的压力称为工作压力。其大小取决于外负载，与液压泵的流量无关，单位为 Pa 或 MPa。

（2）额定压力 p_n　液压泵在正常工作时，按试验标准规定连续运转的最高压力称为液压泵的额定压力。其大小受液压泵本身的泄漏和结构强度等限制，主要受泄漏的限制。

（3）最高允许压力　在超过额定压力的条件下，根据实验标准规定允许液压泵短暂运行的最高压力称为液压泵的最高允许压力，一般为工作压力的 1.1 倍。

2. 排量和流量

（1）排量 V　不考虑泄漏，泵每转一周所排出液体的体积。排量的大小只与泵的密封腔几何尺寸有关，与泵的转速 n 无关。排量不变的液压泵为定量泵；反之，为变量泵。

（2）理论流量 q_{vt}　指泵在不考虑泄漏的情况下，单位时间内所排出液体的体积。其计算式为

$$q_{vt} = Vn \tag{3-1}$$

式中　q_{vt}——液压泵的理论流量（m^3/s，常用 L/min）；

　　　V——液压泵的排量（m^3/r，常用 mL/r）；

　　　n——液压泵的转速（r/s，常用 r/min）。

（3）实际流量 q_v　单位时间内泵所排出的实际液体的体积，即

$$q_v = q_{vt} - \Delta q_v \qquad (3\text{-}2)$$

式中　Δq_v——泵的泄漏量（m³/s，常用 L/min）。

（4）额定流量 q_n　液压泵（或液压马达）在额定转速和额定压力下输出（或输入）的流量。

流量和压力的关系如图 3.2 所示。

3. 功率

（1）输入功率 P_i　液压泵输入的是机械能，表现为液压泵主轴上的输入转矩 T_i 和转速 n，液压泵的输入功率 P_i 的计算式为

$$P_i = 2\pi n T_i \qquad (3\text{-}3)$$

式中　P_i——液压泵的输入功率（W）；

　　　n——液压泵轴的转速（r/s）；

　　　T_i——液压泵的输入转矩（N·m）。

（2）输出功率 P_o　指液压泵在实际工作中所建立的压力 p 和实际输出流量 q_v 的乘积，它是以液压能的形式表现的，即

$$P_o = p q_v \qquad (3\text{-}4)$$

式中　P_o——液压泵的输出功率（W）；

　　　p——液压泵的工作压力（Pa）；

　　　q_v——液压泵实际输出流量（m³/s）。

4. 效率

（1）容积效率　实际流量 q_v 与理论流量 q_{vt} 的比值称为容积效率。液压泵的实际流量小于其理论流量，造成损失的主要是液压泵内部油液的泄漏，油液的压缩，吸油过程中油阻太大、油液黏度大以及液压泵转速过高等原因导致的油液不能全部充满密封工作腔。用公式表示为

$$\eta_v = \frac{q_v}{q_{vt}} \qquad (3\text{-}5)$$

（2）机械效率　理论转矩与实际输入转矩的比值称为机械效率。液压泵的实际输入转矩大于理论上所需要的转矩，主要是由于液压泵内相对运动部件之间的摩擦损失以及液体的黏性引起的摩擦损失。定义液压泵的理论转矩为 T_t，实际输入转矩为 T_i，则液压泵的机械效率为

$$\eta_m = \frac{T_t}{T_i} = \frac{pV}{2\pi T_i} \qquad (3\text{-}6)$$

（3）总效率　泵的输出功率 P_o 与输入功率 P_i 的比值，即

$$\eta = \frac{P_o}{P_i} = \eta_v \eta_m \qquad (3\text{-}7)$$

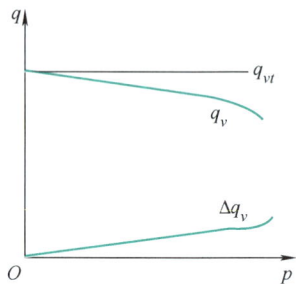

图 3.2　液压泵流量与压力的关系

几种液压泵的图形符号如图 3.3 所示。

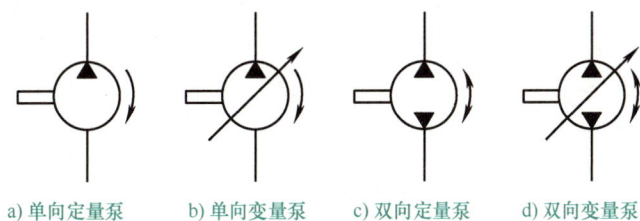

a) 单向定量泵　　b) 单向变量泵　　c) 双向定量泵　　d) 双向变量泵

图 3.3　液压泵的图形符号

技能训练

训练1　分析液压系统的压力。

如图 3.4 所示，若不计管道内的压力损失，液压缸处于向右（上）运动状态，指出以下几种工况下液压泵出口处的工作压力（压力表的读数）。

解： a）$p=0$；压力表接油箱了。

b）$p = \Delta p$；节流阀的压力损失为 Δp。

c）$p=F/A$；压力取决于负载 F。

d）先是 $p=F_2/A$，接着变为 $p=F_1/A$；压力表的最终读数等于最大负载所决定的压力。

e）$p=0$；压力表接油箱。

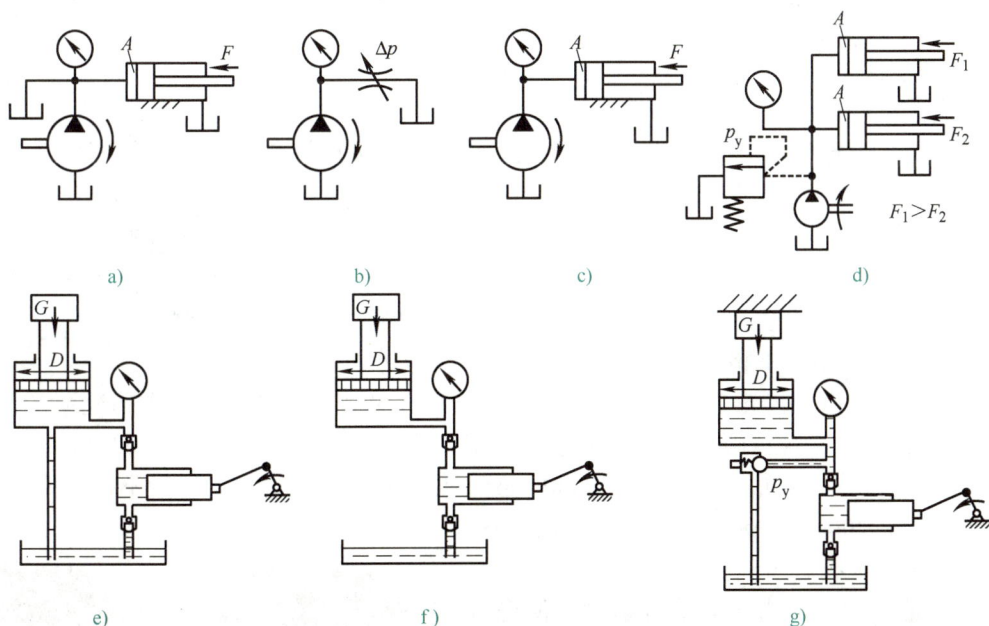

图 3.4　技能训练1图

f）$p = \dfrac{G}{\dfrac{\pi}{4}D^2}$；压力取决于负载 F。

g）$p = p_y$；负载为无穷大，溢流阀开启，压力表的读数等于溢流阀的调定压力。

训练2　某液压系统，泵的排量 $V=10\text{mL/r}$，电动机转速 $n=1200\text{r/min}$，泵的输出压力 $p=5\text{MPa}$，泵容积效率 $\eta_v=0.92$，总效率 $\eta=0.84$。求：

1）泵的理论流量；

2）泵的实际流量；

3）泵的实际输出功率；

4）驱动电动机的功率。

解： 1）泵的理论流量为

$$q_{vt} = Vn \times 10^{-3} = 10 \times 1200 \times 10^{-3} \mathrm{L/min} = 12 \mathrm{L/min}$$

2）泵的实际流量为

$$q_v = q_{vt}\eta_v = 12 \times 0.92 \mathrm{L/min} = 11.04 \mathrm{L/min}$$

3）泵的实际输出功率为

$$P_o = \frac{pq_v}{60} = \frac{5 \times 11.04}{60} \mathrm{kW} = 0.92 \mathrm{kW}$$

4）驱动电动机功率为

$$P_i = \frac{P_o}{\eta} = \frac{0.92}{0.84} \mathrm{kW} = 1.1 \mathrm{kW}$$

任务二 齿轮泵的使用

▶▶ 任务概述

了解外啮合齿轮泵的工作原理和结构要点，掌握齿轮泵排量和流量的计算方法。

▶▶ 知识与技能

齿轮泵的使用

齿轮泵是一种常用的液压泵，其主要特点是结构简单、工艺性好、体积和质量小、价格低、自吸性能好、对油的污染不敏感、工作可靠，且由于齿轮泵是轴对称的旋转体，故允许有较高的转速。但齿轮泵的流量脉动和困油现象较严重，噪声大，排量不可变。齿轮泵的最高转速一般可达3000r/min，某些齿轮泵（如飞机用齿轮泵）最高转速可达8000r/min，但其低速性能较差，一般不适于低速运行。当泵的转速低于200～300r/min时，其容积效率将降到不能允许的地步。

齿轮泵是利用一对齿轮的啮合运动，使得吸、排油腔的容积变化进行工作的。啮合的齿轮为其核心零件，按其啮合形式可分为外啮合齿轮泵和内啮合齿轮泵，如图3.5a和图3.5b所示。外啮合齿轮泵一般采用一对齿数相同的渐开线直齿圆柱齿轮啮合，内啮合齿轮泵除可采用渐开线齿轮外，也可采用摆线齿轮。

a) 外啮合

b) 内啮合

图3.5 齿轮泵

一、外啮合齿轮泵

1. 外啮合齿轮泵的工作原理

外啮合齿轮泵主要由一对齿数相等、模数相同的外啮合渐开线齿轮、泵体、前后端盖和长短轴等组成。其工作原理如图 3.6 所示，两齿轮与泵的两端盖和泵体间形成一密封容积腔，并由齿轮的齿顶和啮合线把密封腔分为互不相通的两部分，即吸油腔和压油腔。当泵的主动齿轮按图示箭头方向旋转时，左侧的轮齿逐渐脱开啮合，使密封容积腔的容积逐渐增大，形成局部真空（即形成吸油腔），油箱中的油液在外界大气压的作用下经油管进入吸油腔。然后随着齿轮的旋转，齿槽间的油液被带到右侧（进入压油腔），这时轮齿逐渐进入啮合，使右侧容积逐渐减小，腔内压力增大，迫使齿槽间的压力油进入液压系统。

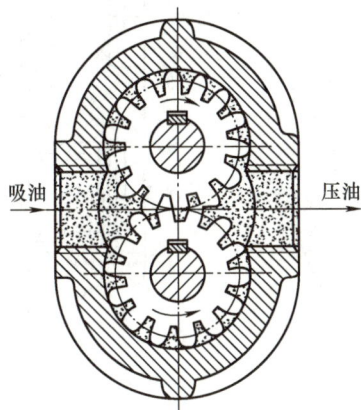

齿轮泵的参数计算

图 3.6　外啮合齿轮泵的工作原理

2. 外啮合齿轮泵的排量和流量

如图 3.7 所示，齿轮泵的排量 V 可看作是两个齿轮的齿槽容积之和。假设齿槽的容积等于轮齿的体积，则齿轮泵的排量就相当于一个齿轮所有轮齿体积之和加上所有齿槽容积之和。若泵的齿轮齿数为 z，模数为 m，节圆直径 $d=mz$，有效齿高 $h=2m$，齿宽为 b，排量计算式为 $V=bh\pi d$，把上述参数代入式中，且由于齿槽的实际容积比齿的体积大，取 π 为 3.33 对上式进行修正，则得排量计算公式：

$$V=6.66zm^2b \qquad (3-8)$$

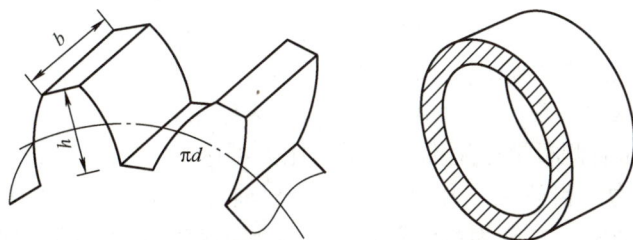

图 3.7　外啮合齿轮泵的排量计算图

齿轮泵的实际输出流量 q_v 为

$$q_v = Vn\eta_v \qquad (3-9)$$

齿轮啮合时，压油腔容积变化率是不均匀的，因此流量呈脉动状态，流量脉动率最高可达到 20%，所以高精度机械不宜采用齿轮泵。齿轮的齿数越多，脉动越小，且内啮合齿轮泵优于外啮合齿轮泵。

3. 外啮合齿轮泵的结构特点

图 3.8 所示为 CB-B 型齿轮泵的结构图。

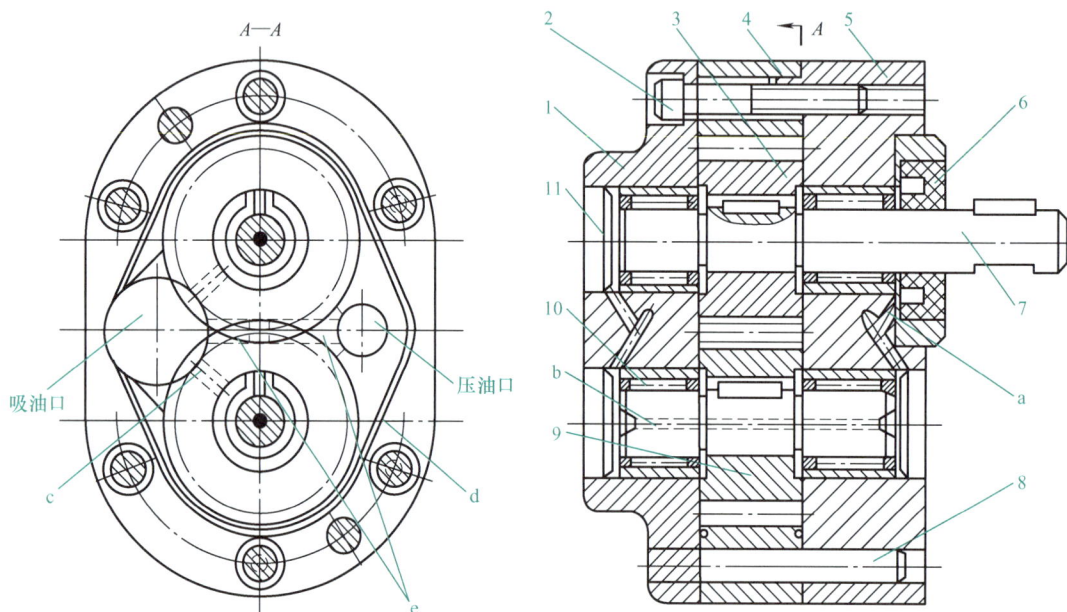

图 3.8　CB-B 型齿轮泵的结构

1—后端盖　2—螺栓　3—主动轮　4—泵体　5—前端盖　6—密封圈
7—传动轴　8—销钉　9—从动轮　10—滚针轴承　11—轴承盖
a，b，c—孔道口　d—卸荷槽　e—困油卸荷槽

　　装在泵体 4 中的一对齿轮由传动轴 7 驱动，泵体 4 的两端面各铣有卸荷槽 d，经泵体 4 端面泄漏的油液由卸荷槽 d 流回吸油腔，从而降低泵体与端盖接合面上的油压对端盖造成的推力，减小螺钉所受载荷。泵前后端盖上开有困油卸荷槽 e，以消除工作时的困油现象。孔道口 a、b、c 可以将轴承腔的泄漏油排入吸油腔。故传动轴的旋转密封圈处于低压，泵不需要设置单独的外泄漏油管。这种结构的泵，其吸油腔不能承受高压，故泵的吸、排油腔不能互换，泵不能反向工作。

　　外啮合齿轮运转时泄漏的原因：一是齿顶与泵体内壁之间的间隙；二是齿轮端面与端盖之间的间隙。当压力增大时，齿顶与泵体内壁之间的间隙不会改变，侧板的挠度会增大，这是外啮合齿轮泵泄漏最主要的原因。故齿轮泵不适合做高压泵。为解决外啮合齿轮泵的内泄漏问题，提高其工作压力，现已开发出固定侧板式齿轮泵，其最高压力可达 7 ~ 10MPa。可动侧板式齿轮泵在高压时侧板被往里推，其最高压力可达 14 ~ 17MPa。

　　（1）径向不平衡力　齿轮泵工作时，在齿轮和轴承上承受径向液压力的作用。如图 3.9 所示，泵的右侧为吸油腔，左侧为压油腔。在压油腔内有液压力作用于齿轮上，沿着齿顶的周向处的油液具有大小不等的压力，就是齿轮和轴承受到的径向不平衡力。液压力越高，这个不平衡力就越大，不仅加速了轴承的磨损，降低了轴承的寿命，甚至使轴变形，造成齿顶和泵体内壁的磨损等。

　　减小径向不平衡力的措施：缩小压油口的直径，在泵体上开 4 个压力平衡槽（图 3.10），增大径向间隙，合理选择压力（压力不能过高）。

（2）困油现象　齿轮泵要连续地供油，就要求齿轮啮合的重叠系数 ε 大于 1，也就是当一对齿轮尚未脱开啮合时，另一对齿轮已进入啮合，这就出现同时有两对齿轮啮合的瞬间，在两对齿轮的齿向啮合线之间形成了一个封闭容积，一部分油液就被困在这一封闭容积中，如图 3.11a 所示；齿轮继续旋转时，这一封闭容积便逐渐减小，到两啮合点处于节点两侧的对称位置时，如图 3.11b 所示，封闭容积达到最小；齿轮再继续转动时，封闭容积又逐渐增大，直到图 3.11c 所示位置时，容积又变为最大。当封闭容积减小时，被困油液受到挤压，压力急剧上升，轴承上突然受到很大的冲击载荷，泵会剧烈振动，这时高压油从一切可能泄漏的缝隙中挤出，造成功率损失，油液发热，且形成径向不平衡力；当封闭容积增大时，由于没有油液补充，此时将形成局部真空，使原来溶解于油液中的空气分离出来，形成气泡，引起噪声、气蚀等一系列恶果，以上情况就是齿轮泵的困油现象。

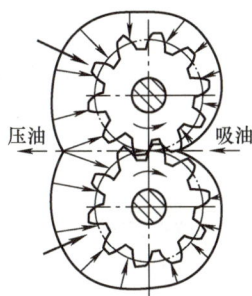

图 3.9　齿轮泵的径向不平衡力

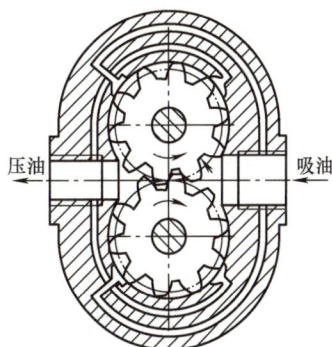

图 3.10　齿轮泵体上的压力平衡槽

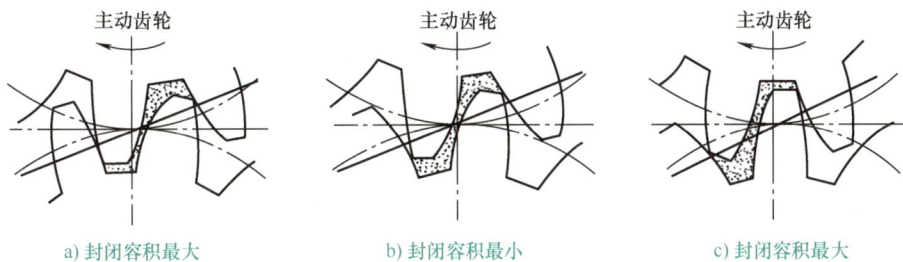

a) 封闭容积最大　　　　b) 封闭容积最小　　　　c) 封闭容积最大

图 3.11　齿轮泵的困油现象

消除困油的措施是在齿轮两端盖上铣出两个困油卸荷槽。卸荷槽的位置应该使困油腔由大变小时，通过卸荷槽与压油腔相通；当困油腔由小变大时，通过另一卸荷槽与吸油腔相通。两卸荷槽的距离（$a = 2.78m$，m 为模数）必须保证任何时候都不能使吸、压油腔相串通，其几何关系如图 3.12 所示。

a) 外观图

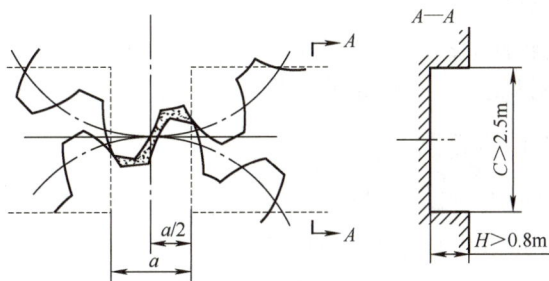

b) 结构原理图

图 3.12　齿轮泵的困油卸荷槽

按上述对称开的卸荷槽，当困油封闭腔由大变至最小时，由于油液不易从即将关闭的缝隙中挤出，故封闭油压仍将高于压油腔压力；齿轮继续转动，当封闭腔和吸油腔相通的瞬间，高压油又突然和吸油腔的低压油相接触，引起冲击和噪声，将卸荷槽的位置整个向吸油腔侧平移了一个距离。这时封闭腔只有在由小变至最大时才和压油腔断开，油压没有突变，封闭腔和吸油腔接通时，封闭腔不会出现真空，也没有压力冲击，这样改进后，使齿轮泵的振动和噪声得到了改善。

（3）油液的泄漏 齿轮泵工作时有三个主要泄漏途径：齿轮两侧面与泵盖间的轴向间隙（泄漏），齿轮外圆和泵体内表面间的径向间隙（泄漏），两个齿轮的齿面啮合间隙（泄漏）。其中，对泄漏量影响最大的是轴向间隙，这是因为轴向间隙的泄漏面积大，密封路径短，其泄漏量可占总泄漏量的 75% ～ 80%。轴向间隙越大，泄漏量越大，会导致泵的容积效率过低；间隙过小，齿轮端面与泵盖间的机械摩擦损失增大，会使泵的机械效率降低。泄漏是影响齿轮泵高压化的主要障碍。

解决泄漏问题的对策是选用适当的间隙进行控制，通常轴向间隙控制在 0.03 ～ 0.04mm，径向间隙控制在 0.13 ～ 0.16mm。高压齿轮泵往往通过在泵的前、后端盖间增设浮动轴套或浮动侧板，以实现轴向间隙的自动补偿。具体结构改进方式有图 3.13 所示的几种。

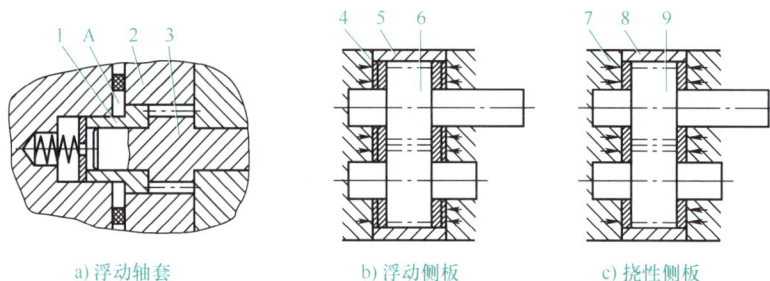

a）浮动轴套　　　　b）浮动侧板　　　　c）挠性侧板

图 3.13　端面间隙补偿装置结构原理图

1—浮动轴套　2、5、8—泵体　3、6、9—齿轮　4—浮动侧板　7—挠性侧板

图 3.13a 所示为浮动轴套式的间隙补偿装置。它将泵的出口压力油引入齿轮轴上的浮动轴套 1 的外侧 A 腔，在液压力作用下使轴套紧贴齿轮 3 的侧面，因而可以消除间隙并补偿齿轮侧面和轴套间的磨损量。在泵起动时，靠弹簧产生预紧力，保证了轴向间隙的密封。

图 3.13b 所示的浮动侧板式间隙补偿装置的工作原理与浮动轴套式间隙补偿装置基本相似，它也是将泵的出口压力油引到浮动侧板 4 的背面，使之紧贴于齿轮 3 的端面来补偿间隙。起动时，浮动侧板靠密封圈来产生预紧力。

图 3.13c 所示为挠性侧板式间隙补偿装置，它是将泵的出口压力油引到挠性侧板 7 的背面，靠挠性侧板 7 自身的变形来补偿齿轮 3 端面间隙。挠性侧板 7 的厚度较薄，内侧面要耐磨（如烧结有 0.5 ～ 0.7mm 的磷青铜），这种结构采取一定措施后，可使挠性侧板 7 外侧面的压力分布和齿轮侧面的压力分布大体上相适应。

采取上述措施后，齿轮泵的工作压力可以得到较大程度的提高。

二、内啮合齿轮泵

内啮合齿轮泵有渐开线齿形和摆线齿形两种，图 3.14 所示是内啮合齿轮泵的工作原理图。内啮合齿轮泵由配油盘（前、后盖）、外转子（从动轮）和偏心安置在泵体内的内转子（主动轮）等组成。在渐开线齿形内啮合齿轮泵泵腔内，内转子和外转子之间需装设一块月牙形隔板，以便把吸、压油腔隔开。而摆线齿形内啮合齿轮泵又称为摆线转子泵，内转子和外转子相差一齿，因而不须设置隔板。

内啮合齿轮泵的工作原理同外啮合齿轮泵一样，也是利用齿间密封容积的变化来实现吸、压油的。小齿轮为主动轮，若按图示方向转动，轮齿退出啮合时，密封容积逐渐增大而吸油；进入啮合时，密封容积逐渐减小而压油。内啮合齿轮泵的优点是无困油现象、脉动小、噪声小、运行平稳。以上两种齿形泵均可做液压马达使用，但其缺点是齿形复杂、加工困难、价格昂贵。

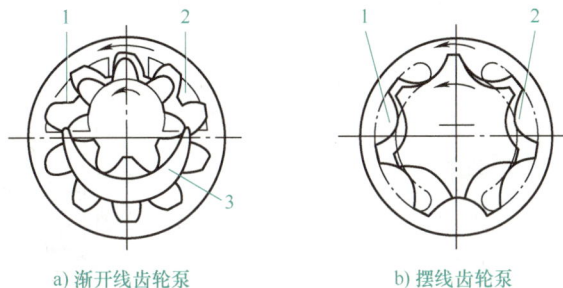

a) 渐开线齿轮泵　　　　　　　　b) 摆线齿轮泵

图 3.14　内啮合齿轮泵的工作原理

1—吸油腔　2—压油腔　3—月牙板

▶▶ 技能训练

训练 3　进入实训室，通过拆装齿轮泵实体了解它的结构、原理及应用。

训练 4　已知一齿轮泵的齿轮模数为 3mm，齿数为 15，齿宽为 25mm，齿轮泵的工作压力为 3MPa，转速为 1450r/min，机械效率和容积效率均为 0.9，计算：1）齿轮泵的理论流量和实际输出流量；2）齿轮泵的输入功率；3）主动齿轮输入的平均转矩。

解：1）理论流量和实际流量：

理论流量 $q_{vt}=6.66zm^2bn=6.66 \times 15 \times (3 \times 10^{-3})^2 \times 25 \times 10^{-3} \times \dfrac{1450}{60}$ m^3/s$=5.43 \times 10^{-4}$m^3/s

实际流量 $q_v=q_{vt} \cdot \eta_v = 5.43 \times 10^{-4} \times 0.9m^3/s=4.89 \times 10^{-4}$m^3/s

2）输入功率：　　$P_i = \dfrac{pq_v}{\eta_v \eta_m} = \dfrac{3 \times 10^6 \times 4.89 \times 10^{-4}}{0.9 \times 0.9}$ W $= 1.81 \times 10^3$ W $= 1.81$kW

3）输入的平均转矩：由式（3-3）得 $T_i = \dfrac{P_i}{2\pi n} = \dfrac{1.81 \times 10^3}{2\pi \times \dfrac{1450}{60}}$ N $\cdot$ m $= 11.9$N $\cdot$ m

计算过程标准化步骤：

① 计算过程分三步：写公式、代数据、得结果。

② 向公式代入数据时，要按公式中出现的物理量的先后顺次代入数据，不得颠倒顺序。

③ 数据在代入的同时一定要化成国际单位，最后的计算结果直接在得数后写国际单位即可。

任务三　叶片泵的使用

▶▶ 任务概述

了解单作用叶片泵和双作用叶片泵的工作原理及结构要点，掌握其排量和流量的计算方法。

叶片泵的结构较齿轮泵复杂，对油液污染较敏感，自吸性也较差。但其工作压力较高、流量脉动小、工作平稳、噪声较小、密封性好、容积效率高、寿命较长。基于以上优点，叶片泵被广泛应用于专业机床、自动线等中、低压液压系统中。叶片泵可分为单作用叶片泵和双作用叶片泵两种类型。

一、单作用叶片泵

1. 单作用叶片泵的工作原理

图 3.15 所示为单作用叶片泵的工作原理图。它由转子 1、定子 2、叶片 3、配油盘（虚线所示为配油盘窗口）和端盖（图中未示出）等元件组成。定子具有圆柱形内表面，转子和定子间有一偏心距 e，转子上均布有相对于转动方向后倾的转子槽，叶片在转子槽中可灵活滑动。转子转动时受离心力的作用，叶片顶部贴紧在定子内表面上，于是由两相邻叶片、配油盘、定子、转子及端盖形成了一个个密封空间。当转子逆时针方向旋转时，

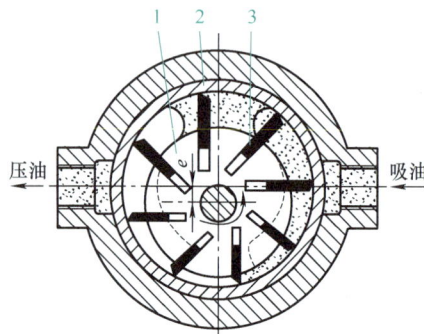

图 3.15　单作用叶片泵的工作原理

1—转子　2—定子　3—叶片

图中右侧叶片向外伸出，密封工作腔容积逐渐增大，产生真空，油液通过吸油口和配油盘上的窗口被吸入；在图中左侧，密封腔的容积逐渐减小，油液通过配油盘的另一个窗口和压油口被排出，输送到系统中去。转子不停地旋转，泵就不停地吸油和压油。

这种泵的转子每转一周完成一次吸油和一次压油，故称为单作用叶片泵。同时，单作用叶片泵的转子和轴承上还受到不平衡液压力的作用，又称为非平衡式液压泵。单作用叶片泵的偏心距和偏心方向可以通过手动或自动调节改变，使之成为单向变量泵和双向变量泵。双向变量泵能在工作中变换吸、压油口，使液压执行元件反向运动。

2. 单作用叶片泵的排量和流量

由叶片泵的工作原理可知，叶片泵每转一周所排出液体的体积即为排量。如图 3.16 所示，若定子内径为 D、定子宽度为 b、定子与转子偏心距为 e，则其排量为

$$V=2\pi beD \qquad (3\text{-}10)$$

若泵的转速为 n，容积效率为 η_v，则泵的实际流量 q_v 为

$$q_v=2\pi Dben\eta_v \qquad (3\text{-}11)$$

通过移动定子即可改变 e，从而改变排量和流量。

单作用叶片泵也有流量脉动，当叶片数为奇数时脉动率较小。

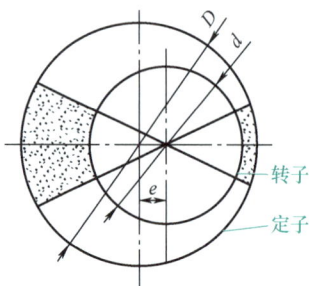

图 3.16　单作用叶片泵的排量计算图

3.单作用叶片泵的结构特点

1）定子和转子必须偏心安置。

2）转子和轴承受径向不平衡力的作用，造成叶片泵压力不能太高（$p<7$MPa）。

3）叶片应后倾放置，倾斜方向与转向相反，后倾角一般取$\alpha=24°$。

4.限压式变量叶片泵

单作用叶片泵一般为自动调节式变量泵，它分为限压式变量泵、稳流量式变量泵等多种形式，限压式变量叶片泵流量的改变是利用压力的反馈来实现的。它有内反馈和外反馈两种形式，本书重点介绍外反馈限压式变量叶片泵。

（1）外反馈限压式变量叶片泵变量原理　如图3.17所示，转子中心O_1固定不动，定子中心O_2沿轴线可左右移动。流量调节螺钉7调定后，定子在限压弹簧2的作用下被推向最右端，与反馈缸6靠紧，使定子O_2与转子中心O_1之间有了初始的偏心距e_0。e_0的大小可决定泵的最大流量。通过流量调节螺钉7改变e_0的大小就可决定泵的最大流量。当具有一定压力p的压力油经管道流入反馈缸，作用于缸6的活塞上时（活塞面积设为A），活塞对定子产生一个向左的作用力，它与限压弹簧2的预紧力kx（k为弹簧的刚度系数，x为弹簧的预压缩量）作用于一条直线上，且方向相反，具有使压缩弹簧减小初始偏心距e_0的作用。

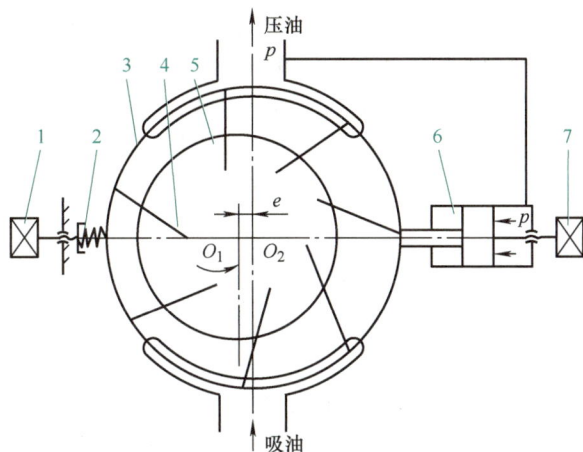

图3.17　外反馈限压式变量叶片泵的工作原理

1—限压螺钉　2—限压弹簧　3—定子　4—叶片　5—转子　6—反馈缸　7—流量调节螺钉

当泵的出口压力p小于或等于限定工作压力时，则有$pA\le kx_0$，定子不移动，初始偏心距e_0保持最大，泵的输出流量也是最大；随着外负载的增大，泵的出口压力逐渐增大，直到大于泵的限定压力P_B时，$P_BA>kx_0$，限压弹簧被压缩，定子左移，偏心距e减小，泵的流量随之减小。泵建立的工作压力越高，e越小，泵的流量就越小。当泵的压力大到某一极限压力p_C时，限定弹簧被压缩到最短，定子移动到最左端位置，e减到最小，泵的流量也达到了最小，此时的流量仅用于补偿泵的泄漏量。

（2）限压式变量叶片泵流量（功率）-压力特性　如图3.18所示，p_B为限定压力，p_C为极限压力，当泵的工作压力$p\le p_B$时，液压作用力不能克服限压弹簧2的作用力，这时定子的偏心距保持最大，泵的输出流量将保持最大值，又因供油压力的增大将使泵的泄露流量也增加，所以泵的实际输出流量会随着供油压力的增大略有减少，如图3.18中的工作曲线AB段所示。当$p>p_B$时，液压作用超过限压弹簧2的作用力，此时限压弹簧2开始压缩，定子向减少偏心量的方向移动，泵的输出流量减小，如图3.18中的工作曲线BC段所示。

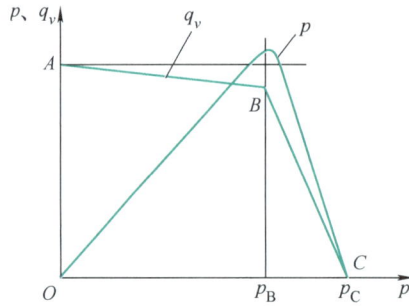

图 3.18　限压式变量叶片泵的流量（功率）- 压力特性曲线

（3）限压式变量叶片泵的应用　限压式变量叶片泵一般用在执行元件有快、慢速要求（低压高速和高压低速）的场合，它比定量泵节能降耗，并可使液压系统简单化。

二、双作用叶片泵

1. 双作用叶片泵的工作原理

图 3.19 所示为双作用叶片泵的工作原理图。定子的内表面由两段长半径圆弧、两段短半径圆弧和四段过渡曲面组成，定子与转子同心，转子上均匀分布着相对旋转方向前倾的径向斜槽。转子顺时针方向旋转时，左上角和右下角处的密封容积逐渐增大，形成真空，为吸油区；左下角和右上角处的密封容积逐渐减小，油液受压，为压油区；吸油区和压油区之间被一段封油区隔开，转子每转一周，每个密封工作腔各完成两次吸油和压油，这种泵称为双作用叶片泵。这种泵的吸、压油腔的布局径向对称，作用在转子上的径向液压力平衡，又称为平衡式叶片泵。因转子和定子同心，所以液压泵排量不可调，是定量泵。

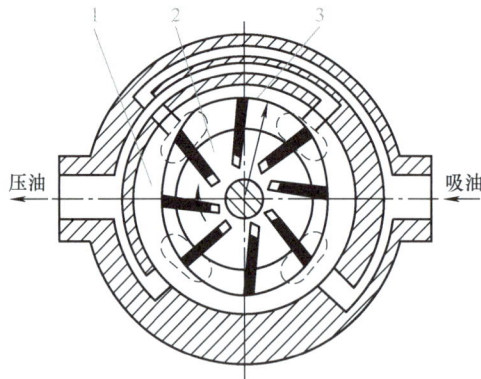

图 3.19　双作用叶片泵的工作原理

1—定子　2—转子　3—叶片

2. 双作用叶片泵的排量和流量

如图 3.20 所示，在不计叶片所占容积时，设定子曲线长半径为 R，短半径为 r，叶片宽度为 b，转子转速为 n，则叶片泵的排量和流量近似为

$$V=2\pi(R^2-r^2)b \qquad (3-12)$$

$$q_v=Vn\eta_v \qquad (3-13)$$

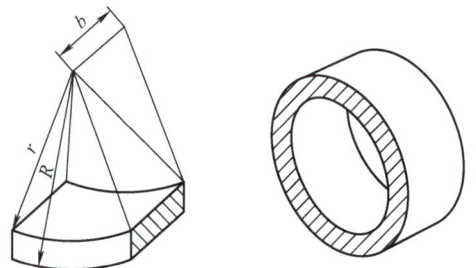

图 3.20　双作用叶片泵的排量计算图

叶片泵也有流量脉动，但其脉动率是除螺杆泵外所有液压泵中最小的。

3. 双作用叶片泵的结构特点

图 3.21 为 YB 型双作用叶片泵的结构图。在后泵体 6 和前泵体 7 内装有转子 12、定子 4 和配油盘 1 与 5，转子 12 由传动轴 3 带动旋转，传动轴由滚动轴承支承。转子上均匀地开有 12 条顺转子旋转方向倾斜一定角度的槽，叶片 11 在槽中灵活滑动。配油盘与定子紧密相连并用定位销定位。当转子转动时，密封工作腔的容积不断变化，通过配油盘上的四个配油窗口实现吸油和压油。

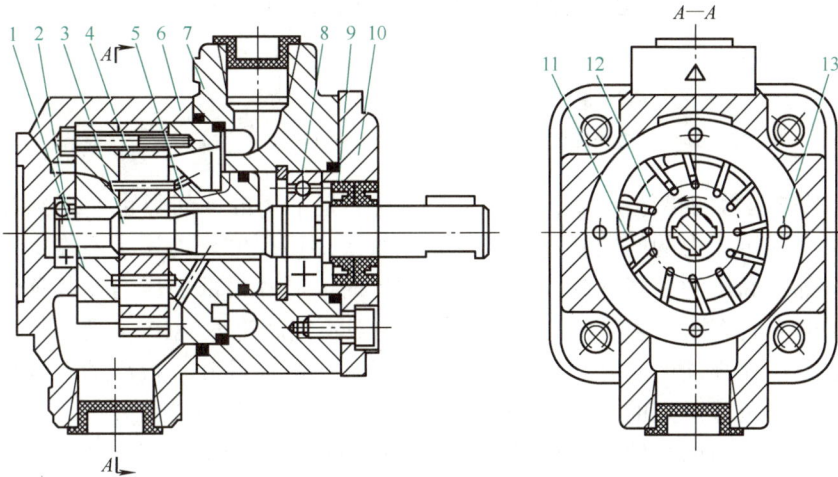

图 3.21　YB 型双作用叶片泵的结构

1，5—配油盘　2，8—球轴承　3—传动轴　4—定子　6，7—泵体
9—密封圈　10—盖板　11—叶片　12—转子　13—螺钉

1）定子内表面的过渡曲线。如图 3.22 所示，圆形转子与定子同轴。定子内表面形似椭圆形，由两段半径为 R 的大圆弧、两段半径为 r 的小圆弧及连接四段圆弧的过渡曲线组成，四段过渡曲线为等加速等减速曲线。

2）径向作用力平衡。因吸、压油口对称分布，转子、传动轴及轴承上所作用的径向液压力相互平衡，有利于工作压力的提高。

3）叶片应前倾（$\theta = 10° \sim 14°$）。如图 3.23 所示，前倾的作用是使叶片能在槽内自如滑动，防止叶片折断。

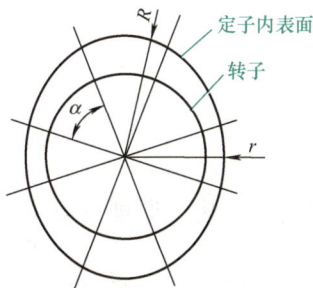

图 3.22　双作用叶片泵定子曲线

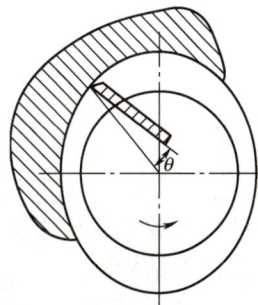

图 3.23　双作用叶片泵叶片倾角

4）端面间隙的自动补偿。如图 3.24 所示，右配流盘 6 的右侧与压油腔相通，叶片根部全部直通高压油。当右配流盘左侧面由于磨损造成间隙时，右侧高压油自动推动配流盘向左侧移动，从而把间隙自动补偿掉。

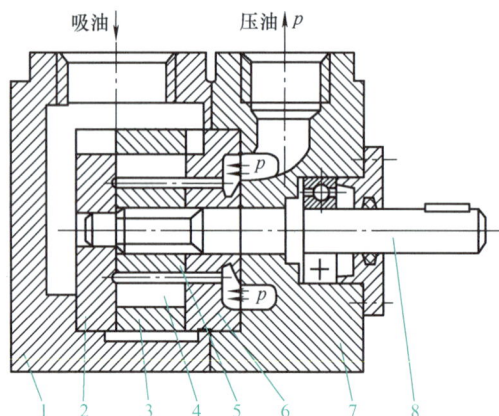

图 3.24　双作用叶片泵端面间隙自动补偿结构

1，7—泵体　2—左配流盘　3—定子　4—叶片　5—转子　6—右配流盘　8—泵轴

5）提高工作压力的措施。双作用叶片泵的受力是平衡的，间隙也能得到补偿，在齿轮泵中存在的两个限定压力的问题在叶片泵中得以解决。但泵的压力还是不能太高，其关键是叶片槽根部全部通高压油，当叶片顶部处于吸油区时，叶片根部的压力使其顶部以很大的压紧力抵在定子的内表面上，磨损加剧，故其压力一般不应超过 6.3MPa。要想提高此种泵的压力，可以采取减小在吸油区时叶片根部的压力，或减小吸油区叶片根部的有效作用面积。因根部压力是由工作负载决定的，往往不易改变，所以一般采取第二种方法，即通过减少根部的面积来达到提高压力的目的，具体措施主要是采用双叶片结构、字母叶片结构、阶梯叶片结构及弹簧叶片结构。

三、双联叶片泵

双联叶片泵是由两个双作用叶片泵组合而成的组合泵，其两个泵同轴驱动，采用一个吸油口，两个出油口。两个出油口流量可以合并使用，也可以单独使用。用于有快、慢速要求的机床进给系统（低压高速及高压低速），能降低功率消耗，减少发热。双联叶片泵的图形符号如图 3.25 所示。

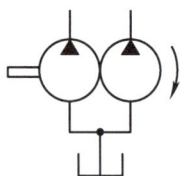

图 3.25　双联叶片泵的符号

▶ 技能训练

训练 5　进入实验室，通过拆装叶片泵的实体，了解它的结构、原理及应用。图 3.26 为双作用叶片泵的内部结构图。

训练 6　有一系统采用的是限压式变量泵，泵的总效率为 0.75，泵的流量–压力特性曲线 ABC 如图 3.27 所示。若系统开始工作，快速进给时，泵的流量、压力分别为 20L/min、1.5MPa；工作进给时，泵的流量和压力分别为 3L/min 和 5MPa。请分析泵的特性曲线形状，计算泵的最大驱动功率。

图 3.26 双作用叶片泵的内部结构图

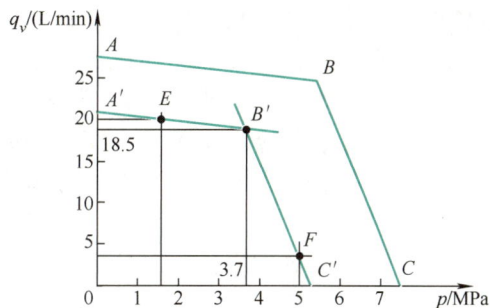

图 3.27 限压式变量叶片泵的流量 – 压力特性曲线

解： 1）泵的特性曲线。由快进时的流量 20L/min、压力 1.5MPa 可在图上找到工作点 E，通过 E 作 AB 直线的平行线 $A'B'$；由工进时的流量 3L/min、压力 5MPa 可在图上找到工作点 F，通过 F 作 BC 直线的平行线 $B'C'$。则 $A'B'C'$ 就是新的泵特性曲线，B' 点为拐点，由图上测出拐点处的流量、压力分别为 18.5L/min、3.7MPa。

2）泵的最大驱动功率。一般可计算拐点处的功率作为最大驱动功率

$$P = \frac{P_B q_{vB}}{\eta} = \frac{3.7 \times 10^6 \times 18.5 \times 10^{-3}}{60 \times 0.75}\ W = 1520W = 1.52kW$$

任务四 柱塞泵的使用

任务概述

了解轴向柱塞泵和径向柱塞泵的工作原理和结构要点，掌握其排量和流量的计算方法。

知识与技能

柱塞泵是靠柱塞在泵体中做往复运动造成密封容积的变化来实现吸油与压油的液压泵。与上述两种泵相比，柱塞泵具有以下特点。

优点：1）构成密封容积的零件为圆柱形的柱塞和缸孔，加工方便，容易得到较高的配合精度，密封性能好，容积效率高（η_v=99%；η=97%）。

2）主要零件均受压应力，材料强度等性能可得到充分利用，使用压力可以很高。

3）只须改变柱塞的工作行程就能改变流量，易于变量。

缺点：结构比较复杂，加工工艺要求高，对油液污染敏感，是所有泵中价格最贵的。

柱塞泵因效率和压力高，流量调节方便，结构紧凑，故用在需要高压、大流量、大功率，且流量需要调节的场合。主要应用设备有龙门刨床、拉床、液压机、工程机械、矿山冶金机械、船舶等。

柱塞泵按柱塞排列和运动方向的不同，可分为轴向柱塞泵和径向柱塞泵两大类。

一、轴向柱塞泵

1. 轴向柱塞泵的工作原理

图 3.28 所示为斜盘式轴向柱塞泵的工作原理图。轴向柱塞泵是将多个柱塞配置在一个共

同缸体的圆周上，并使柱塞中心线和缸体中心线平行的一种泵。因斜盘式比较常用，故主要介绍此泵。它主要由缸体、配油盘、柱塞和斜盘等组成，柱塞沿圆周均匀分布在泵体内。斜盘轴线相对于缸体轴线倾斜一角度，柱塞靠机械装置（图中为弹簧）或在低压油作用下压紧在斜盘上。配油盘和斜盘固定不转，当原动机通过传动轴使缸体转动时，由于斜盘的作用，迫使柱塞在缸体内做往复运动，通过配油盘的配油窗口进行吸油和压油。在图示的回转方向，泵体转到后半部时，柱塞向外伸出，柱塞底部缸孔的密封工作容积增大，通过配油盘的吸油窗口吸油；泵体转到前半部时，柱塞被斜盘推入泵体，泵体孔容积减小，通过配油盘的压油窗口压油。泵体每转一周，每个柱塞完成吸、压油各一次。改变斜盘倾角 γ，就能改变柱塞行程的长度，即改变了液压泵的排量；改变斜盘倾角方向，就能改变吸油和压油的方向，成为双向变量泵。

轴向柱塞泵的优点：结构紧凑，径向尺寸小，惯性小，容积效率高，目前其最高压力可达 40.0MPa，甚至更高。一般用于工程机械、压力机等高压系统中。但其缺点是轴向尺寸较大，轴向作用力也较大，结构比较复杂。

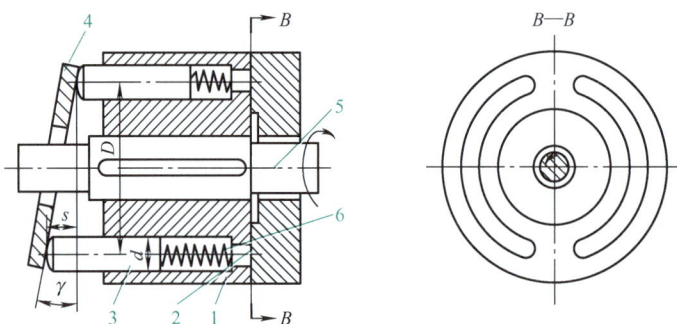

图 3.28　斜盘式轴向柱塞泵的工作原理

1—缸体　2—配油盘　3—柱塞　4—斜盘　5—传动轴　6—弹簧

2. 轴向柱塞泵的排量和流量

如图 3.29 所示，若柱塞的直径为 d，柱塞分布圆的直径为 D，斜盘倾角为 γ，柱塞的行程 $s=D\tan\gamma$，当柱塞数为 z 时，轴向柱塞泵的排量为

$$V = \frac{\pi}{4}d^2 Dz\tan\gamma \qquad (3\text{-}14)$$

设泵的转速为 n，容积效率为 η_v，则泵的实际输出流量为

$$q_v = \frac{\pi}{4}d^2 Dzn\eta_v\tan\gamma \qquad (3\text{-}15)$$

实际上，由于柱塞在泵体孔中运动的速度不是恒定的，因而输出流量是有脉动的。当柱塞为奇数时，脉动较小，且柱塞数越多，脉动也越小。一般常用柱塞泵的柱塞个数为 7、9 或 11，斜盘倾角 $\gamma_{\max}=20°$。

3. 轴向柱塞泵的结构特点

（1）滑履结构　在图 3.28 所示斜盘式轴向柱塞泵的结构中，柱塞与斜盘为球头型点接触，虽然结构简单，但点接触处受到很大的挤压应力，极易磨损。故一般在球头的部位装一滑履，以减少应力，提高泵的工作压力。图 3.30 所示即为斜盘式轴向柱塞泵的滑履结构。

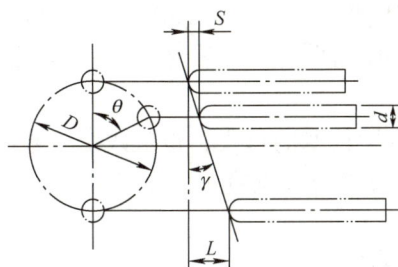

图 3.29　斜盘式轴向柱塞泵的流量计算

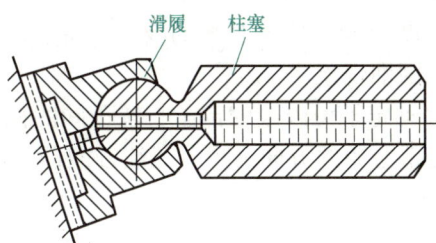

图 3.30　斜盘式轴向柱塞泵的滑履结构

（2）中心弹簧结构　在图 3.28 所示斜盘式轴向柱塞泵的结构中，每个柱塞的底部配装一个弹簧使柱塞外伸。柱塞做往复运动时，弹簧随着做伸长和压缩的高频运动，易疲劳破坏。若用图 3.31 所示的结构，把一个弹簧装在中心，代替每个柱塞底部的弹簧，这时弹簧只受静载荷作用，不易因疲劳而造成破坏，可延长寿命，降低成本。这种结构被广泛用在轴向柱塞泵中。

（3）泵体端面间隙的自动补偿　在图 3.31 中，中心弹簧作用在外套筒 8 上，通过外套筒 8 把向右的弹簧力传递到泵体 7 上，使泵体与配油盘 10 紧密接触；柱塞底部台阶上还承受着很大的向右液压力（比弹簧力大很多），也使泵体紧贴右边配油盘，从而使端面间隙得到补偿，减少了泄漏，提高了容积效率，也使柱塞泵的压力得以提高。

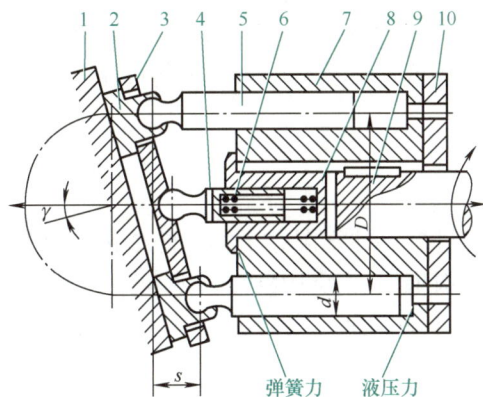

图 3.31　斜盘式轴向柱塞泵的中心弹簧结构

1—斜盘　2—滑履　3—压盘　4—内套筒　5—柱塞　6—中心弹簧　7—泵体
8—外套筒　9—轴　10—配油盘

二、径向柱塞泵

1. 径向柱塞泵的工作原理

图 3.32 所示为径向柱塞泵，其柱塞与传动轴相互垂直，由柱塞、转子（泵体）、定子、配油衬套、配油轴等组成。柱塞径向排列装在转子中，配油衬套压紧在转子内，由原动机带动一起旋转。柱塞在离心力（或在低压油）的作用下抵紧定子的内壁；当转子按图示方向回转时，由于定子和转子之间的偏心距，柱塞转到上半周时，向外伸出，柱塞底部的容积逐渐增大，形成真空，油液便从配油轴和吸油口经过配油衬套上的配油孔被吸入；当柱塞转到下半周时，定子内壁将柱塞向里推，柱塞底部的容积逐渐减小，向配油轴的压油口压油。当转子回转一周时，每个柱塞底部的密封容积完成一次吸、压油工作。配油轴固定不动，油液从配油轴上半部的两个吸油孔流入，从下半部两个压油孔压出。为了进行配油，在配油轴和配油

衬套接触的一段加工出上下两个缺口，形成吸油口和压油口，留下的部分形成封油区。封油区的宽度应能封住衬套上的吸、压油孔，以防吸油口和压油口相连通。但尺寸不宜太大，以免产生困油现象。

移动定子可以改变定子与转子间的偏心距，即改变了柱塞的行程，也就改变了泵的排量；若改变偏心距的方向，吸、压油方向即可改变。所以，此泵可以做成双向变量泵。

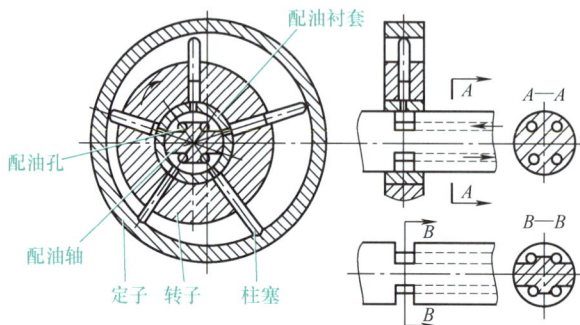

图 3.32　径向柱塞泵的工作原理

2.径向柱塞泵的结构特点

径向柱塞泵的径向尺寸较大，结构比较复杂，自吸能力差，配油轴受到径向不平衡力，易磨损，泄漏间隙不能得到补偿，所以此种泵的工作压力一般不超过 20MPa。但这种泵的轴向尺寸小，且可做成多排柱塞形式，流量比较大，工作可靠。

≫ 技能训练

训练 7　进入实验室，通过拆装柱塞泵，了解它的结构、原理及应用。

训练 8　若轴向柱塞泵的输出油压 p=10MPa，转速 n=1450r/min，排量 V=200mL/r，容积效率 η_v=0.95，总效率 η=0.9，求驱动泵的电动机功率是多少？泵的输出功率是多少？

解：驱动泵的电动机功率为

$$P_\mathrm{i} = \frac{pq_{vt}}{\eta_\mathrm{m}} = \frac{pnV}{\eta/\eta_v} = \frac{10 \times 10^6 \times \dfrac{1450}{60} \times 200 \times 10^{-6}}{0.9 \Big/ 0.95} = 51019\mathrm{W} \approx 51.02\mathrm{kW}$$

泵的输出功率为

$$P_\mathrm{o} = P_\mathrm{i}\eta = 51.02 \times 0.9\mathrm{kW} = 45.92\mathrm{kW}$$

任务五　螺杆泵的使用

≫ 任务概述

了解螺杆泵的工作原理、结构及应用场合。

▶▶ 知识与技能

图 3.33 所示为螺杆泵的工作原理图。螺杆泵主要由泵体和几根螺杆组成，其输送油液的原理与普通丝杠－螺母的工作原理相同。当丝杠转动时，若限制螺母不能转动，则螺母会产生轴向移动。在螺杆泵中，把液体看成是螺母，则它被从一端输送到另一端，完成从左端吸油、右端压油的工作过程。液压工程中最常用的是由三根螺杆组成的、具有良好密封性能的三螺杆泵。

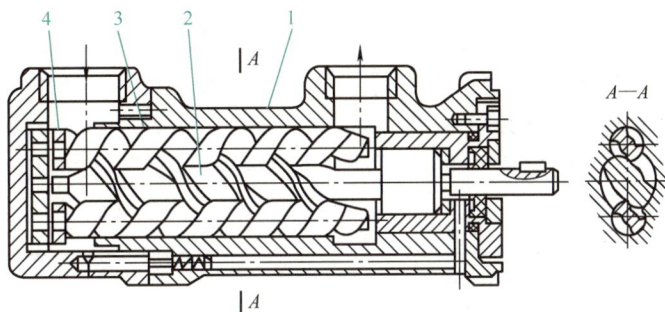

图 3.33　螺杆泵工作原理

1—泵体　2—主动螺杆（凸螺杆）　3—从动螺杆（凹螺杆）　4—轴承

螺杆泵结构紧凑、重量轻、脉动小、运行平稳、噪声小、自吸能力强、转速高、效率高，对油污不敏感。因其具有这些优点，螺杆泵常用于精密机床中。但螺杆泵的螺杆齿形复杂、加工困难，不易保证精度。

▶▶ 技能训练

训练 9　走进实训室，通过拆装螺杆泵的实体，了解它的结构、原理及应用。

任务六　液压泵的选用

▶▶ 任务概述

根据不同的工作条件，选用合适的液压泵。

▶▶ 知识与技能

液压泵是给液压系统提供一定流量和压力的油液动力元件，是每个液压系统不可缺少的核心元件。合理地选择液压泵能够降低液压系统的能耗，提高系统的效率，降低噪声，改善工作性能，保证系统的可靠工作。

液压泵的选用原则：根据主机工况、功率大小和系统对工作性能的要求，先确定液压泵的类型，然后按系统所要求的压力、流量大小确定其规格型号。

一、根据系统运行工况选择液压泵

1）如果系统是单执行元件，恒速或接近恒速运行，可选用定量泵。

2）如果系统有快、慢速要求，可选用限压式变量叶片泵或双联叶片泵。

3）在精密场合（如镜面磨床），要求脉动小，可选用螺杆泵。

4）机床辅助装置（如送料、夹紧）等不重要的场合，野外或环境差的场合，可选用价格低廉的齿轮泵。

5）室内或固定作业，环境好的系统，可用叶片泵、齿轮泵和柱塞泵等。

二、根据系统工作压力、流量选择液压泵

中低压、中小流量液压系统可选用齿轮泵或叶片泵，高压、大流量液压系统可选用柱塞泵。工作压力小于 2.5MPa 时，可选用齿轮泵；工作压力在 2.5 ～ 6.3MPa 时，可选用叶片泵；工作压力在 10MPa 以上时，可选用柱塞泵。

为了更好地选用液压泵的形式和规格，列出几种常用液压泵的性能比较，见表 3.1。

表 3.1　常用液压泵性能比较

项目	外啮合齿轮泵	双作用叶片泵	限压式变量叶片泵	轴向柱塞泵（斜盘式）	径向柱塞泵	螺杆泵
工作压力 /MPa	<20	6.3 ～ 21	≤7	20 ～ 35	10 ～ 20	<10
流量调节	不能	不能	能	能	能	不能
排量 /（mL/r）	0.25 ～ 630	0.63 ～ 450	1 ～ 315	0.25 ～ 560	20 ～ 710	1 ～ 9200
转速 /（r/min）	500 ～ 3500	500 ～ 4000	500 ～ 2000	750 ～ 3000	700 ～ 2000	500 ～ 4000
容积效率	0.75 ～ 0.90	0.80 ～ 0.95	0.80 ～ 0.90	0.90 ～ 0.98	0.85 ～ 0.95	0.75 ～ 0.95
总效率	0.65 ～ 0.80	0.75 ～ 0.85	0.70 ～ 0.80	0.85 ～ 0.90	0.80 ～ 0.85	0.70 ～ 0.85
流量脉动率	大	小	中	中	中	很小
污染敏感性	不敏感	敏感	敏感	敏感	敏感	不敏感
自吸特性	好	较差	较差	较差	差	好
噪声	大	小	较大	大	大	很小
寿命	较短	较长	较短	长	长	很长
价格	最低	中	较高	高	高	较高
功率	中	中	小	大	大	中
应用范围	机床、工程机械、农业机械、一般机械	机床、注塑机、液压机、起重机、工程机械	机床、注塑机、飞机	锻压机械、起重运输机械、工程机械、矿山机械	机床、液压机、船舶	精密机床、精密机械

≫ 技能训练

训练 10　进入实训室或实习车间，结合几种液压泵的应用，分析各种泵的性能和特点，总结泵的应用场合。

项目训练

一、填空题

1. 液压泵是靠_____的变化进行工作的，所以又称液压泵为_____式泵。

2. 液压泵按结构特点一般可分为_____、_____、_____三类。

3. 外啮合齿轮泵位于轮齿逐渐脱开啮合的一侧是_____腔，位于轮齿逐渐进入啮合的一侧是_____腔。

4. 变量泵是指_____可以改变的液压泵，常见的变量泵有_____、_____、_____，其中_____和_____是通过改变转子和定子的偏心距实现变量，_____是通过改变斜盘倾角实现变量。

5. 叶片泵一般分为_____和_____两种。

6. 柱塞泵一般分为_____和_____柱塞泵。

7. 径向柱塞泵改变排量的途径是_____，轴向柱塞泵改变排量的途径是_____。

8. 液压泵的总效率等于_____和_____的乘积。

9. 一般的外啮合齿轮泵的进油口_____，出油口_____，这主要是为了解决外啮合齿轮泵的_____问题。

二、选择题

1. 液压泵单位时间内排出油液的体积称为泵的流量。泵在额定转速和额定压力下的输出流量称为（　　　）；在没有泄漏的情况下，根据泵的几何尺寸计算而得到的流量称为（　　　），它等于排量和转速的乘积。

A. 实际流量　　　B. 理论流量　　　C. 额定流量

2. 双作用叶片泵的叶片在转子槽中的安装方向是（　　　）。

A. 沿着径向方向安装

B. 沿着转子旋转方向前倾一角度

C. 沿着转子旋转方向后倾一角度

3. 双作用叶片泵从转子平衡考虑，叶片数 z 应选（　　　）；单作用叶片泵的叶片数常选（　　　），以使流量均匀。

A. 奇数　　　　　B. 偶数　　　　　C. 奇、偶数任意

4. 当负载变化时，泵的下列指标中变化的是（　　　）。

A. 额定压力　　　B. 工作压力　　　C. 最大压力　　　D. 吸入压力

5. （　　　）泵的抗污染能力最强。

A. 叶片　　　　　B. 齿轮　　　　　C. 轴向柱塞　　　　　D. 径向柱塞

6. 对齿轮泵内部泄漏影响最大的因素是（　　　）。

A. 端面（轴向）间隙

B. 径向间隙

C. 齿轮啮合处（啮合点）间隙

7. 负载大，功率大的机械设备上的液压系统可使用（　　　）。

A. 齿轮泵　　　　B. 叶片泵　　　　C. 柱塞泵　　　　D. 螺杆泵

三、简答题

1. 构成容积泵的基本条件是什么？

2. 液压泵的常用类型有哪些？哪些是定量泵？哪些是变量泵？其图形符号分别是什么？

3. 试述外啮合齿轮泵的工作原理，并解释齿轮泵工作时径向力不平衡的原因及其对泵工作的影响。

4. 比较双作用叶片泵与单作用叶片泵在结构和工作原理方面的异同。

5. 柱塞泵是怎样实现吸油和压油过程的？

四、计算题

1. 有一齿轮泵的齿轮节圆直径为30mm，齿宽为18mm，齿数为12，泵的工作压力为9MPa，转速为3000r/min，容积效率为0.9。计算泵的排量和实际输出流量；若泵的机械效率为0.85，计算泵的输入功率。

2. 若变量叶片泵的定子内径为90mm，转子外径为85mm，叶片宽度为30mm，试计算

1）叶片泵的排量为18mL/r时，转子和定子的偏心量；

2）泵的最大排量。

3. 斜盘式轴向柱塞泵的柱塞直径为20mm，柱塞分布圆的直径为70mm，斜盘倾角为20°，柱塞数为7个，容积效率为0.95，机械效率为0.9，转子转速为960r/min，泵的工作压力为10MPa。求泵的实际输出流量和输入功率。

项目四

液压执行元件的认知与使用

▶ 项目描述

　　液压传动系统的作用是驱动设备的工作装置，如挖掘机上的液压传动系统用来驱动抓斗和履带，平面磨床上的液压传动系统用来驱动工作台。液压传动系统上的这些驱动装置就是液压执行元件。液压执行元件是将液压能转换成机械能的能量转换装置，有液压缸和液压马达两种类型，两者的区别在于液压缸将液压能转换成往复运动的机械能从而实现直线运动或摆动，而液压马达则将液压能转换成连续回转的机械能从而实现旋转运动。

▶ 项目目标

➤ 知识目标：

1. 掌握液压缸的类型与结构特点；
2. 掌握单杆活塞液压缸三种通油方式下的活塞运动速度和推力的计算；
3. 掌握差动液压缸的工作原理和活塞运动速度及推力的计算；
4. 了解液压缸的典型结构；
5. 掌握液压马达的特点、分类及主要性能参数。

➤ 能力目标：

1. 能够计算液压缸的速度和推力；
2. 能够计算液压马达的转速和转矩；
3. 能够根据通油情况判断液压缸的运动方向；
4. 能够计算液压缸输出的功率。

➤ 素质目标：

1. 培养学生分析问题、解决问题的能力；
2. 培养学生具有优良学风、创新理念及科学家严谨的工作精神；
3. 具备积极向上的人生态度、自我学习能力和良好的心理承受能力；
4. 培养良好的设备维护和保养意识。

➤ 职业能力：

1. 会根据液压缸的特点、分类、主要性能正确选用液压缸；
2. 会根据液压马达的特点、分类、主要性能正确选用液压马达；
3. 会计算液压缸的速度、推力和功率；
4. 会计算液压马达的转速、转矩和功率。

任务一　了解液压缸的类型和特点

▶▶任务概述

了解液压缸的类型及其特点，掌握活塞式液压缸和柱塞式液压缸的推力及速度的计算方法。

▶▶知识与技能

> 液压缸的推力及速度计算

液压缸种类很多，按结构特点，可以分为活塞缸、柱塞缸和摆动缸三种类型。活塞缸和柱塞缸能实现直线往复运动，输出推力和速度；摆动缸则能实现小于360°的往复摆动，输出转矩和角速度。液压缸按其作用方式又可分为单作用式和双作用式两种类型。单作用式液压缸在液压力的作用下只能向一个方向运动，其反方向运动需要靠重力或弹簧力等外力来实现；双作用式液压缸靠液压力可实现正、反两个方向的运动。其中活塞式液压缸应用最广泛。下面介绍几种常用的液压缸。

一、活塞缸

活塞式液压缸分为双杆式和单杆式两种结构，根据安装方式不同又可以分为缸筒固定式和活塞杆固定式两种。

1. 单杆活塞缸

如图 4.1 所示，活塞只有一端带活塞杆的液压缸称为单杆活塞缸。单杆活塞缸有缸体固定和活塞杆固定两种形式，但它们的工作台移动范围都是活塞有效行程 L 的 2 倍。

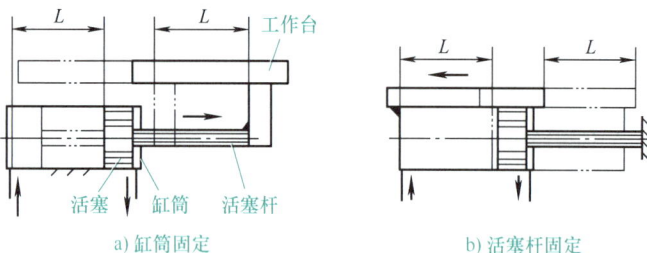

a) 缸筒固定　　　　　　　　b) 活塞杆固定

图 4.1　单杆活塞式液压缸的固定形式

由于单杆活塞缸活塞两侧有效面积不等，当向两腔分别提供相同压力和流量的液压油时，在两个方向上的推力和运动速度也不相等。

1）无杆腔进油时，如图 4.2a 所示。活塞向右运动的速度为

$$v_1 = \frac{q_v}{A_1} = \frac{q_v}{\dfrac{\pi D^2}{4}} \tag{4-1}$$

活塞向右的推力为

$$F_1 = p_1 A_1 - p_2 A_2 = \frac{\pi}{4} D^2 p_1 - \frac{\pi}{4}(D^2 - d^2)p_2 \qquad (4\text{-}2)$$

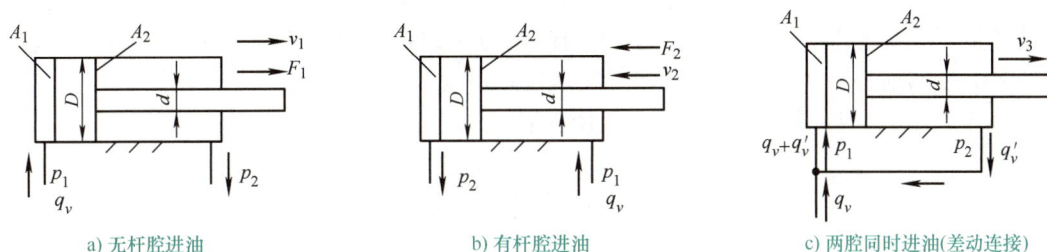

a) 无杆腔进油　　　　　　　b) 有杆腔进油　　　　　c) 两腔同时进油(差动连接)

图 4.2　单杆活塞式液压缸

2）有杆腔进油时，如图 4.2b 所示。活塞向左运动的速度为

$$v_2 = \frac{q_v}{A_2} = \frac{q_v}{\dfrac{\pi(D^2 - d^2)}{4}} \qquad (4\text{-}3)$$

活塞向左的推力为

$$F_2 = p_1 A_2 - p_2 A_1 = \frac{\pi}{4}(D^2 - d^2)p_1 - \frac{\pi}{4}D^2 p_2 = \frac{\pi}{4}D^2(p_1 - p_2) - \frac{\pi}{4}d^2 p_1 \qquad (4\text{-}4)$$

式中　　v ——活塞运动速度（m/s）；

$\quad\quad q_v$ ——输入液压缸的流量（m³/s）；

$\quad\quad D$ ——活塞直径（m）；

$\quad\quad d$ ——活塞杆直径（m）；

$\quad\quad F$ ——活塞的推力（N）；

A_1、A_2 ——液压缸无杆腔、有杆腔的活塞有效作用面积（m²）。

3）两腔同时进油时，如图 4.2c 所示。当单杆式活塞缸的左右两腔同时进液压油时，因无杆腔的有效作用面积大于有杆腔的有效作用面积，活塞向右运动；同时右腔中排出的油液也进入左腔，加大了流入左腔的流量，从而加快了活塞向右运动的速度。液压缸的这种连接称为差动连接，差动连接的单杆液压缸称为差动液压缸。实际上，活塞在运动时，由于管路中有压力损失，所以右腔中油液的压力稍大于左腔油液压力，而这个差值一般都很小，可忽略不计。

活塞向右运动的速度：若差动连接时，活塞向右运动的速度为 v_3，有杆腔排出的流量 $q_v' = v_3 A_2$ 进入无杆腔，再加上泵输出的流量 q_v，则有

$$q_v + v_3 A_2 = v_3 A_1$$

$$v_3 = \frac{q_v}{A_1 - A_2} = \frac{q_v}{\dfrac{\pi d^2}{4}} \qquad (4\text{-}5)$$

活塞向右的推力：差动连接时，一般设 $p_1 \approx p_2$，则活塞推力为

$$F_3 = p_1 A_1 - p_2 A_2 = \frac{\pi}{4} D^2 p_1 - \frac{\pi}{4}(D^2 - d^2) p_2 \approx \frac{\pi}{4} D^2 p_1 - \frac{\pi}{4}(D^2 - d^2) p_1 = \frac{\pi}{4} d^2 p_1 \qquad (4\text{-}6)$$

由式（4-6）可以看出，差动连接的实际有效作用面积是活塞杆的横截面积，它使活塞向右运动速度变快，但推力变小。所以，差动连接速度的提高是以降低推力为代价的，它可在不增加泵流量的前提下（可用小流量泵）实现快速运动。

实际生产中，单杆活塞式液压缸一般用在有以下工作循环的场合：

快进（两腔同时进油）- 工进（无杆腔进油 v_1）- 快退（有杆腔进油 v_2）

① 两腔同时进油，实现差动连接 v_3，活塞杆伸出，活塞运动的速度大，推力小，可作为设备的空载运动（快进）；

② 无杆腔进油，活塞杆伸出，活塞运动的速度小，推力大，可作为设备的工作进给运动（工进）；

③ 有杆腔进油，活塞杆缩回，活塞运动的速度大，推力小，可作为设备的空载运动（快退）。

在以上工作循环中，当要求快进和快退的速度相等时，即 $v_3 = v_2$，则有

$$\frac{q_v}{\frac{\pi d^2}{4}} = \frac{q_v}{\frac{\pi}{4}(D^2 - d^2)}$$

$$D = \sqrt{2}\,d \qquad (4\text{-}7)$$

2. 双杆活塞缸

双杆活塞缸的活塞两端均装有活塞杆，且一般活塞杆直径相同。当液压缸两腔输入的压力油和流量相等时，液压缸在两个方向上输出的运动速度和推力也相等。因此这种液压缸常用于要求往复运动速度和负载相同的场合，如各种磨床、研磨机等。

双杆活塞缸固定方式有缸筒固定和活塞杆固定两种形式。

图 4.3a 所示为缸筒固定的双杆式活塞缸。液压缸缸体固定，活塞通过活塞杆带动工作台移动，工作台的移动范围大约为活塞行程的三倍。因这种液压缸占地面积大，故一般只适用于小型机床。

图 4.3b 所示为活塞杆固定的双杆活塞杆，缸体与工作台相连，活塞杆通过支架固定在机床上。工作台的移动范围约为液压缸有效行程的两倍，占地面积小，常用于行程较长的大、中型设备的液压系统中。

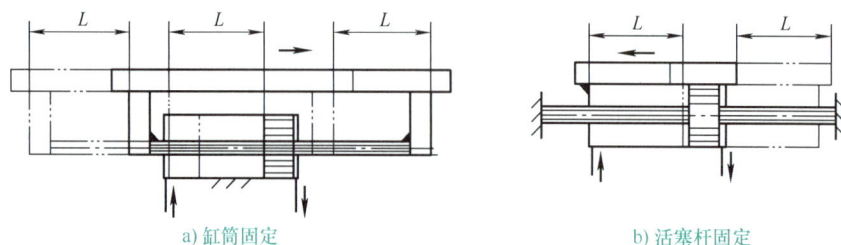

a) 缸筒固定   b) 活塞杆固定

图 4.3　双杆活塞式缸的固定形式

如图 4.4 所示，双杆活塞缸的活塞左、右运动的速度为

$$v = \frac{q_v}{\frac{\pi}{4}(D^2 - d^2)} \tag{4-8}$$

活塞左、右的推力为

$$F = p_1 \frac{\pi}{4}(D^2 - d^2) - p_2 \frac{\pi}{4}(D^2 - d^2) = \frac{\pi}{4}(D^2 - d^2)(p_1 - p_2) \tag{4-9}$$

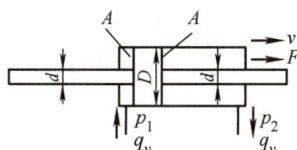

图 4.4　双杆活塞缸

活塞式液压缸虽然应用广泛，但其缸筒内孔加工精度要求高，大工作行程时，缸筒内壁加工困难，制造成本较高。

二、柱塞缸

对于设备工作行程较长的液压系统，一般采用柱塞式液压缸。柱塞式液压缸是一种单作用液压缸，只有一个油管，其工作原理如图 4.5 所示，柱塞与运动部件连接，缸筒固定在机体上。图 4.5a 所示单柱塞式液压缸可实现一个方向的运动。当液压油进入缸筒时，推动柱塞带动运动部件向右运动，但反向退回时必须依靠其他外力或自重。为获得双向往复运动，柱塞缸通常成对反向布置使用，如图 4.5b 所示。图 4.5c 为柱塞式液压缸的图形符号。

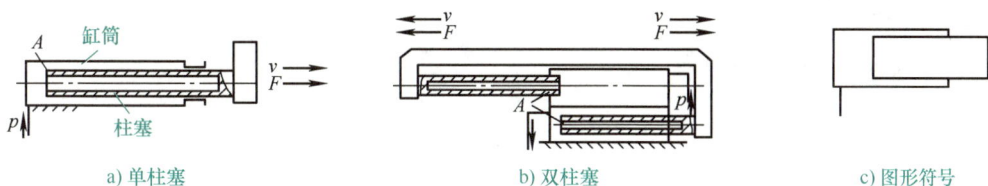

a) 单柱塞　　　　　　　　　　b) 双柱塞　　　　　　　　c) 图形符号

图 4.5　柱塞式液压缸

柱塞式液压缸运动的速度为

$$v = \frac{q_v}{A} = \frac{q_v}{\frac{\pi}{4}d^2} \tag{4-10}$$

柱塞式液压缸产生的推力为

$$F = pA = \frac{\pi}{4}d^2 p \tag{4-11}$$

柱塞式液压缸具有以下特点：

1）因柱塞端面受压，故它应有足够的面积产生推力，且应有一定的刚度防止弯曲，所以，柱塞较粗；因柱塞呈悬空状态，为减轻重量，应将其做成空心式。

2）缸筒内壁和柱塞不直接接触，用导向套配合导向，则缸筒内壁可粗加工，以降低成本。所以，它主要用于行程较长的机床（最大 6～8m）中，如龙门刨床、大型拉床和压力机等设备的液压系统中。

三、摆动缸

摆动式液压缸也称为摆动液压马达，它是一种输出转矩和角速度、并能实现往复摆动的液压执行元件。摆动式液压缸通常分为叶片式和活塞式两大类，工程实际中，叶片式摆动液压缸使用较多。

1.叶片式摆动液压缸

叶片式摆动液压缸的结构原理如图4.6所示。这种摆动缸结构简单，输出转矩大，但密封困难，摆动式液压缸主要用来驱动做间歇回转运动的工作机构，例如，回转夹具、液压机械手、分度机械等装置。叶片式摆动液压缸分为单叶片和双叶片两种形式。

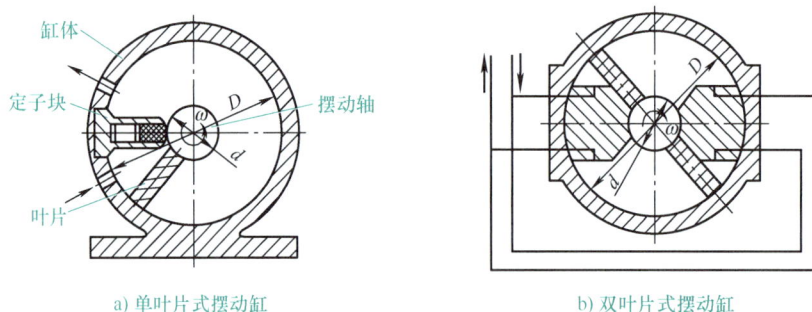

a) 单叶片式摆动缸　　　　　　　　b) 双叶片式摆动缸

图 4.6　叶片式摆动液压缸

图 4.6a 所示为单叶片式摆动缸，当液压油从左下方油口进入缸筒时，叶片和叶片轴在液压油作用下做逆时针方向转动，回油从缸筒左上方的油口流出，摆动角度一般小于300°。

图 4.6b 所示为双叶片式摆动缸，它的摆动角度较小，输出转矩是单叶片式的两倍，而角速度则是单叶片式的一半。

叶片式摆动缸的输出转矩为

$$T = \frac{bz}{8}(D^2 - d^2)(p_1 - p_2)\eta_m \tag{4-12}$$

叶片式摆动缸的输出角速度为

$$\omega = \frac{8q_v \eta_v}{bz(D^z - d^2)} \tag{4-13}$$

式中　　　T——转矩（N·m）；

　　　　　b——叶片宽度（m）；

　　　　　z——叶片数；

　　　　　D——缸体内径（m）；

　　　　　d——摆动轴直径（m）；

　　　p_1、p_2——摆动缸进、回油压力（Pa）；

　　　　　η_m——摆动缸机械效率；

　　　　　ω——角速度（rad/s）；

　　　　　q_v——输入摆动缸流量（L/min）；

　　　　　η_v——摆动缸容积效率。

2. 活塞式摆动液压缸

图 4.7 所示为齿轮齿条活塞式摆动液压缸，活塞杆上加工有齿条结构。当液压油通入缸的左腔时，活塞向右移动，通过齿条、齿轮带动摆动轴上的负载旋转；当缸的右腔通入液压油时，摆动轴反转。

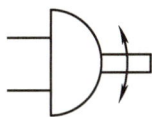

图 4.8 所示为液压摆动缸的图形符号。

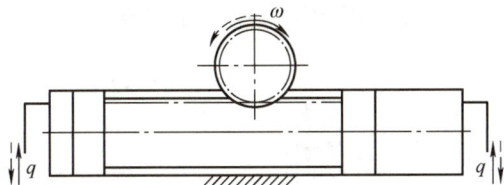

图 4.7　齿轮齿条活塞式摆动液压缸　　　图 4.8　液压摆动缸的图形符号

四、其他液压缸

1. 增压缸

增压缸又称为增压器。增压缸的工作原理如图 4.9 所示，它是由活塞缸与柱塞缸组成的复合缸。左边的大直径活塞缸称为低压缸（原动缸），右边的小直径柱塞缸称为高压缸（输出缸）。增压缸可将左腔输入的低压油转变为右腔的高压油输出，供液压系统中某一高压油路使用（增压缸不能直接驱动负载）。在某些短时间或局部需要高压液体的液压系统中，常采用增压缸与低压大流量泵配合使用。增压缸常用于压铸机、造型机等设备的液压系统中。

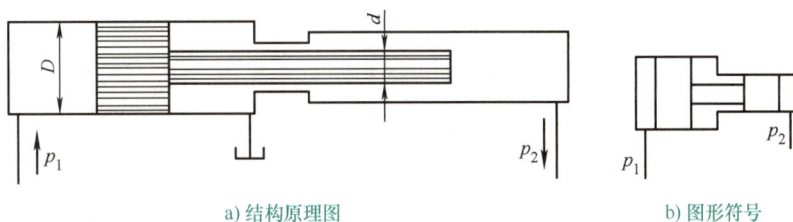

a) 结构原理图　　　　　　　　b) 图形符号

图 4.9　增压缸

若输入原动缸左腔的压力为 p_1，输出缸右腔的压力为 p_2，则有力的平衡式：

$$p_1 \frac{\pi}{4} D^2 = p_2 \frac{\pi}{4} d^2$$

由上式得

$$p_2 = p_1 \left(\frac{D}{d} \right)^2 \tag{4-14}$$

式中比值 D^2 / d^2 称为增压比，此处增压是以降低输出流量为代价的。

2. 伸缩缸

伸缩液压缸由两个或多个活塞式或柱塞式液压缸组装而成，它的前一级缸的活塞杆或柱塞是后一级缸的缸筒。这种伸缩液压缸在各级活塞杆或柱塞依次伸出时可获得很长的行程，而当它们缩入后又能使液压缸的轴向尺寸很短。图 4.10a 所示为一种双作用式伸缩液压缸。当液压油通入缸筒的左腔或右腔时，各级活塞按其有效作用面积的大小依次动作，伸出时，作用面积大的先动，小的后动；缩回时，动作次序相反。图4.10b为双作用式伸缩缸的图形符号。伸缩缸各级活塞的运动速度和推力是不同的，其值可按活塞液压缸的有关公式计算。伸缩缸特别适用于工程机械及自动线步进式输送装置。

除双作用式伸缩液压缸外，还有一种柱塞式单作用伸缩液压缸，如图4.10c所示。当油口接通液压油时，柱塞由面积大的至面积小的逐次伸出；当油口接回油箱时，柱塞在外负载或自重的作用下由小到大逐个缩回，在此结构中，负载与最小面积的柱塞直接相连。

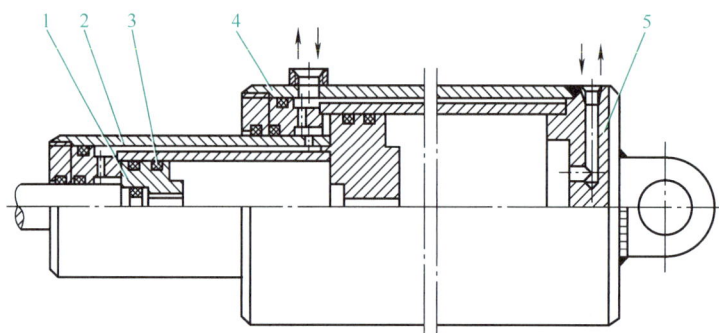

a) 双作用式伸缩液压缸的原理结构图

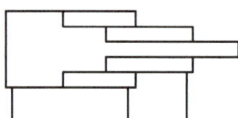

b) 双作用式伸缩缸符号   c) 单作用式伸缩缸符号

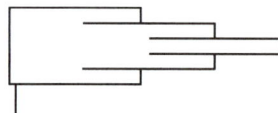

图4.10 伸缩液压缸

1—活塞 2—套筒 3—O形密封圈 4—缸筒 5—缸盖

综上所述，伸缩式液压缸有如下一些特点：

1）伸缩缸工作的行程可以相当长，不工作时整个缸的长度可以缩得较短。

2）伸缩缸逐个伸出时，有效工作面积逐次减小，因此当输入流量相同时，外伸速度逐次增大；当负载恒定时，液压缸的工作压力逐次提高。

3）单作用式伸缩缸的外伸依靠油压，内缩依靠自重或负载作用，因此伸缩式液压缸多用于倾斜或垂直放置的场合。

▶▶ 技能训练

训练1 利用进企业参观实习的机会，观察设备中的液压系统，找出几种液压缸的应用场合。

训练2 有一差动连接的液压缸，其液压泵的流量为25L/min，设活塞运动的快进和快退速度均为6m/min，试确定液压缸的内径和活塞杆的直径。

解： 因液压缸是差动连接，根据式（4-5）得活塞杆直径为

$$v_3 = \frac{q_v}{\frac{\pi d^2}{4}} \rightarrow d = \sqrt{\frac{4q_v}{\pi v}} = \sqrt{\frac{4 \times 25 \times 10^{-3}}{\pi \times 6}} \text{m} = 0.073\text{m}$$

液压缸快进快退速度相同，则由式（4-7）得液压缸的内径为

$$D = \sqrt{2}d = \sqrt{2} \times 0.073\text{m} = 0.0103\text{m}$$

训练3　活塞杆液压缸的缸筒内径 D=100mm，活塞杆直径 d=70mm，进入液压缸的流量 q=25L/min，压力 $p_1 = 2\text{MPa}$，$p_2 = 0$。液压缸的容积效率 η_v 和机械效率 η_m 分别为0.98、0.97，试求在图4.2a、b、c所示的三种工况下液压缸可能推动的最大负载和运动速度，并给出运动方向。

解： 1）在图4.2a中，液压缸的无杆腔进压力油，回油腔压力为零，因此，可推动的最大负载为

$$F_1 = \frac{\pi}{4}D^2 p_1 \eta_m = \frac{\pi}{4} \times (100 \times 10^{-3})^2 \times 2 \times 10^6 \times 0.97\text{N} = 15229\text{N}$$

活塞杆向右运动，其运动速度

$$v_1 = \frac{4q}{\pi D^2}\eta_v = \frac{4 \times 25 \times 10^{-3}}{\pi \times (100 \times 10^{-3})^2 \times 60} \times 0.98\text{m/s} = 0.052\text{m/s}$$

2）在图4.2b中，液压缸为有杆腔进压力油，无杆腔的回油压力为零，可推动的负载为

$$F_2 = \frac{\pi}{4}(D^2 - d^2)p_1\eta_m = \frac{\pi}{4}\left[(100 \times 10^{-3})^2 - (70 \times 10^{-3})^2\right] \times 2 \times 10^6 \times 0.97\text{N} = 7767\text{N}$$

活塞杆向左运动，其运动速度为

$$v_2 = \frac{4q}{\pi(D^2 - d^2)}\eta_v = \frac{4 \times 25 \times 10^{-3}}{\pi\left[(100 \times 10^{-3})^2 - (70 \times 10^{-3})^2\right] \times 60} \times 0.98\text{m/s} = 0.102\text{m/s}$$

3）在图4.2c中，液压缸差动连接，可推动的负载为

$$F_3 = \frac{\pi}{4}d^2 p_1\eta_m = \frac{\pi}{4} \times (70 \times 10^{-3})^2 \times 2 \times 10^6 \times 0.97\text{N} = 7462\text{N}$$

活塞杆向右运动，其运动速度为

$$v_3 = \frac{4q}{\pi d^2}\eta_v = \frac{4 \times 25 \times 10^{-3}}{\pi \times (70 \times 10^{-3})^2 \times 60} \times 0.98\text{m/s} = 0.106\text{m/s}$$

将单杆活塞缸的三种进油连接做比较，可见 $F_1 > F_2 > F_3, v_1 < v_2 < v_3$，差动连接时速度最快，但推力最小。实际应用中，液压系统常通过换向阀来改变单杆缸的油路连接方式，使其处于不同的工作方式，从而获得快进（差动连接）－工进（无杆腔进油）－快退（有杆腔进油）的工作循环。

训练4　图4.11所示为三种形式的液压缸，它们的活塞、活塞杆（或柱塞）直径分别均为 D、d，如进入液压缸的流量为 q_v，压力为 p。试分析确定各缸的运动方向、速度及产生的推力大小。

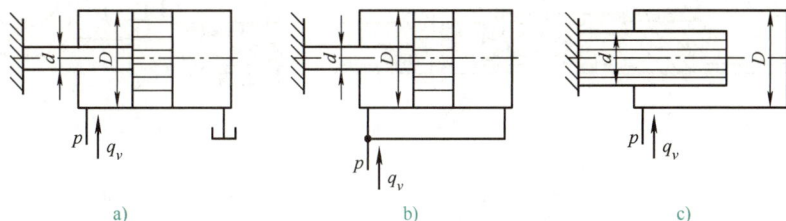

a)　　　　　　　b)　　　　　　　c)

图4.11　三种形式液压缸

解：由图 4.11 可知，三种形式的液压缸均为活塞杆（或柱塞）固定、缸筒移动。图 4.11a 是单杆活塞缸，左腔进油时，压力推动缸筒向左运动，其速度和推力为

$$v = \frac{q_v}{\frac{\pi(D^2 - d^2)}{4}}, \quad F = \frac{\pi}{4}(D^2 - d^2)p$$

图 4.11b 是差动连接液压缸，两腔同时进油时，因右腔缸筒面积大于左腔缸筒面积，压力推动缸筒向右运动，其速度和推力为

$$v = \frac{q_v}{\frac{\pi d^2}{4}}, \quad F = \frac{\pi}{4}d^2 p$$

图 4.11c 是柱塞缸，当通入压力油时，因油液作用于缸筒右侧面积大于缸筒左侧面积，压力推动缸筒向右运动，其速度和推力为

$$v = \frac{q_v}{\frac{\pi d^2}{4}}, \quad F = \frac{\pi}{4}d^2 p$$

任务二　了解液压缸的结构

▶▶ 任务概述

熟悉常见液压缸的结构，了解液压缸的结构组成。

▶▶ 知识与技能

图 4.12 所示为一种双作用单杆活塞式液压缸。虽然液压缸的类型很多，但一般都是由缸体组件、活塞组件、密封装置、缓冲装置和排气装置五大部分组成，缓冲和排气装置可根据需要选择是否使用，其余则为必需的部分。

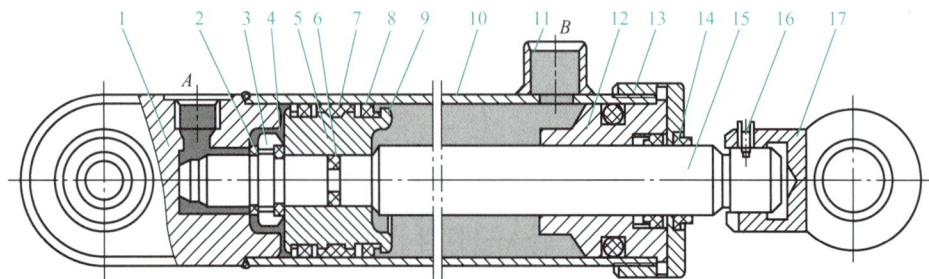

图 4.12　双作用单杆活塞缸原理结构图

1—缸底　2—弹簧挡圈　3—套环　4—卡环　5—活塞　6—O 形密封圈　7—支承环
8—挡圈　9—Y 形密封圈　10—缸筒　11—管接头　12—导向套　13—缸盖
14—防尘圈　15—活塞杆　16—定位螺钉　17—耳环

一、缸体组件

缸体组件由缸筒、缸底、缸盖、导向套和连接件等组成，它与活塞组件构成密封的工作腔。

因要承受高压，所以缸体组件应有足够的强度、较高的表面精度和可靠的密封性能。

1. 缸筒与缸盖的连接形式

缸筒与缸盖采用何种连接方式，主要取决于工作压力、缸筒材料和工作条件。缸筒与缸盖的连接形式主要有法兰式连接、半环式连接、拉杆式连接、螺纹式连接和焊接式连接等，具体如图 4.13 所示。

1）法兰式连接如图 4.13a 所示。法兰式连接结构简单，加工方便，连接可靠，但是要求缸筒端部有足够的壁厚，用以安装螺栓或旋入螺钉，它常用于铸铁缸筒，是一种常用的连接形式。

2）半环式连接如图 4.13b 所示。一般采用外半环连接。半环式连接工艺性好，连接可靠，结构紧凑，但削弱了缸筒强度。半环式连接应用十分普遍，常用于由无缝钢管或锻钢制作的缸筒与端盖的连接中。

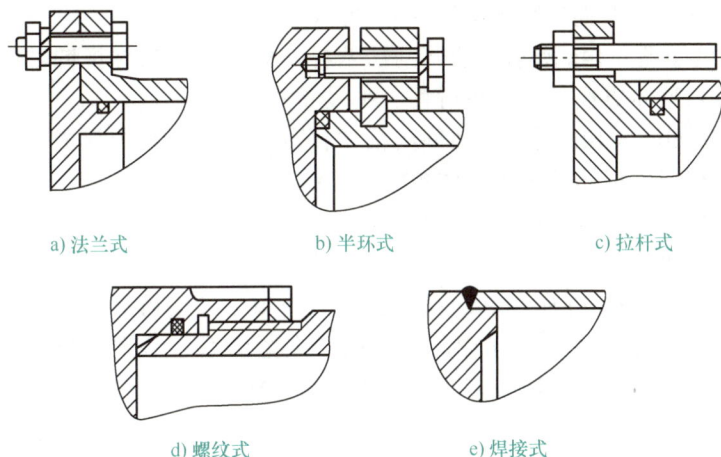

a) 法兰式　　　　b) 半环式　　　　c) 拉杆式

d) 螺纹式　　　　e) 焊接式

图 4.13　缸筒与缸盖的连接形式

3）拉杆式连接如图 4.13c 所示。它的结构简单，工艺性好，通用性强，但缸盖的体积和重量较大，拉杆受力后会拉伸变长，影响效果。这种连接只适用于长度不大的中、低压液压缸。

4）螺纹式连接如图 4.13d 所示。它有外螺纹连接和内螺纹连接两种形式，其特点是体积小，重量轻，结构紧凑，但缸筒端部结构复杂，这种连接形式一般用于由无缝钢管或铸钢制作的钢筒上。

5）焊接式连接如图 4.13e 所示。它的强度高，制造简单，但焊接时易引起缸筒变形。

2. 材料

缸筒是液压缸最主要的零件，它的材料可以根据工作介质的压力大小及工作缸的尺寸大小来选择，因而选择范围很广。对于低压、小尺寸的液压缸，可使用灰铸铁，常用的为 HT200～HT350 之间。要求高一些的，则可选用球墨铸铁 QT450-10、QT500-7 及 QT600-3 等。较小尺寸的液压缸也常用无缝钢管作坯料，其加工余量小，工艺性能好，生产准备周期短，适合于大批量生产。要求再高的可以采用铸钢，如 ZG230-450、ZG270-500、ZG310-570 等。对那些大、中型锻造液压机，常用 35 或 40 锻钢。而在一些大吨位的锻造或模锻液压机中，液压缸的材料有时选用 18MnMoNb 合金钢，用大的钢锭直接锻造成液压缸的毛坯。

缸盖装在缸筒两端，与缸筒形成密闭容腔。它的材料一般采用 35、45 钢，作导向用时，应采用铸铁。

导向套对活塞杆或柱塞起导向和支承作用，有的直接用缸盖导向。导向套的材料一般用青铜、耐磨铸铁或聚四氟乙烯等。

为保证活塞在液压缸内顺利移动，缸筒内孔应有圆柱度要求，轴线有直线度要求，轴线与两端面间有垂直度要求，轴线对两端的支撑件有同轴度要求。除了这些，还特别要求内孔必须光洁无纵向刻痕；若为铸铁材料，则要求其组织紧密，不得有砂眼、针孔及疏松情况等。

二、活塞组件

活塞组件主要由活塞、活塞杆和连接件等组成。根据工作压力、安装方式和工作条件的不同，活塞与活塞杆的连接形式有多种。

1. 活塞与活塞杆的连接形式

常见的活塞与活塞杆的连接形式如图 4.14 所示。

1）整体式连接如图 4.14a 所示。活塞与活塞杆一体加工，易保证同轴度，是最简单的一种形式。但损坏后须整体更换，适于短行程、小尺寸液压缸。

2）焊接式连接如图 4.14b 所示。活塞与活塞杆分体加工，再焊接成一体，加工容易。其应用场合与整体式相同，损坏后也需整体更换。

3）螺纹式连接如图 4.14c 所示。螺纹式连接装卸方便，连接可靠，适用尺寸范围大，但一般需要螺母防松装置。

4）半环式连接如图 4.14d 所示。这种连接拆装简单、连接可靠、强度高，但结构比较复杂。在活塞杆上开有一个环形槽，槽内装有卡键以夹紧活塞，卡键由套环套住，而套环的轴向位置用弹簧卡圈来固定。半环连接多用于高压和振动较大的场合。

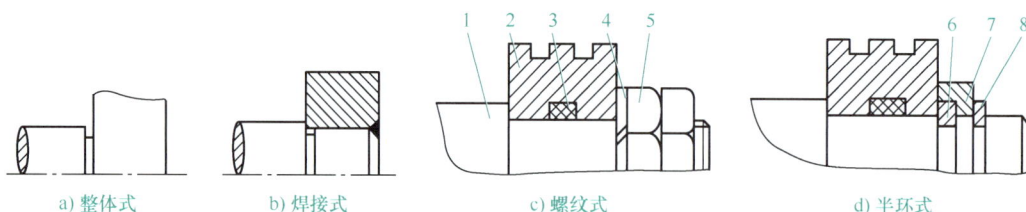

a) 整体式　　　b) 焊接式　　　c) 螺纹式　　　d) 半环式

图 4.14　活塞与活塞杆的连接形式

1—活塞杆　2—活塞　3—密封圈　4—弹簧圈　5—螺母
6—卡键　7—套环　8—弹簧卡圈

2. 材料

活塞杆是连接活塞与工作台的传力零件，一般都设计成圆柱体，应有足够的强度和刚度，其外表面和导向套间隙配合（H8/f9），活塞杆通常都采用 45 号钢制造，当有较大冲击力、重载荷传动时，用 40Cr 钢制造。为了提高活塞杆的抗腐蚀能力，杆的工作表面可镀硬铬。如果活塞杆直径较大，可用空心结构，用 45 号无缝钢管制造。

活塞受油压作用，并在缸筒内移动，所以，要有一定的强度和较好的耐磨性，一般用耐磨铸铁制造。

三、密封装置

合理的密封装置对液压缸的工作性能和效率有着很大的影响。密封装置主要有以下几方面的作用。

① 减少内、外泄漏，提高缸容积效率。

② 减少环境污染。

③ 防止空气和污染物侵入。

液压缸的密封部位主要指活塞与缸筒、活塞杆与端盖之间的动密封，以及缸筒与端盖、活塞与活塞杆之间的静密封。

液压缸密封装置的种类主要有间隙密封和密封圈密封两大类。

1. 间隙密封

图 4.15 所示的间隙密封是一种常用的、简单的密封方法。它是依靠零件相对运动配合面间的微小间隙来防止泄漏，一般间隙为 0.01～0.05mm。这种密封摩擦阻力小，耐高温，但加工精度较高，且难以完全消除泄漏，磨损不能自动补偿，只在低压、小尺寸液压缸中使用，多用于滑阀中。

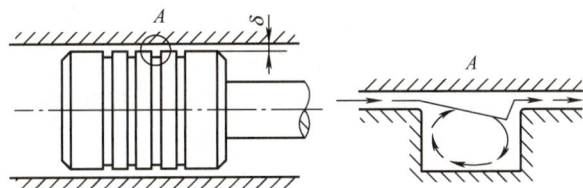

图 4.15　间隙密封

在间隙密封的结构中，往往在运动的圆柱外表面开几道环形槽（一般宽为 0.3～0.5mm、深为 0.5～1mm、间距为 2～5mm）。它主要具有以下作用。

① 由于活塞加工的几何形状和同轴度误差，液压油在密封间隙中的不对称分布将形成一个径向不平衡力（称为液压卡紧力），使摩擦力增大；开平衡槽后，使得径向油压力趋于平衡，活塞能够自动对中，减小了摩擦力。

② 由于同心环缝隙的泄漏要比偏心环缝隙的泄漏小得多，活塞的对中减少了油液的泄漏量。

③ 油液储存在平衡槽内，使活塞能自动润滑。

2. 密封圈密封

在密封圈密封中，常用的密封圈有 O、Y、Y_x、V 形等几种结构形式，它用耐油橡胶制造而成。这种密封结构简单，制造方便，磨损后能自动补偿，性能可靠。采用这种密封，缸的容积效率很高。还有一种是防尘圈，放在活塞杆密封处。

各种密封圈的规格、安装沟槽的形状及尺寸等都已标准化，选择、使用起来比较方便。

（1）O 形密封圈　O 形密封圈的截面为圆形，如图 4.16a 所示。O 形密封圈安装时要有一定预压缩量 $e = h_1 + h_2$，以消除间隙而实现密封。用于动密封时，$e = (0.1～0.2)d_0$；用于静密封时，$e = (0.15～0.25)d_0$，如图 4.16b 所示。O 形密封圈用于静密封较多，如端盖与缸筒配合面、活塞与活塞杆配合面等。用于动密封时，当压力大于 10MPa 时，应加挡圈（厚为 1.5～2.5mm），如图 4.16c、d 所示，否则密封圈易被挤出而损坏。

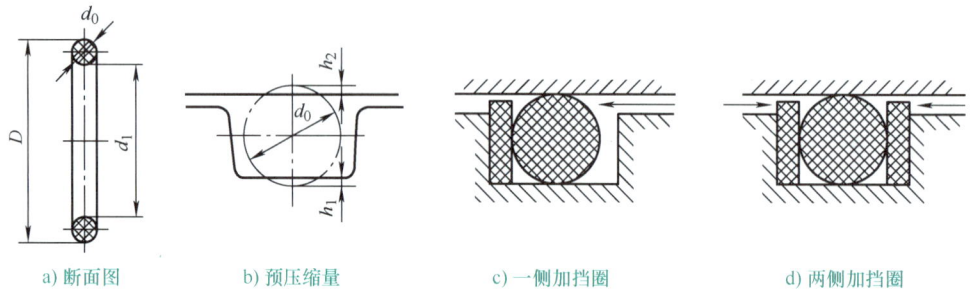

a) 断面图　　　　b) 预压缩量　　　　c) 一侧加挡圈　　　　d) 两侧加挡圈

图 4.16　O 形密封圈

O 形密封圈结构紧凑，具有良好的密封性能，动摩擦阻力小，内外侧和端面都能起密封作用。此外，它还具有制造容易、装拆方便、成本低的特点，且高、低压均可使用。因此，O 形密封圈在液压系统中应用最为广泛。

（2）Y 形密封圈　Y 形密封圈的截面呈 Y 形，如图 4.17 所示。Y 形密封圈在安装时，一定要使其唇边对着有压力的油腔，工作时，它利用油的压力使两唇边贴于密封面而保持密封。此种密封磨损后有一定自动补偿能力，故其寿命长。

Y 形密封圈根据断面的尺寸又有窄断面和宽断面两种形式，如图 4.18a、b 所示。

当压力变化大、速度高时，宽断面密封圈容易翻转，要设置支承环定位以防转。支承环上应开设小孔，以便使压力油同时作用于内、外唇边，如图 4.18c 所示。

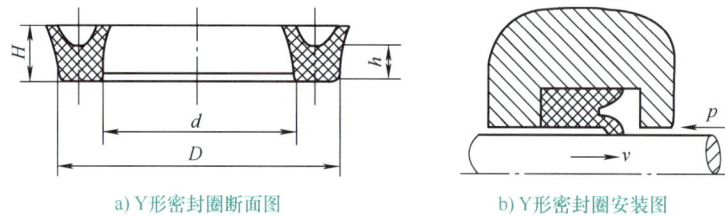

a) Y 形密封圈断面图　　　　　　　b) Y 形密封圈安装图

图 4.17　Y 形密封圈

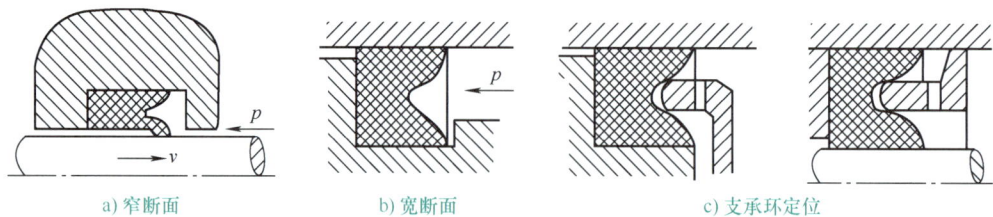

a) 窄断面　　　　　　b) 宽断面　　　　　　c) 支承环定位

图 4.18　Y 形密封圈的断面及安装结构

（3）Y_X 形密封圈　Y_X 形密封圈是截面宽度与高度之比大于 2 且工作唇与非工作唇不等高的 Y 形密封圈，Y_X 形密封圈的工作唇（与运动件接触的唇）矮于非工作唇，如图 4.19 所示。它分为孔用 Y_X 形密封圈和轴用 Y_X 形密封圈，孔用 Y_X 形密封圈内侧唇口高，安装密封圈的沟槽是开在轴上的，是用来密封孔的，工作唇与孔接触；轴用 Y_X 形密封圈外侧唇口高，安装密封圈的沟槽是开在孔上的，是用来密封轴的，工作唇与轴接触。Y_X 形密封圈工作时不会翻滚。

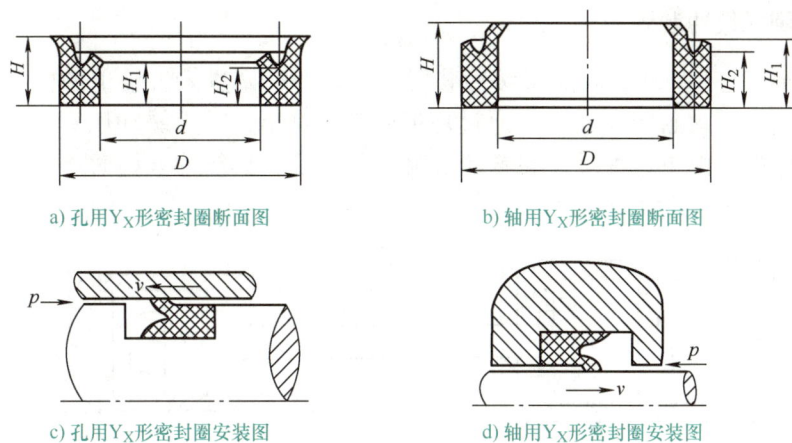

a) 孔用Y_X形密封圈断面图　　　　　b) 轴用Y_X形密封圈断面图

c) 孔用Y_X形密封圈安装图　　　　　d) 轴用Y_X形密封圈安装图

图 4.19　Y_X形密封圈的断面及安装结构

Y_X形密封圈的密封特点：能随着工作压力的变化而自动调整密封性能，密封性能可靠，摩擦阻力小，当压力降低时，唇边压紧力也随之降低，从而减少了摩擦阻力和功率消耗。一般用于轴、孔做相对往复运动且高压、高速的场合。

（4）V形密封圈　V形密封圈通常由支承环、V形密封环和压环三部分组成，如图 4.20a 所示。当压环压紧密封环时，支承环使密封环产生变形而起密封作用。当压力高时（$p > 10MPa$），可以增加中间 V 形密封环的数量，叠加使用，如图 4.20b 所示。安装时也应注意方向，即密封圈开口应对着有压力的油腔。

这种形式的密封圈接触面较长，具有良好的密封性能，耐高压，磨损后可进行压紧补偿，寿命长。但摩擦阻力和轴向尺寸也较大，多用于运动速度不高的场合。

（5）防尘圈　防尘圈一般装在活塞杆或柱塞与端盖相接触的外部，目的是防止外界杂质进入液压缸内部。它分为无骨架和有骨架两种结构形式，图 4.21 所示是无骨架形式的防尘圈，其应用最为广泛。

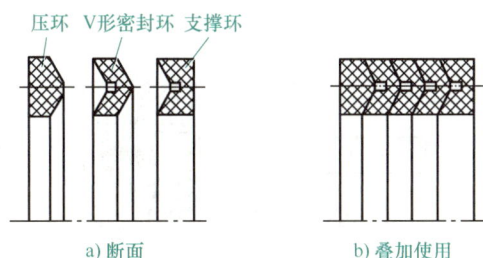

压环　V形密封环　支撑环

a) 断面　　　　　b) 叠加使用

图 4.20　V 形密封圈

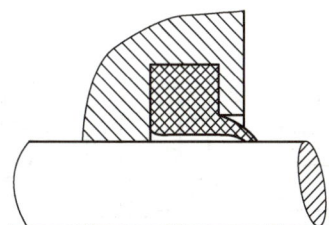

图 4.21　防尘圈

四、缓冲装置

液压缸结构中一般设有缓冲装置，尤其是大型、高速（$v > 0.2m/s$）或高精度的液压缸。因这种缸的运动部件具有很大的动能，为了防止活塞运动到终端时因惯性力的作用与端盖发生机械碰撞，影响加工精度和设备寿命，甚至引起破坏性事故，因而设置缓冲装置。

缓冲的原理是使活塞在接近终端时，强迫回油从缝隙或小孔中挤出而节流，增大回油阻力，使运动部件逐渐降低运动速度，避免运动部件撞击液压缸端盖。常见的缓冲装置有环状间隙式缓冲装置、节流口面积可变式缓冲装置和节流口面积可调式缓冲装置。

1. 环状间隙式缓冲装置

图 4.22a 所示是一种环状间隙式缓冲装置，当缓冲柱塞进入缸盖上的内孔时，缸盖和活塞间形成缓冲油腔，被封闭油液只能通过环形间隙 δ 排出，产生缓冲压力，从而实现减速缓冲。在缓冲过程中，由于这种缓冲装置的节流面积不变，故缓冲开始时产生的缓冲制动力很大，但很快就会降低，其缓冲效果较差。

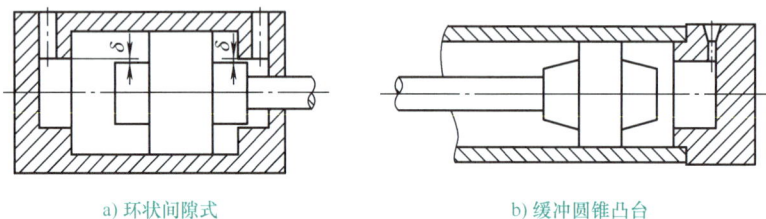

a) 环状间隙式   b) 缓冲圆锥凸台

图 4.22　环状间隙式缓冲装置

环状间隙式缓冲装置的缓冲柱塞也可做成圆锥凸台，如图 4.22b 所示。由于缓冲柱塞为圆锥形，所以缓冲环形间隙随位移量而改变，即节流面积随缓冲行程的增大而缩小，其缓冲效果较好。

2. 节流口面积可变式缓冲装置

如图 4.23 所示，在缓冲柱塞上开有由浅到深的三角节流沟槽，节流面积随着缓冲行程的增大而逐渐减小，缓冲压力变化平缓。

3. 节流口面积可调式缓冲装置

如图 4.24 所示，在缓冲过程中，缓冲腔油液经缓冲节流阀 1 排出，调节节流孔的大小，可控制缓冲腔内缓冲压力的大小，以适应液压缸不同的负载和速度对缓冲的要求，同时，当活塞反向运动时，高压油从单向阀 2 进入液压缸内，活塞也不会因推力不足而产生起动缓慢或困难等现象。

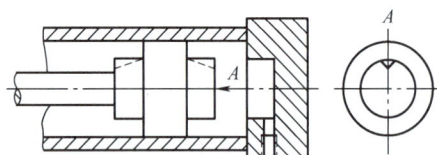

图 4.23　节流口面积可变式缓冲装置

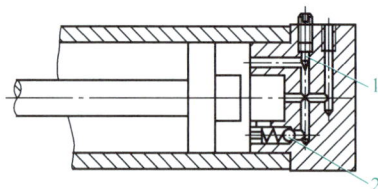

图 4.24　节流口面积可调式缓冲装置

1—缓冲节流阀　2—单向阀

五、排气装置

由于液压系统在安装过程中、较长时间停止工作或密封不严时，油液中会混入空气。大量的空气积聚会使系统在工作中产生振动、噪声，引起活塞低速爬行，工作部件突然前冲及换向精度下降等不良后果。因此，在设计液压缸时，对速度稳定性要求较高的液压缸和大型液压缸必须设置排气装置，如排气塞，其结构如图 4.25 所示。排气时，松开排气塞螺钉，带着空气的油液便通过锥面间隙经小孔溢出，空气排完后拧紧螺钉，液压缸可开始正式工作。对于要求不高的液压缸可以不设专门的排气装置，一般利用空气比油密度小的特点将油口布置在缸筒两端的最高处，通过流出的油液将缸内的空气带入油箱，再从油箱中逸出。

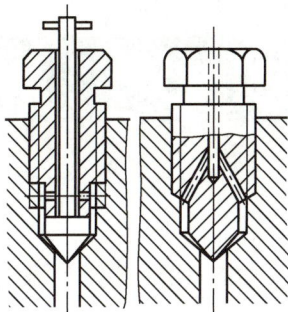

图 4.25　排气塞

▶▶ 技能训练

训练 5　进入实训室或实训车间，拆装活塞式液压缸，了解液压缸的结构。

一、技能训练目的

通过拆装活塞式液压缸，掌握活塞式液压缸的结构组成，了解其加工和装配工艺；分析液压缸工作原理；了解易产生故障的部件并分析其原因；掌握拆装液压缸的方法和要点。

二、技能训练要点

1）掌握活塞式液压缸的基本结构。
2）掌握活塞式液压缸的拆装基本要求。

三、技能训练准备

活塞式液压缸的分类及工作原理；活塞式液压缸的结构和特点。

四、技能训练过程

1）准备内六角扳手、固定扳手、螺钉旋具、相关活塞式液压缸。
2）液压缸的拆卸（以较常用的双作用单活塞杆液压缸为例，见图 4.12）
① 将液压缸的缸盖连接螺栓拆下。
② 依次取下缸盖、导向套、活塞组件、缸盖与缸筒端面之间的密封圈。
③ 分解活塞组件。
④ 拆除连接件。
⑤ 依次取下活塞、活塞杆及密封元件。
3）从上面所拆卸的液压缸可以看到，液压缸基本上由缸筒和缸盖、活塞与活塞杆、密封装置、缓冲装置和排气装置五部分组成。
4）液压缸的装配。
① 对待装零件首先进行合格性检查，特别是运动副的配合精度和表面状态。注意去除所有零件上的毛刺、飞边、污垢，清洗应彻底、干净。
② 在缸内表面及密封圈上涂润滑脂。
③ 将活塞组件按结构装配好，然后将活塞组件装入缸筒内，同时检查其在缸筒内的移动情况。应运动灵活，无阻滞和轻重不均现象。
④ 装好导向套。
⑤ 将缸盖与缸装配好。拧紧缸盖连接螺栓时，要分次交叉对称进行施力，切记用力要均匀，安装好后，活塞杆应能在全长运动范围内灵活地运动。

任务三 液压缸的设计计算

▶▶ 任务概述

掌握液压缸设计的要点及主要尺寸的计算方法，了解液压缸强度与刚度的校核。

▶▶ 知识与技能

在工程实际应用中，应优先选用推荐的标准系列液压缸，但常常还需自行设计一些非标准液压缸。不同使用场合的液压缸有着不同的设计内容和要求，一般设计液压缸时可参考以下步骤进行。

一、确定液压缸结构类型和各部分的连接形式

主要包含以下几条：
1）确定液压缸的结构类型、安装方式。
2）确定缸体和缸盖的连接形式。
3）确定活塞与活塞杆的连接形式。
4）确定密封、防尘、缓冲、排气装置。

二、液压缸基本参数和结构尺寸的计算

液压缸的基本参数主要有缸筒内径 D、活塞杆直径 d 和缸筒长度 L 等。

液压系统压力的大小主要由负载大小或设备类型来定，此外，还要考虑装配空间、成本等条件。

负载一定时，若工作压力低，要加大执行元件的结构尺寸，材料消耗将加大；若压力太高，泵、缸、阀的材质、密封、制造精度等要求也高，将提高设备成本。

1. 液压缸的内径 D

液压缸内径的确定分两种情况，下面以单杆活塞缸为例进行讲解。以下公式中的参数见图 4.2。

1）动力较大的设备。液压缸的内径 D 常由最大负载 F 和选取的工作压力 p_1 确定。对于单杆缸，初算时常设回油背压 $p_2=0$。

无杆腔进油驱动负载时，由于 $p_2=0$，由式（4-2）得 $F_1 = p_1 A_1 = \dfrac{\pi}{4} D^2 p_1$，进而推导出

$$D = \sqrt{\frac{4F_1}{\pi p_1}} \tag{4-15}$$

有杆腔进油驱动负载时，由于 $p_2=0$，由式（4-4）得 $F_2 = p_1 A_2 = \dfrac{\pi}{4}(D^2 - d^2)p_1$，进而推导出

$$D = \sqrt{\frac{4F_2}{\pi p_1} + d^2} \qquad (4\text{-}16)$$

2）动力较小的设备。对于轻载高速设备，液压缸的内径 D 常由液压缸运动速度和液压泵的流量确定。

无杆腔进油时，由式（4-1）得

$$D = \sqrt{\frac{4q_v}{\pi v_1}} \qquad (4\text{-}17)$$

有杆腔进油时，由式（4-3）得

$$D = \sqrt{\frac{4q_v}{\pi v_2} + d^2} \qquad (4\text{-}18)$$

2. 活塞杆直径 d

1）当液压缸的往返速度或速度比 $\phi = v_2 / v_1$ 有一定要求时，可按下式计算：

$$d = D\sqrt{\frac{\phi - 1}{\phi}} = D\sqrt{\frac{v_2 - v_1}{v_2}} \qquad (4\text{-}19)$$

2）当按工作压力或设备类型确定活塞杆直径时，可按表 4.1、表 4.2 选取 d。

表 4.1　液压缸工作压力与推荐活塞杆直径

工作压力 p/MPa	≤5	5～7	>7
推荐活塞杆直径 d	（0.5～0.55）D	（0.6～0.7）D	0.7D

表 4.2　设备类型与活塞杆直径

设备类型	磨床、珩磨、研磨	插、拉、刨	钻、镗、车、铣
活塞杆直径 d	（0.2～0.3）D	0.5D	0.7D

为了便于与活塞、活塞杆连接的密封件的选用，计算所得的 D 和 d 都要圆整为标准值，见表 4.3 和表 4.4。

表 4.3　液压缸内径尺寸系列　　　　　　　　　　　　　　　（单位：mm）

8	10	12	16	20	25	32	40	50	63
80	（90）	100	（110）	125	（140）	160	（180）	200	（220）
250	（280）	320	（360）	400	（450）	500			

注：括号内值为非优先选用值。

表 4.4　活塞杆直径尺寸系列　　　　　　　　　　　　　　　（单位：mm）

4	5	6	8	10	12	14	16	18	20
22	25	28	32	36	40	45	50	56	63
70	80	90	100	110	125	140	160	180	200
220	250	280	320	360					

3. 液压缸长度的确定

如图 4.26 所示，液压缸的缸筒长度 L 应根据活塞所需最大工作行程、活塞宽度、导向长度和活塞杆密封长度等而定。但从制造工艺考虑，为减小加工难度，缸筒长度不能太长，一般取 $L \leqslant (20 \sim 30)D$。图中活塞宽度 $B = (0.6 \sim 1)D$。当 $D \leqslant 80$ 时，导向套导向长度取 $C = (0.6 \sim 1)D$，当 $D > 80$ 时，$C = (0.6 \sim 1)d$，活塞工作行程的系列标准见表 4.5。

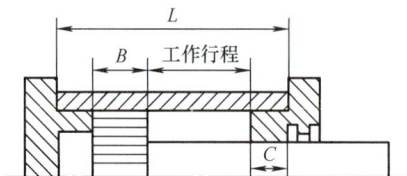

图 4.26　液压缸缸筒长度

表 4.5　液压缸活塞行程系列　　　　　　　　　　　　　　　　　（单位：mm）

第一系列	25	50	80	100	125	160	200	250	320	400
	500	630	800	1000	1250	1600	2000	2500	3200	4000
第二系列	40	63	90	110	140	180	220	280	360	450
	550	700	900	1100	1400	1800	2200	2800	3600	
第三系列	240	260	300	340	380	420	480	530	600	650
	750	850	950	1050	1200	1300	1500	1700	1900	2100
	2400	2600	3000	3400	3800					

注：行程参数依次按第一、第二、第三系列顺序优先选用。

三、液压缸主要零部件强度的校核

1. 液压缸壁厚 σ 的校核

在低压系统中，缸筒壁厚 σ 主要由结构要求确定，一般壁厚能满足强度要求，不做校核。在中、高压系统中，可分几种情况进行壁厚校核。

1）当 $\delta/D \leqslant 0.08$ 时，多采用无缝钢管做缸筒，它属于薄壁圆筒的强度校核，其公式为

$$\delta \geqslant \frac{p_{\max}D}{2[\sigma]} \tag{4-20}$$

2）当 $\delta/D = 0.08 \sim 0.3$ 时，可用以下实用公式验算：

$$\delta \geqslant \frac{p_{\max}D}{2.3[\sigma] - 3p_{\max}} \tag{4-21}$$

3）当 $\delta/D \geqslant 0.3$ 时，称为厚壁圆筒，一般采用铸造缸筒。可用以下公式验算：

$$\delta \geqslant \frac{D}{2}\left(\sqrt{\frac{[\sigma] + 0.4p_{\max}}{[\sigma] - 1.3p_{\max}}} - 1\right) \tag{4-22}$$

式中　　δ ——缸筒壁厚（m）；

　　$p_{\max}$ ——缸筒内的最高工作压力（或试验压力）(MPa)，当缸体额定压力 $p_{\mathrm{n}} \leqslant 16\mathrm{MPa}$ 时，

一般取 $p_{max}=1.5p_n$，当缸体额定压力 $p_n>16\text{MPa}$ 时，一般取 $p_{max}=1.25p_n$；

D ——缸筒内径（m）；

$[\sigma]$ ——缸筒材料的许用应力（MPa）。$[\sigma]=\sigma_b/n$，σ_b 为材料的抗拉强度，n 为安全系数，$n=3.5\sim5$。一般锻钢 $[\sigma]=100\sim120\text{MPa}$；铸钢 $[\sigma]=100\sim110\text{MPa}$；钢管 $[\sigma]=100\sim110\text{MPa}$；铸铁 $[\sigma]=60\text{MPa}$。

缸筒的壁厚确定之后，则缸筒的外径为

$$D_1=D+2\delta \tag{4-23}$$

由上式算出缸筒的外径后，可按标准推荐的液压缸缸体外径系列选取，见表4.6。

表 4.6　液压缸外径系列　　　（单位：mm）

		缸内径	40	50	63	80	90	100	110	125	140	160	180	200
工程机械	缸外径	$p\le16\text{MPa}$	50	60	76	95	108	121	133	146	168	194	219	245
		$16\text{MPa}<p\le20\text{MPa}$	50	60	76	95	108	121	133	146	168	194	219	245
		$20\text{MPa}<p\le25\text{MPa}$	50	60	83	102	108	121	133	152	168	194	219	245
		$25\text{MPa}<p\le31.5\text{MPa}$	54	63.5	83	102	114	127	140	152	168	194	219	245
重型机械		缸内径	32	40	50	60	80	100	125	150	180	200		
		缸外径	52	60	75	85	105	120	150	180	215	240		
运输机械		缸内径	40	50	60	70	80	90	100	110	125	140	160	180
		缸外径	50	63.5	70	83	95	102	114	127	140	159	180	200

2. 液压缸缸盖固定螺栓直径 d_1 的校核

缸体与缸盖连接的固定螺栓在工作中要承受拉应力和剪切应力，螺栓直径可按下式校核：

$$d_1\ge\sqrt{\frac{5.2KF}{\pi Z[\sigma]}} \tag{4-24}$$

式中　d_1 ——螺栓小径（m）；

K ——螺纹拧紧系数，可取 $K=1.25\sim1.5$；

F ——缸筒端部承受的最大推力（N）；

Z ——螺栓个数；

$[\sigma]$ ——螺栓材料的许用应力（MPa）。$[\sigma]=\sigma_s/n$，σ_s 为螺栓材料的屈服极限，n 为安全系数，一般取 $n=1.5\sim2.5$。

3. 活塞杆直径 d 及稳定性的校核

1）活塞杆直径的校核。活塞杆直径 d 确定了之后，要用下式校核其强度：

$$d\ge\sqrt{\frac{4F}{\pi[\sigma]}} \tag{4-25}$$

式中　　　F——活塞杆上的作用力（N）；

　　　　　$[\sigma]$——活塞杆材料的许用应力（Pa）。$[\sigma] = \sigma_b / n$，n 为安全系数，一般取 $n \geqslant 1.4$。

2）活塞杆稳定性的校核。活塞杆承受轴向压缩负载时，其直径 d 一般不小于长度 L 的 1/10。当 $L/d \geqslant 10$ 时，活塞杆称为细长杆，纵向须进行抗弯强度或稳定性校核，活塞杆承受的力 F 不能超过使它保持稳定工作所允许的临界负载 F_K，以免发生纵向弯曲，即 $F \leqslant F_K / n_K$，式中，n_K 为安全系数，一般取 $2 \sim 4$，F_K 的值与活塞杆材料、截面形状、直径大小和长度以及缸的安装方式等因素有关，验算可按材料力学的有关公式进行。

▷▷ 技能训练

训练 6 设计某一机床液压系统中的液压缸，要求机床快进、快退速度均为 6m/min，工进时活塞杆受压，推力为 30kN，背压为 0.2MPa，液压缸的输入流量为 30L/min，液压缸材料为 45 号钢。计算活塞杆直径、液压缸内径和缸筒的壁厚。

解： 1）活塞杆直径。因快进和快退的速度相等，所以在快进时采用差动连接，由式（4-5）得活塞杆直径为

$$d = \sqrt{\frac{4q_v}{\pi v}} = \sqrt{\frac{4 \times 30 \times 10^{-3}}{60 \times \pi \times \dfrac{6}{60}}}\,\mathrm{m} = 0.0798\mathrm{m} = 79.8\mathrm{mm}$$

根据表 4.4 把活塞杆直径圆整为标准值 80mm。

2）液压缸内径因是差动连接，且往返速度相等，由式（4-7）得缸筒内径为

$$D = \sqrt{2}d = \sqrt{2} \times 80\mathrm{mm} = 113.12\mathrm{mm}$$

根据表 4.3 把缸筒内径圆整为标准值 110mm。

3）缸筒壁厚参考图 4.2a 工进时活塞杆受力平衡方程：

$$p_1 A_1 = F + p_2 A_2$$

则得液压缸的工作压力为

$$p_1 = \frac{F}{A_1} + p_2 \frac{A_2}{A_1} = \frac{F}{\dfrac{\pi}{4} D^2} + p_2 \frac{\dfrac{\pi}{4}(D^2 - d^2)}{\dfrac{\pi}{4} D^2} = \frac{4F}{\pi D^2} + \frac{p_2(D^2 - d^2)}{D^2}$$

$$= \frac{4 \times 30 \times 10^3}{\pi \times (110 \times 10^{-3})^2} + \frac{0.2 \times 10^6 \times \left[(110 \times 10^{-3})^2 - (80 \times 10^{-3})^2\right]}{(110 \times 10^{-3})^2}\,\mathrm{Pa}$$

$$= 3250000\mathrm{Pa} = 3.25\mathrm{MPa}$$

查常用材料的力学性能得 45 号钢的 $\sigma_b = 650\mathrm{MPa}$，取 $n=5$，得

$$[\sigma] = \frac{\sigma_b}{n} = \frac{650}{5}\mathrm{MPa} = 130\mathrm{MPa}$$

系统压力为 3.25MPa，小于 16MPa，一般取 $p_{max} = 1.5p_n$，此处取 $p_{max} = 1.5p_1$，缸筒初步

按照薄壁圆筒设计，由式（4-20）得壁厚为

$$\delta \geqslant \frac{p_{\max}D}{2[\sigma]} = \frac{1.5p_1D}{2[\sigma]} = \frac{1.5 \times 3.25 \times 110}{2 \times 130}\text{mm} = 2.06\text{mm}$$

取 $\delta = 2.5\text{mm}$。

验算：$\delta / D = 2.5/110 = 0.02 < 0.08$，符合式（4-20）的应用条件。

任务四　液压马达的使用

▶▶ 任务概述

了解液压马达的工作原理、分类及使用，掌握液压马达的主要性能参数及计算方法。

▶▶ 知识与技能

液压马达是把液体的压力能转换为连续回转的机械能的装置，其图形符号如图 4.27 所示。

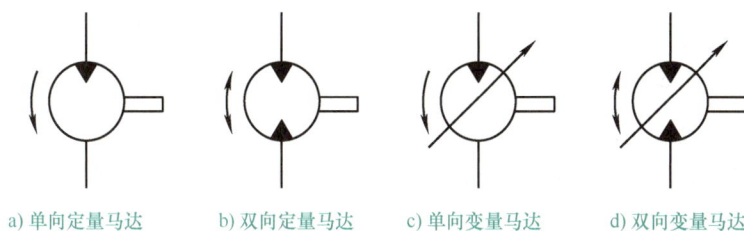

a) 单向定量马达　　b) 双向定量马达　　c) 单向变量马达　　d) 双向变量马达

图 4.27　液压马达的图形符号

一、液压马达的特点

1. 液压马达与液压泵的相同点

1）能量上，马达和泵都是能量转换元件，都能把机械能和压力能互相转换，两者重要的参数都是压力和流量。

2）结构上，马达和泵非常相似。

3）原理上，马达和泵都是根据密封容积的变化进行吸油和压油，均需要配流装置，油箱要和大气相通。

4）工作中均会产生困油现象和径向不平衡力、液压冲击和液体泄漏等现象。

2. 液压马达与液压泵的不同点

1）液压泵是把机械能转换为压力能，输出参数为 p 和 q_v，要求 η_v 高；而液压马达则是将压力能转换为机械能，输出参数为 T 和 n，希望 η_m 高。

2）液压泵一般是单方向旋转，结构不要求对称；液压马达一般需要正反转，所以马达在内部结构上应具有对称性。

3）液压泵要求有自吸能力，为了减小吸油阻力，减小径向不平衡力，一般液压泵的吸油

口比出油口的尺寸大；而液压马达的两个油口一样大。

4）叶片泵的叶片一般需斜置安放；叶片式马达则是径向安放。

5）为了提高马达的机械效率，其轴向间隙补偿装置的压紧力比液压泵小，所以液压马达容积效率比液压泵低。

6）泄漏形式不同，液压泵采用内泄漏形式，液压马达则必须采用外泄漏式结构。

二、液压马达的分类

液压马达的形式很多，按不同的分类方法可得到以下类别。

按结构分，液压马达可分为齿轮式、叶片式、柱塞式和螺杆式四种形式。

按转速分，液压马达可分为高速小转矩（$n>500r/min$）、低速大转矩（$n<500r/min$）两类。

按流量分，液压马达可分为定量和变量两种。

三、液压马达的工作原理

1. 齿轮式液压马达

图 4.28 所示为齿轮式液压马达。C 点为两个齿轮的啮合点，当上部油口输入高压油时，油压作用于左边齿轮，其逆时针旋转的作用面积为从 C 点到齿轮齿顶的部分面积；油压作用于右边齿轮，其顺时针旋转的作用面积为从 C 点到齿轮齿顶的部分面积。两齿轮旋转，输出转矩，油液被轮齿带到出油口，从低压腔排出。

齿轮式液压马达密封性差，容积效率较低，输入油压力不能过高，故不能产生较大转矩。

2. 叶片式液压马达

图 4.29 所示为双作用叶片式液压马达。当高压油从右上压油腔进入 1、2、3 叶片之间的两个容积腔时，叶片 2 两侧均处于压油腔，作用力平衡不会产生转矩；压力油作用于叶片 1 上侧产生顺时针方向的转矩，压力油作用于叶片 3 右侧产生逆时针方向的转矩，但作用于叶片 3 侧面的作用面积大，故叶片最终做逆时针旋转。同理，因是对称结构，左下方压油腔的压力油也使叶片产生逆时针方向的转矩。如果改变液压马达压力油的输入方向，则液压马达反转。

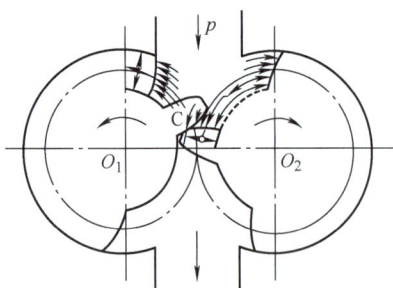

图 4.28 齿轮式液压马达

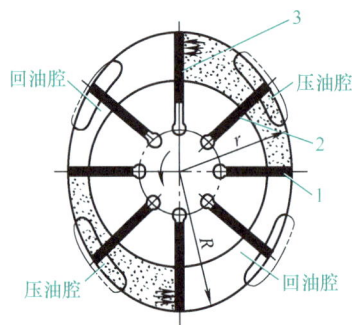

图 4.29 双作用叶片式液压马达

1～3—叶片

由于液压马达一般都要求能正反转，所以叶片式液压马达的叶片要径向放置。为了确保液压马达在通入压力油后能正常起动，必须使叶片顶部和定子内表面紧密接触，以保证良好的密封，因此在叶片根部应设置预紧弹簧。叶片式液压马达一般用于转速高、转矩小和动作要求灵敏的场合。

3.轴向柱塞式液压马达

图 4.30 是轴向柱塞式液压马达的工作原理图。当压力油经配油盘通入柱塞底部孔时，柱塞受压力油作用向外伸出，并紧压在斜盘上，这时斜盘对柱塞产生一反作用力 F。由于斜盘倾斜角为 γ，所以 F 可分解为两个分力：一个轴向分力 F_x，它和作用在柱塞上的液压作用力相平衡；另一个分力 F_y，它使缸体产生转矩。设柱塞和缸体的垂直中心线成 φ 角，此柱塞产生的转矩为

$$T_i = F_y a = F_y R \sin\varphi = F_x R \tan\gamma \sin\varphi \tag{4-26}$$

式中　R——柱塞在缸体中的分布圆半径。

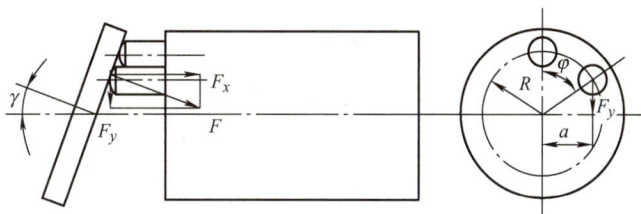

图 4.30　轴向柱塞式液压马达的工作原理图

液压马达输出的转矩是位于高压腔所有柱塞产生转矩的总和，即

$$T = \sum F_x R \tan\gamma \sin\varphi \tag{4-27}$$

由于柱塞的瞬时方位角 φ 是变量，柱塞产生的转矩也发生变化，故液压马达产生的总转矩也是脉动的。

四、液压马达的主要性能参数

从液压马达的功用来看，其主要性能参数有效率、转速和转矩。

1.液压马达的容积效率和转速

因存在泄漏问题，输入马达的实际流量 q_v 要大于理论流量 q_{vt}，则液压马达的容积效率 η_v 为

$$\eta_v = \frac{q_{vt}}{q_v} \tag{4-28}$$

把 $q_{vt} = Vn$ 代入式（4-28），得液压马达的转速 n 为

$$n = \frac{q_v}{V} \eta_v \tag{4-29}$$

爬行：当液压马达工作转速过低时，往往保持不了均匀的速度，进入时动时停或抖动的不稳定状态。实际工作中，一般都期望最低稳定转速越小越好。

最低稳定转速：指液压马达在额定负载下，不出现爬行现象的最低转速。

2.液压马达的机械效率和转矩

液压马达在旋转时存在机械摩擦，其实际输出的转矩 T 要小于理论转矩 T_t。则液压马达的机械效率 η_m 为

$$\eta_{\mathrm{m}} = \frac{T}{T_{\mathrm{t}}} \tag{4-30}$$

设 Δp 为液压马达进、出油口的压力差，则有 $2\pi n T_{\mathrm{t}} = \Delta p V n$ ⟨4-31⟩

将式（4-30）代入式（4-31）得马达的输出转矩为

$$T = \frac{\Delta p V}{2\pi} \eta_{\mathrm{m}} \tag{4-32}$$

3. 液压马达的总效率

液压马达的总效率 η 为输出功率 P_{o} 与输入功率 P_{i} 的比值，即

$$\eta = \frac{P_{\mathrm{o}}}{P_{\mathrm{i}}} = \frac{T\omega}{\Delta p q_v} = \frac{2\pi n T}{\Delta p q_v} \tag{4-33}$$

将式（4-29）和式（4-32）代入式（4-33）中，得

$$\eta = \frac{2\pi \dfrac{q_v}{V} \eta_v \cdot \dfrac{\Delta p V}{2\pi} \eta_{\mathrm{m}}}{\Delta p q_v} = \eta_v \eta_{\mathrm{m}} \tag{4-34}$$

> ▶▶ 技能训练

训练 7 进入实验室或实训车间，通过观察找出液压马达的应用场合。

训练 8 图 4.31 所示为一定量泵和定量马达组成的液压系统。泵的输出压力为 10MPa，排量为 10mL/r，转速为 1450r/min，容积效率和机械效率均为 0.9；马达的排量为 10mL/r，容积效率和机械效率均为 0.9。泵出口和马达的进口管道间压力损失为 0.2MPa，其他损失不计，求泵的输出功率和驱动功率，马达的输出转速、转矩和功率。

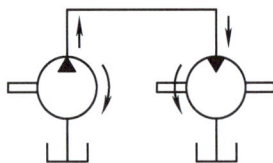

图 4.31　泵 – 马达液压系统图

解： 泵的输出功率为

$$P_{\mathrm{P出}} = p_{\mathrm{P}} \cdot V_{\mathrm{P}} n_{\mathrm{P}} \cdot \eta_{v\mathrm{P}} = 10\times10^{6}\times10\times10^{-6}\times\frac{1450}{60}\times0.9\,\mathrm{W} = 2180\mathrm{W} = 2.18\mathrm{kW}$$

泵的驱动功率为

$$P_{\mathrm{P驱}} = \frac{P_{\mathrm{P出}}}{\eta_{v\mathrm{P}}\eta_{\mathrm{MP}}} = \frac{2.18}{0.9\times0.9}\,\mathrm{kW} = 2.69\mathrm{kW}$$

马达的输出转速为

$$n_{\mathrm{M}} = \frac{V_{\mathrm{P}} n_{\mathrm{P}} \eta_{v\mathrm{P}}}{V_{\mathrm{m}}} \times \eta_{v\mathrm{M}} = \frac{10\times1450\times0.9}{10}\times0.9\,\mathrm{r/min} = 1174.5\mathrm{r/min}$$

马达的输出转矩为

$$T_{\mathrm{M}} = \frac{\Delta p V_{\mathrm{M}}}{2\pi} \times \eta_{\mathrm{mM}} = \frac{(10 - 0.2) \times 10^{6} \times 10 \times 10^{-6}}{2\pi} \times 0.9 \mathrm{N} \cdot \mathrm{m} = 14.04 \mathrm{N} \cdot \mathrm{m}$$

马达的输出功率为

$$P_{\mathrm{M出}} = 2\pi n_{\mathrm{M}} T_{\mathrm{M}} = 2\pi \times \frac{1174.5}{60} \times 14.04 \mathrm{W} = 1726 \mathrm{W} \approx 1.73 \mathrm{kW}$$

项 目 训 练

一、填空题

1. 液压马达是以_____运动的方式，将_____能转换成_____能的液压动力元件。

2. 液压缸中须密封的部位有_____、_____和_____。

3. 在液压缸中，为了减小活塞在终端的冲击，应采取_____措施。

4. 对于差动液压缸，若使快进和快退的速度相等，则活塞与活塞杆直径之比应为_____。

5. 活塞有效作用面积一定时，活塞的运动速度取决于_____。

二、选择题

1. 能形成差动连接的液压缸是（　　　）。

A. 单活塞杆液压缸　　　　　　　B. 双活塞杆液压缸

C. 柱塞式液压缸

2. 双作用多级伸缩式液压缸，外伸时推力和速度逐级变化，结果是（　　　）。

A. 推力和速度都增大　　　　　　B. 推力和速度都减小

C. 推力增大，速度减小　　　　　D. 推力减小，速度增大

3. 压力缸差动连接工作时，缸的（　　　）。

A. 运动速度增大了，输出力增大了

B. 运动速度增大了，输出力减小了

C. 运动速度减小了，输出力增大了

D. 运动速度减小了，输出力减小了

4. 将液体的压力能转换为旋转运动机械能的液压执行元件是（　　　）。

A. 液压泵　　　B. 液压马达　　　C. 控制阀

5. 不管千斤顶液压缸的活塞移动速度怎样，如果负载一定，推动负载所需的液压力（　　　）。

A. 随速度而变化　　　　　　　　B. 不变

C. 变大　　　　　　　　　　　　D. 变小

三、简答题

1. 液压执行元件有几类？分别用在什么场合？

2. 试述液压缸的分类及特点。

3. 液压缸常用的密封方法有哪些？

4. 液压缸设置缓冲结构的作用是什么？安装排气塞的目的是什么？

5. 试述液压马达的特点与分类。

6. 液压马达的主要性能参数有哪些？

四、计算题

1. 已知单活塞杆液压缸内径 D=80mm，活塞杆直径 d=50mm，切削负载 F_w=10000N，摩擦总阻力 F_f=2500N，设无杆腔进油为进，有杆腔进油为快退。试计算进和快退时油液的压力分别为多少。

2. 图 4.32 的所示为一柱塞缸，工作台运动部分的质量为 900kg，运动摩擦力为 2kN，缸筒内径 D=100mm，柱塞直径 d=70mm，柱塞减轻孔直径 d_0=40mm，工作台的运动速度为 6m/min，计算液压泵的输出压力和流量（提示：D 和 d_0 是否影响计算结果）。

3. 有一差动连接液压缸，无杆腔和有杆腔面积分别为 100cm² 和 40cm²，输入压力油的压力为 2MPa，流量为 35L/min，计算液压缸能产生的最大推力、差动快进管内允许流速为 4m/s 时进油管的直径。

4. 液压马达的排量为 100mL/r，进口、出口的压力分别为 10MPa、1MPa，容积效率为 0.95，机械效率为 0.85，若输入流量为 50L/min，计算液压马达的转速、转矩、输入功率和输出功率。

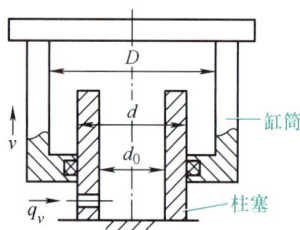

图 4.32 题 2 图

项目五

液压控制元件的认知与使用

液压系统中用来控制和调节液体流动的方向、压力高低和流量大小的液压元件称为液压控制元件，又称为液压控制阀。液压控制阀分为三大类：方向控制阀、压力控制阀和流量控制阀。方向控制阀是用来控制液压系统中各油路通、断或改变液流方向，从而控制液压执行元件的起动、停止或改变其运动方向的阀类；压力控制阀是用于控制系统中油液压力或利用油液压力的变化实现控制的阀类；流量控制阀是通过改变阀口通流面积大小来调节通过阀的流量，从而控制液压执行元件运动速度的阀类。本项目通过对三类阀的类型、结构特点、工作原理、图形符号和应用场合等介绍，使学生能够利用各种控制阀设计、组装、调试常用的基本回路。

▶ 项目目标

➤ **知识目标：**

1. 掌握液压控制阀的分类和结构组成；
2. 掌握各种液压控制阀的工作原理和性能参数；
3. 记住各种液压控制阀的图形符号；
4. 掌握液压控制阀的选择原则和方法。

➤ **能力目标：**

1. 能识别各种液压控制阀；
2. 能选用各种液压控制阀进行基础回路的设计；
3. 能分析回路中各处的压力值；
4. 能计算通过阀口的流量；
5. 能正确分析各种换向回路的换向原理。

➤ **素质目标：**

1. 培养良好的设备维护和保养意识；
2. 树立良好的文明生产、安全操作意识，具备良好的团队合作能力；
3. 培养自主获取信息的能力，决策与规划的能力，评价执行结果的能力；
4. 弘扬劳动精神、奋斗精神、奉献精神、创造精神、勤俭节约精神。

➤ **职业能力：**

1. 会分析液压控制阀的常见故障并进行排除；

2. 会调试运行液压基础回路；

3. 会查阅液压手册，检索收集资料；

4. 会根据回路要求选择不同的控制阀搭建回路。

任务一　初步认识液压控制阀

▶ 任务概述

了解液压控制元件的类型、基本参数及工作要求。

初步认识液压
控制阀

▶ 知识与技能

在液压系统中，液压控制元件（简称液压阀）是用来控制液压系统中油液的压力、流量和流动方向，从而满足液压执行元件对压力、速度和方向控制的要求。液压控制阀虽然种类繁多，但是它们之间有一些基本共同点。

1）在结构上，所有的液压控制阀都由阀体、阀芯和驱动阀芯动作的装置（如弹簧、电磁铁）三部分组成。

2）所有的液压控制阀都利用阀芯和阀体的相对运动来控制阀口的通断及开度大小，以实现对压力、流量和方向的控制，因此，都符合小孔流量公式 $q = CA\Delta p^m$，可通过此式对通过阀口的压力和流量做定性分析。

3）各种液压控制阀都可以看成一个液阻，只要有液体流过它就会产生压力降（压力损失）和温度升高现象。

一、液压控制阀的分类

液压阀可按用途、操纵方式和结构形式等进行分类。

（1）液压阀按用途分类　可分为方向控制阀、压力控制阀、流量控制阀三大类。方向控制阀是用来控制液压系统中液流方向或通断的阀类，如单向阀、换向阀等；压力控制阀是用来控制和调节液压系统液流压力以及利用压力实现控制的阀类，如溢流阀、减压阀、顺序阀和压力继电器等；流量控制阀是用来控制和调节液压系统液流流量的阀类，如节流阀、调速阀等。

（2）液压阀按操纵方式分类　可分为手动阀、机动阀、液动阀、电磁阀和电液动阀等。手动阀又分为手轮、踏板、杠杆等操纵形式。

（3）液压阀按连接方式分类　可分为管式、板式、叠加式和插装式等形式的阀。

① 管式连接阀。液压控制阀的油口为螺纹孔，可用螺纹管接头与油管同其他元件连接，并由此固定在管路上。这种连接方式虽然简单，但是刚度低，拆卸不方便，仅用于简单液压系统。

② 板式连接阀。板式连接的液压控制阀各油口均布置在同一安装面上，且为光孔。它用螺钉固定在与液压控制阀各油口有对应螺纹孔的连接板上，再通过板上的孔道或与板连接的管接头和管道与其他元件连接。还可把几个液压控制阀用螺钉分别固定在一个集成块的不同侧面上，由集成块上加工出的孔道连接各液压控制阀组成回路。由于拆卸液压控制阀时不必拆卸与液压控制阀相连的其他元件，故这种连接方式应用十分广泛。

③ 叠加阀。这类液压控制阀是在板式阀集成化基础上发展起来的，液压控制阀的上、下

面为连接结合面，各油口分别在这两个面上，且同规格液压控制阀的油口连接尺寸相同。每个液压控制阀除其自身功能外，还起油路通道的作用，液压控制阀相互叠装组成回路，不需油管连接。这种连接结构紧凑，压力损失小。

④ 插装阀。这类液压控制阀无单独的阀体，只有由阀芯和阀套等组成的单元组件，单元组件插装于块体（可通用）的预制孔中，用连接螺纹或盖板固定，并且块内通道把各插装式液压控制阀连通组成回路，插装块体起到阀体和管路通道的作用。这是一种能灵活组装的新型连接阀，其结构紧凑，易于标准化。

（4）液压阀按结构形式分类　在结构上主要表现为阀芯的形式不同，由此液压阀可分为球阀、锥阀、滑阀和转阀等。

球阀结构简单，但易产生振动和噪声，如图 5.1a 所示；锥阀阀口关闭时为线密封，密封性能好且动作灵敏，但制造安装精度要求比较高，如图 5.1b 所示；滑阀结构形式多样，易于实现复杂的控制，如图 5.1c 所示，滑阀阀芯与阀口存在一定的密封长度，滑阀运动存在一个死区，易于出现液压卡紧现象，且滑阀为间隙密封，易出现泄漏；转阀结构如图 5.1d 所示。

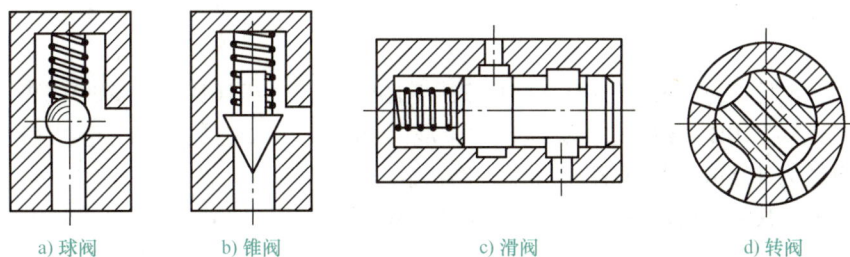

| a) 球阀 | b) 锥阀 | c) 滑阀 | d) 转阀 |

图 5.1　液压阀的结构形式

（5）液压阀按控制原理分类　可分为开关阀（普通阀）、数字阀、比例阀和伺服阀等。

二、液压控制阀的参数及型号

1.液压阀的参数

液压阀的参数主要有规格参数和性能参数，一般在出厂标牌上注明，它是选用液压阀的基本依据。

规格参数表示阀的大小，规定其适用范围，一般用阀进、出油口的公称通径 D_g 表示，法定计量单位为 mm，它只代表阀的通流能力的大小，与实际的尺寸不一定相等。如公称通径为 32mm 的溢流阀，其进出油口的实际尺寸是 ϕ28mm。公称通径对应于阀的额定流量，阀工作时的实际流量应小于或等于其额定流量，最大不能大于额定流量的 1.1 倍。

性能参数表示阀工作的品质特征。如最大工作压力、开启压力、允许背压、压力调整范围、额定压力损失、最小稳定流量等。必要时给出特性曲线，如压力－流量曲线、过渡过程曲线等，使参数间的对应关系更直观、更全面。参数除在产品说明书、标牌上指明外，也反映在阀的型号中。

2.液压阀的型号

型号是液压阀的名称、种类、规格、性能、辅助特点等内容的综合标志，用一组规定的字母、数字、符号来表示。型号是行业技术语言的重要部分，也是选用和技术交流过程中常用的依据。

3.液压阀的图形符号

液压阀的图形符号是用简略图形表示的、能直观表示元件的工作原理和职能的符号。

见 GB/T 786.1—2021《流体传动系统及元件　图形符号和回路图　第 1 部分：图形符号》中规定画出的图形符号。标准中每种液压元件都有各自明确的图形符号，一般液压系统均由元件图形符号绘出，特殊的可以用结构原理表示。

三、对液压阀的基本要求

1）动作灵敏，工作可靠，工作时冲击和振动要小，噪声要低，使用寿命长。

2）阀口全开时，油液通过阀口时的压力损失要小。

3）阀口关闭时，密封性能好，内泄漏少，不允许有泄漏。

4）所控制的参数（压力和流量）稳定，受外界干扰时变化量小。

5）结构紧凑，安装、调试、维护方便，通用性好。

▶▶ 技能训练

训练 1　分析型号为 YF3-E10B、34EF3O-E10B 和 LF3-E10B 三种阀所代表的含义。

1）型号 YF3-E10B。YF 代表溢流阀，3 是结构代号，E 是压力等级为 16MPa 的代号，10 代表公称通径为 10mm，B 代表阀是板式连接。

2）型号 34EF3O-E10B。34 代表换向阀是三位四通，EF 代表直流电磁铁控制，3 是结构代号，O 是阀芯中位机能，E 是压力等级为 16MPa 的代号，10 代表公称通径为 10mm，B 代表阀是板式连接。

3）型号 LF3-E10B。LF 代表节流阀，3 是结构代号，E 是压力等级为 16MPa 的代号，10 代表公称通径为 10mm，B 代表阀是板式连接。

任务二　方向控制阀的使用

▶▶ 任务概述

掌握方向控制阀的作用、工作原理、图形符号和方向控制阀的中位机能，熟悉方向控制阀的结构特点。

▶▶ 知识与技能

方向控制阀的基本工作原理是利用阀芯与阀体间相对位置的改变实现油路间的通断，以满足系统对液流方向的要求。方向控制阀分为单向阀和换向阀两类。

一、单向阀

在液压系统中，单向阀按其用途可分为普通单向阀（简称单向阀）和液控单向阀两种。

单向阀的主要性能要求：油液通过时压力损失小，反向截止时密封性能好。

认识单向阀

1. 普通单向阀

普通单向阀的作用是控制油液只能向一个方向流动，反向则截止，故又称为止回阀，简称单向阀。图 5.2a 所示为普通单向阀的结构原理图，图 5.2b 所示为普通单向阀的图形符号。由图 5.2a 可知，普通单向阀由阀体 1、阀芯 2、弹簧 3 等组成。当压力油从左端油口 P_1 流入时，油液在阀芯左端面上产生的压力克服弹簧 3 作用在阀芯上的力，使阀芯向右移动打开阀口，并通过阀芯上的径向孔 a、轴向孔 b 从阀体右端油口 P_2 流出。当油液从右端油口 P_2 流入时，液压力和弹簧力方向相同，使阀芯压紧在阀座上，油液无法通过。锥阀阀芯与阀座孔为线密封，其密封力随压力的增高而增大，故密封性能良好。

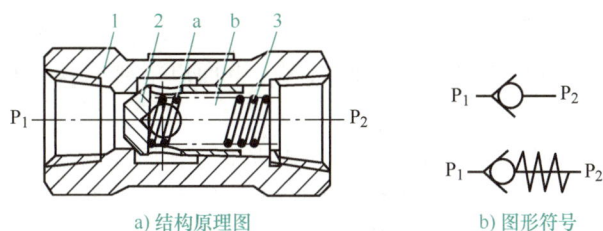

a) 结构原理图　　　　　b) 图形符号

图 5.2　单向阀

1—阀体　2—阀芯　3—弹簧

单向阀中的弹簧一般只起阀芯复位的作用，弹簧刚度较小，以免产生过大的压力损失，因此，正向开启压力只需 0.03 ～ 0.05MPa。单向阀可装在泵的出口处，防止系统中因液压冲击而影响到泵的正常工作，另外还可以用来分割油路，防止各油路工作中互相干扰。如果单向阀安装在系统的回油路中作为背压阀使用，应该换上刚度较大的弹簧，使阀的开启压力达到 0.2 ～ 0.6MPa，使回油具有一定的背压，提高执行元件的运动平稳性。

2. 液控单向阀

图 5.3 所示为液控单向阀。它由普通单向阀和液控装置两部分组成。当控制油口 K 处无液压油通入时，它的工作机理与普通单向阀一样，压力油只能从油口 P_1 流向油口 P_2，不能反向流动，此时它具有良好的反向密封性能。当控制油口通入压力油时，因控制活塞 1 右腔 a 通泄油口 L，油压推动控制活塞向右移动，从而顶杆 2 顶开阀芯 3，使油口 P_1 和 P_2 连通，油液就可以在两个方向自由流动。

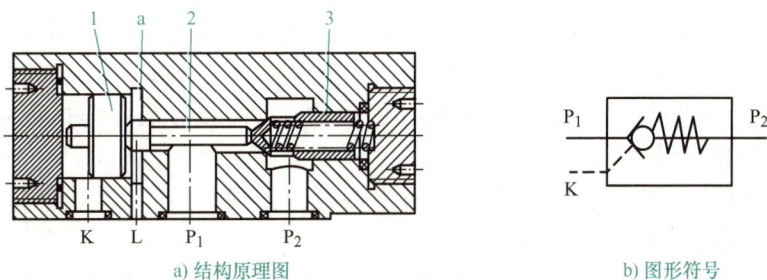

a) 结构原理图　　　　　　　　b) 图形符号

图 5.3　液控单向阀

1—活塞　2—顶杆　3—阀芯

液控单向阀具有良好的单向密封性，常用于执行元件需要长时间保压、锁紧的情况，也常用于防止立式液压缸停止运动时因自重而下滑以及速度换接回路中。在这种回路中，液控单向阀也称为液压锁。

二、换向阀

换向阀的作用是利用阀芯和阀体相对位置的改变来改变阀体上各油口间连通或断开的状态，从而变换油液流动的方向，使执行元件起动、停止或变换运动方向。

换向阀的主要性能要求：换向动作灵敏、可靠、平稳、无冲击；能获得准确的终止位置；内部泄漏和压力损失小。

1. 换向阀的工作原理与图形符号

滑阀式换向阀是液压传动中最常用的换向阀，下面以滑阀式换向阀的工作原理及图形符号为例进行介绍。

（1）工作原理　换向阀的工作原理如图5.4所示。在图示位置，液压缸两腔无液压油，液压缸停止运动。当阀芯1左移时，阀体2上的油口P与A连通，油口B与T连通，液压油经油口P、A进入液压缸左腔，使活塞右移，右腔油液经油口B、T回油箱。反之，若阀芯右移，则油口P与B连通，油口A与T连通，液压缸的活塞左移。

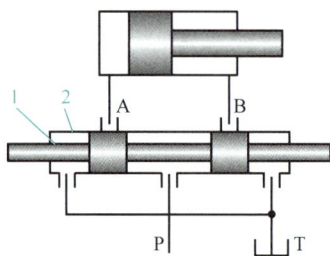

图5.4　换向阀的工作原理

1—阀芯　2—阀体

（2）图形符号　一个换向阀完整的图形符号包括工作位置数、通路数、在各个位置上油口的连通关系、操作方式、复位方式和定位方式等。

换向阀图形符号的含义如下：

① 用方框表示阀的工作位置，有几个方框就表示阀芯相对于阀体有几个工作位置，简称为"几"位。两个方框即二位，三个方框即三位。

② 阀体上与外部连接的主油口，称为"通"（不包括控制油口和泄漏油口）。具有两个、三个、四个或五个主油口的换向阀，分别称为"二通阀"，"三通阀""四通阀"或"五通阀"。通常用P表示液压油进口，T表示与油箱相连的回油口，A和B表示与执行元件连接的工作油口，泄漏油口则用字母L表示。

③ 方框内的箭头"↑"表示在这一位置上两油口连通，但不表示流向，符号"⊥"和"⊤"表示通路被阀芯封闭，即该油路不通。

④ 三位阀的中间位置和二位阀靠近弹簧的方框为阀的常态位置，在液压系统图中，换向阀与油路的连接一般应画在常态位置上。从哪边推阀芯，通断情况就画在哪边的方框中。

表5.1列出了几种常用换向阀的结构原理图和图形符号。

表 5.1　换向阀的结构原理图和图形符号

名称	结构原理图	图形符号
二位二通换向阀	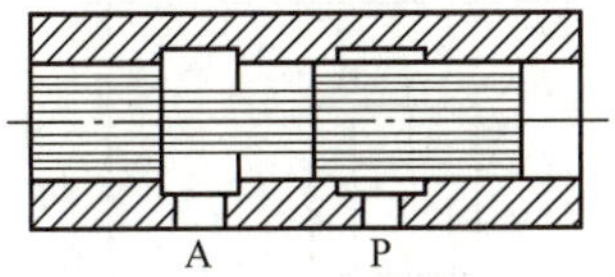	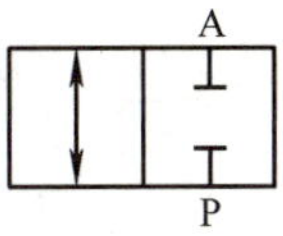
二位三通换向阀	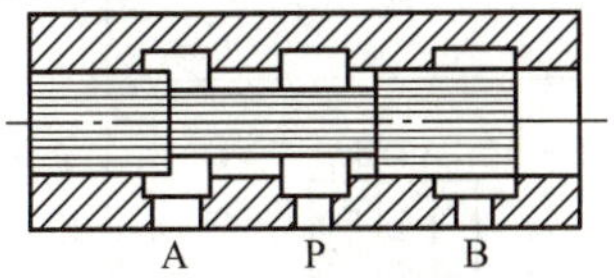	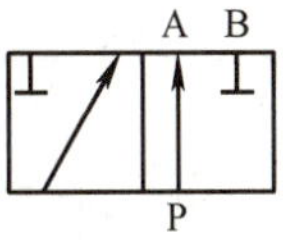
二位四通换向阀	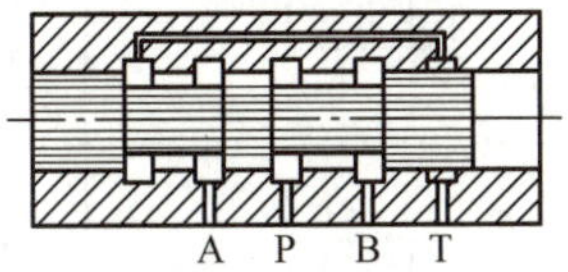	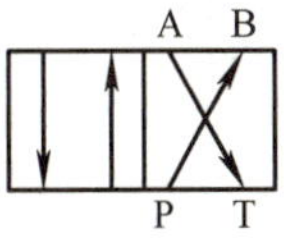
二位五通换向阀	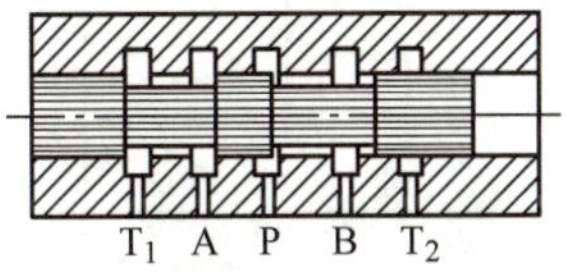	
三位四通换向阀	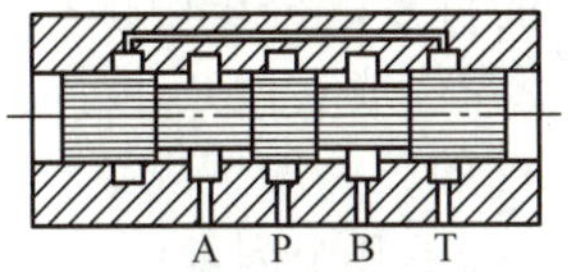	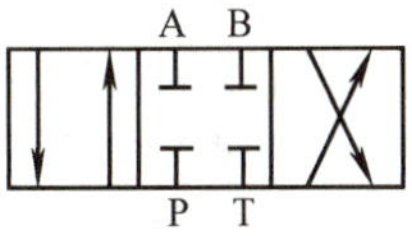
三位五通换向阀	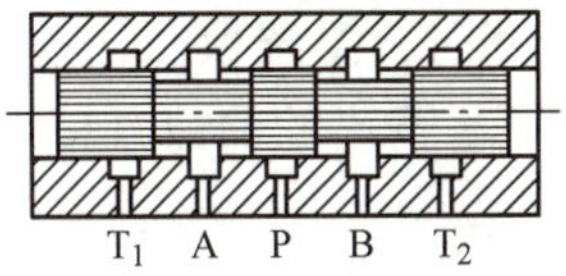	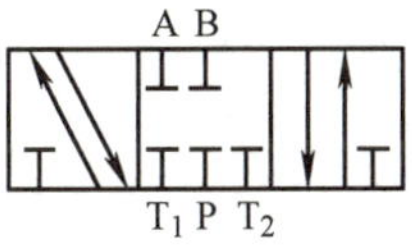

2. 换向阀的中位机能

三位换向阀的阀芯在中间位置时，各油口间有不同的连通方式，可满足不同的使用要求，这种连通方式称为换向阀的中位机能。换向阀的阀体一般设计成通用件，对同规格的阀体配以台肩结构、轴向尺寸及内部通孔等不同的阀芯可实现不同的中位机能。

三位四通换向阀常见的中位机能型号、结构简图、符号及其特点见表 5.2。三位五通换向阀的中位机能情况与此相仿。

表 5.2　三位四通换向阀常见的中位机能型号、结构简图、符号及其特点

型号	结构简图	中位符号	中位油口状态和特点
O	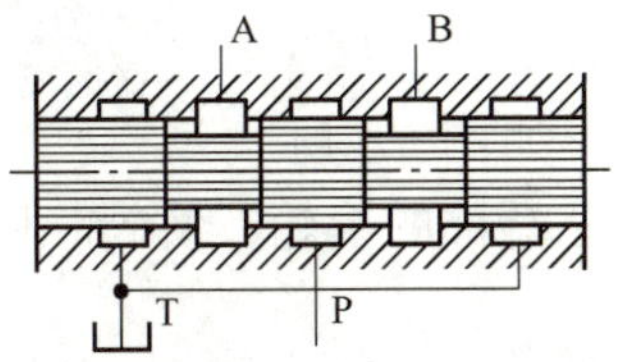	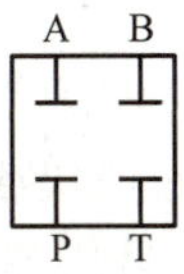	各油口全封闭，换向精度高，但有冲击，缸被锁紧，泵不卸荷，并联泵可运动
H	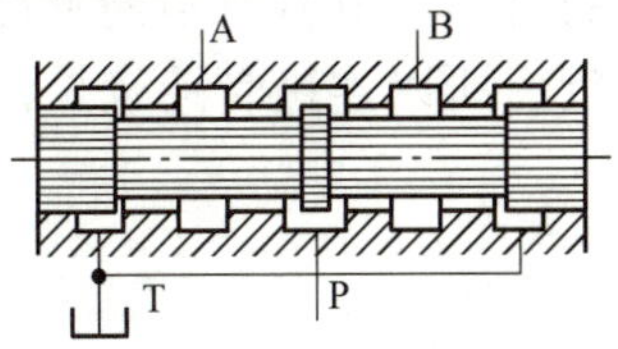	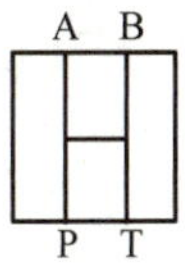	各油口全通，换向平稳，缸浮动，泵卸荷，其他缸不能并联使用

（续）

型号	结构简图	中位符号	中位油口状态和特点
Y			油口 P 封闭，油口 A、B、T 相通，换向较平稳，泵不卸荷，并联缸可运动
P			油口 T 封闭，油口 P、A、B 相通，换向最平稳，双杆缸浮动，单杆缸差动，泵不卸荷，并联缸可运动
M			油口 P、T 相通，油口 A、B 封闭，换向精度高，但有冲击，缸被锁紧，泵卸荷，其他缸不能并联使用

从表 5.2 可以看出，不同的中位机能具有各自的特点。分析中位机能的特点，就是要分析液压阀在中位时或液压阀从中位切换到其他位置（左位或右位）时对液压泵和液压执行元件工作性能的影响。液压阀是连接动力元件和执行元件的，一般情况下，换向阀的入口接液压泵，出口接液压马达或液压缸。选用时，通常须考虑以下几个因素：

① 系统保压与卸荷。当液压阀的 A、B 口被堵塞时，系统保压，这时的液压泵可以用于多缸系统。如果液压阀的 P 口与 T 口相通，这时液压泵输出的油液直接流回油箱，没有压力，称为系统卸荷。

② 换向精度与平稳性。若 A、B 油口封闭，液压阀从其他位置转换到中位时，执行元件立即停止，换向位置精度高，但液压冲击大，换向不平稳；反之，若 A、B 油口都与 T 口相通，液压阀从其他位置转换到中位时，执行元件不易制动，换向位置精度低，但液压冲击小。

③ 启动平稳性。若 A、B 油口封闭，液压执行元件停止工作后，阀后的元件及管路充满油液，执行元件重新起动时较平稳；若 A、B 油口与 T 口相通，液压执行元件停止工作后，元件及管路中油液泄漏回油箱，执行元件重新起动时不平稳。

④ 液压执行元件"浮动"。液压阀在中位时，靠外力可以使执行元件运动以调整其位置，称之为"浮动"，例如，A、B 油口互通时的双出杆液压缸或 A、B、T 口连通时等情况。

3. 几种常用的换向阀

滑阀有多种操纵方式，主要包括机动、手动、电磁动、液动及电液动等方式。

换向阀的换向方式

（1）机动换向阀　机动换向阀又称为行程阀，如图 5.5 所示。它利用安装在运动部件上的挡块或凸轮推压阀芯端部的滚轮，使阀芯移动，从而使油路换向。这种阀通常为二位阀，并且用弹簧复位。

机动换向阀结构简单，换向时阀口逐渐关闭或打开，故其具有换向平稳、可靠、位置精度高的优点，其缺点是，必须安装在运动部件的附近，所以连接管路较长，使得液压装置不够紧凑。

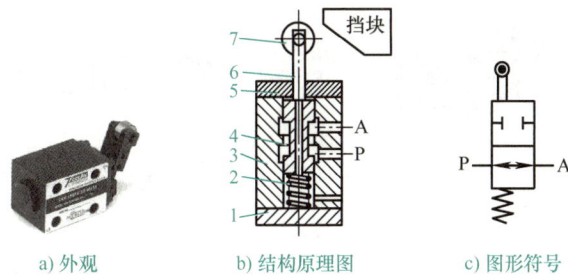

a) 外观　　b) 结构原理图　　c) 图形符号

图 5.5　机动换向阀

1，5—阀盖　2—弹簧　3—阀体　4—阀芯　6—推杆　7—滚轮

（2）手动换向阀　手动换向阀是用手动杠杆操纵阀芯换位的换向阀，如图 5.6 所示。在图示位置，油口 P、A、B、T 互不相通。当扳动手柄使阀芯 3 左移时，油口 P 与 A 连通，油口 B 与 T 连通。当扳动手柄使阀芯 3 右移时，油口 P 与 B 连通，油口 A 与 T 连通。当松开手动杠杆 1 时，阀芯 3 在弹簧 4 的作用下，恢复其原来的位置（中间位置）。如果将这个阀的阀芯右端弹簧 4 的部位改为图 5.6c 所示的形式，即可构成钢球定位式，当扳动手柄使阀芯移动时，阀芯右边的定位钢球在弹簧的作用下可定位在左、中、右任何一个位置上。前者主要用于动作频繁、工作持续时间较短的场合；后者由于定位弹簧的作用使钢球卡在定位槽中，换向后可以实现位置的保持，用于工作时间较长的场合。

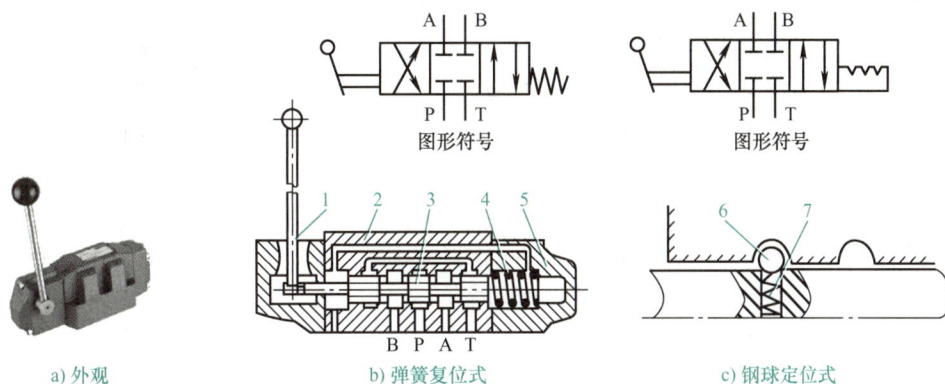

a) 外观　　b) 弹簧复位式　　c) 钢球定位式

图 5.6　手动换向阀

1—手动杠杆　2—阀体　3—阀芯　4—弹簧　5—阀盖　6—定位钢球　7—定位弹簧

手动换向阀结构简单、动作可靠、操作安全。一般情况下还可以人为地控制阀开度的大小，从而控制执行元件的速度，在工程机械中得到广泛应用。

（3）电磁换向阀　电磁换向阀是靠通电线圈对衔铁的吸合推力操纵阀芯换位的换向阀。图 5.7 所示为阀芯为二台肩结构的三位四通 O 型中位机能的双电磁换向阀。此外，还有单电磁换向阀，只是阀芯一侧有电磁铁。

图 5.7 所示的电磁换向阀在阀体的两侧各有一个电磁铁和一个对中弹簧。当电磁铁未通电时，阀芯 2 在左右两个对中弹簧 4 的作用下处于中位，油口 P、A、B、T 均不相通；当右侧电磁铁通电时，将衔铁 9 向左吸引，通过推杆将阀芯推至左端，则 P 口与 B 口相通，A 口与 T 口相通；同理，当左侧电磁铁通电时，P 口与 A 口相通、B 口与 T 口相通。因此，通过控制左右电磁铁的通电和断电，就可以控制电磁换向阀油口的连通状态。当左侧的电磁铁通电时，油口的通断情况画在图形符号的左位；反之，当右侧电磁铁通电时，油口的通断情况画在图形符号的右位。

a) 外形　　　　　　b) 图形符号

c) 结构原理图

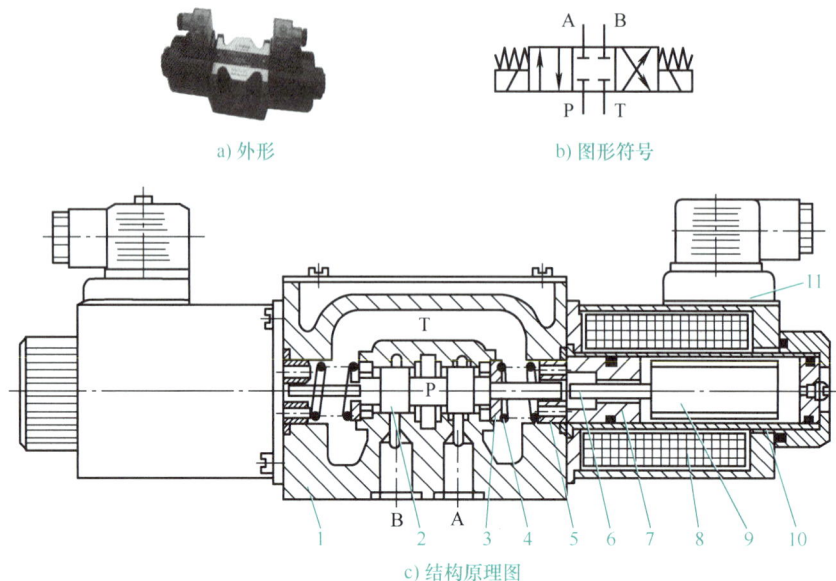

图 5.7　电磁换向阀

1—阀体　2—阀芯　3—定位套　4—对中弹簧　5—挡圈
6—推杆　7—环　8—电磁铁　9—衔铁　10—隔磁套　11—插头组件

　　电磁铁有交流和直流之分，交流电磁铁结构简单，使用方便，起动力大，动作快，但换向冲击大，噪声大，换向频率不能太高（约 30 次 /min），当阀芯被卡住或由于电压低等原因吸合不上时，线圈易烧坏。直流电磁铁须配备直流电源或整流装置，但换向冲击小，允许换向频率较高（一般允许 120 次 /min），而且有恒电流特性，电磁铁吸合不上时线圈也不会烧坏，故工作可靠性高。还有一种本整型（本机整流型）电磁铁，交流本整型电磁铁的插座内本身带有半波整流器件，能把接入的交流电整流后自用。

　　电磁铁按衔铁工作腔是否有油液，又可分为"干式"和"湿式"。干式电磁铁不允许油液进入电磁铁内部，推动阀芯的推杆处要有可靠的密封，摩擦阻力大，运动有冲击，噪声大，使用寿命较短（一般只能工作 50 万次到 60 万次）；湿式电磁铁中装有隔磁套 10（图 5.7），回油可以进入隔磁套内，衔铁在隔磁套内运动，阀体内没有运动密封，阀芯运动阻力小，油液对衔铁起润滑和阻尼作用，使阀芯运动平稳，噪声小，使用寿命长（可以工作 1000 万次以上），但其价格较贵。

　　（4）液动换向阀　电磁换向阀动作灵敏，易于实现自动控制，但电磁铁吸力有限。当液压阀规格较大，通过的流量大时，产生的液动力就很大，这时电磁力很难满足换向要求。实际上，当换向阀的通径大于 10mm 时，常采用液压力来操纵阀芯换向。采用液压力操纵阀芯换位的液压阀称为液动阀。图 5.8 为三位四通液动换向阀的结构原理图和图形符号，K_1、K_2 为液控口。

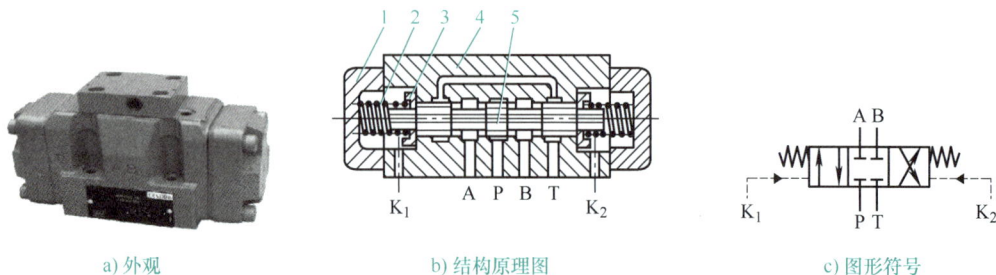

a) 外观　　　　　　b) 结构原理图　　　　　　c) 图形符号

图 5.8　液动换向阀

1—阀盖　2—弹簧　3—弹簧座　4—阀体　5—阀芯

（5）电液换向阀　电液换向阀是由电磁换向阀和液动换向阀组成的复合阀，如图5.9所示。电磁换向阀为先导阀，它用于改变控制油路的方向；液动换向阀为主阀，它用于改变主油路的方向。这种阀的优点是，集中了电磁换向阀和液动换向阀的优点，可用反应灵敏的小规格电磁阀方便地控制大流量的液动阀换向。液动换向主阀主要采用弹簧对中方式，如图5.8所示。作为先导阀的电磁换向阀的中位需采用Y型机能，保证在电磁铁不通电时，液动换向阀的左、右控制腔连通油箱，消除液压力影响，保证弹簧力可靠对中。

在电液换向阀的先导阀和主阀之间常设一对阻尼调节器，它们可以是叠加式单向节流阀。当控制油进入主阀芯的控制腔时须经单向阀，控制油流出时须经节流阀（出油节流调速），通过调节节流阀的开度控制阀芯的换向速度。

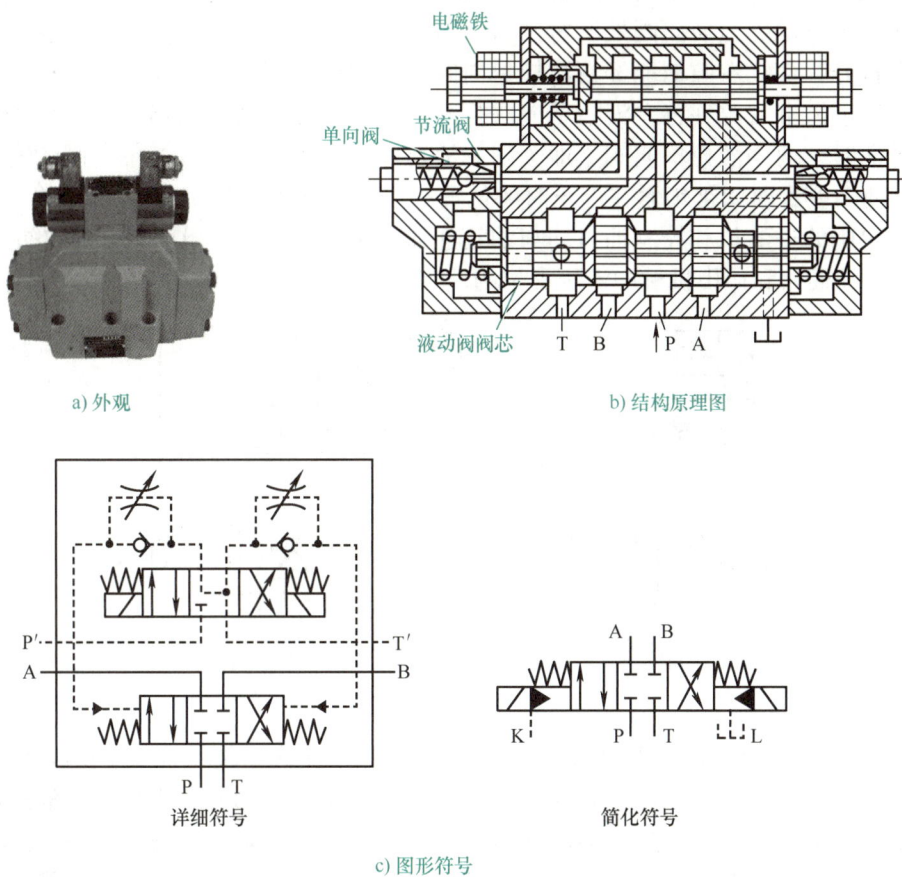

a) 外观　　　　　b) 结构原理图

c) 图形符号

图 5.9　电液换向阀

技能训练

训练2　分析图5.10中单向阀的作用。

a）装在液压泵的出口。防止液压缸的压力突然升高而反向倒流，损坏液压泵。

b）隔离高、低压。装在双联泵间，将低压大流量泵与高压小流量泵隔开，根据负载压力实现供油流量的转换。

c）装在回油路。作为背压阀，提高液压缸运行的稳定性。

d）组成复合阀。与节流阀组成单向节流阀，油路在上行和下行时经过两个不同的分支。

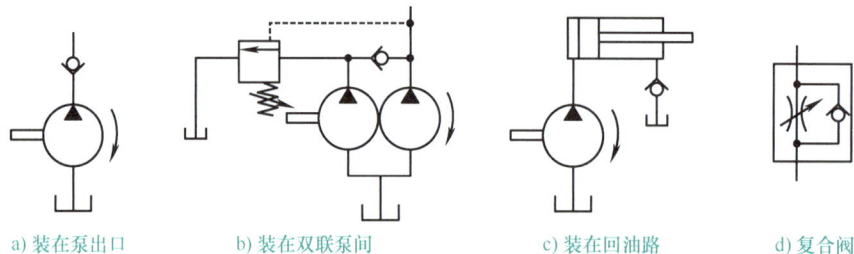

a) 装在泵出口　　　b) 装在双联泵间　　　c) 装在回油路　　　d) 复合阀

图 5.10　单向阀的应用

训练 3　分析图 5.11 中液控单向阀的应用。

a）锁紧液压缸。两个液控单向阀组成了双向液压锁，可保证液压缸的位置锁定，不会因外力作用而产生移动。当换向阀处于右位时、压力油经左液控单向阀进入缸左腔，同时将右液控单向阀打开，使缸右腔油能经右液控单向阀及换向阀流回油箱；反之，当换向阀处于左位时，压力油进入缸右腔并将左液控单向阀打开，使缸左腔回油。而当换向阀处于中位或液压泵停止供油时，两个液控单向阀立即关闭，活塞停止运动。由于液控单向阀的密封性能很好，从而能使活塞长时间被锁紧在停止时的位置。该回路采用 H 型或 Y 型机能的三位换向阀时，液控单向阀的进油口和控制油口均与油箱连通，锁紧效果好。这种锁紧回路主要用于汽车起重机的支腿油路和矿山机械中液压支架的油路中。

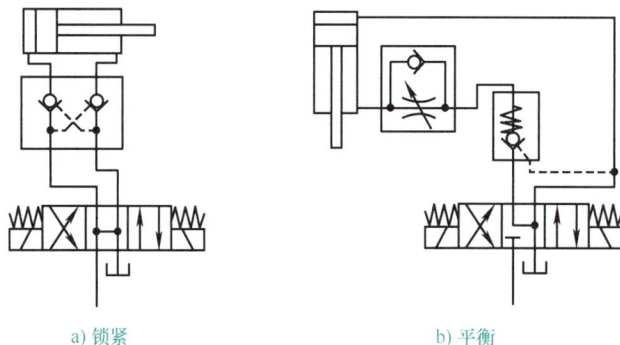

a) 锁紧　　　　　　　　　　b) 平衡

图 5.11　液控单向阀的应用

b）平衡（支承）液压缸。当换向阀处于左位时，压力油进入缸上腔，同时将液控单向阀打开，缸下腔的油能经液控单向阀及换向阀流回油箱；当换向阀处于中位时，液控单向阀关闭，液压缸停止运动，由于液控单向阀的密封性能很好，保证垂直的液压缸不会因自重而下落。当然，O 型中位机能的三位换向阀也可以实现，但因滑阀密封性差，时间稍长就会慢慢下移。

训练 4　分析图 5.12 中换向阀的应用。

图 5.12 所示为三位四通 O 型中位机能电磁换向阀控制液压缸的换向回路，换向阀由左右两位换至中间位置时，可实现液压缸立即停止；若用 P 型中位机能的换向阀，便可实现中位的差动连接。

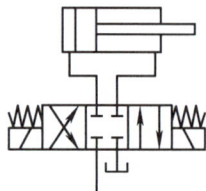

图 5.12　换向阀的应用

任务三　压力控制阀的使用

▶▶ 任务概述

了解压力控制阀的分类，掌握压力控制阀的作用、工作原理和图形符号，熟悉压力控制阀的结构组成特点。

▶▶ 知识与技能

在液压系统中，压力控制阀主要用来控制系统或回路的压力，或利用压力作为信号来控制其他元件的动作。压力控制阀是根据作用于阀芯上的液体压力和弹簧力相平衡的原理进行工作的。压力控制阀按用途可分为溢流阀、减压阀、顺序阀和压力继电器等。

一、溢流阀

溢流阀是通过阀口的溢流使被控制系统或回路的压力维持恒定，实现稳压、调压和限压的目的。溢流阀按结构形式可分为直动式和先导式两类。

1. 直动式溢流阀

直动式溢流阀因液压力直接与弹簧力相平衡来调节压力而得名。图 5.13 所示为滑阀型直动式溢流阀的外观图、结构原理图和图形符号。

压力控制阀的
使用（溢流阀、
减压阀）

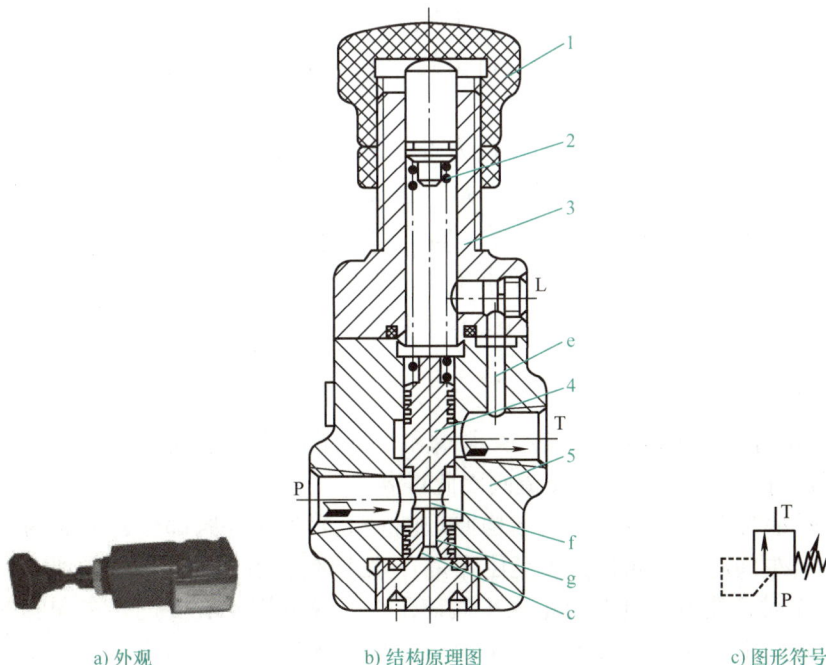

a) 外观　　　　b) 结构原理图　　　　c) 图形符号

图 5.13　直动式溢流阀

1—调节螺母　2—弹簧　3—上盖　4—阀芯　5—阀体

图中，P 为进油口，T 为回油口，被控液压油由 P 口进入溢流阀，经阀芯 4 的径向孔 f、轴向阻尼孔 g 进入下腔 c。设阀芯下腔的承压面积为 A、调压弹簧的预压缩量为 x_0，弹簧刚度为 K。这时液压油作用于阀芯上的液压力为 F_A，调压弹簧的预紧力为 $F_S = Kx_0$，当进油口压力较低，向上的液压力不足以克服弹簧的预紧力时，阀芯处于最下端位置，将进口 P 和出口 T 隔断，阀处于关闭状态，溢流阀没有溢流；当进口压力升高，使 $F_A = F_S$ 时，阀芯即将开启，这一状态的压力称为开启压力 P_K，即

$$P_K A = F_S = Kx_0$$

从而得出 $\qquad P_K = Kx_0 / A$ （5-1）

当进口压力继续升高，使 $F_A > F_S$，阀芯向上移动，阀口打开，油液由 P 口经 T 口排回油箱，溢流阀溢流。阀芯处于某一新的平衡位置，若忽略阀芯的自重、摩擦力和液动力，则阀芯上的受力平衡方程为

$$PA = K(x_0 + \Delta x)$$

从而得出 $\qquad P = K(x_0 + \Delta x) / A$ （5-2）

式中 P ——进油腔压力；

Δx ——弹簧的附加压缩量（阀口开度）。

当通过溢流阀的流量改变时，阀口开度也改变，但因阀芯的移动量很小，所以作用在阀芯上的弹簧力变化也很小，因此可以认为式（5-2）与式（5-1）基本相等，即当有油液流过溢流阀口时，溢流阀进口处的压力基本保持定值。

阀芯上的阻尼孔 g 对阀芯的运动形成阻尼，可避免阀芯产生振动，提高阀工作的稳定性。调节弹簧的预压缩量 x_0，便可调节阀口的开启压力 P_K，也即调节了溢流阀的进口压力。此弹簧称为调压弹簧。泄漏到弹簧腔的油液可由阀体上的孔 e 引到回油口 T，这种泄油方式称为内泄。

直动式溢流阀是利用阀芯上端的弹簧力直接与下端的液压力相平衡来进行压力控制，其结构简单、灵敏度高，常用作安全阀。但是，这类阀的弹簧较硬，当流量较大时，阀的开度就大（Δx 就大），弹簧力有较大的变化量，将造成所控制的压力随着流量的增大有较大的变化，故其适用于流量不大、调压精度要求不高的场合；由于弹簧较硬，调节比较费力，故直动式溢流阀不适于在高压下工作，最大调整压力为 2.5MPa。

2. 先导式溢流阀

先导式溢流阀如图 5.14 所示，它由主阀和先导阀两部分组成。调压时，先导阀先行导通，导致主阀口打开溢流，先导式溢流阀因此得名。

图 5.14b 所示为先导式溢流阀的结构原理图。上面为先导阀部分，下面为主阀部分。主阀包括主阀体、主阀芯、主阀弹簧（复位弹簧），先导阀包括先导阀芯、阀座、调压弹簧及调压手轮等。工作时，油液通过 P 口进入主阀芯下腔，又经阻尼孔 e 进入主阀芯的上腔，并经上部的孔 c 和 b 作用于先导阀芯上。当系统压力低于先导阀调压弹簧调定的压力时，先导阀关闭，此时没有油液流过阻尼孔 e，主阀芯上、下两腔的压力相等，主阀芯在主阀弹簧的作用下处于最下端原始位置，进油口 P 和回油口 T 不相通，无溢流发生；当系统压力升高，作用在先导阀芯上的液压力大于调压弹簧的调定压力时，先导阀打开，主阀上腔的油液经主阀芯

内的阻尼孔 e、先导阀开口、回油口 T 流回油箱。这时，由于液压油经主阀芯上的阻尼孔流动，因而产生了压力降，使主阀芯上腔的压力 p_1 小于下腔的压力 p，当此压力差对主阀芯所产生的向上的作用力超过主阀弹簧力 F_S 时，阀芯被抬起，进油口 P 和回油口 T 相通，主阀开始溢流，此时也即调定了系统的压力。调节先导阀的调压手轮，便能调整系统的溢流压力；更换不同刚度的调压弹簧，便能得到不同的调压范围。

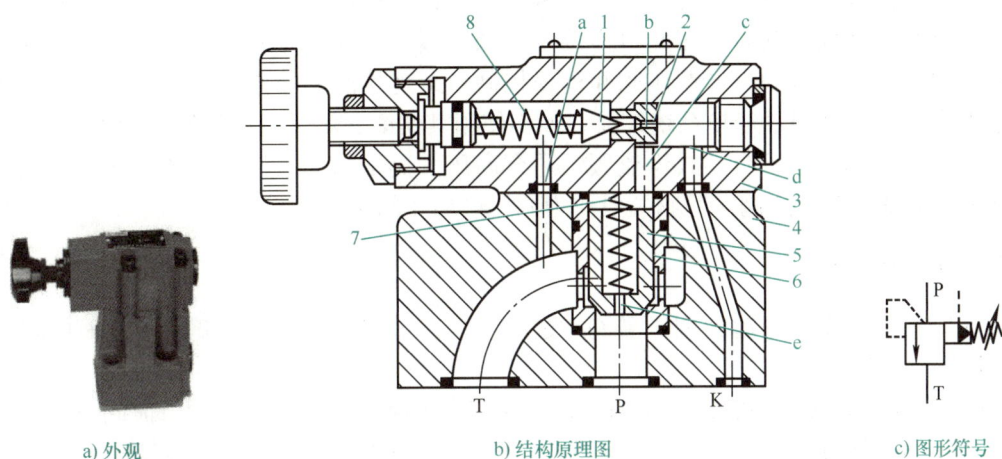

a) 外观　　　　　　　　b) 结构原理图　　　　　　c) 图形符号

图 5.14　先导式溢流阀

1—先导阀芯　2—先导阀座　3—阀盖　4—阀体　5—主阀芯　6—阀套
7—复位弹簧　8—调压弹簧

当溢流发生时，油路分两部分流回油箱：一是经过先导阀，从溢流阀进口来的油液有很小一部分经主阀芯的底部，再经过阻尼孔 e，压力由 p 降至 p_1（$p_1 < p$），最后经先导阀流回油箱；二是经过主阀，绝大部分油液从主阀流回油箱，通过先导阀的流量很小，是主阀额定流量的 1%。

由先导阀调定压力 p_1，忽略主阀芯的自重和摩擦，主阀芯的受力平衡关系为

$pA = p_1A + F_S$，即

$$p = p_1 + \frac{F_S}{A} = p_1 + \frac{Kx}{A} \tag{5-3}$$

式中　p ——主阀进口压力（Pa）；

p_1 ——先导阀进口压力（Pa）；

F_S ——主阀弹簧作用力（N）；

K ——主阀弹簧的弹簧刚度（N/m）；

x ——主阀弹簧的压缩量（m）。

主阀弹簧刚度 K 很小，仅为了克服摩擦力使主阀芯及时复位而设置的，所以 F_S 很小，即 $F_S \approx 0$，$p \approx p_1$。所以，先导式溢流阀的溢流压力 p 不是由主阀弹簧控制的，是由先导阀弹簧控制的。

先导式溢流阀主阀的作用是溢流，主阀内的弹簧为平衡弹簧，其刚度很小。这样，当溢流量变化而引起主阀弹簧压缩量变化时，F_S 变化很小，可忽略。再者，本来通过先导阀流回油箱的流量就很小，即便溢流量发生变化，也不会对先导阀的开度造成大的影响，所以溢

量变化时 p_1 几乎不变。因此，由式（5-3）可知，进油口的压力 p 几乎不变。故溢流量变化时先导式溢流阀的稳压性能优于普通直动式溢流阀。

先导阀类似于小规格直动式溢流阀，其作用是控制主阀的溢流压力，由于通过的流量很小，其阀口直径较小，即使在较高压力的情况下，作用在锥阀芯上的液压力也不大，因此调压弹簧的刚度不必很大，压力调整比较轻便。

先导式溢流阀还开有一个远程控制口 K，又称为遥控口或外控口，它和主阀芯的上腔相连。当需要实行远程控制时，在此口连接一个调压阀，它和先导阀是并联关系，先导式溢流阀工作压力就由其本身的先导调压阀和远程控制口上连接的调压阀中较小的调压值决定；也可将远程控制口 K 连通油箱使系统卸荷，如不使用其功能，堵上远程控制口即可。

先导式溢流阀克服了直动式溢流阀不适合高压大流量的局限性。但先导式溢流阀是二级阀，其灵敏度低于直动式阀。此阀一般作为调压、稳压阀用。

3. 溢流阀的应用

溢流阀在液压系统中起到调压溢流、过载保护、远程调压、使泵卸荷及使液压缸回油腔形成背压等多种作用。

1）调压溢流系统采用定量泵供油时，常在其进油路或回油路上设置节流阀或调速阀，使液压泵的一部分油进入液压缸工作，而多余的油则经溢流阀流回油箱，溢流阀处于其调定压力下的常开状态，调节弹簧的预紧力，也就调节了系统的工作压力。在这种情况下，溢流阀的作用即为调压溢流，如图 5.15a 所示。

2）过载保护系统采用变量泵供油时，系统内没有多余的油需要溢流，其工作压力由负载决定。这时，与泵并联的溢流阀只有在过载时才需打开，以保障系统的安全。因此，这种系统中的溢流阀又称为安全阀，它是常闭的，如图 5.15b 所示。

3）作背压阀用。为了使液压缸回油口处压力不为零，增加液压缸运动的平稳性，往往在液压缸回油口和油箱之间装一个溢流阀。这种系统中的溢流阀又称为背压阀，如图 5.15c 所示。

4）使泵卸荷。在采用先导式溢流阀调压的定量泵系统中，当阀的外控口与油箱连通时，其主阀芯在进油口压力很小时即可迅速抬起，使泵卸荷，以减少能量损耗。如图 5.15d 所示，当电磁铁通电时，溢流阀外控口通油箱，因而能使泵卸荷。

5）远程调压。直动式溢流阀 2 与先导式溢流阀 1 的遥控口相连，通过调节阀 2，即可对阀 1 在设定的压力范围内进行远程调压，如图 5.15e 所示。

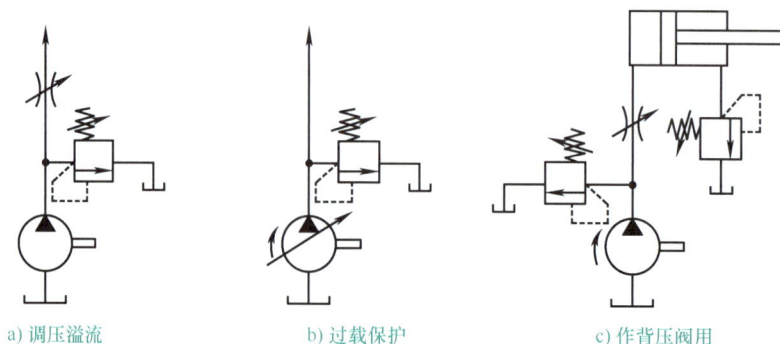

a) 调压溢流　　　　　　　b) 过载保护　　　　　　　c) 作背压阀用

图 5.15　溢流阀的应用

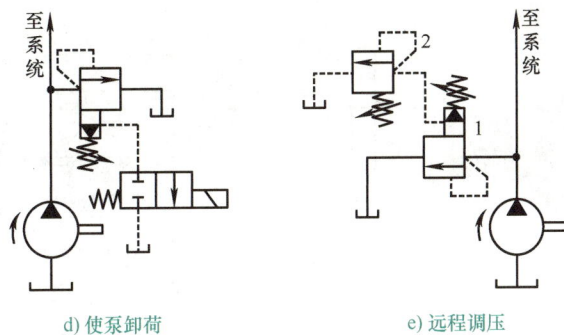

d) 使泵卸荷　　　　　e) 远程调压

图 5.15　溢流阀的应用（续）

1—先导式溢流阀　2—直动式溢流阀

二、减压阀

减压阀是利用液压油流过缝隙产生压力降，使出口压力低于进口压力的一种压力控制阀。利用减压阀可降低系统提供的压力，使同一系统具有两个或两个以上的压力回路。减压阀根据功用的不同可以分为定值减压阀、定差减压阀和定比减压阀。其中，定值减压阀应用十分广泛，它可以获得比进口压力低且稳定的出口工作压力值，本书主要以定值减压阀为例对减压阀的工作原理及应用进行分析。

1. 减压阀的结构及工作原理

减压阀也分为直动式和先导式两种，其中，先导式减压阀应用较广。图 5.16 是一种常用先导式减压阀的结构原理图和图形符号。它也由先导阀和主阀两部分组成，由先导阀调压，主阀减压。压力为 p_1 的液压油从进油口流入，经节流口减压后压力降为 p_2 并从出油口流出。出油口油液通过小孔流入阀芯底部，并通过阻尼孔 9 流入阀芯上腔，作用在调压锥阀 3 上。当出口压力小于调压锥阀的调定压力时，调压锥阀 3 关闭。由于阻尼孔中没有油液流动，所以主阀芯上、下两端的油压相等。这时，主阀芯在主阀弹簧作用下处于最下端位置，减压口全部打开，减压阀不起减压作用。当出油口的压力超过调压弹簧的调定压力时，锥阀被打开，出油口的油液经阻尼孔到主阀芯上腔的先导阀阀口，再经泄油口流回油箱。因阻尼孔的降压作用，主阀上腔压力 $p_3<p_2$，主阀芯在上下两端压力差 (p_2-p_3) 的作用下，克服上端弹簧力向上移动，主阀阀口减小，起减压作用。当出口压力 p_2 下降到调定值时，先导阀芯和主阀芯同时处于受力平衡，出口压力稳定不变，等于调定压力。调节调压弹簧的预紧力即可调节阀的出口压力。

比较减压阀和溢流阀可知，两者的结构相似，调节原理也相似，其主要差别如下：

① 减压阀为出口压力控制，保证出口压力为定值；溢流阀为进口压力控制，保证进口压力恒定。

② 常态时，减压阀阀口常开，溢流阀阀口常闭。

③ 减压阀串联在系统中，其出口油液通执行元件，因此泄漏油须单独引回油箱（外泄）；溢流阀的出口直接接回油箱，它是并联在系统中的，因此其泄漏油引至出口（内泄）。

减压阀常用于降低系统某一支路的油液压力，使该二次油路的压力稳定且低于系统的调定压力。如夹紧油路、润滑油路和控制油路。必须说明的是，减压阀是否起减压作用还与其后端的负载有关，若因负载建立的压力低于减压阀的调定压力，则出口压力由负载决定，此时减压阀不起减压作用。

与溢流阀相同的是，减压阀亦可以在先导阀的遥控口接远程调压阀实现远程控制或多级调压。

a) 外观

b) 图形符号

c) 结构原理图

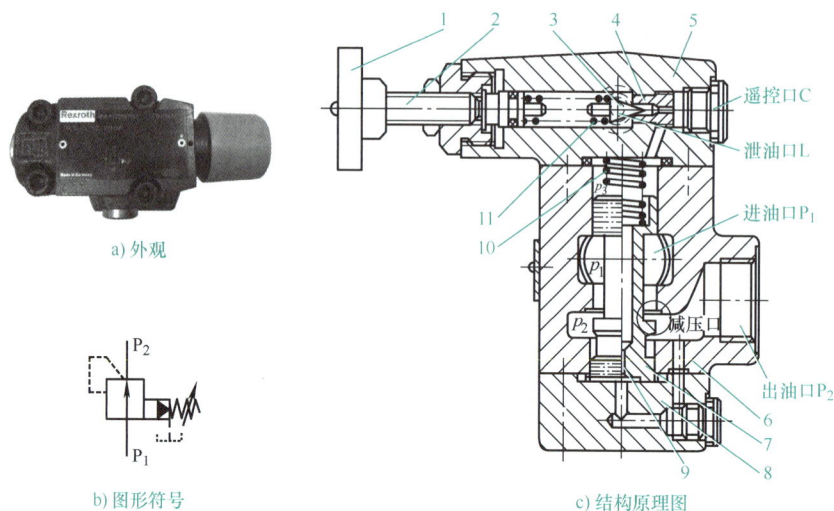

图 5.16　先导式减压阀

1—调压手轮　2—调节螺钉　3—调压锥阀　4—锥阀座　5—阀盖　6—阀体　7—主阀芯
8—端盖　9—阻尼孔　10—主阀弹簧　11—调压弹簧

2. 减压阀的应用

图 5.17 所示为夹紧机构中常用的减压回路，回路中串联一个减压阀，使夹紧缸能获得较低而又稳定的夹紧力。减压阀出口压力可以从 0.5MPa 至溢流阀调定压力的范围内调节，当系统压力有波动时，减压阀的出口压力可稳定不变。图中单向阀的作用是当主系统压力下降到低于减压阀调定压力（如主油路中液压缸快速运动）时，防止夹紧油路的油液倒流，使夹紧缸的夹紧力在短时内可保持不变，起到短时保压作用。为了确保安全，夹紧回路采用失电夹紧的二位四通电磁换向阀换向，防止在电路出现故障时松开工件而发生事故。

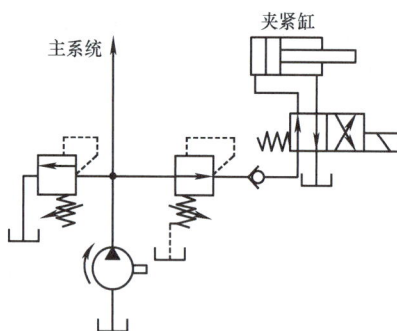

图 5.17　减压阀的应用

压力控制阀的使用（顺序阀、压力继电器）

三、顺序阀

顺序阀是以压力作为控制信号，自动接通或切断某一油路的压力阀。由于它经常被用来控制执行元件动作的先后顺序，故称为顺序阀。顺序阀按结构的不同分为直动式和先导式两种，一般先导式顺序阀用于压力较高的场合。

1. 顺序阀的结构及工作原理

图 5.18 和图 5.19 分别为直动式顺序阀和先导式顺序阀。从图中可以看出，顺序阀只有开启和关闭两种状态，当顺序阀进油口压力低于调压弹簧的调定压力时，阀口关闭；当进油

口压力超过调压弹簧的调定压力时，进、出油口接通。因顺序阀出油口接执行元件，它的泄油口需要单独通油箱（外泄），不能接到出油口。顺序阀出口油路的压力由负载决定。调整弹簧的预压缩量，即可调节打开顺序阀所需的压力。顺序阀的结构和工作原理与溢流阀很相似，其主要差别在于溢流阀的出口接油箱，因此其调压弹簧腔的泄漏油内泄至出口，而顺序阀的泄油口需单独接回油箱。

若将图 5.18 和图 5.19 所示顺序阀的下盖旋转 90° 或 180° 安装，去除外控口 C 的螺塞，并从外控口 C 引入压力油控制阀芯动作，则成为外控顺序阀，也称为液控顺序阀，其图形符号如图 5.18c 所示，该阀口的开启和闭合与阀的进油口压力无关，只取决于控制口 C 引入的控制压力。

若将上盖旋转 90° 或 180° 安装，使泄油口 L 与出油口 P₂ 相通（直动式顺序阀是通过泄油口处的小孔 a 与阀体上的小孔 b 连通；先导式顺序阀的阀体上开有沟通孔道，图中未示出），并将外泄口 L 堵死，便成为外控内泄式顺序阀，其图形符号如图 5.18d 所示。外控内泄式顺序阀只用于出口接油箱的场合，常用于泵卸荷，故又称为卸荷阀。

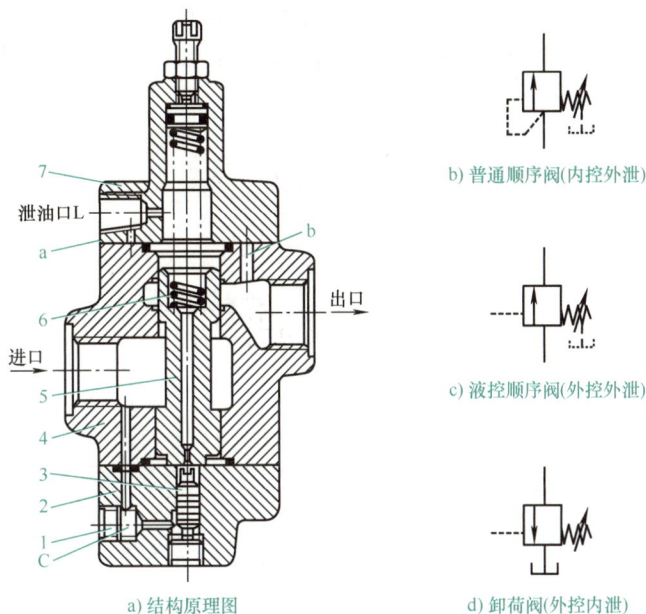

a) 结构原理图　　b) 普通顺序阀(内控外泄)　c) 液控顺序阀(外控外泄)　d) 卸荷阀(外控内泄)

图 5.18　直动式顺序阀

1—螺堵　2—下阀盖　3—控制活塞　4—阀体　5—阀芯　6—弹簧　7—上阀盖

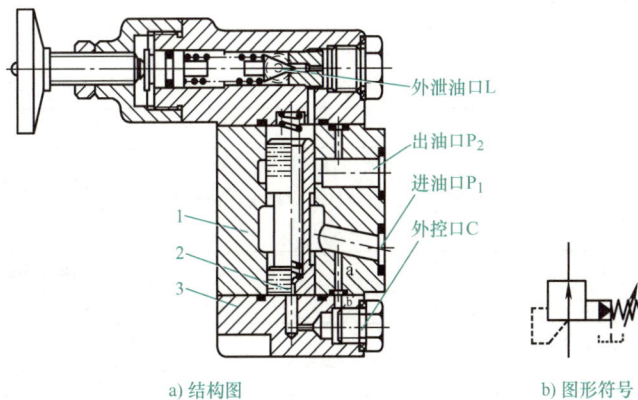

a) 结构图　　b) 图形符号

图 5.19　先导式顺序阀

1—阀体　2—阻尼孔　3—阀盖

2. 顺序阀的应用

顺序阀在液压系统中的主要应用有以下几方面。

① 执行多个执行元件的顺序动作。

② 与单向阀组成平衡阀。

③ 内控顺序阀接在液压缸回油路上，作为背压阀使用。

④ 外控顺序阀可用作卸荷阀。

图 5.20 所示为机床夹具上用顺序阀实现工件先定位后夹紧的顺序动作回路。当电磁阀由通电状态转为断电时，液压油先进入定位缸的下腔，定位缸上腔回油，活塞向上移动，使定位销进入工件定位孔，从而实现定位。这时，压力低于顺序阀的调定压力，因而液压油不能进入夹紧缸下腔，工件不能夹紧。当定位缸活塞停止运动时，油路压力将升高至顺序阀的调定压力，顺序阀开启，压力油进入夹紧缸下腔，夹紧缸上腔回油，夹紧缸活塞抬起，将工件夹紧，从而实现了先定位后夹紧的顺序要求。当电磁阀再次通电时，压力油同时进入定位缸、夹紧缸上腔，两缸下腔回油（夹紧缸经单向阀回油），使工件松开并拔出定位销。顺序阀的调整压力应高于先动作缸的最高工作压力，以保证动作顺序可靠。中压系统的调整压力一般要高达 0.5 ～ 0.8MPa。

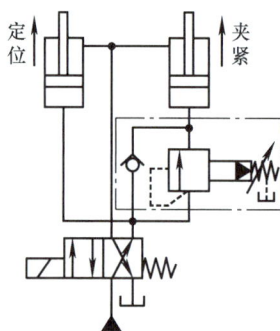

图 5.20 顺序阀的应用

以上三大压力控制阀的结构、性能和功用等的比较见表 5.3。

表 5.3 溢流阀、减压阀、顺序阀的比较

项目	溢流阀	减压阀	顺序阀
控制油路的特点	阀芯不断浮动，保证进口压力恒定，出口接油箱，$p_2=0$	阀芯不断浮动，保证出口压力 p_2 恒定	直动式通过调整调压弹簧的压力，控制进油路的压力，外控式由单独油路控制阀的压力；阀芯或开或关
出油口情况	出油口与油箱相连	出油口与减压回路相连	出油口与工作回路相连
泄漏形式	内泄式	外泄式	内泄式、外泄式
初始状态	常闭	常开	常闭
工作状态进出油口压力值	进出油口相连，进油口的压力为调整压力 p_1，出口压力为 0，压降大	进油口压力 p_1 高于出油口压力，出油口压力稳定在调整值 p_2 上，压降大	进出油口相通，进油口压力允许继续升高，压降很小
与系统的连接方式	并联	串联	实现顺序动作时串联，作卸荷阀用时并联
功用	调压溢流、安全限压、卸荷、背压	减压、稳压	不控制系统压力，只利用系统的压力变化控制油路的通断
控制阀口	进油腔压力 p_1 控制阀芯移动，保证进口压力为定值	出油腔压力 p_2 控制阀芯移动，保证出口压力为定值	进油腔压力 p_1 控制阀芯移动
遥控口	先导式阀有遥控口	先导式阀有遥控口	先导式阀有遥控口

四、压力继电器

1.压力继电器的结构及工作原理

压力继电器是将液压系统中的压力信号转换为电信号的转换装置。它的作用是根据液压系统的压力变化，通过压力继电器内的微动开关自动接通或断开有关电路。

压力继电器的种类很多，下面以膜片式压力继电器为例，说明其结构和工作原理。

图 5.21 为 DPI-63 型膜片式压力继电器。控制油口 K 接到需要取得液压信号的油路上。当油压达到弹簧 10 的调节值时，液压油通过薄膜 2 使柱塞 3 上升，柱塞压缩弹簧 10 直到下弹簧座 9 与外套筒的台肩相碰为止。与此同时，柱塞的锥面推动钢球 6 和 7 做水平移动，钢球 7 使杠杆 1 绕轴 12 转动，杠杆的另一端压下微动开关 13 的触头，发出电信号。调节螺钉 11 可调节弹簧 10 的预紧力，即可调节发出电信号时的油压值。当油口 C 的油压降低到一定值时，弹簧 10 通过钢球 8 把柱塞向下压，在弹簧 5 的作用下，钢球 6 使柱塞定位，微动开关触头的弹力使杠杆和钢球 7 复位，电路断开。

当控制油口的压力达到一定值，将柱塞向上推动时，它除了要克服弹簧 10 的弹簧力外，还要克服移动时的摩擦阻力。当控制油压降低，弹簧 10 使柱塞向下移动时，摩擦阻力的方向和液压油作用力的方向相同。因此，当控制压力达到使继电器动作的压力（称为动作压力）之后，如果控制压力稍有降低，压力继电器并不能马上复位，而要等控制压力降低到某一定值后才复位，此时的压力称为复位压力。显然，动作压力高于复位压力，其差值称为返回区间，由摩擦力的大小决定。调节螺钉 4 可调节弹簧 5 的预压缩量，同时也就调节了柱塞移动时的摩擦力，从而使压力继电器的返回区间在一定范围内变化。

DPI-63 型压力继电器的主要技术规格：压力调节范围为 1.0 ~ 6.3MPa，返回区间的调节范围为 0.35 ~ 0.8MPa，精度为 0.05MPa，作用时间小于 0.5s。

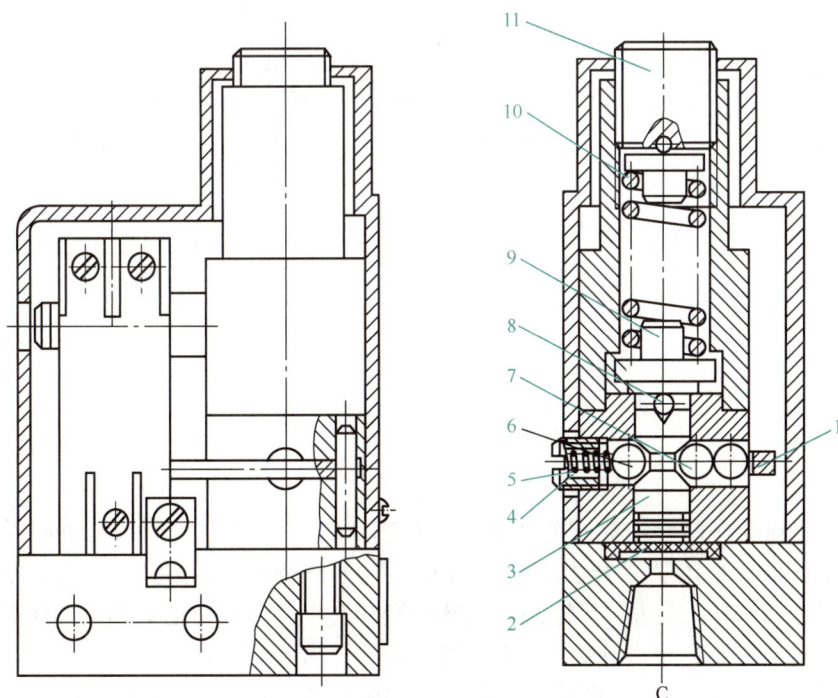

图 5.21　DPI-63 型膜片式压力继电器

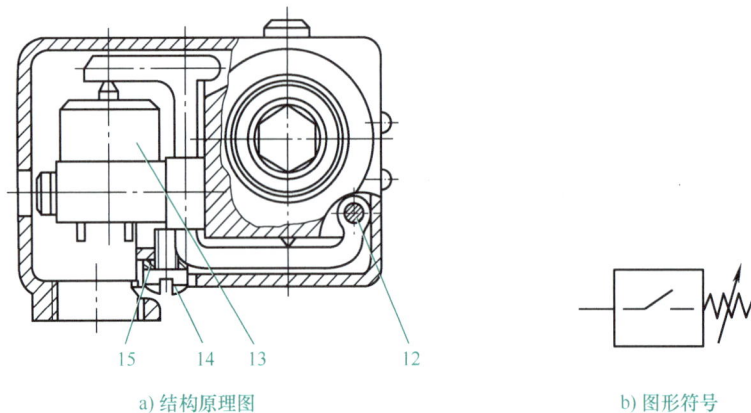

a) 结构原理图   b) 图形符号

图 5.21　DPI-63 型膜片式压力继电器（续）

1—杠杆　2—薄膜　3—柱塞　4、11、14—螺钉　5、10—弹簧　6～8—钢球
9—下弹簧座　12—轴　13—微动开关　15—垫圈

2. 压力继电器的应用

（1）实现顺序动作　如图 5.22a 所示，当左边的缸运动到终点后，系统压力升高，达到压力继电器的调定压力时，发出电信号使二位二通电磁换向阀得电，电磁阀换到右位工作，接通右缸的通路，右缸开始运动。

（2）用于泵卸荷　如图 5.22b 所示，三位四通换向阀换到中位时，泵向蓄能器供油，当其油压达到压力继电器调定压力时，它发出电信号让电磁溢流阀中的二位二通换向阀得电，先导式溢流阀外控口通油箱，使泵卸荷，此时泵压几乎为零，使功率消耗降为最低。

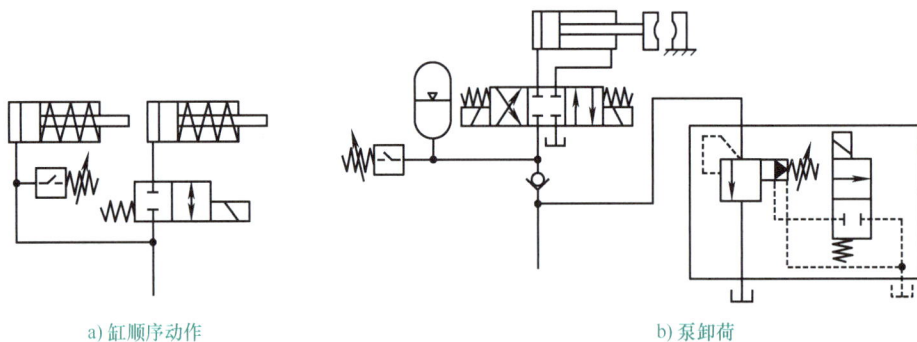

a) 缸顺序动作   b) 泵卸荷

图 5.22　压力继电器的应用

技能训练

训练 5　已知顺序阀和溢流阀的调定压力如图 5.23a、b 所示。当系统负载无穷大时，分别分析图 5.23a、b 中 A、B 点的压力；当图 5.23a 中的两阀调定的压力大小互换，情况又如何？

解：在图 5.23a 中，左边顺序阀阀芯上部弹簧腔有单独的孔道通向油箱，B 点的油与阀芯上部不相通，顺序阀弹簧腔（也就是阀芯上部）的油压为 0。

$p_A=p_B=7$MPa；若两阀调定的压力大小互换，则 $p_A=7$MPa，$p_B=5$MPa。

在图 5.23b 中，左边溢流阀阀芯上部弹簧腔与 B 点相通，B 点压力多大，溢流阀弹簧腔（也就是阀芯上部）的压力就多大。所以 A 点压力是后面顺序阀的调定压力和前面溢流阀的调定压力之和，即 $p_A=12$MPa，$p_B=5$MPa。

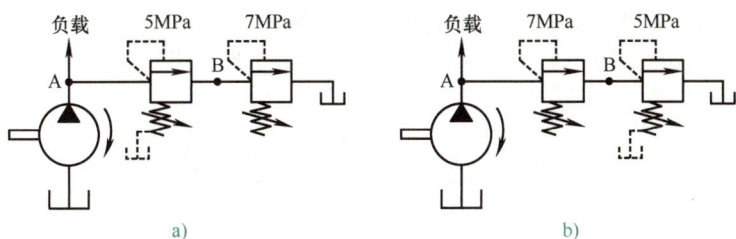

图 5.23　技能训练 5 图

训练 6　分析图 5.24 所示回路在下列情况下，泵的最高出口压力。

1）全部电磁铁断电；

2）电磁铁 2YA 通电，1YA 断电；

3）电磁铁 2YA 断电，1YA 通电。

解： 1）全部电磁铁断电，两溢流阀串联，泵 $p_P=5.5\text{MPa}$；

2）电磁铁 2YA 通电，1YA 断电，泵 $p_P=3.5\text{MPa}$；

3）电磁铁 2YA 断电，1YA 通电，泵 $p_P=0.5\text{MPa}$。

训练 7　在图 5.25 所示的液压系统中，两液压缸的活塞面积 A 均为 20cm^2，缸 I 的阻力负载 $F_I=8000\text{N}$，缸 II 的阻力负载 $F_{II}=4000\text{N}$，溢流阀的调定压力为 $p_y=4.5\text{MPa}$。问：在减压阀调定压力分别为 $p_{j1}=1\text{MPa}$、$p_{j2}=2\text{MPa}$、$p_{j3}=4\text{MPa}$ 时，两缸的动作顺序是怎样的？

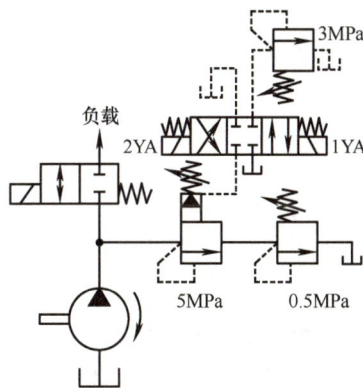

图 5.24　技能训练 6 图

解： 启动缸 I 和 II 所需的压力为

$$p_I = \frac{F_I}{A} = \frac{8000}{20\times10^{-4}}\text{Pa} = 4\text{MPa}$$

$$p_{II} = \frac{F_{II}}{A} = \frac{4000}{20\times10^{-4}}\text{Pa} = 2\text{MPa}$$

1）当减压阀调定压力 $p_{j1}=1\text{MPa}$ 时，$p_{II}>p_{j1}$，减压阀处于工作状态，其出口压力 $p_A=p_{j1}=1\text{MPa}$，不能推动阻力 F_{II}，故缸 II 不动，此时，$p_B=p_y=4.5\text{MPa}$，压力油使缸 I 右移。

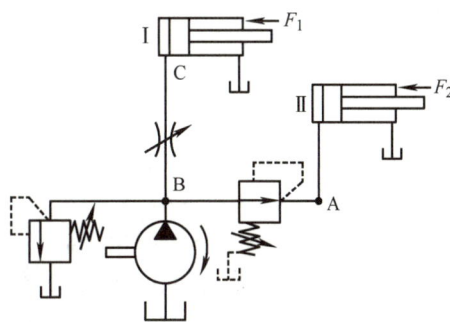

图 5.25　技能训练 7 图

2）当减压阀调定压力 $p_{j2}=2\text{MPa}$ 时，$p_{II}=p_{j2}$，减压阀处于工作状态，流量根据减压阀口、节流阀口及溢流阀口的液阻分配，两缸同时动作。

3）当减压阀调定压力 $p_{j3}=2\text{MPa}$ 时，液压系统中的压力取决于负载，因负载压力 $p_{II}=2\text{MPa}$，此时 $p_{II}<p_{j3}$，减压阀口全开，不起减压作用，若不计压力损失，此时 $p_B=p_A=p_{II}=2\text{MPa}$，缸 II 先右移，缸 II 运动到终点后（缸 II 负载为无穷大），系统压力上升，直至 $p_B=p_y=4.5\text{MPa}$，压力油才使缸 I 向右运动。此时，减压阀减压，$p_A=p_j=4\text{MPa}$。

训练 8　在图 5.26 所示的液压系统中，液压缸有效面积 $A_1=A_2=100\text{cm}^2$，缸 I 负载 $F=35\text{kN}$，缸 II 运动时负载为零。不计摩擦阻力、惯性力和管路损失。溢流阀、顺序阀和减压阀的调整压力分别为 4MPa、3MPa 和 2MPa。求在下列三种工况下 A、B、C 三点的压力。

1）液压泵起动后，两换向阀处于中位。

2）1YA 通电，缸 I 活塞运动时及活塞运动到终端后。

3）1YA 断电，2YA 通电，缸 II 活塞运动时及活塞碰到死挡铁时。

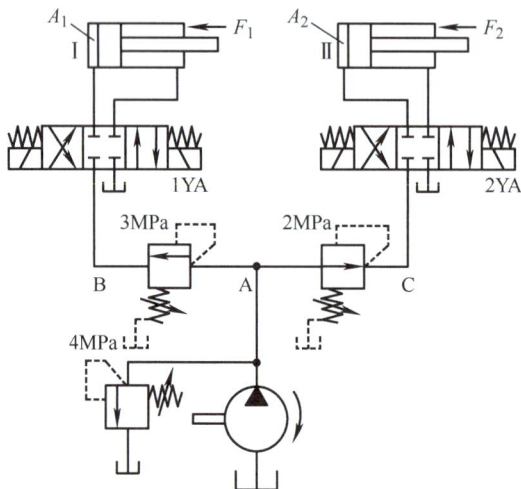

图 5.26　技能训练 8 图

解： 1）液压泵起动后，两换向阀处于中位时：

顺序阀处于打开状态，减压阀口关小，A 点压力升高，溢流阀打开，这时 p_A=4MPa、p_B=4MPa、p_C=2MPa。

2）1YA 通电，缸 I 活塞运动时：

要推动缸 I 运动所需的压力为

$$p_1 = \frac{F}{A_1} = \frac{35 \times 10^3}{100 \times 10^{-4}}\,\text{Pa} = 3.5\text{MPa}$$

则 B 点的压力 p_B=3.5MPa，p_A=3.5MPa，p_C=2MPa

缸 I 活塞运动到终端后：p_A=p_B=4MPa，p_C=2MPa。

3）1YA 断电，2YA 通电时：

缸 II 活塞运动：p_C=0，如不考虑油液流经减压阀的压力损失，则 p_A=p_B=0。

缸 II 活塞碰到死挡铁：p_C=2MPa，p_A=p_B=4MPa。

任务四　流量控制阀的使用

▶▶ 任务概述

了解流量控制阀的分类，掌握流量控制阀的作用、工作原理和图形符号，熟悉流量控制阀的结构组成特点。

　　流量控制阀的功用是通过改变阀口过流面积来调节输出流量，从而控制执行元件的运动速度。流量控制阀可分为节流阀、调速阀和分流阀等。

　　对流量控制阀的基本要求是有足够的流量调节范围；能保证的最小稳定流量越小越好；温度和压力对流量的影响小；调节方便等。

一、节流阀

1. 流量特性及节流口形式

　　节流阀的流量调节规律符合流体流过小孔的流量公式 $q_v = CA_T\Delta p^m$。可以看出，即便节流阀的过流面积不变，而节流阀进、出口压差发生变化时，流量也会发生变化，所以节流阀调速性能的稳定性较差。

　　过流面积 A_T 的计算与节流口结构有关，常用节流口结构如图 5.27 所示，主要有针锥形式、轴向三角槽式、偏心槽式等几种形式。

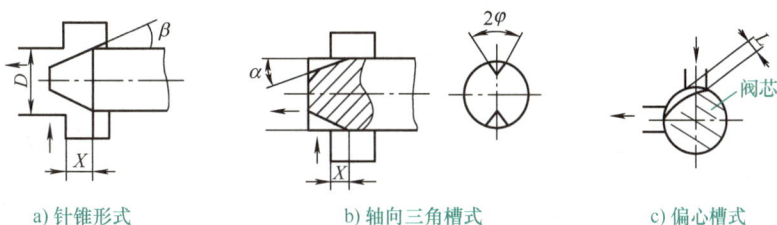

a) 针锥形式　　　　b) 轴向三角槽式　　　　c) 偏心槽式

图 5.27　常用节流口结构

2. 结构及工作原理

　　图 5.28b 所示为普通节流阀的结构原理图。它的节流口为轴向三角槽式节流口。压力油从进油口 P_1 流入，经阀芯左端的轴向三角槽后由出油口 P_2 流出。阀芯 1 在弹簧力的作用下始终紧贴在推杆 2 的端部。旋转手轮 3 可使推杆沿轴向移动，改变节流口的通流截面积，从而调节阀的流量。

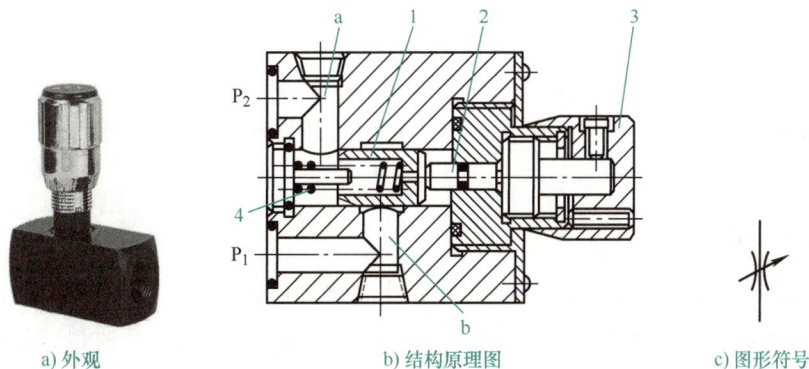

a) 外观　　　　　　b) 结构原理图　　　　　　c) 图形符号

图 5.28　节流阀

1—阀芯　2—推杆　3—手轮　4—弹簧

　　当节流阀的节流面积很小时，通过节流口的流量会出现周期性的脉动，甚至造成断流，这种现象称为节流阀堵塞。节流阀发生堵塞的主要原因是油液中含有杂质或油液高温氧化后的生成物黏附在节流口的表面上，当附着层达到一定厚度时，就会造成节流阀断流。因此，节流阀有一个能保证正常工作（无断流，且流量变化率不大于10%）的最小流量，称为节流阀的最小稳定流量。为了保证节流阀的正常工作，要根据回路流量要求和节流阀的最小稳定流量选择适当的节流阀，并要定期更换液压油。

二、调速阀

1. 结构及工作原理

如图 5.29 所示的调速阀，在特定的工作条件下，其调定的速度（流量）可以不受负载变化的影响。图 5.29b 所示为调速阀的结构原理图。将定差减压阀和节流阀串联，减压阀入口的压力为 p_1，经过减压口 δ 减压后的压力为 p_2，p_2 同时为节流阀的入口压力，节流阀出口的压力为 p_3，由外负载决定。当外负载增大时，p_3 增大，减压阀右边弹簧腔压力增大，阀芯原先的平衡被打破，阀芯向左移动，开大减压口 δ，减压作用减小，p_2 变大，维持 $\Delta p = p_2 - p_3$ 基本恒定；当外负载减小时，阀芯运动情况正好相反，同样维持压差基本恒定。图 5.29c 所示为其图形符号。

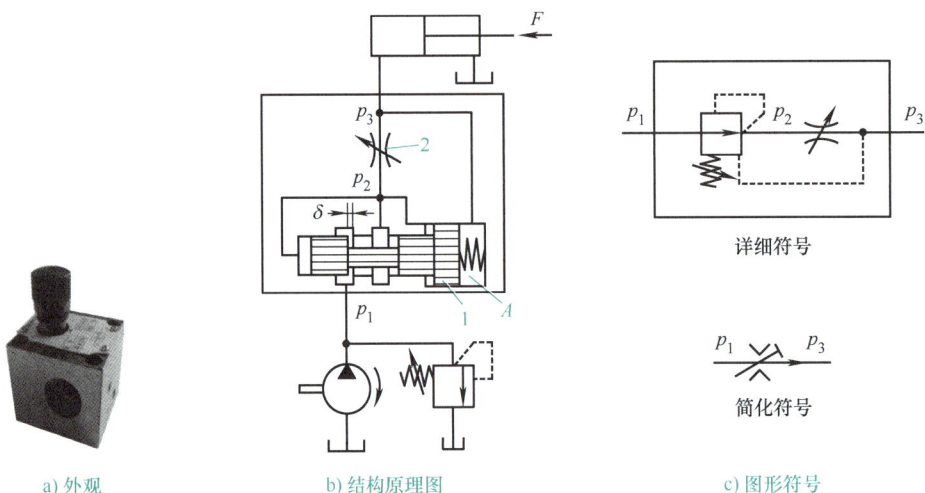

a) 外观　　　　　　b) 结构原理图　　　　　　c) 图形符号

图 5.29　调速阀

1—定差减压阀　2—节流阀

有一些调速阀在其减压阀芯的左边还安装了限位螺钉，其作用是在调速阀（减压阀）不工作时将减压阀芯限定在工作位置附近，防止起动时减压阀的减压口开度过大而出现流量瞬时失调现象。

2. 流量特性曲线

图 5.30 所示为流量控制阀的流量 – 压差特性曲线。可以看出，当调速阀的进、出口压力差大于一定值（$\Delta p_{\min}$）后，通过调速阀的流量不随压差的变化而改变，流量维持恒定。当调速阀进、出口压力差小于 $\Delta p_{\min}$ 时，实际工作的只是其中的节流阀，调速阀和节流阀的特性曲线重合，因为此时进、出口压力差较小，调速阀内的减压阀不起作用。调速阀正常工作所需的压力差因调速阀的压力系列不同而异，一般中低压调速阀约为 0.5MPa，高压调速阀为 1MPa。

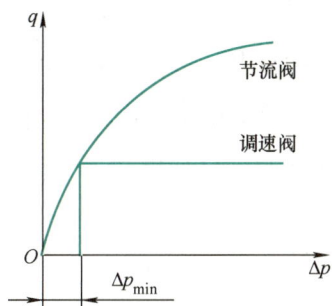

图 5.30　流量控制阀的流量 – 压差特性曲线

3.流量控制阀的应用

节流阀具有结构简单、制造容易、体积小、使用方便、造价低等优点，但其负载和温度的变化对流量稳定性的影响较大，因此只适用于负载和温度变化不大或速度稳定性要求不高的液压系统。它主要与定量泵、溢流阀组成节流调速系统。调速阀多用于执行元件要求运动稳定性能较高的液压系统中，也可用于容积节流调速回路中。

≫ 技 能 训 练

训练9　在图 5.31 所示的节流调速回路中，若液压缸面积 $A_1 = 2 \times 10^{-3} \text{m}^2$ ，溢流阀调定压力为 3MPa，泵流量为 $1 \times 10^{-4} \text{m}^3/\text{s}$ ，负载为 4kN，节流阀通流面积 $A_T = 1 \times 10^{-6} \text{m}^2$ ，流量系数 C_q=0.62，油液密度为 900kg/m³，不计管道损失，求活塞运动速度和通过溢流阀的溢流量。

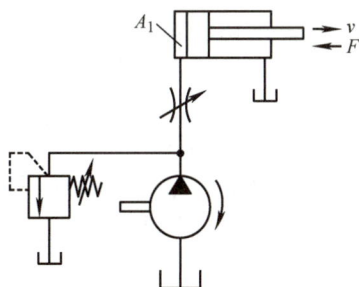

图 5.31　技能训练 9 图

解： 活塞运动速度：

液压缸克服负载运动所需的压力　$P_1 = \dfrac{F}{A_1} = \dfrac{4 \times 10^3}{2 \times 10^{-3}} \text{Pa} = 2\text{MPa}$

节流阀两端的压差 $\Delta p = p_\text{p} - p_1 = (3-2)\text{MPa} = 1\text{MPa}$ ，节流阀可看作是薄壁小孔，则通过的流量根据式（2-31）得

$$q_{v1} = C_q A_T \sqrt{\frac{2}{\rho}\Delta P} = 0.62 \times 1 \times 10^{-6} \times \sqrt{\frac{2}{900} \times 1 \times 10^6}\, \text{m}^3/\text{s} = 2.92 \times 10^{-5}\,\text{m}^3/\text{s}$$

则 $$v = \frac{q_{v1}}{A_1} = \frac{2.92 \times 10^{-5}}{2 \times 10^{-3}}\,\mathrm{m/s} = 1.46 \times 10^{-2}\,\mathrm{m/s}$$

溢流阀的溢流量：$q_y = q_P - q_{v1} = (1 \times 10^{-4} - 2.92 \times 10^{-5})\,\mathrm{m^3/s} = 7.08 \times 10^{-5}\,\mathrm{m^3/s}$

训练 10 若液压缸活塞面积 $A_1 = 1 \times 10^{-2}\,\mathrm{m^3/s}$，负载在 500N ～ 40kN 范围内变化。为使负载变化时活塞速度稳定，在液压缸的进口处串联一个调速阀，若把泵的工作压力调整到额定压力 6.3MPa，问是否合适？

解： 驱动液压缸的压力为

$$p_1 = \frac{F}{A_1} = \frac{(500 \sim 40000)}{1 \times 10^{-2}}\,\mathrm{Pa} = (0.05 \sim 4)\,\mathrm{MPa}$$

当把泵的工作压力调整到额定压力 6.3MPa 时，调速阀进、出口压力差为

$$\Delta p = [6.3 - (0.05 \sim 4)]\,\mathrm{MPa} = (6.25 \sim 2.3)\,\mathrm{MPa}$$

系统压力为 6.3MPa，属于中压范围，调速阀正常工作的 Δp_{min} 为 0.5MPa，通过以上计算表明，调速阀进、出口的压力差大于调速阀正常工作所需的最小压差 0.5MPa。所以，负载变化时进入液压缸的流量稳定，活塞运动速度也就稳定，把泵的工作压力调整到泵的额定压力 6.3MPa 合适。

项 目 训 练

一、填空题

1. 在定量泵供油的系统中，用流量控制阀实现对执行元件的速度调节。这种回路称为_____。

2. 调速阀是由_____阀和_____阀_____联组成的。

3. 溢流阀为_____压力控制，阀口常_____，先导阀弹簧腔的泄漏油与阀的出口相通。定值减压阀为_____压力控制，阀口常_____，先导阀弹簧腔的泄漏油必须_____。

4. 溢流阀在液压系统中起调压溢流作用，当溢流阀进口压力低于调整压力时，阀口是_____的，溢流量为_____；当溢流阀进口压力等于调整压力时，溢流阀阀口是_____，溢流阀开始_____。

5. 换向阀的驱动方式主要有_____、_____、_____、_____等。

6. 先导型溢流阀中先导阀起_____作用，主阀起_____作用。

7. 压力阀的共同特点是利用_____和_____相平衡的原理来进行工作的。

8. 液压控制阀按其用途可分为_____、_____和_____三大类，分别调节、控制液压系统中液流的_____、_____和_____。

二、选择题

1. 为使三位四通阀在中位工作时能使液压缸闭锁，应采用（　　）型阀。

A. O B. P C. Y D. H

2. 电液换向阀是由电磁换向阀和液动换向阀组成的，其中，电磁换向阀的作用是（ ）。

A. 切换大流量 B. 控制主油路的方向

C. 改变控制油路的方向 D. 实现卸荷

3. 大油量系统的主油路换向，应选用（ ）。

A. 手动换向阀 B. 电磁换向阀

C. 电液换向阀 D. 机动换向阀

4. 液压系统最大工作压力为 10MPa，安全阀的调定压力应（ ）。

A. 等于 10MPa B. 小于 10MPa C. 大于 10MPa D. 不确定

5. 拟定液压系统时，应对系统的安全性和可靠性予以足够的重视。为防止过载，（ ）是必不可少的。

A. 减压阀 B. 安全阀 C. 平衡阀 D. 换向阀

6. 中位机能是（ ）型的换向阀在中位时可实现系统卸荷。

A. M B. P C. O D. Y

7. 减压阀的进口压力为 40×10^5Pa，调定压力为 60×10^5Pa，减压阀的出口压力为（ ）。

A. 40×10^5Pa B. 60×10^5Pa C. 100×10^5Pa D. 140×10^5Pa

8. 有两个调整压力分别为 5MPa 和 10MPa 的溢流阀串联在液压泵的出口，泵的出口压力为（ ）；并联在液压泵的出口，泵的出口压力又为（ ）。

A. 5MPa B. 10MPa C. 15MPa D. 20MPa

9. 能够限制系统最高压力的阀是（ ）。

A. 溢流阀 B. 顺序阀 C. 减压阀 D. 换向阀

10. 直动型溢流阀不适于做高压大流量溢流阀，是因为（ ）。

A. 压力调不高 B. 压力损失太大

C. 阀开度太小容易堵塞 D. 调压偏差太大

11. 把先导型溢流阀的远程控制口接回油箱，将会发生（ ）问题。

A. 没有溢流量 B. 进口压力为无穷大

C. 进口压力随负载增加而增加 D. 进口压力调不上去

12. 顺序阀在液压系统中起（ ）作用。

A. 稳压 B. 减压 C. 压力开关 D. 安全保护

三、简答题

1. 普通单向阀和液控单向阀的区别是什么？

2. 换向阀有几种操纵方式？

3. 什么是三位换向阀的中位机能？换向阀常态位的含义是什么？

4. 画出二位四通电磁换向阀、三位四通电磁换向阀（O 型中位机能）的图形符号。

5. 溢流阀、减压阀、顺序阀的主要功用是什么？并比较三者的异同点。

6. 节流阀与调速阀有何异同？各适用于什么场合？

四、计算题

1. 如图 5.32 所示，溢流阀 A、B、C 的调定压力分别为 p_A=5MPa，p_B=4MPa，p_C=6MPa，试问图 5.32a、b 中压力表读数各为多少？

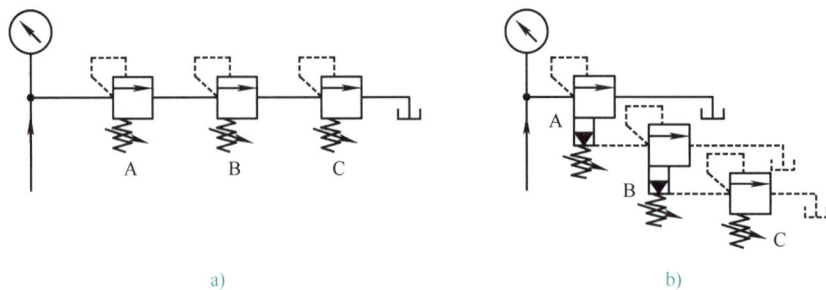

a)   b)

图 5.32　题 1 图

2. 图 5.33 所示三个溢流阀的调定压力分别为 6MPa、4MPa、2MPa，顺序自定，那么，三个调压回路是否都能进行三级调压？若能进行三级调压，三个溢流阀的压力调定值分别取多少？

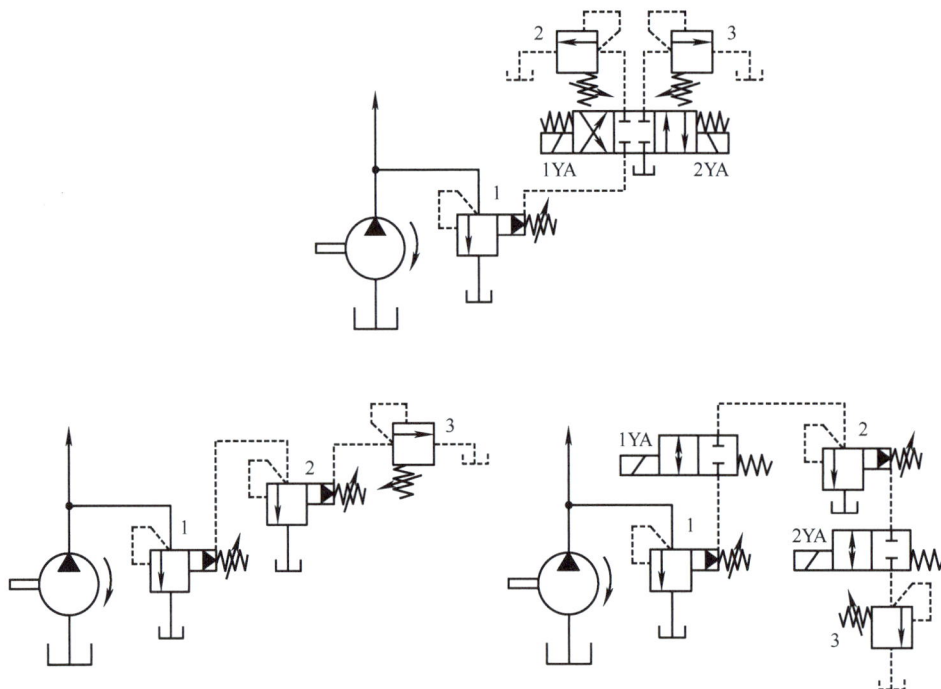

图 5.33　题 2 图

3. 图 5.34 所示为夹紧回路，溢流阀的调定压力 p_1=5MPa，减压阀的调定压力 p_2=2.5MPa，试分析活塞快速运动时，A、B 两点的压力各为多少？减压阀的阀芯处于什么状态？工件夹紧后，A、B 两点的压力各为多少？减压阀的阀芯处于什么状态？

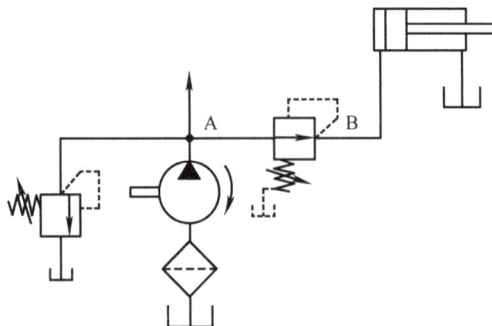

图 5.34　题 3 图

4. 图 5.35 所示为回油节流调速回路，若液压缸面积 $A_1=50\text{cm}^2$，$A_2=25\text{cm}^2$，溢流阀调定压力 $p=3\text{MPa}$，若忽略管道损失，求：

1）当负载 $F=0$ 时，p_2 与 p 的比值。

2）回路最大承载能力。

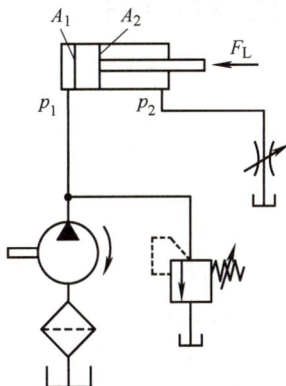

图 5.35　题 4 图

项目六

液压辅助元件的认知

项目描述

　　液压辅助元件是液压系统的重要组成部分，常用的液压辅助元件主要包括油箱、过滤器、蓄能器、热交换器、压力表及开关、油管、管接头等。除油箱通常需要自行设计外，其余皆为标准件。从液压系统的工作过程来看，它们对系统的动态性能、工作稳定性、工作寿命、噪声和温升等都有直接影响，必须予以重视。本项目主要介绍液压系统常用辅助元件的类型、特点及安装、使用等相关知识。

项目目标

➤ 知识目标：

1. 了解常用液压辅助元件的结构及作用；
2. 掌握常用液压辅助元件的工作原理及特点；
3. 掌握常用液压辅助元件的功用及图形符号。

➤ 能力目标：

1. 能正确使用和维护油箱；
2. 能正确选择、安装和使用过滤器、蓄能器、热交换器；
3. 能正确选择、安装和使用压力表及开关、油管、管接头。

➤ 素质目标：

1. 培养学生较强的语言表达能力、沟通能力及团队协作精神；
2. 培养学生的自律意识和诚实守信意识；
3. 培养学生融"知识学习、技能提升、素质培育"于一体，严格落实立德树人根本任务；
4. 牢固树立学生安全操作意识、质量意识、文明规范操作；
5. 培养学生"科技兴国、科技强国、科技报国"的使命感。

➤ 职业能力：

1. 会正确选择、安装和更换过滤器、蓄能器、热交换器；
2. 会正确选择、安装和使用压力表及开关、油管、管接头。

任务一　油箱的认知

▶▶ 任务概述

熟悉油箱的功用、类型和结构，了解油箱的结构设计要点，能对油箱实施维护，能排除油箱常见故障。

▶▶ 知识与技能

一、油箱的功用

液压系统中的油箱一般都是根据设备本身的需要而自行设计的。其功能主要有以下几方面。

1）储存油液。液压泵从油箱吸油后再将其送至所需的液压系统，通过油箱完成液压系统的循环。

2）散发热量。液压系统因压力损失而引起油液温度升高，油液返回油箱后而得以降温。在环境温度较低时油箱又能保持油液中的热量，防止温度过低。

3）逸出空气。在液压系统中，油箱中的压力是最低的。油液中气体的溶解度随着压力的降低而降低，所以原来混入油液中的气体会在油箱中因压力释放而逸出，从而减少气穴的产生。

4）沉淀杂质。含有杂质的液压油经循环回到油箱中，杂质会沉淀到箱底，待换油清洗时可将其从放油口排出。

5）分离水分。带有水分的油液回到油箱后，因为水的比重大，水与油分离后沉积在油箱底部，打开放油口即可放掉水分。

6）安装元件。在中、小型液压系统中，为了节省空间，油箱的顶板上可安装泵及一些液压元件。

二、油箱的类型

1）油箱按布置方式的不同，可分为整体式油箱和分离式油箱。整体式油箱是利用机械设备中机体的空腔作为油箱，它是在液压系统或机器的构件内形成的油箱。此种设备紧凑、体积小、美观，但维修、清洗不便，散热性差，液压振动对设备的工作精度会造成不良影响。如农业机械中常常利用变速箱作为液压系统的整体式油箱。

基于以上原因，目前大多数液压设备的油箱是分离式的，即油箱与主机是分开的。这种油箱清理方便，易于维护，散热性好，减少了温升和液压泵传动装置的振动对机器精度的影响。如精密机床一般采用这种形式的油箱。所以，工业生产设备应用较为广泛的是分离式油箱，通常将其做成矩形。

2）油箱按液面是否与大气相通，可分为开式油箱和闭式油箱。开式油箱中的液面是与大气相通的，液压泵的吸油靠液面上大气压力的作用，它广泛应用于一般液压系统。闭式油箱是完全封闭的结构，油箱中的液面上要通入经过滤和干燥的压缩空气或惰性气体，充气压力（比大气压力稍高）可由压力阀设定。液压泵吸油主要靠箱内的压缩空气的压力，吸油效果较好，且可防止液压泵产生气蚀，但结构复杂，应用不是很多。

开式油箱和闭式油箱的图形符号如图 6.1 所示。

3）油箱按形状的不同，可分为矩形油箱和圆形油箱。矩形油箱容易制造，其上易于安放液压元件，所以应用广泛；圆形油箱强度高、重量轻，但难以制造，应用比较少。

三、油箱的容量及结构

分离式油箱通常用钢板焊接而成，采用不锈钢板制造最好，但成本高，大多数情况下采用镀锌钢板或内涂防锈耐油涂料的普通钢板制造。图 6.2 所示为开式油箱的典型结构图。吸油管 1 和回油管 4 中间有两个隔板 7 和 9，隔板 7 用来阻挡沉淀污物进入吸油管，隔板 9 用来阻挡泡沫进入吸油管，可以打开放油塞 8 将污物排出，空气过滤器 3 安装在回油管一侧的上部，兼有加油和通气的作用，6 是液位指示器，当彻底清洗油箱时可将顶盖 5 卸开。

a) 开式油箱　　b) 闭式油箱

图 6.1　油箱符号

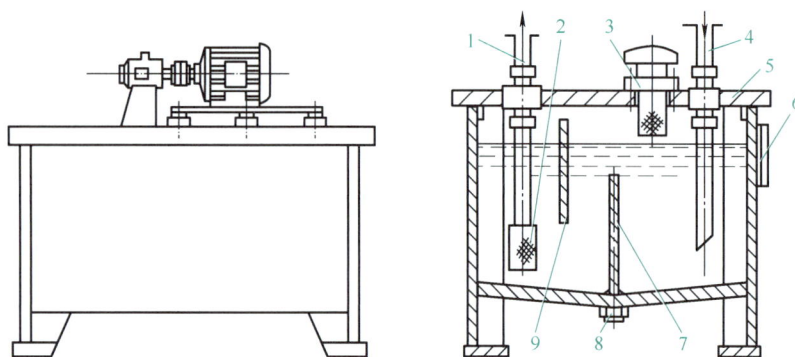

图 6.2　开式油箱的典型结构

1—吸油管　2—网式过滤器　3—空气过滤器　4—回油管　5—顶盖　6—液位指示器　7，9—隔板　8—放油塞

1. 油箱的形状

液压系统产生的热量带入油箱中，主要是通过油箱壁的辐射和对流作用进行散发。为了得到最大的散热面积，尽量将油箱做成窄而高的立方体或长方体。油箱底面要带有斜度（一般为 1/20），以利于杂质和水分集中在最低处，便于清洗和排放。

2. 油箱的容量

如图 6.3 所示，油箱应有足够的容量。

1）满足散热的要求。在系统负载大、长期连续工作时，油箱的容量应根据液压系统发热和散热相平衡的原则进行计算。

2）工作时保持适当的液位。保证最低液面高于过滤器上端，$h_{min}=50 \sim 100mm$，防止泵吸入空气和杂质。

3）停止工作时容纳系统中的液体。最高液面不超过油箱高度的 80%，液面之上留出空气容量，以容纳热膨胀和泡沫，促进空气从油液中分离出来，也可容纳停机时因自重而流回油箱的油液。

4）按液压泵的额定流量对 q_p 进行估算。对于一般的液压系统，油箱容量按以下进行估算。

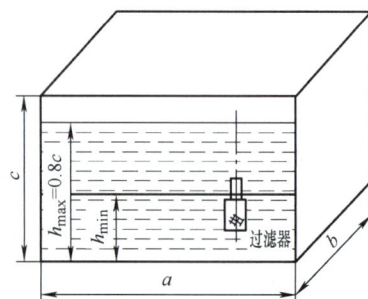

图 6.3　油箱的容量

低压系统：$V=（2～4）q_P$。

中压系统：$V=（5～7）q_P$。

高压系统：$V=（10～12）q_P$。

按以上估算出容量后，可从表6.1中查找到对应的标准容量。

表6.1　油箱的标准系列容量　　　　　　　　　　　　　　（单位：L）

10	25	40	63	100	160	250	315	400	500
630	800	1000	1250	1600	2000	3150	4000	5000	6300

确定了油箱的容量之后，可参考图6.4，查表6.2设计油箱的外形尺寸，从标准系列中选取油箱的具体规格。

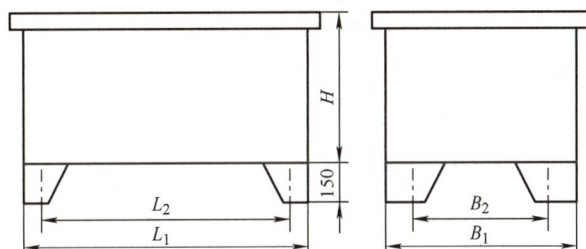

图6.4　油箱的外形尺寸

表6.2　油箱的外形尺寸

公称油液容量 /L	B_1	B_2	L_1	L_2	H	近似油液深度	固定孔 Φ_d	最小壁厚（不含箱顶）
40	290	210	415	215		345		
63	365	285	508	308	410	350		
100	460	360	633	393			14	3
160	590	490	810	570		340		
250	690	590	1010	770	430			
400	735	635	1514	1274		365		
630	945	845			520	450		
800	900	800					22	5
1000	1065	965	2014	1774	550	475		
1250	1335	1235				470		

3. 油箱的结构

（1）基本结构　油箱应有足够的强度和刚度，中、小型油箱由钢板直接焊接而成，大型油箱则用角钢焊成骨架后再焊上钢板。箱体侧板厚度约为3～5mm，底板和顶板厚度一般为5～10mm。油箱底面应高于地面150mm以上，以利于放油、散热、防锈和搬移等。中、小功率液压装置的电动机、液压泵和阀类元件可安装在油箱顶板上，这时的顶板厚度应加厚到侧板厚度的4倍。顶板之上应加安装板，安装板和顶板之间应垫上防振用的橡胶板。为了防止漏到顶板上的油液流到地面上，污染环境，油箱侧壁应高出顶板上表面20mm左右。油箱侧面要有吊耳，以便用于移动和搬运时进行吊装。

（2）油箱中油口的设置　管道的吸油口和回油口尽量相互远离，分别设在油箱的两端，中间要用隔板尽量分开，以使其有充分的时间进行散热、杂质的沉淀和气体的逸出等。两油口应在最低液面之下，以免吸油管吸入空气，回油管油流冲击而产生气泡。

吸油口一般装有网式粗过滤器，过滤器的容量应为泵流量的两倍以上，过滤器离箱壁至少有三倍吸油管径的距离，以便四面进油通畅，离箱底至少 20mm，防止吸入箱底沉淀物。

回油口做成面向箱壁的 45° 斜度，以增大出油的面积，利于散热，降低流速，减少冲击和振动。离箱壁至少三倍回油管径的距离，离箱底不少于三倍回油管径的距离，以免搅动杂质。

泄油管一般应单独接入油箱，各种控制阀的泄油管管口应设在液面之上，避免产生背压。而泵和马达的泄油管管口应设在液面之下，避免吸入空气。

（3）泵在油箱上的安装方式　泵、电动机和其他液压元件常与油箱安装在一起，有四种安装方式，即卧式安装、立式安装、下置式安装和旁置式安装。图 6.5a 为卧式安装，其结构紧凑，维修方便，多用于中、小功率液压装置；图 6.5b 为立式安装，泵在油箱中，结构紧凑，外表美观，噪声小，吸油条件好，多用于中、小功率液压装置；图 6.5c 为下置式安装，其吸油条件好，用于功率较大的场合；图 6.5d 为旁置式安装，泵、电动机的安装与油箱共用一个底座，装置高度低，便于维修，用于传动功率较大的装置。

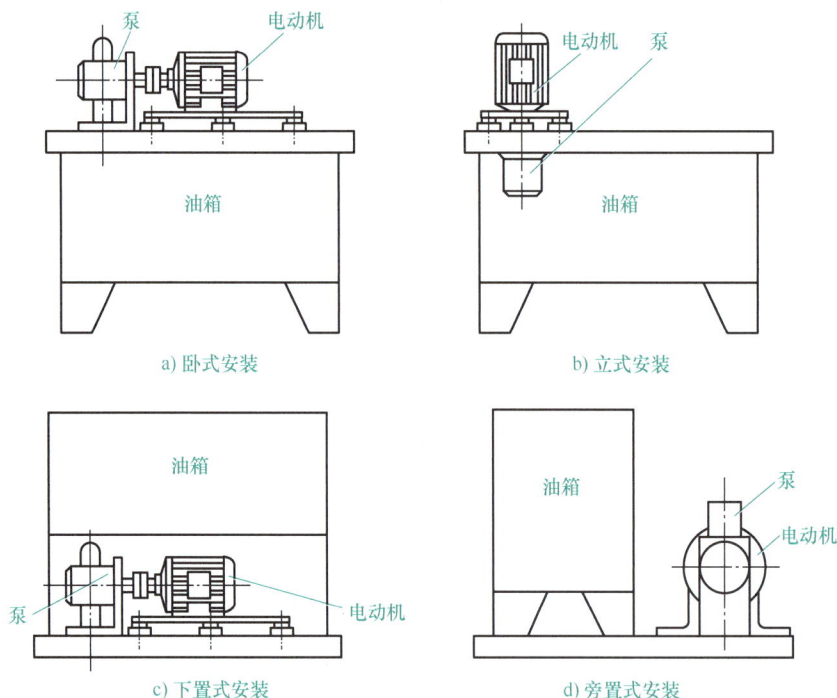

a) 卧式安装　　　　　　　　　　　　b) 立式安装

c) 下置式安装　　　　　　　　　　　d) 旁置式安装

图 6.5　泵在油箱上的安装方式

（4）隔板的设置　为了延长油液在油箱中停留的时间，降低油液的循环速度，油箱中应用一块或几块隔板把吸油管和回油管隔开，并尽可能使油液沿着油箱壁进行环流，隔板的高度一般为最低液面高度的 2/3，图 6.6 所示为两种常见的隔板形式。

（5）清洗窗口的设置　当顶板与油箱壁之间为不可拆连接（如焊接）时，应在油箱壁上至少设置一个清洗窗口。其数量和位置应便于清理油箱内的各个角落和便于取出油箱内的液压元件。清洗窗口平时用盖板密封封闭，清洗时拆下。清洗窗口如图 6.7 所示，清洗窗口盖板尺寸见表 6.3。

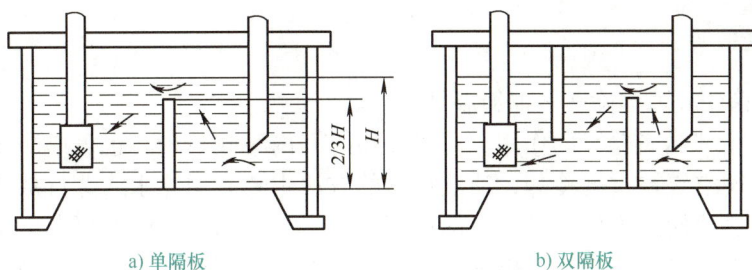

a) 单隔板　　　　　　　　　　　　b) 双隔板

图 6.6　隔板的安装形式

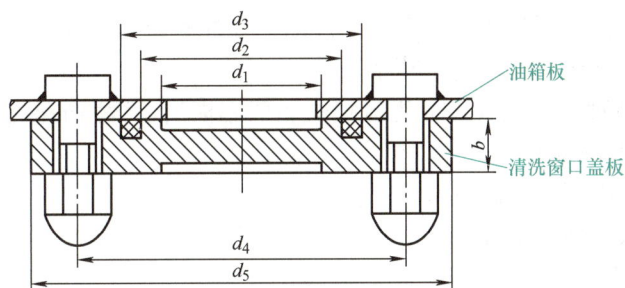

图 6.7　清洗窗口

表 6.3　清洗窗口盖板尺寸　　　　　　　　　　　　　　（单位：mm）

油箱容量 /L	d_1	d_2	d_3	d_4	d_5	b	安装螺柱数 N/ 个
40、63、100、250、400	$\Phi248$	$\Phi268$	$\Phi304$	$\Phi324_0^{+0.2}$	$\Phi350$	16	4
630、800、1000、1250	$\Phi383$	$\Phi393$	$\Phi429$	$\Phi449_0^{+0.2}$	$\Phi475$	18	6

（6）放油口的设置　放油口应设在油箱斜面的最低处，平时用放油塞（$d \geqslant M18 \times 1.5$）堵上，打开后便于经常排除水和沉淀物等，或在维修时清洗放油。放油塞的规格尺寸可参考机械设计手册中的标准尺寸。

（7）液位计的设置　在注油口附近设置液位计，目的是为了观察向油箱内注油时液位上升的情况，还可在系统工作时看到液面的高度。液位计的上刻线对应着油箱的油液容量，下刻线至少要比过滤器或吸油管口上缘高出 75mm，可看见最低液位，以免泵吸入空气。在液位计与油箱的连接处要有密封，有的液位计还带有温度计。

（8）空气过滤器的设置　由于开式油箱的液面始终与大气相通，为了防止大气中的杂质污染工作油液，在顶板的通气孔处要设置空气过滤器，它可兼用作注油口。目前它已标准化，空气过滤器的空气流量应为液压泵流量的 2 倍，以便油箱内保持大气压力。

（9）密封装置的设置　为了防止油液污染，油箱上各盖板、管口处都要妥善密封。并要在进、回油管处装设截止阀，以便油箱外元件的维修。

（10）热交换器的设置　液压系统中的热交换器分为冷却器和加热器两种，其作用是控制油液的工作温度在 15 ~ 60℃，保证油液的工作性能。油箱中一般可安装加热器，它应完全浸在油中，并设在回油管的一侧，便于热量的扩散。

4. 新油箱的使用

新油箱在使用前，油箱的内壁要先进行抛丸、喷砂和防锈处理，以清除焊渣或铁锈，然后涂优质耐油防锈涂料（清漆）。

>> 技能训练

训练1 油箱的故障排除——油箱温升严重。

油箱起着一个"热飞轮"的作用，可以在短时间内吸收热量，也可以防止处于寒冷环境中的液压系统短期空转被过度冷却，油液加热的方法主要有用热水或蒸汽加热和电加热两种方式。由于电加热器使用方便，易于自动控制温度，故应用较广泛。再者由于油液电加热器性能比较稳定，不易出现故障，当出现故障时直接更换电加热器即可。但油箱的主要矛盾还是"温升"，严重的温升会导致液压系统的多种故障。

（1）引起油箱温升严重的原因

1）油箱设置在高温辐射源附近，环境温度高。如注塑机为熔融塑料，用一套大功率的加热装置，这种环境容易导致液压油温度升高。

2）液压系统的各种压力损失，如溢流损失、节流损失、管路的沿程损失和局部损失等，全部转化为热量造成油液温升。

3）油液黏度选择不当，过高或过低。

4）油箱设计时散热面积不够等。

（2）解决温升严重的办法

1）尽量避开热源，但塑料机械（如注塑机、挤塑机等）因要熔融塑料，一定存在一个"热源"。

2）正确设计液压系统，如系统应有卸荷回路，采用压力、流量和功率匹配回路及蓄能器等高效液压系统等，减少溢流损失、节流损失和管路损失，减少发热温升。

3）正确选择液压元件，努力提高液压元件的加工精度和装配精度，减少泄漏损失、容积损失和机械损失带来的发热现象。

4）正确配管，减少因过细过长、弯曲过多、分支与汇流不当带来的沿程损失和局部损失。

5）正确选择油液黏度。

6）设计油箱时，应考虑有充分的散热面积和容量容积。

任务二　过滤器的认知

>> 任务概述

掌握过滤器的功能和作用、主要性能指标和类型，了解各种类型过滤器的结构，能够正确选用、安装过滤器，能独立解决过滤器的常见故障。

>> 知识与技能

一、过滤器的功用

液压系统75%以上的故障是由于油液污染造成的，而油液在使用中不可避免地存在污染，所以液压系统必须使用过滤器去除油中杂质，维护油液清洁，防止油液污染，保证液压系统的工作稳定性、可靠性和元件的寿命。

二、过滤器的主要性能指标

过滤器的主要性能指标有过滤精度、压降特性、纳垢容量、过滤能力、工作压力和温度等。

1. 过滤精度

过滤精度就是过滤器能从油液中滤除的杂质颗粒直径 d 的大小。过滤精度是过滤器的主要性能指标，按过滤器能过滤杂质颗粒的大小不同，过滤器可分为以下几种。

1）粗过滤器：可滤除杂质的颗粒直径大于 100μm。
2）普通过滤器：可滤除杂质的颗粒直径为 10～100μm。
3）精过滤器：可滤除杂质的颗粒直径为 5～10μm。
4）特精过滤器：可滤除杂质的颗粒直径为 1～5μm。

不同液压系统有不同的过滤精度要求，一般要求工作液体中的杂质颗粒直径应小于元件运动副间隙的一半，通常高压元件的运动副相对小一些，所以过滤精度相对要求高。各种液压系统的过滤精度要求可参照表 6.4。

表 6.4　过滤精度推荐值

系统类别	润滑系统	一般传动系统			伺服系统	
工作压力 p/MPa	0～2.5	<14	14～32	>32	<21	21～32
过滤精度 d/μm	<100	25～30	<25	<10	<5	<1
过滤器分类	粗过滤器	普通过滤器		精过滤器	特精过滤器	

2. 压降特性

压降特性是指液压油通过过滤器滤芯时，随滤芯不同而产生压力损失不同的性质。滤芯的精度越高，所产生的压降越大，滤芯的有效过滤面积越大，其压降就越小。

3. 纳垢容量

纳垢容量是指过滤器在压力下降达到规定值以前，可以滤除并容纳的污垢数量。纳垢容量越大，过滤器的使用寿命越长。

4. 过滤能力

过滤能力是指在一定压差下允许通过过滤器的最大流量，一般用过滤器的有效面积（滤芯上能通过油液的总面积）表示。

5. 工作压力和温度

过滤器在工作时，要保证在油液压力的作用下滤芯不被破坏。在系统的工作温度下，过滤器要有较好的抗腐蚀性，工作机能要稳定。

三、过滤器的类型和结构

按滤芯材料和结构的不同，过滤器可分为网式、线隙式、纸芯式、烧结式和磁性式等类型。

1. 网式过滤器

网式过滤器的结构如图 6.8 所示，它由下端盖、上端盖、金属（或塑料）圆筒骨架和铜丝网组成。其过滤精度由包在骨架上的铜丝网的网孔大小和层数决定。这种过滤器一般有三种精度等级：80μm、100μm 和 180μm，压力损失小于 0.02MPa。其结构简单，通油性能好，可清洗，为粗过滤精度。它一般装在液压泵的吸油口，用来保护液压泵。网式过滤器的过油面积要大，网孔要大，应选择过滤通流能力是液压泵的两倍以上，以保证泵能充分吸油，防止气穴的发生。

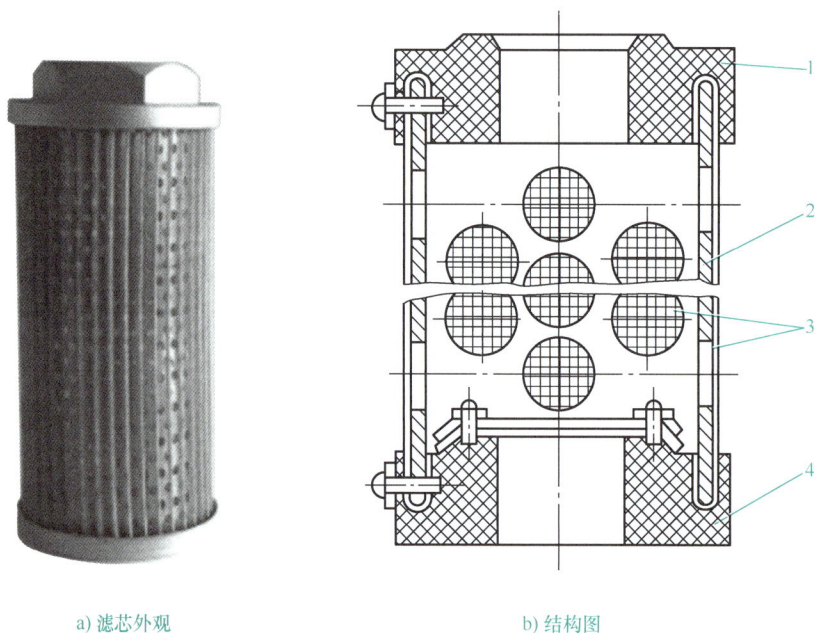

a) 滤芯外观　　　　　　　　　　　b) 结构图

图 6.8　网式过滤器

1，4—端盖　2—骨架　3—粗滤器

2. 线隙式过滤器

线隙式过滤器的结构如图 6.9 所示，过滤器主要由端盖、圆筒骨架和绕在骨架上的铜线或铝线组成，其过滤精度为 30μm、50μm、80μm 和 100μm 四种等级，压力降为 0.03MPa。这种过滤器结构简单，过滤精度比网式过滤器高，通油能力大，压力降小，但不易清洗。若带有发信装置，当堵塞时发信装置会发出信号，以便清洗或更换滤芯。

3. 纸芯式过滤器

纸芯式过滤器的结构如图 6.10 所示，它的结构与线隙式过滤器的结构基本相同，只是用纸质滤芯代替了线隙式滤芯。它主要由发信装置、端盖、壳体和纸芯等组成。滤芯由平纹或皱纹的酚醛树脂或木浆的微孔滤纸组成。这种过滤器的精度等级为 5μm、10μm 和 20μm 等，压力降为 0.3MPa。纸芯式过滤器的过滤精度高，过滤效果好，但堵塞后无法清洗，须经常更换滤芯，因而价格较高。为了保证过滤器能正常工作，不致因杂质聚集在滤芯上引起压差增大而压破纸芯，过滤器顶部一般装有发信装置。

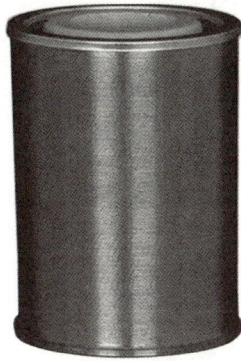

a) 滤芯外观

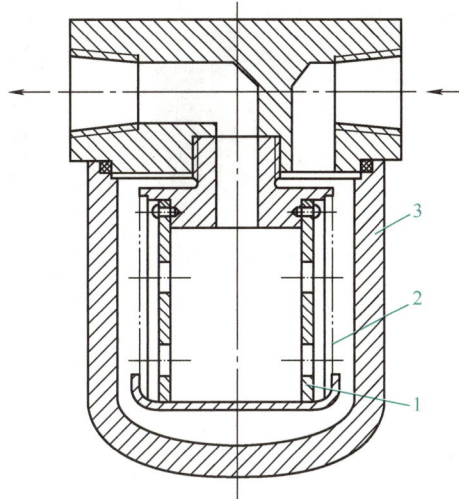

b) 结构图

图 6.9 线隙式过滤器

1—骨架 2—线圈 3—壳体

a) 滤芯外观

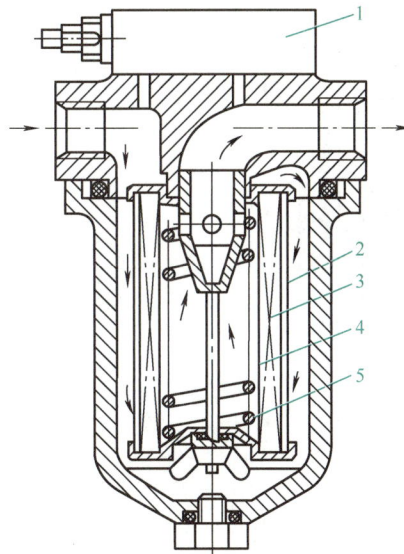

b) 结构图

图 6.10 纸芯式过滤器

1—污染指示器 2—滤芯外层 3—滤芯中层 4—滤芯里层 5—支撑弹簧层

4. 烧结式过滤器

烧结式过滤器的结构如图 6.11 所示，它由端盖、壳体和滤芯等组件组成。滤芯一般由青铜粉等金属粉末压制后烧结而成，利用金属颗粒间的微孔过滤杂质。选择不同粒度的粉末和壁厚可获得不同的过滤精度。这种过滤器的过滤精度等级为 $10 \sim 100 \mu m$，压力降为 $0.1 \sim 0.2 MPa$。烧结式过滤器强度高，承受热应力和冲击性能好，耐腐蚀性好，制造简单，但易掉砂粒且易堵塞，不易清洗，一般在高温环境中使用。

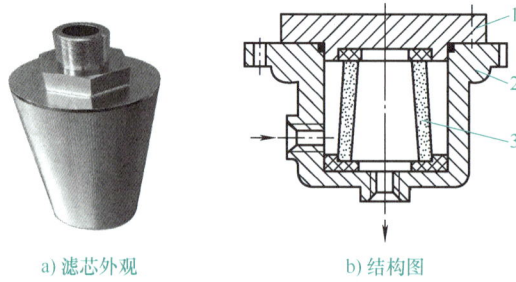

a) 滤芯外观   b) 结构图

图 6.11　烧结式过滤器

1—端盖　2—壳体　3—滤芯

5.磁性过滤器

磁性过滤器的结构如图 6.12 所示，其工作原理是利用永久磁铁吸附油液中的铁屑、铁粉和其他带磁性的微粒。滤芯由圆筒形永久磁铁、非磁性衬套和铁环组成，用铜条把分为两半的各个铁环连接起来，当铁环间的缝隙被堵塞时，可打开铜条取下铁环进行清洗。但一般结构的磁性过滤器对其他污染物不起作用，所以常把它和其他过滤形式复合使用。

过滤器的图形符号如图 6.13 所示。

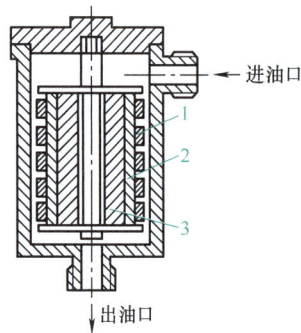

进油口

出油口

图 6.12　磁性过滤器

1—铁环　2—非磁性衬套　3—永久磁铁

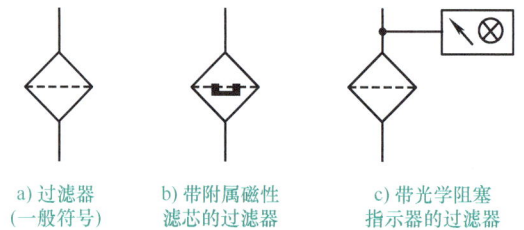

a) 过滤器
(一般符号)

b) 带附属磁性
滤芯的过滤器

c) 带光学阻塞
指示器的过滤器

图 6.13　过滤器的图形符号

四、过滤器选用的注意事项

选用过滤器应考虑以下六个方面的要求。

1）过滤精度应满足使用要求。

2）要有足够的通油能力。通油能力指在一定压力降下允许通过过滤器的最大流量，应结合过滤器在系统中的安装位置选取。

3）要能承受一定的工作压力，并能在规定的温度下稳定工作。

4）滤芯易于清洗和更换。

5）要满足一些特殊要求，如抗腐蚀、磁性、不停机更换滤芯等。

6）过滤器只能单向使用。

因此，过滤器应根据液压系统的技术要求，按过滤精度、通流能力、工作压力和工作温度等条件选定其型号，具体型号可参考相关液压手册。

五、过滤器的安装位置

1. 安装在泵的吸油口

如图 6.14a 所示，一般将粗过滤器装在液压泵的吸油管路上，用于保护泵免遭较大颗粒杂质的直接伤害。为了不影响液压泵的吸油能力，安装在液压泵吸油口的过滤器的通油能力应是液压泵流量的 2 倍。

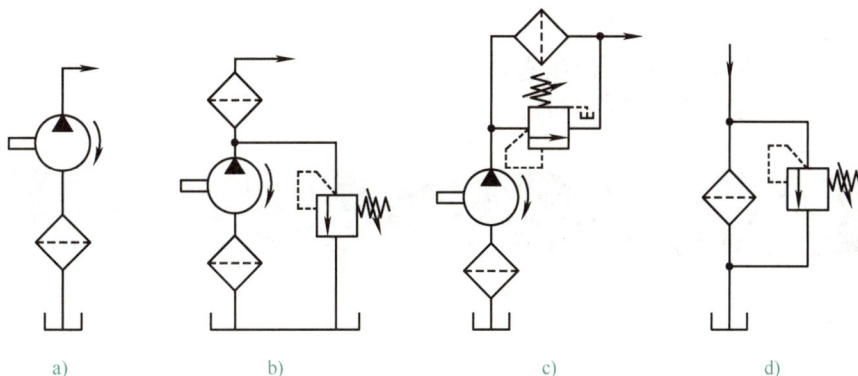

图 6.14　过滤器的安装位置

2. 安装在泵的出口

如图 6.14b 所示，液压泵压油口可安装各种形式的精过滤器，用于保护液压泵以外的其他元件。由于过滤器在高压下工作，因此要求过滤器有一定的强度，过滤器的压力降不应超过 0.35MPa。一般过滤器安装在溢流阀的分支油路之后，以免过滤器堵塞时引起液压泵过载；或者采用顺序阀与精过滤器并联的油路，如图 6.14c 所示，顺序阀的开启压力应略高于过滤器所允许的最大压力差。

3. 安装在系统的回油路上

如图 6.14d 所示，可把过滤器装在回油路上，以滤掉系统中产生的污垢，油液在回油箱前先过滤。这种安装方式主要应用于低压回路中，故可用强度较低、刚度较小、体积和质量也较小的过滤器，它对液压系统起间接保护作用。为防止过滤器堵塞，造成系统压力增加，需要并联安全阀，并且此阀的开启压力应略高于过滤器的最大允许压力差。

4. 安装在系统的支路上

当泵的流量较大时，为避免选用过大的过滤器，可在支路上安装小规格的过滤器。

5. 安装在独立的过滤系统中

将过滤器和泵组成一个独立于液压系统之外的过滤回路。它的作用就是不断净化系统中的油液。

>> 技能训练

训练 2　过滤器的常见故障排除。

过滤器的故障包括过滤效果不好给液压系统带来的故障，例如，滤芯破坏变形。这一故障现象表现为滤芯的变形、弯曲、凹陷、吸扁与冲破等。产生原因如下：

1）滤芯在工作中被污染物严重阻塞而未得到及时清洗，流进与流出滤芯的压差增大，使滤芯强度不够而导致滤芯变形损坏。

2）过滤器选用不当，超过了其允许的最高工作压力。例如，同为纸质过滤器，型号为ZU-100X202的额定压力为6.3MPa，而型号为ZU-H100X202的额定压力可达32MPa。如果将前者用于压力为20MPa的液压系统，滤芯必定被击穿而损坏。

3）在装有高压蓄能器的液压系统中，因某种故障导致蓄能器油液反灌冲坏过滤器。

排除方法：

1）及时定期检查清洗过滤器。

2）正确选用过滤器，强度、耐压能力要与所用过滤器的种类和型号相符。

3）针对各种特殊原因采取相应对策。

任务三　蓄能器的认知

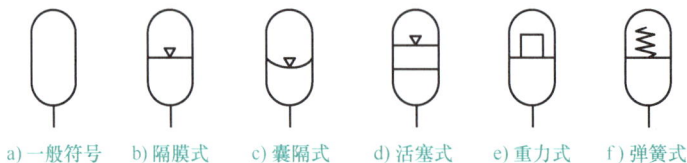

▶▶ 任务概述

掌握蓄能器的功用、安装和使用，了解蓄能器的类型及结构、能独立排除蓄能器常见的故障。

▶▶ 知识与技能

在液压系统中，蓄能器是用来存贮和释放液体压力能量的装置。它是在液压系统需要能量少时储存多余的能量，当系统需要时再将能量释放出来，以便更合理地利用能量，保护系统的安全和改善系统的工作性能等。此外，它还能缓和液压冲击及吸收压力脉动等。图6.15所示为蓄能器的外观。蓄能器的图形符号如图6.16所示。

蓄能器的认知

图6.15　蓄能器的外观

a)一般符号　　b)隔膜式　　c)囊隔式　　d)活塞式　　e)重力式　　f)弹簧式

图6.16　蓄能器的图形符号

一、蓄能器的功用

蓄能器的功用主要有以下几方面。

1. 辅助动力源

在液压系统实现周期性动作的工作循环中，不同的工作阶段需要的速度（流量）变化很大。当工作机构速度小时，需要的流量少，系统中液压泵输出的多余油液可暂存于蓄能器中。当工作机构速度大时，需要的流量多，将蓄能器中储存的液压油供出，以补充液压泵供油的不足。

因此，在选择液压泵时，可按所需平均流量进行选择，不是按最大流量，如图 6.17 所示，从而降低电动机功率消耗，降低温升，减少液压系统尺寸及重量。图 6.18 所示为液压机利用蓄能器作辅助动力源的液压系统原理图。

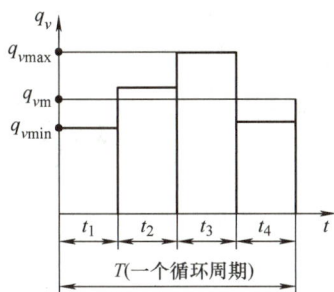

图 6.17　蓄能器工作各阶段所需流量

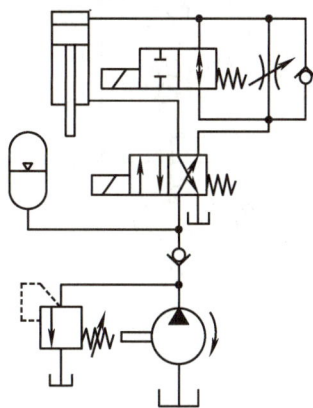

图 6.18　蓄能器作辅助动力源

2. 维持系统压力

1）充当紧急动力源。当驱动液压泵的电动机发生故障或突然停电时，蓄能器可作为紧急动力源，使系统在一段时间内维持系统压力，避免油源突然中断所造成的机件损坏。图 6.19a 所示为液压系统为停电时二位四通换向阀换到右位工作，此时泵因停电不再供油，蓄能器中的液压油充入液压缸上部的有杆腔，使活塞缩回，达到安全的目的。图 6.19b 所示为停电时仍能夹紧工件的原理图。

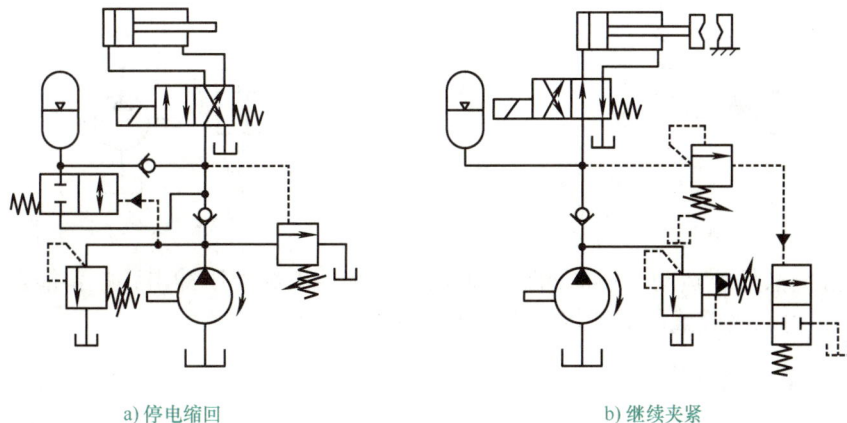

a) 停电缩回

b) 继续夹紧

图 6.19　蓄能器作应急能源维持系统压力

2）补偿系统泄漏。在长时间处于停止状态的液压系统中，要想保持一定的压力，就要克服泄漏的影响，在系统中使用蓄能器就能达到保压补漏的效果。图 6.20a 所示为进给和夹紧系统共用一套液压泵，首先夹紧缸夹紧工件，然后进给缸进行加工。加工时，夹紧缸的夹紧压力不允许下降，否则可能造成事故。泵的供油先进夹紧缸，夹紧后达到一定压力时，压力继电器发出电信号，使进给系统的电磁换向阀通电，进给缸快进。此时泵压下降，但单向阀把高、低压油路隔开，蓄能器用来给夹紧缸保压并补偿泄漏。

图 6.20b 所示为应用蓄能器保持压力，使泵卸荷以降低功率的消耗。在需要较长时间保压而泵卸荷，液压泵停止向系统提供油液的情况下，蓄能器能把储存的液压油供给系统，补偿系统泄漏。

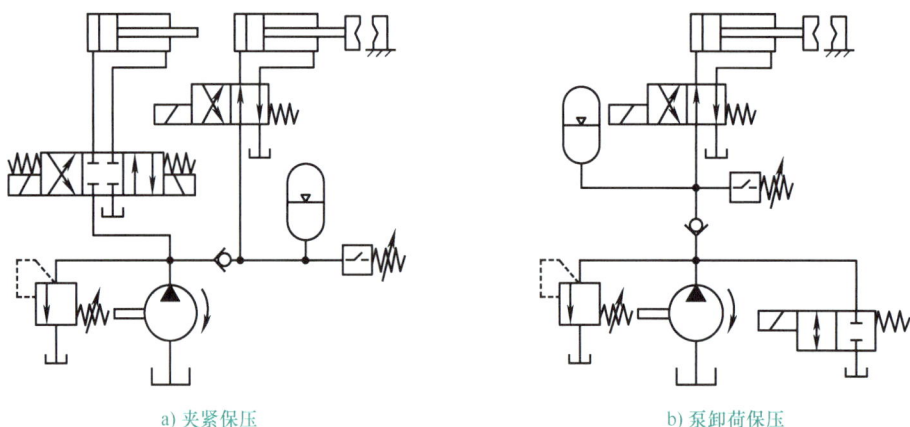

a) 夹紧保压   b) 泵卸荷保压

图 6.20　蓄能器补偿泄漏保持系统压力

3. 吸收压力脉动和减缓液压冲击

1）各种液压泵都有流量和压力的脉动，溢流阀也会有压力脉动，这种脉动会造成工作机构运动不稳定，甚至引起设备的损坏。若在脉动源处设置蓄能器，则能吸收一部分脉动，可使脉动降低到较小的程度，如图 6.21 所示。

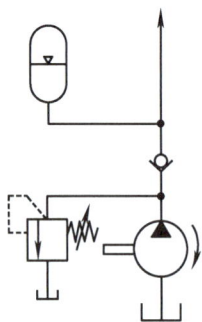

图 6.21　蓄能器吸收压力脉动   图 6.22　蓄能器吸收液压冲击

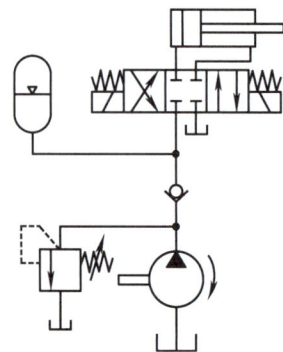

2）液压缸突然停止运动、换向阀瞬间换向等，都会引起液压冲击，把蓄能器装在液压缸或换向阀之前，可以吸收或缓解液压冲击，如图 6.22 所示。

二、蓄能器的类型和结构

蓄能器的结构形式有多种，按加载方式的不同，可分为充气式和非充气式两大类。其中，充气式蓄能器是利用气体的压缩和膨胀来储存和释放能量的，主要包括囊隔式、活塞式和隔膜式等形式，应用比较广泛。非充气式蓄能器分为弹簧式和重力式两种。

1. 充气式蓄能器

（1）囊隔式蓄能器　图6.23a所示为囊隔式蓄能器，它是用气囊把气体和液体隔开，主要由充气阀、壳体、气囊和进油阀等组成。在压力容器内，利用耐油的薄胶囊将气体和油液隔离，气囊内充入惰性气体（一般为氮气）。蓄能器工作前用充气阀为气囊充气，充气完毕后关闭阀门。当外部油液压力高于气囊内气体压力时，油液从下部进入蓄能器，气囊受压缩储存压力能。当系统压力下降到小于蓄能器中油液的压力时，蓄能器便向系统提供液压油。

这种蓄能器气囊充气压力应在0.8～0.85MPa，蓄能器系统工作压力为3.5～35MPa，容量为0.6～200L，温度为-10～65℃。它具有惯性小、反应灵敏、结构紧凑、重量轻、安装维护方便和无噪声等优点，所以在所有蓄能器中应用最为广泛。

（2）隔膜式蓄能器　图6.23b所示为隔膜式蓄能器。它是以隔膜代替气囊，利用薄膜的弹性来储存和释放压力能的。其壳体为球形，重量与体积小，主要用于小容量、减振和缓冲等装置中。这种蓄能器系统工作压力最高为7MPa，容量为1～12L，温度为-10～70℃。

（3）活塞式蓄能器　图6.23c所示为活塞式蓄能器。蓄能器中的气体与油液用带密封件（一般为O形密封圈）的浮动活塞隔开，活塞上部为压缩空气，气体由气阀充入，下部经油孔通向系统。活塞随下部压力油的储存和释放在缸内滑动。这种蓄能器系统工作压力最高为21MPa，容量为1～39L，温度为-4～80℃。它的结构简单、工作可靠、寿命长，主要用于大流量的液压系统中。但因活塞有一定的惯性和密封摩擦力，因而其反应不灵敏，不能用于吸收脉动和压力冲击，只用于储存能量。且在密封件磨损后易使气液混合，影响系统工作的稳定性。

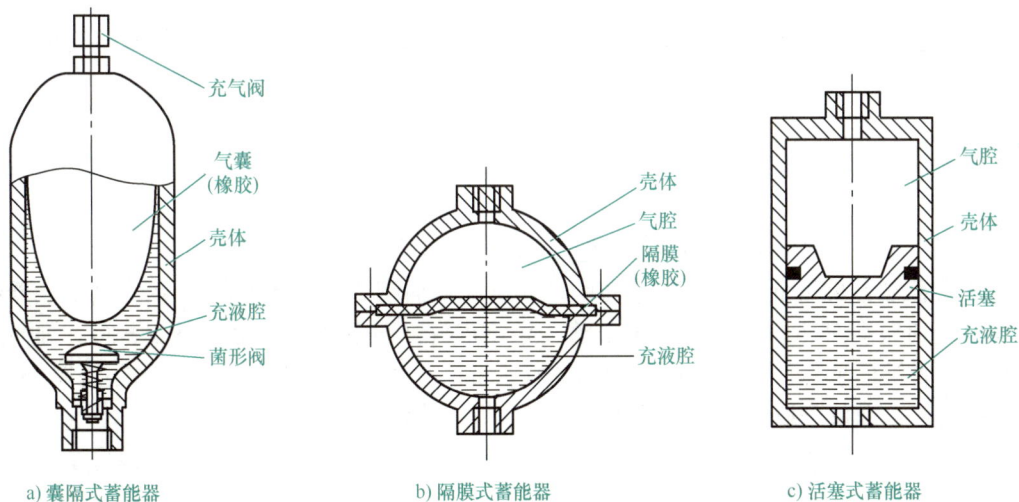

a) 囊隔式蓄能器　　b) 隔膜式蓄能器　　c) 活塞式蓄能器

图6.23　充气式蓄能器

2. 非充气式蓄能器

（1）弹簧式蓄能器　图6.24a所示为弹簧式蓄能器，它利用弹簧压缩和伸长的变化来储存和释放压力能。其结构简单、反应较灵敏，产生的压力取决于弹簧的刚度和压缩量。但容量小、易内泄、有噪声。一般用于小容量低压系统，用作蓄能和缓冲。

（2）重锤式蓄能器　图6.24b所示为重锤式蓄能器，它输出的压力取决于重物的重量和柱塞的面积，而与储存和输出的液体体积无关。其优点是结构简单，容量大，但其尺寸较大且比较笨重，不灵敏、易漏油，只能用作蓄能的大型固定设备中。

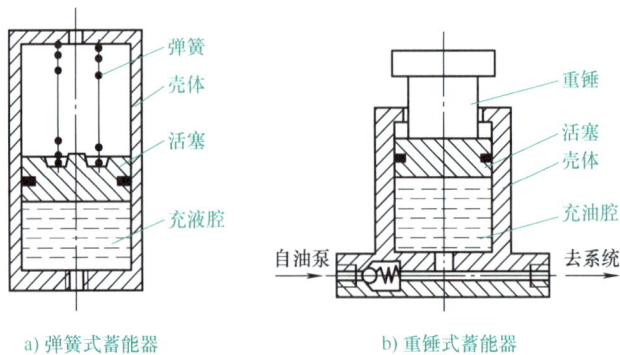

a) 弹簧式蓄能器   b) 重锤式蓄能器

图 6.24　非充气式蓄能器

三、蓄能器的安装使用注意事项

1）充气式蓄能器中应使用惰性气体，囊隔式蓄能器原则上油口应向下垂直安装，活塞式蓄能器必须按照油口向下垂直安装。

2）蓄能器在液压回路中的安放位置随其功用而不同。用于吸收液压冲击或压力脉动时，蓄能器应尽可能靠近冲击源或脉动源；用于补油保压时，宜放在尽可能接近有关的执行元件处。

3）装在管路上的蓄能器须用支板或支架固定，且便于检查维修，并远离热源。

4）蓄能器与液压泵间应装单向阀，防止液压泵停车时蓄能器内储存的液压油倒流到泵内，从而损坏液压泵。

5）蓄能器与管路之间应安装截止阀，供充气或检修时使用。当长期停止使用时，应关闭蓄能器与管路间的截止阀，保持蓄能器油压在充气压力之上。

6）蓄能器是压力容器，属于危险元件，所以在搬运和拆装时应排出内部气体，注意安全。

▶▶ 技能训练

训练 3　蓄能器常见的故障排除：囊隔式蓄能器压力下降严重，经常需要补气。

囊隔式蓄能器的气囊充气阀为单向阀，靠密封锥面密封，如图 6.25 所示。当蓄能器在工作过程中受到振动时，有可能使阀芯松动，导致密封锥面不密合，发生漏气。阀芯锥面上拉有沟槽，或者锥面上有污物，均可能导致漏气。此时，可在充气阀的密封盖内垫入厚 3mm 左右的硬橡胶垫，以及采取修磨密封锥面使之密合等措施解决。

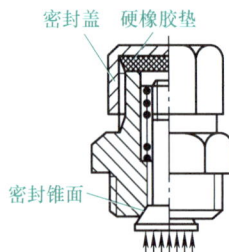

图 6.25　蓄能器气囊充气阀简图

另外，如果出现阀芯上端螺母松脱，或者弹簧折断或漏装的情况，有可能使气囊内氮气顷刻泄完。

任务四 压力表及开关的认知

>> 任务概述

了解压力表、压力表开关的工作原理及结构特点，能正确选择和使用压力表，能解决压力表在使用中存在的常见问题。

>> 知识与技能

一、压力表

压力表是液压系统中用于工作压力监测的仪表，图 6.26a 所示为其外观。液压系统中各处压力的大小都可通过压力表进行监测，以便调整和控制液压系统各工作点的压力。常用的压力表采用图 6.26b 所示的弹簧弯管式结构。当压力油自下向上进入弹簧弯管时，管端产生与压力成正比的伸张变形，端部的变形拉动杠杆带动扇形齿轮逆时针转动，扇形齿轮使与之啮合的盘中间的齿轮顺时针转动，从而带动固定在上面的指针顺时针旋转，由表盘便可读出压力的大小。

在压力稳定的系统中，一般取压力表的量程为液压系统最高工作压力的 1.5 倍；在压力波动较大的系统，压力表量程应为最大工作压力的 2 倍。有的压力表的表盘内加入了油液（硅油或甘油），目的是为了防止压力表因振动而损坏，即防振压力表。表头的正上方一般会有一个黑色或白色的橡胶塞子，把它拔掉，即可往里充油，一般加至刚好淹没表盘刻度为止，不用加满。压力表须直立安装，且油液接入压力表时，管路上应经过阻尼孔，以防压力突然升高而冲坏压力表。

压力表图形符号如图 6.26c 所示。

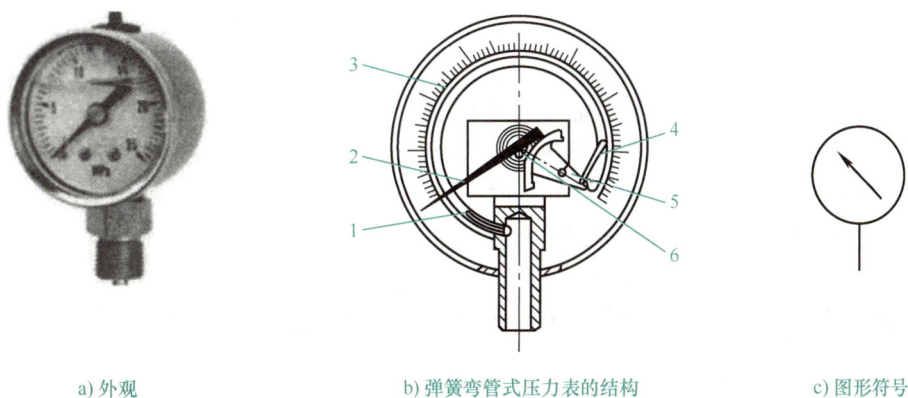

a) 外观   b) 弹簧弯管式压力表的结构   c) 图形符号

图 6.26 弹簧弯管式压力表

1—刻度盘 2—指针 3—弹簧弯管 4—杠杆 5—扇形齿轮 6—小齿轮

二、压力表开关

压力表开关是液压系统中用于保护压力表的装置，是用于切断和接通压力表与测量点通路的元件。一般压力表通过开关的阻尼作用接入压力管道，以防止系统压力突变或压力脉动而损坏压力表。按所能测量的测压点数量来分,压力表开关分为一点、三点和六点压力表等,即用一个压力表可分别和几个被测油路相通,以测量多点的压力。

压力表开关相当于一个转阀式截止阀,图 6.27 所示结构为 6 个测压点的压力表开关。图示位置为非测压位置,此压力表经环形槽、轴向三角槽 a、孔 b 和中心轴上的中间孔与油箱接通。若把手柄向右推,此时的压力表经环形槽、轴向三角槽 c 与上测压点相通,同时切断压力表与油箱的通路,可测量一点的压力。如将手柄旋转到另一个测压点的位置,便可将压力表与另一测压点连通,从而测出下一点的压力。不需测压时,应将手柄拉出,使压力油路与系统油路断开,与油箱接通,以保护压力表。

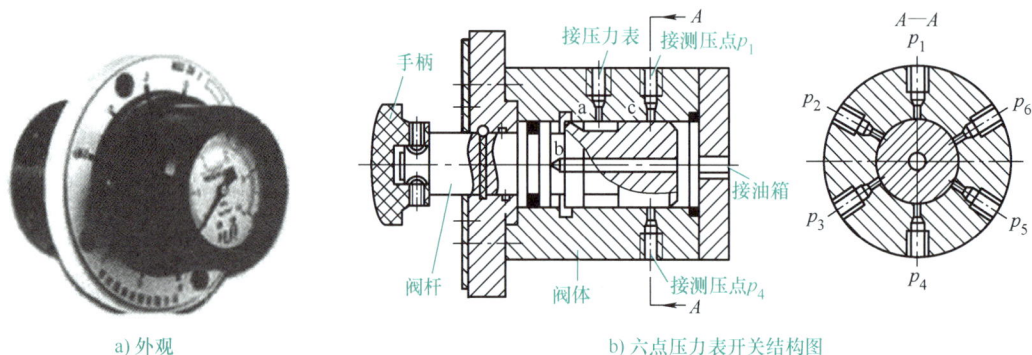

a) 外观　　　　　　　　b) 六点压力表开关结构图

图 6.27　压力表开关

三、压力表的选择和使用注意事项

在压力表的选择和使用时应注意以下几点。

1)根据液压系统的测试方法及对精度等方面的要求选择合适的压力表,如果是一般的静态测量和指示性测量,可选用弹簧弯管式压力表。

2)选用的工作介质(各种牌号的液压油)应对压力表的敏感元件无腐蚀作用。

3)压力表量程的选择。若是进行静态压力测量或压力波动较小时,按测量的范围为压力表满量程的 1/3 ～ 2/3 来选;若测量的是动态压力,则需要预先估计压力信号的波形和最高变化的频率,以便选用具有比此频率大 5 ～ 10 倍以上固有频率的压力测量仪表。

4)为防止压力波动造成的直读式压力表读数困难,常在压力表前安装阻尼装置。

5)安装时,如果使用聚四氟乙烯带或胶粘剂,切勿堵住油(气)孔。

6)应严格按照有关测试标准的规定确定测压点的位置,除了具有耐大加速度和振动性能的压力传感器外,一般的仪表不宜装在有冲击和振动的地方。例如,液压阀的测试要求上游测压点距离被测试阀为 5d(d 为管道内径),下游测试点距离被测试阀为 10d,上游测压点距离扰动源为 50d。

7)装卸压力表时,切忌用手直接扳动表头,应使用合适的扳手操作。

≫ 技能训练

训练 4　压力表常见故障的排除:测压不准确,压力表动作迟钝或表跳动大。

产生原因和排除方法如下。

1)油液中污物将压力表开关和压力表的阻尼孔(一般为 $\phi0.8 ～ 1.0mm$)堵塞,部分堵塞时,压力表指针会产生跳动大、动作迟钝的现象,影响测量值的准确性。此时,可拆开压力表进行清洗,用 $\phi0.5mm$ 的钢丝穿通阻尼孔,并注意油液的清洁度。

2）K 型压力表开关采用转阀式，各测量点的压力靠间隙密封隔开。当阀芯与阀体孔配合间隙较大或配合表面拉有沟槽时，在测量压力时，会出现各测量点有不严重的互相串腔现象，造成测压不准确。此时，应研磨阀孔，刷镀阀芯或重配阀芯，保证配合间隙在 0.007 ～ 0.015mm 范围内。

3）KF 型压力表开关为调节阻尼器（阀芯前端为锥面节流）。当调节过大或因节流锥面拉伤严重时，会引起压力表指针摆动，测出的压力值不准确，而且表动作缓慢。此时，应适当调小阻尼开口，节流锥面拉伤时，可在外圆磨床上校正修磨锥面。

任务五 热交换器的认知

▶▶ 任务概述

掌握热交换器的功用，了解热交换器的分类、工作原理及结构特点，能独立解决热交换器的常见故障。

▶▶ 知识与技能

为提高液压系统工作的稳定，应使系统在适宜的温度下工作，一般希望液压油的温度保持在 30 ～ 50℃ 范围之内，最高不高于 65℃，最低不低于 15℃。为保证系统稳定地工作，就需要使用热交换器。如液压系统依靠自然冷却（如元件、管路和油箱散热）仍不能使油温控制在上述范围内，温度过高，使油液黏度降低或氧化变质，缩短元件寿命，增加泄漏，破坏系统的正常工作，就必须安装冷却器；反之，如环境温度太低，使油液黏度增大，压力损失加大，泵吸油不畅而导致系统起动困难等，就必须安装加热器。所以，液压系统中的热交换器分为冷却器和加热器两种。

[二维码] 热交换器的认知

一、冷却器

根据冷却介质的不同，冷却器有风冷式、水冷式和冷媒式三种。风冷式冷却器是利用自然通风实现冷却，常用在行走设备上。其特点是结构简单、价格低廉，但是冷却效果差。冷媒式冷却器是利用冷媒介质（如氟利昂）在压缩机中做绝热压缩、在散热器中散热、在蒸发器中吸热的原理，把油液的热量带走，使油液冷却到合适温度，此种方式冷却效果好，但价格昂贵，常用于精密机床等设备中。水冷式冷却器是一般液压系统常用的冷却方式，冷却效果较好。

水冷式冷却器最简单的是蛇形管式冷却器，如图 6.28 所示，它直接安装在油箱内，冷却水从蛇形管内部通过，带走油液中的热量。这种冷却器结构简单，但散热面积小、冷却效率低、耗水量大。

图 6.28 蛇形管式冷却器

液压系统中用得较多的冷却器是强制对流多管式冷却器，如图 6.29 所示。油液从进油口 5 流入，从出油口 3 流出，冷却水从进水口 7 流入，通过多根散热管 6 后由出水口 1 流出，油液在水管外部流动时，它的行进路线因冷却器内设置了隔板 4 而加长，因而增强了散热效果。近来出现一种翅片管式冷却器，水管外面增加了许多横向或纵向散热翅片，大幅度扩大了散热面积和散热效果，其散热面积可达光滑管的 8 ～ 10 倍。

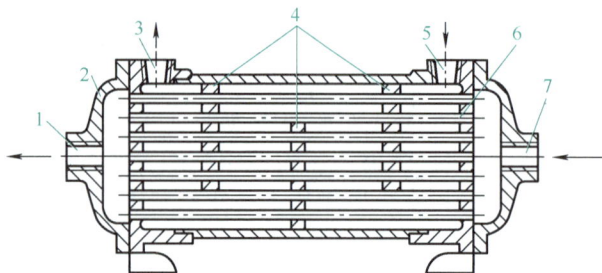

图 6.29　多管式冷却器

1—出水口　2—壳体　3—出油口　4—隔板　5—进油口　6—散热管　7—进水口

冷却器所造成的压力损失一般为 0.01 ～ 0.1MPa。冷却器一般应安放在回油管或低压管路上，如溢流阀的出口、系统的主回路上。也可单独设置冷却系统，即用一台泵仅供冷却器换热用。

冷却器的图形符号如图 6.30 所示。

图 6.30　冷却器
图形符号

二、加热器

在冬季或寒冷地区，当环境温度低于 10℃ 时，因油液黏度较高，会造成液压泵起动困难，此时，必须对油箱中的液压油进行加热，使其温度升高到 15℃ 以上。在工作中需要保持恒温的设备或机床，开始起动前也须把油温加热到需要值。液压系统的加热，最常用的是结构简单、能自动调节温度的管状电加热器，如图 6.31 所示。它是由弯管组成，内有电热丝，端部接通电源，安装的高低应以能使两管全部浸入油液中为准，且装在油液流动处，以免造成加热器周围局部油温过高，使油变质。

加热器的图形符号如图 6.32 所示。

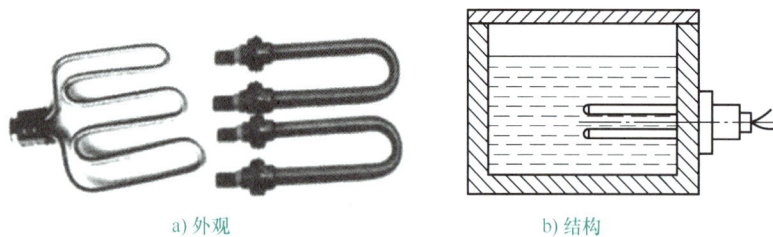

a) 外观　　　　　　　　　　　　　b) 结构

图 6.31　浸入式加热器

图 6.32　加热器的图形符号

▶▶ 技能训练

训练 5　热交换器常见故障的排除：冷却性能下降。

产生这一故障的原因主要是堵塞及沉积物滞留在冷却管壁上，结成硬块与管垢，使散热、换热功能降低。

另外，冷却水量不足、冷却器水油腔积气也会造成散热冷却性能下降。解决办法：

1）采用难以堵塞和易清洗的结构。

2）在选用冷却器的冷却能力时，应尽量以实际使用为依据，并留有较大的余地，一般增加 10% ～ 25% 的容量。

3）必要时，采用机械的方法，如刷子、压力、水、蒸汽等擦洗与冲洗，或化学的方法

（如用 Na_2CO_3 溶液及清洗剂等）进行清扫。

4）增加进水量或用温度较低的水进行冷却。

5）拧下螺塞排气。

6）清洗内外表面积垢。

任务六　油管和管接头的认知

▶▶ 任务概述

了解油管和管接头的分类、特点和适用场合，掌握快换接头的连接使用方法。

▶▶ 知识与技能

液压系统所有的元件都是用油管和管接头连接起来的，它们在系统中起到不可或缺的作用。油管和管接头结构应尽量简单，但应保证足够的强度、良好的密封性能、压力损失小、拆装方便等。

一、油管

1. 油管的种类

液压系统中使用的油管种类很多，有硬管和软管之分。硬管主要有钢管和铜管两种；软管有尼龙管、塑料管、橡胶管和金属波纹软管等。对于具有不同管路长度的刚性连接，一般使用硬管，因硬管成本低、阻力小、使用安全等。软管用于连接两个相对运动部件之间的管路。

（1）硬管

1）钢管。价格低廉、耐高压、耐油、抗腐蚀、刚性好，但装配时不易弯曲。常在装拆处用作压力管道，常用钢管有冷拔无缝钢管和有缝钢管（焊接钢管）两种。中压以上条件下采用无缝钢管，高压条件下采用合金钢管，低压条件下采用焊接钢管。

2）紫铜管。紫铜管易弯曲成形，安装方便，管壁光滑，摩擦阻力小，但价格高，耐压能力低，抗振能力差，易使油液氧化，一般用在仪表装配不便处。

（2）软管

1）橡胶管。用于柔性连接，分高压和低压两种。高压胶管由耐油橡胶夹钢丝编织网制成，用于压力管路，钢丝网层数越多，耐压能力越强，最高的使用压力可达 40MPa；低压胶管由耐油橡胶夹帆布制成，常用在回油管路。

2）塑料管。耐油、价格低、装配方便，长期使用易老化，常用在压力低于 0.5MPa 的回油管与泄油管。

3）尼龙管。这是一种新型材料，乳白色半透明，可观察液体流动情况。尼龙管在汽车、铁路、航空航天、农业机械等领域的应用前景非常广阔。加热后的尼龙管可任意弯曲成形和扩口，冷却后即定形，一般应用在承压能力为 2.5～8MPa 的液压系统中。

4）金属波纹软管。金属波纹软管由极薄不锈钢无缝管作管坯，外套网状钢丝组合而成。管坯为环状或螺旋状波纹管。与耐油橡胶管相比，金属波纹管价格较贵，但其重量轻、体积小、耐高温、清洁度好。金属波纹管的最高工作压力可达 40MPa，目前仅限于小通径管道。

2. 油管的安装技术要求

（1）硬管安装的技术要求

1）硬管安装时，对于平行或交叉管道，相互之间要有 100mm 以上的空隙，以防止干扰和振动，也便于安装管接头。在高压、大流量场合，为防止管道振动，需每隔 1m 左右用标准管夹将管道固定在支架上，以防止振动和碰撞。

2）管道安装时，路线应尽可能短，应横平竖直，布管要整齐，尽量减少转弯，直角转弯要尽量避免。若需要转弯，其弯曲半径应大于管道外径的 3～5 倍，弯曲后管道的椭圆度小于 10%，不得有波浪状变形、凹凸不平及压裂与扭转等不良现象。金属管连接时一定要有适当的弯曲，图 6.33 列举了一些配置实例。

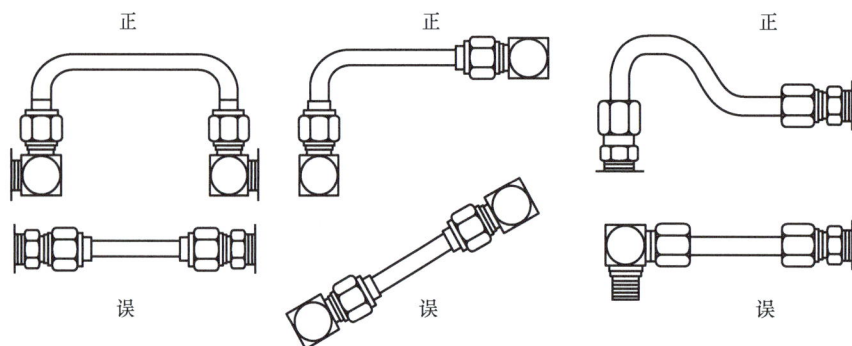

图 6.33　金属管连接实例

3）在安装前应对钢管内壁进行仔细检查，看其内壁是否存在锈蚀现象。一般应用 20% 的硫酸或盐酸进行酸洗，酸洗后用 10% 的苏打水中和，再用温水洗净、干燥、涂油，进行静压试验，确认合格后再安装。

（2）软管安装的技术要求

1）软管弯曲半径应大于软管外径的 10 倍。对于金属波纹管，若用于运动连接，其最小弯曲半径应大于其内径的 20 倍。

2）耐油橡胶软管和金属波纹管与管接头成套供货。弯曲时，耐油橡胶软管的弯曲处距管接头的距离至少是外径的 6 倍；金属波纹管的弯曲处距管接头的距离应大于管内径的 2～3 倍。

3）软管在安装和工作中不允许有拧、扭现象。

4）耐油橡胶软管用于固定件的直线安装时要有一定的长度余量（一般留有 30% 左右的余量），以适应橡胶管在工作时 −2%～4% 的长度变化（油温变化、受拉、振动等因素引起）的需要。

5）耐油橡胶软管不能靠近热源，要避免与设备上的尖角部分相接触和摩擦，以免划伤管子。

二、管接头

管接头是油管与油管、油管与液压件之间的可拆式连接件。它应满足连接牢固、装拆方便、密封可靠、结构紧凑、液阻小等要求。

1. 管接头的种类

管接头的种类很多，按接头的通路数分为二通（直通、直角）、三通和四通等，如图 6.34 所示；按其与管道的连接方式分为扩口式、卡套式、焊接式、扣压式和快换接头等。管接头与机体的连接常用圆锥螺纹和普通细牙螺纹。用圆锥螺纹连接时，应加防漏填料；用普通细牙螺纹连接时，应采用组合密封垫，并且应在被连接件上加工出一个小平面。液压系统的泄漏问题大部分出现在管接头部位，所以一定要正确选择管接头的类型和安装形式。

图 6.34　通路管接头

下面按管接头与管道的连接方式，介绍几种液压系统中常用的直通管接头。

（1）扩口式管接头　扩口式管接头的结构如图 6.35 所示，将油管 2 的一端扩成喇叭口（74°～90°），再用接头螺母 3 将套管 4 连同油管 2 一起压紧在接头体 1 上形成密封。扩口式管接头结构简单，制造安装方便，适于纯铜管和薄壁钢管的连接，也可用来连接尼龙管和塑料管，工作压力一般不超过 8MPa。

（2）卡套式管接头　图 6.36 所示是卡套式管接头。这种管接头由接头体、接头螺母和卡套组成。卡套是带有尖锐内刃的金属环，当向右拧紧接头螺母时，卡套在其推力作用下，刃口卡入接头体的锥面内形成密封，同时卡套左边刃口又紧压在管子外壁上形成密封。其特点是结构简单，重量轻，体积小，装配方便，抗振性能好，不需另外的密封件即可达到好的密封效果，可用于高压系统，工作压力可达 31.5MPa，但要求管道的表面和卡套有较高的尺寸精度，适用于冷拔钢管。

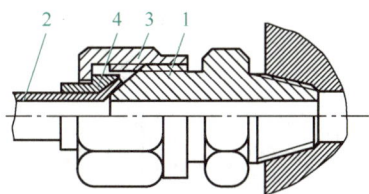

图 6.35　扩口式管接头

1—接头体　2—油管　3—接头螺母　4—套管

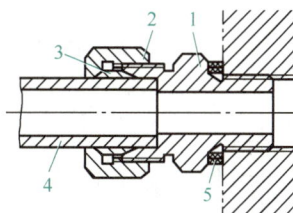

图 6.36　卡套式管接头

1—接头体　2—接头螺母　3—卡套　4—管子　5—组合密封垫圈

（3）焊接式管接头　图 6.37a、b 所示为焊接式管接头。管接头的接管 3 与管子 4 焊接在一起，用接头螺母 2 将接管 3 和接头体 1 连接在一起。接管与接头体之间的密封方式有球面与锥面接触密封（图 6.37a）和平面加 O 形密封圈端面密封（图 6.37b）两种。前者有自位性，安装要求不严格，但密封可靠性较差，适用于工作压力在 8MPa 以下的系统；而后者工作压力可达 32MPa。这种管接头结构简单，易于制造，对管道尺寸精度要求不高，但要求焊接质量高。

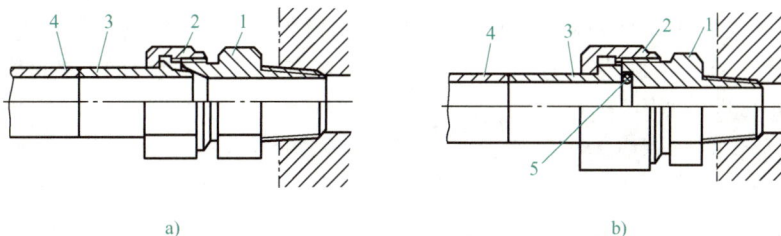

a)　　　　　　　　　　　　　　　　b)

图 6.37　焊接式管接头

1—接头体　2—接头螺母　3—接管　4—管子　5—O 形密封圈

（4）扣压式管接头　图 6.38 所示是扣压式管接头的结构，这种管接头是一种不可拆的一次性管接头，当软管失效时，管接头随软管一起废弃。它主要由接头螺母（外套）和接头体组成。

接头螺母的外壁为圆柱形，内壁切有环形切槽，接头体的外壁上有径向切槽。将胶管的外层胶剥去装入外套内，再将锥形接头体拧入，并在专用设备上对外套进行挤压收缩，外套变形后与胶管紧紧地连接在一起。其结构紧凑，外径尺寸小，密封可靠，适于专业和大批量生产。

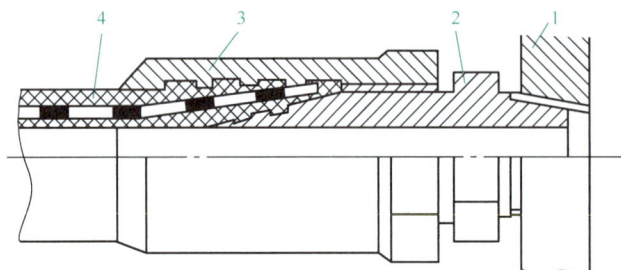

图 6.38　扣压式管接头

1—被连接件　2—接头体　3—接头螺母　4—钢丝编织胶管

（5）快换接头　快换接头全称为快速装拆管接头，无须装拆工具，适用于经常装拆的场合。图 6.39 所示为快换接头油路接通的工作位置。需要断开时，用力把外套 4 向左推，再拉出接头体 5，钢球 3 即从接头体槽中退出，与此同时，单向阀的锥形阀芯 2 和 6 分别在弹簧 1 和 7 的作用下将两个阀口关闭，油路即断开。这种管接头结构复杂，压力损失大。

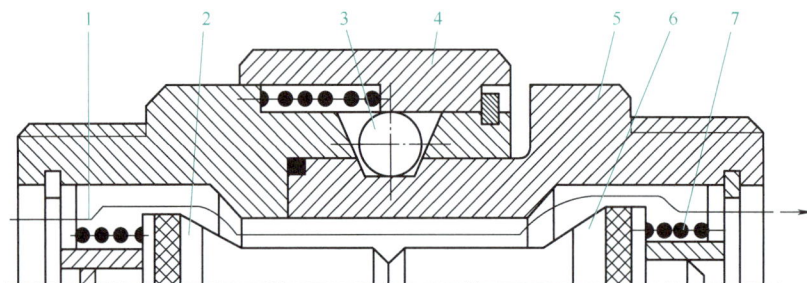

图 6.39　快换接头

1，7—弹簧　2，6—锥形阀芯　3—钢球　4—外套　5—接头体

2. 管接头的安装使用

液压系统中的泄漏问题大部分都出现在管接头上，为此，对管材的选用、接头形式的确定、管系的设计及管接头的安装等都要慎重，以免影响整个液压系统的使用质量。

1）一般液压管道上的连接螺纹均选用国际普遍采用的细牙普通螺纹 M。

2）在接头螺纹处用聚四氟乙烯密封带或特氟龙密封带（俗称生胶带）时，缠绕时应从接头后端第二扣螺纹处开始缠绕。另外，大多数螺纹是右旋式螺纹，所以方向应是对着管道螺纹端看顺时针向里缠绕。

3）管接头布置距离不应太近，要留足扳手拧紧螺母的空间。

▷▷ 技能训练

训练 6　液压软管常见故障的分析与排除

1. 使用不合格软管引起的故障

1）原因：劣质软管主要是橡胶质量差、钢丝层拉力不足、编织不均，导致承载能力不足，在液压油的冲击下易损坏管路而漏油。

2）措施：维修时，认真检查新更换液压软管的生产厂家、日期、批号、规定的使用寿命和有无缺陷，不符合规定的液压软管坚决不能使用。

2. 违规装配引起的故障

1）原因：安装软管时，弯曲半径不符合要求或软管扭曲等，皆会引起软管破损而漏油。安装软管时，如果软管受到过分的拉伸变形，导致各层分离，从而降低了耐压强度。在低温条件下，液压软管的弯曲或修配不符合要求，会使液压软管的外表面出现裂纹。

2）措施：严格按照软管安装的技术要求安装液压软管。

3. 由于液压系统受高温影响引起的故障

1）原因：当环境温度过高、风扇装反、液压马达反向旋转、液压油牌号选用不当或油质差、散热器散热性能不良、泵及液压系统压力阀调节不当时，都会造成油温过高，同时也会引起液压软管过热，使液压软管中加入的增塑剂溢出，降低液压软管的柔韧性。另外，过热的油液通过系统中的缸、阀或其他元件时，如果产生较大的压降会使油液发生分解，导致软管内胶层氧化而变硬。对于橡胶管路，如果长期受高温的影响，会导致橡胶管路从高温、高压、弯曲、扭曲严重的地方发生老化、变硬和龟裂，最后引发油管爆破而漏油。

2）措施：当橡胶管路由于高温影响导致疲劳破坏或老化时，首先要认真检查液压系统工作温度是否正常，排除一切引起油温过高和使油液分解的因素后更换软管。软管布置要尽量避免热源，要远离发动机排气管。必要时，可采用套管或保护屏等装置，以免软管受热变质。为了保证液压软管的安全工作，延长其使用寿命，对处于高温区的橡胶管，应做好隔热降温，如包扎隔热层、引入散热空气等都是有效措施。

4. 由污染引起的故障

1）原因：当液压油受到污染时，液压油的相容性变差，使软管内胶层材质与液压系统用油不相容，软管受到化学作用而变质，导致软管内胶层严重变质，软管内胶层出现明显发胀。此外，管路的外表面经常会沾上水分、油泥和尘土，容易使软管外表面产生腐蚀，加速其外表面老化。

2）措施：在日常维护工作中，不得随意踩踏、拉压液压软管，更不允许用金属器具或尖锐器具敲碰液压软管，以防出现机械损伤；对露天停放的液压机械或液压设备，应加盖蒙布，做好防尘、防雨雪工作，雨雪过后应及时进行除水、晾晒和除锈；要经常擦去管路表面的油污和尘土，防止液压软管腐蚀；添加油液和拆装部件时，要严把污染关口，防止将杂物、水分带入系统中。此外，一定要防止把有害溶剂和液体洒在液压软管上。

项 目 训 练

一、填空题

1.油箱的功用主要是_____油液，此外还起着_____油液中的热量、混在油液中的气体、沉淀油液中污物等作用。

2.过滤器的功用是过滤混在液压油中的_____，保证系统正常地工作。按滤芯材料和结构形式的不同，过滤器可分_____、_____、_____、_____、_____，按过滤精度的不同，过滤器分为_____、_____、_____、_____4种，_____过滤器通油能力强，清洗方便，但过滤精度较低。

3. 蓄能器的功用是_____、_____和缓和冲击，吸收压力脉动。

4. 液压系统中常用的油管有_____、_____、_____、_____、_____等多种类型。需要根据_____、_____来正确选用。

5. 常用的管接头有_____管接头、_____管接头、_____管接头和高压软管接头。一般在压力不高的机床液压系统中，应用较为普遍的管接头为_____。

二、选择题

1. 在 20MPa 的液压系统中，可以选用（　　　）作为液压系统的管道。
A. 塑料管　　　　B.尼龙管　　　　C.无缝钢管　　　　D.焊接钢管

2. 蓄能器在液压系统中的主要功能不包括（　　　）。
A. 辅助动力　　　　　　　　　B.吸收压力脉动
C. 保压　　　　　　　　　　　D.增压

3. 强度高、耐高温、抗腐蚀性强及过滤精度高的精过滤器是（　　　）。
A. 网式过滤器　　　　　　　　B.线隙式过滤器
C. 烧结式过滤器　　　　　　　D.纸芯式过滤器

4. 与（　　　）管接头连接的油管对外壁尺寸精度要求很高。
A. 焊接式　　　　B.扩口式　　　　C.卡套式　　　　D.快换式

三、判断题

1. 液压系统中产生的故障，很大一部分原因是液压油变脏而引起的。　　　　（　　　）

2. 通常泵的吸油口装精过滤器，出油口装粗过滤器。　　　　（　　　）

3. 网式过滤器是精过滤器。　　　　（　　　）

4. 在安装线隙式过滤器、纸芯式过滤器和烧结式过滤器时，油液由滤芯内向外流出时得到过滤。　　　　（　　　）

5. 过滤器和空气过滤器都是依据过滤精度来选择确定的。　　　　（　　　）

6. 蓄能器是压力容器，搬运和装拆时应先将充气阀打开，排出气体，以免因振动或碰撞发生事故。　　　　（　　　）

7. 压力表开关的作用是关闭或打开压力表，在工作过程中打开或关闭都可以。　　　　（　　　）

四、简答题

1. 在液压系统中，最常用的辅助元件有哪些？

2. 油箱的功用是什么？怎样确定油箱的容积？

3. 过滤器有哪几种类型？它在液压系统中应安装在什么位置？

4. 蓄能器有哪些功用？安装使用时应注意什么问题？

5. 热交换器的作用是什么？在什么情况下要设置加热器或冷却器？

6. 油管和管接头有哪几种类型？油管安装时应注意哪些事项？

7. 压力表的选择和使用注意事项有哪些？

项目七

液压控制回路分析

　　随着工业现代化技术的发展，为完成各种不同的控制功能，有些液压传动系统非常复杂。但无论如何复杂，液压系统都是由一些液压基本回路所组成的。基本回路包括控制执行元件运动速度的速度控制回路，控制液压系统全部或局部压力的压力控制回路，用来控制几个液压缸（或液压马达）的多缸（或液压马达）控制回路以及用来改变执行元件运动方向的换向回路。熟悉和掌握这些基本回路的结构组成、工作原理和功能，对分析和设计液压系统是必不可少的。本项目着重介绍方向控制回路、压力控制回路、速度控制回路和多缸控制回路。

项目目标

➤ 知识目标：

1. 掌握方向控制回路的组成、工作原理和工作性能；
2. 掌握压力控制回路的组成、工作原理和工作性能；
3. 掌握速度控制回路的组成、工作原理和工作性能；
4. 掌握多缸控制回路的组成、工作原理和工作性能。

➤ 能力目标：

1. 能够设计方向控制回路并选用元件组装、调试回路；
2. 能够设计压力控制回路并选用元件组装、调试回路；
3. 能够设计速度控制回路并选用元件组装、调试回路；
4. 能够设计多缸控制回路并选用元件组装、调试回路。

➤ 素质目标：

1. 培养学生分析问题、解决问题和一定的应变能力；
2. 牢固树立学生安全操作意识、质量意识、文明规范操作；
3. 弘扬劳动精神、奋斗精神、奉献精神、创造精神、勤俭节约精神；
4. 培养学生爱岗敬业、一丝不苟、勇于创新的职业道德。

➤ 职业能力：

1. 会根据液压回路任务概述进行回路设计；
2. 会根据液压回路任务概述选用液压元件进行组装搭接回路；
3. 会根据液压回路任务进行回路的调试运行；
4. 会判断液压回路的简单故障并进行排除。

任务一　方向控制回路分析

任务概述

了解换向回路、锁紧回路和起停回路，掌握方向控制回路的工作原理、回路图的阅读和绘制，并能进行实际回路的连接。

知识与技能

在液压设备中，用来控制油流的接通、切断或方向的改变，以此控制执行元件的起动、停止（包括锁紧）或运动方向的变换，这种回路称为方向控制回路。实现方向控制的方法有阀控、泵控（双向泵）和执行元件（双向马达）控制等，液压系统中主要是用方向控制阀进行控制。方向控制回路包括换向回路、起停回路和锁紧回路。

一、换向回路

1.换向阀控制的换向回路

用换向阀控制的换向回路如图 7.1a、b、c 所示。换向回路所用换向阀有二位三通、二位四通和三位四通，其控制方式和中位机能应根据设备的工作需要来选择。

手动换向回路

2.双向泵控制的换向回路

图 7.1d 所示为用双向泵控制的换向回路。当液压泵正转时，左边输出液压油，通过单向阀 9 进入液压缸的左腔，推动活塞向右运动，进油同时通向液控单向阀 11 的控制口，打开液控单向阀 11，液压缸右腔通过液控单向阀 11 回油；当液压泵反转时，右边输出液压油，通过单向阀 9 进入液压缸的右腔，推动活塞向左运动，进油同时通向液控单向阀 11 的控制口，打开液控单向阀 11，液压缸左腔通过液控单向阀 11 回油。

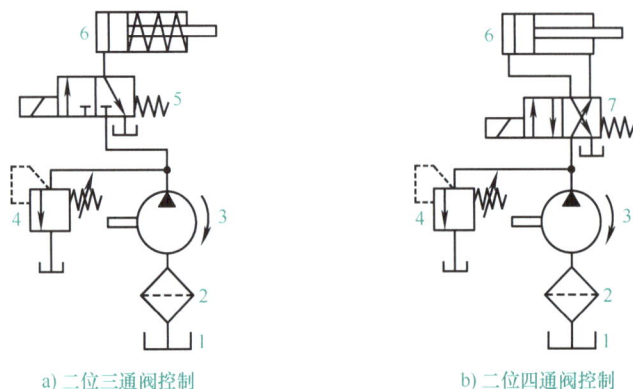

a) 二位三通阀控制　　　　　b) 二位四通阀控制

图 7.1　换向回路

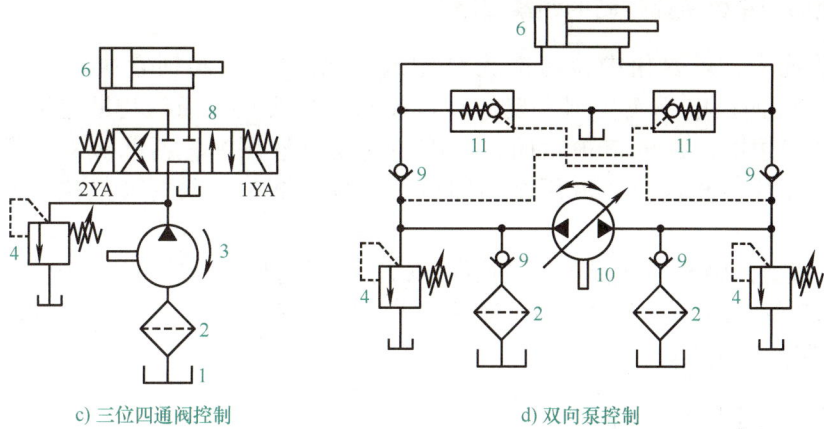

c) 三位四通阀控制　　d) 双向泵控制

图 7.1　换向回路（续）

1—油箱　2—过滤器　3—液压泵　4—溢流阀　5—二位三通电磁换向阀　6—液压缸
7—二位四通电磁换向阀　8—三位四通电磁换向阀　9—单向阀　10—双向变量泵　11—液控单向阀

二、起停回路

1. 压力继电器控制的起停回路

图 7.2a 所示为电磁铁断电状态，此时通往液压缸 8 的油流被阀断开，液压缸 8 处于停止状态；液压缸 7 右移到终点后，压力继电器 6 控制电磁换向阀 5 通电，换向阀换到右位，此时液压缸 8 开始向右运动。

2. 三位四通换向阀控制的起停回路

图 7.2b 所示为 H 型中位机能的三位四通电磁换向阀控制的起停回路，1YA 通电、2YA 断电，换向阀处于右位，液压缸右移；1YA 断电、2YA 通电，换向阀处于左位，液压缸左移；1YA、2YA 都断电，换向阀处于中位，此时泵卸荷，油液没有压力，液压缸停止运动。

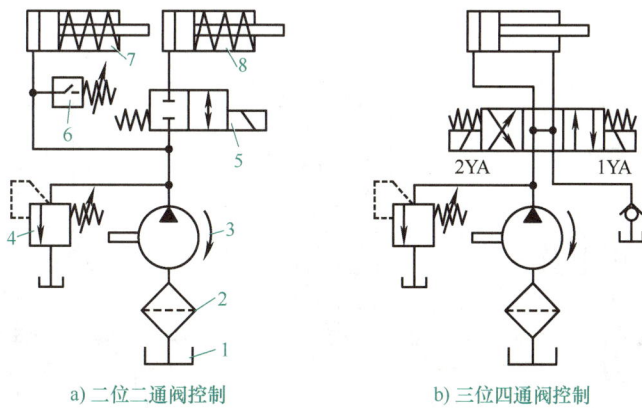

a) 二位二通阀控制　　b) 三位四通阀控制

图 7.2　起停回路

1—油箱　2—过滤器　3—液压泵　4—溢流阀　5—二位二通电磁换向阀　6—压力继电器　7，8—液压缸

三、锁紧回路

锁紧回路是为克服执行元件运动惯性、使其能在任意位置上停止不再移动而设计的回路。

1.利用换向阀中位机能控制的锁紧回路

在液压系统中，可以用中位机能为 O 型或 M 型的三位阀锁紧执行元件，图 7.3a 所示为用 M 型三位四通电磁换向阀实现的锁紧控制。当两端电磁铁均断电时，三位阀处于中位，液压缸两边的工作油口被封闭，两腔中封闭有液压油，活塞被双向锁紧，液压泵卸荷。当用 O 型中位机能时，液压泵不卸荷，和液压缸相并联的其他执行元件运动不受影响。

利用中位机能的锁紧回路特点是结构简单，不需要增加其他装置，但由于换向阀是滑阀式结构，阀体和阀芯间滑动间隙很大，泄漏较大，所以锁紧效果不好，一般用于要求不高或要求短时间锁紧的液压系统。

2.利用液压锁控制的锁紧回路

如图 7.3b 所示，利用两个液控单向阀分别接入液压缸左、右两腔，当右边电磁铁通电时，液压泵打出的油液通过三位四通电磁换向阀的右位，流入液控单向阀 1，进入液压缸的左腔，推动活塞向右运动，液压缸右腔的回油经液控单向阀 2 反向流动，再经三位四通电磁换向阀的右位流回油箱；当左边电磁铁通电时，活塞向左运动；当两边电磁铁均断电时，三位四通电磁换向阀处于 H 型中位，此时泵通油箱，油压为零，两个液控单向阀的控制口压力为零，两阀关闭，液压缸两腔的油液也被封闭，液压缸处于锁紧状态。

因液控单向阀是采用密封性能好的锥阀，所以锁紧性能好，此锁紧回路常用于起重机械、工程机械和立式压力机械等。应特别注意的是，此锁紧回路三位换向阀的中位机能必须采 H 型或者 Y 型。

3.利用平衡阀控制的锁紧回路

在图 7.3c 所示的立式液压缸中，利用平衡阀（单向顺序阀）的开启压力略大于支撑重物在下腔所需的压力，从而保证液压执行元件在任意位置上进行停留并锁紧。一般三位换向阀的中位机能采用 O 型或 M 型，以保证锁紧的可靠性。但由于顺序阀的泄漏，锁紧时间不能太长。

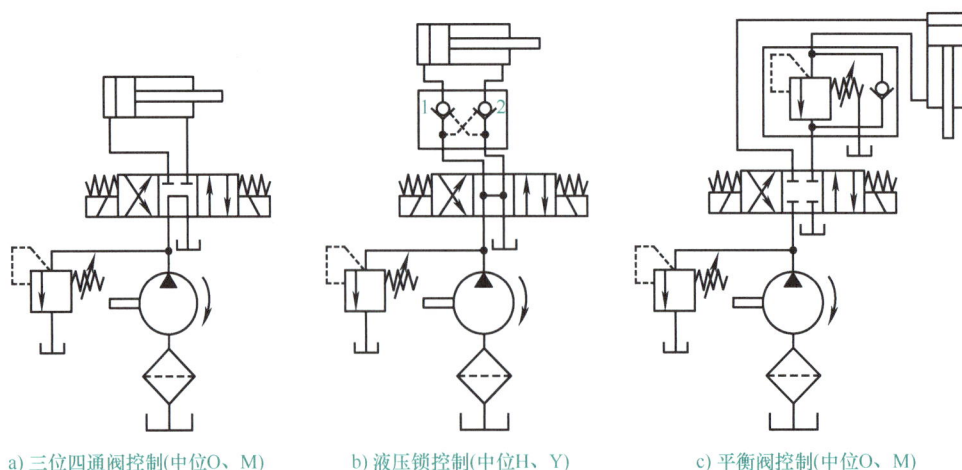

a) 三位四通阀控制(中位O、M)　　b) 液压锁控制(中位H、Y)　　c) 平衡阀控制(中位O、M)

图 7.3　锁紧回路

1，2—液控单向阀

>> 技 能 训 练

训练 1　根据现有设备和实训条件制订实训计划，选择性地组装不同的换向回路、锁紧回路。验证其工作原理，了解其性能特点，学习常见故障的诊断及排除方法。

1）在 FluidSIM 软件里建立液压回路图（必要时还要建立电气控制图），进行液压仿真，模拟调试回路运行过程，直至能够按照预定要求正确运行。

2）根据仿真生成的回路图选择所需要的元器件。

3）将各元器件按合适的布局位置安装在液压综合实训台面板上（液压元器件都比较重，搬动时要注意安全）。

4）按油路逻辑顺序完成各油管的连接。注意各元器件油孔标识字符等，弄清各进出油口的连接顺序；同时要防止接头体或螺母的螺纹出现伤痕，使密封性能下降，造成泄漏；选用适当长度的软管，不要使软管和管接头产生附加的受力、扭曲、急剧弯曲、摩擦等不良工况。

5）请教师检查回路连接情况，无误后方可开机，以确保无人身安全隐患；操作者需爱护实训室各设备，谨慎操作。

6）安全操作：接通主油路，调节好系统工作压力，调试回路。如果液压缸不动作，检查管路是否接好，压力油是否送到位，发现问题，解决问题。

7）验证结束后，拆卸回路，清理元器件、实验台，打扫实训室卫生。

8）规章制度：教师和学生都必须遵守实训室各项规章制度，包括操作流程、着装要求、清洁整理等内容。

任务二　压力控制回路分析

>> 任 务 概 述

了解调压回路、减压回路、增压回路、保压回路、卸压回路、背压回路、卸荷回路和平衡回路等。掌握压力控制回路的工作原理、回路图的阅读与绘制方法，并能进行实际回路的连接。

>> 知识与技能

压力控制回路是利用压力控制阀控制系统整体或某一部分的压力，以满足液压执行元件对力或转矩的要求，主要包括调压、减压、增压、保压、卸压、背压、卸荷、平衡和制动（缓冲）等多种回路。

一、调压回路

调压回路的作用就是控制系统的工作压力，使其不超过某一预先调定的数值。在定量泵系统中，液压泵的供油压力大小可以通过溢流阀来调节；在变量泵系统中，用溢流阀作为安全阀来限定系统的最高压力，防止系统过负荷。若系统在不同的工作阶段要求不同的压力，则可采用多级调压回路。

1. 单级调压回路

图 7.4a 所示为基本单级调压回路，系统由定量泵供油，通过调节节流阀开度的大小来调节液压缸的速度。在工作过程中，溢流阀是常开的，液压泵的工作压力取决于溢流阀的调整压力，并且保持基本恒定，溢流阀的调整压力必须大于液压缸的最大工作压力和油路中各种压力损失的总和。

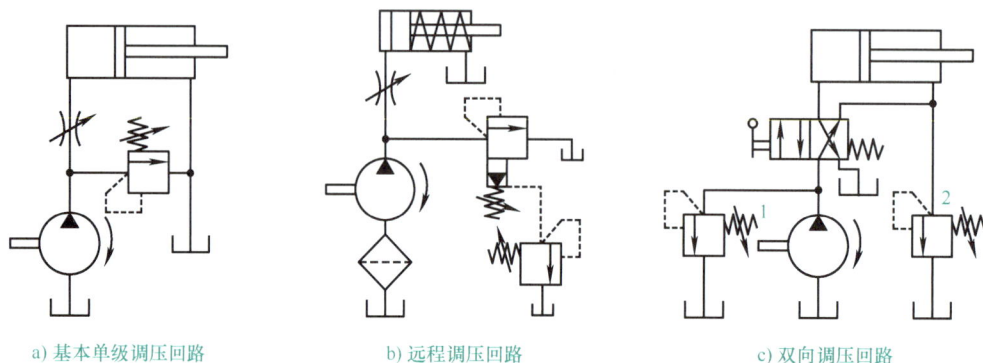

a) 基本单级调压回路　　　　b) 远程调压回路　　　　c) 双向调压回路

图 7.4　单级调压回路

1、2—溢流阀

图 7.4b 所示为远程调压回路，也属于单级调压。远程调压阀可以安装在操作方便的地方，用于系统需要随时调整压力的地方。在先导式溢流阀的遥控口接一远程调压阀（小流量的直动式溢流阀，与先导阀是并联关系），即可实现远程调压。远程调压阀的调定压力应小于先导阀所调定的压力，才能起到调压作用。

液压缸正反向行程中需要不同的供油压力时可采用双向调压回路，如图 7.4c 所示。当换向阀左位工作时，液压缸为工作行程，泵出口压力由溢流阀 1 调定为较高压力，液压缸右端的油液通过换向阀回油箱，此时，溢流阀 2 不起作用。当换向阀处于图示工作状态时，液压缸为返回行程，泵出口压力由溢流阀 2 调定为较低压力，溢流阀 1 不起作用。液压缸退至终点，泵在低压下回油，功率损耗小。

2. 二级调压回路

二级及以上调压回路都属于多级调压回路，当系统工作过程中的压力需要两种或以上级别的压力时常采用此回路。

图 7.5a 所示为二级调压回路。在图示状态下，泵出口压力由溢流阀 1 调定为较高压力，二位二通换向阀通电后，则由远程调压阀 2 调定为较低压力。阀 2 的调定压力必须小于阀 1 的调定压力。图 7.5b 所示为三级调压回路。在图示状态下，泵出口压力由阀 1 调定为最高压力，当换向阀 4 的右、左电磁铁分别通电时，泵出口压力分别由远程调压阀 2 和 3 调定。阀 2 和阀 3 的调定压力必须小于阀 1 的调定压力。

二、减压回路

在定量泵供油的液压系统中，主油路的压力比较高，由与泵并接的溢流阀调定，但有一个支路或多个支路需要的压力较低，如润滑油路、控制油路和夹紧油路等，为了使其油路得到稳定的、可以单独调节的低压，就要在此支路上串接一个定输出减压阀，这就是减压回路。

要使减压阀能稳定工作，减压阀的最低调定压力不应小于 0.5MPa，最高调定压力至少应比系统压力小 0.5MPa，以使减压回路工作可靠。当执行元件需要调速时，调速元件应放在减压阀的后面，避免减压阀泄漏（指由减压阀泄油口流回油箱的油液）对执行元件的速度发生影响。

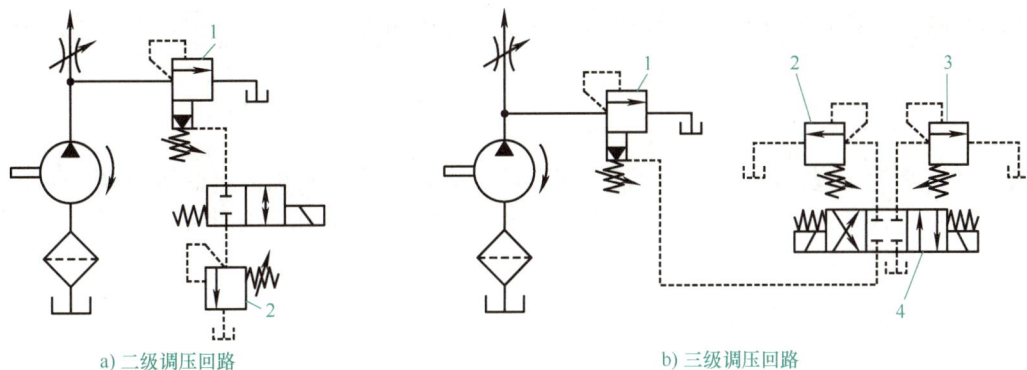

a) 二级调压回路　　　　　　　　　　　　b) 三级调压回路

图 7.5　多级调压回路

1—先导式溢流阀　2, 3—直动式溢流阀　4—三位四通电磁换向阀

1. 单级减压回路

图 7.6a 所示为单级减压回路。回路中串联了一个单向减压阀 5，换向阀 4 左位工作时，液压泵输出的压力油经单向阀 3、换向阀 4、单向减压阀 5 进入液压缸左腔，推动活塞向右运动。由于减压阀的作用，夹紧缸能得到较低而又稳定的夹紧力。换向阀 4 右位工作时，液压泵向左运动，这时减压阀不起作用。单向阀 3 的作用是当主油路压力低于减压阀的调定压力时，保证减压油路的压力不变，使夹紧缸保持夹紧力不变。还应指出的是，减压阀的调整压力应低于溢流阀 2 的调整压力，才能保证减压阀正常工作。

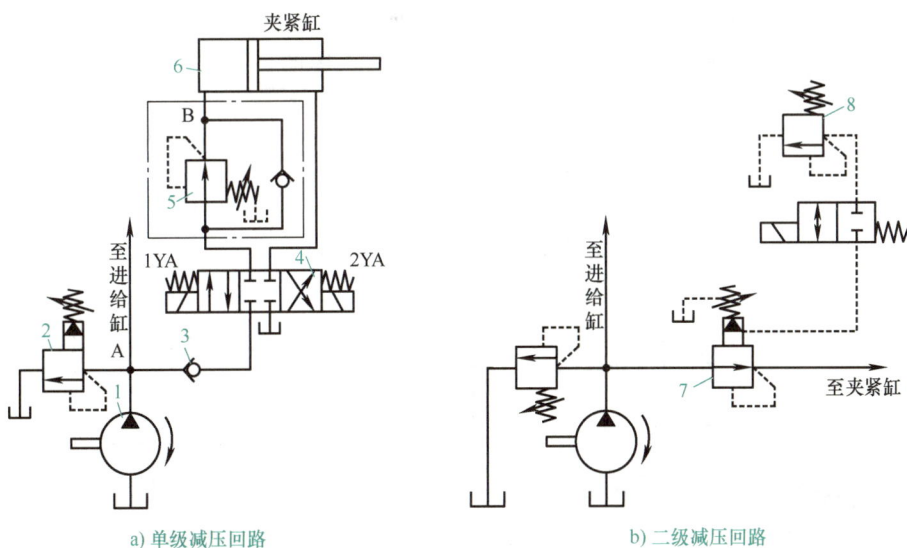

a) 单级减压回路　　　　　　　　　　　　b) 二级减压回路

图 7.6　减压回路

1—液压泵　2—溢流阀　3—单向阀　4—三位四通电磁换向阀
5—单向减压阀　6—液压缸　7—先导式减压阀　8—远程调压阀

2. 二级减压回路

图 7.6b 所示为由减压阀和远程调压阀组成的二级减压回路。在图示状态下，夹紧缸的压力由减压阀 7 调定；当二位二通换向阀通电后，夹紧缸的压力则由远程调压阀 8 调定，故称为二级减压回路。必须注意的是，远程调压阀 8 的调整压力应低于减压阀 7 的调整压力，才

能实现二级减压，并且减压阀的调整压力应低于回路中溢流阀的调整压力，才能保证减压阀正常工作。

三、增压回路

增压回路是为了提高液压系统的某一支路的压力，它比主系统油路的压力高，但支路流量又不大，此时就应采用增压回路。低压泵供油的液压系统采用增压回路，比用高压泵供油的液压系统成本低、效率高。

1. 单作用增压缸的增压回路

图 7.7a 所示为单作用增压回路，当电磁铁通电时，二位四通电磁换向阀处于左位，泵打出的油进入增压缸的左腔，推动活塞向右移动，小活塞右腔出油压力比大活塞左腔进油压力高〔具体见式（4-14）〕，工作缸克服弹簧力下行工作；当换向阀断电处于右位时，液压油进入增压缸的中部，推动活塞左移，工作缸靠弹簧力回程，上面高位油箱的油液可在大气压力的作用下顶开单向阀向增压缸右腔补油。此回路只能间歇增压，不能获得连续稳定的高压，只适用于执行元件需要较大的单向作用、行程短而作业时间短的液压系统中。

2. 双作用增压缸的增压回路

图 7.7b 所示为采用双作用增压缸的增压回路，能连续输出高压油。在图示位置，液压泵输出的压力油经换向阀 5 进入增压缸左端大活塞腔，同时经单向阀 1 进入增压缸左端小活塞腔，右端大活塞腔的回油通油箱，右端小活塞腔增压后的高压油经单向阀 4 输出。此时，单向阀 2、3 被关闭；当增压缸活塞移到右端时，换向阀换向，同理，增压缸活塞向左移动，左端小活塞腔输出的高压油经单向阀 3 输出，此时单向阀 1、4 被关闭。这样，增压缸的活塞不断往复运动，两端便交替输出高压油，从而实现连续增压供油。

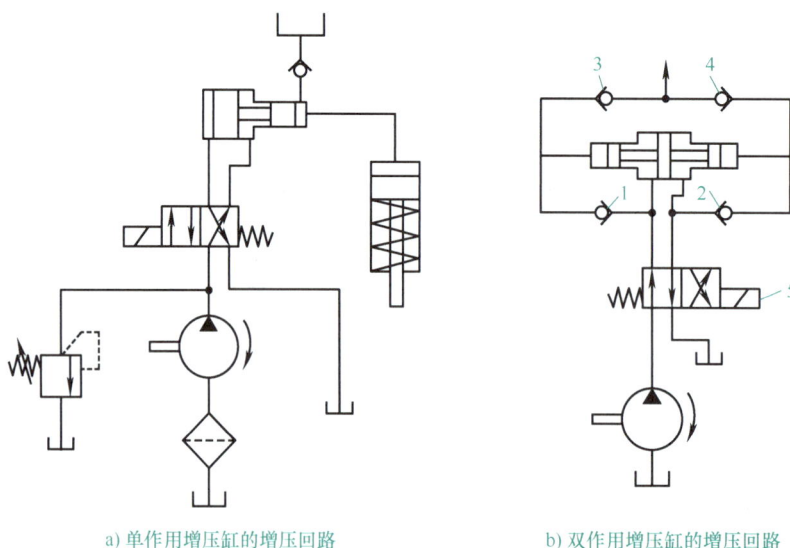

a) 单作用增压缸的增压回路　　b) 双作用增压缸的增压回路

图 7.7　增压回路

1～4—单向阀　5—二位四通电磁换向阀

四、保压回路

在一些压力设备中，往往要求在工作行程的终点停留，且要保持压力一定的时间。保压回路就是使系统在液压缸停止运动或有微小变形运动时，缸内要能稳定地维持一段时间内同一压力的回路。保压回路就是要补偿泄漏对压力的影响，常用于夹紧和压力机压制工件等液压系统中，典型的保压回路有如下几种。

1. 液压泵保压回路

若采定量泵保压，保压过程中液压泵仍以较高的压力工作，缸内保压只需少量油液补充，剩余的大量油液在高压下经溢流阀流回油箱，系统功率损失大，易发热，故只在小功率系统且保压时间较短的场合下才使用；若采用变量泵保压，在保压时虽然泵的压力较高，但输出流量几乎等于零，液压系统的功率损失小，所以用限压式变量泵进行保压比较好。

2. 蓄能器保压回路

图 7.8a 所示为蓄能器保压回路。当主换向阀 7 在左位工作时，液压缸向右运动且压紧工件，进油路压力升高至调定值时，压力继电器 5 动作使二位二通电磁换向阀 4 通电，液压泵 1 即卸荷，单向阀 2 自动关闭，防止液压缸油液倒流，液压缸则由蓄能器 6 保压补漏。保压时间的长短取决于蓄能器的容量，缸中压力的最大和最小值取决于压力继电器的工作区间。当缸压力不足，低于压力继电器的最低工作压力时，信号中断，二位二通换向阀关闭，液压泵重新向液压缸供油，补充泄漏，保证所需的压力。

3. 液控单向阀保压回路

图 7.8b 所示为采用液控单向阀和电接触式压力表的自动补油式保压回路。当 1YA 得电，换向阀 7 右位接入回路，液压缸上腔压力上升至电接触式压力表 9 的上限值时，电接触式压力表 9 发出信号，使电磁铁 1YA 失电，换向阀处于中位，液压泵卸荷，液压缸由液控单向阀 8 保压；当液压缸上腔压力下降到预定的下限值时，电接触式压力表 9 又发出信号，使 1YA 得电，液压泵再次向系统供油，使压力上升；当压力达到上限值时，电接触式压力表 9 又发出信号，使 1YA 失电。因此，这一回路能自动地使液压缸补充压力油，使其压力长期保持在一定范围内。

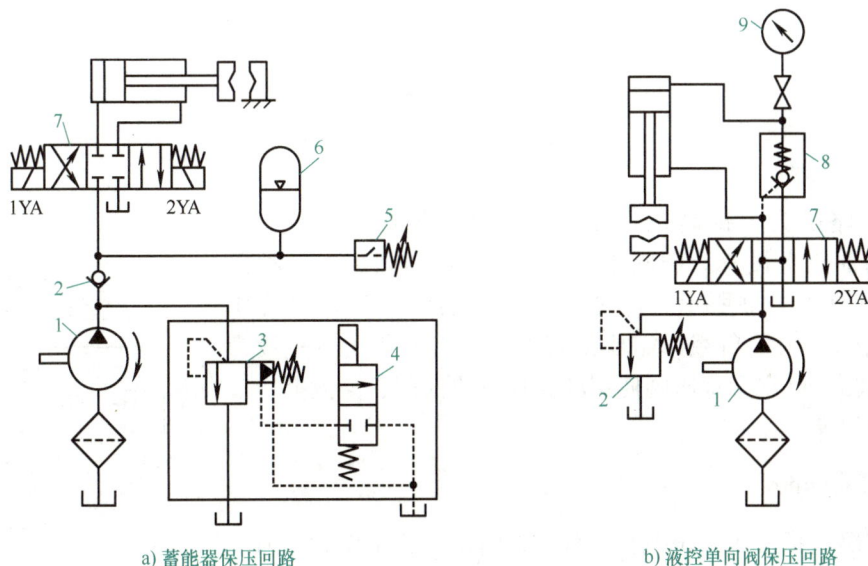

a) 蓄能器保压回路　　　　　　　　b) 液控单向阀保压回路

图 7.8　保压回路

1—液压泵　2—单向阀　3—先导式溢流阀　4—二位二通电磁换向阀　5—压力继电器　6—蓄能器
7—三位四通电磁换向阀　8—液控单向阀　9—压力表

五、卸压回路

卸压回路用于缸直径大于 250mm、压力大于 7MPa 的压力机等液压设备的系统中。它们在工作阶段压力比较高，储存了大量的能量使油液压缩，这时若立即改变运动方向，将会产生液压冲击。在液压机液压系统中增设卸压回路，可使液压缸高压腔的压力在换向前缓慢释放，有效提高液压缸的运行平稳性，降低液压冲击和能量损耗。

1.节流阀卸压回路

如图 7.9a 所示，当液压缸向下运动压制工件完成后，不能马上回程，须把换向阀换到中位，使液压泵卸荷，液压缸的上腔高压经过节流阀和二位二通换向阀缓慢卸压。卸压的快慢由节流阀来调节。卸压后，再把换向阀换到右位工作，使液压缸向上回程。

2.节流阀和压力继电器卸压回路

图 7.9b 所示为卸压后可自动返程的回路。工作缸完成工作后，换向阀换到中位，液压缸上腔压力经节流阀卸压回油箱，当压力释放到压力继电器调定的最低值时，其开关复位发出信号给换向阀，使其换到左位，液压缸的下腔进油，液压缸上升回程。

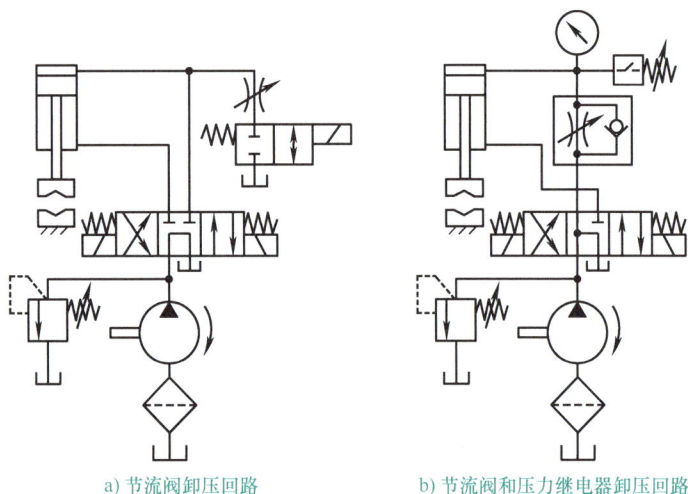

a) 节流阀卸压回路   b) 节流阀和压力继电器卸压回路

图 7.9 卸压回路

六、背压回路

背压回路是为了提高执行元件的运动平稳性，提高加工精度，在回油路上设置背压阀 2 以形成一定液压阻力的一种回路，其原理如图 7.10 所示。这种回路的回油路上都存在背压阻力，相当于增大了负载，需要提高供油压力，背压力一般为 0.2 ～ 0.5MPa。可作为背压阀使用的元件有单向阀、溢流阀、节流阀和顺序阀等。

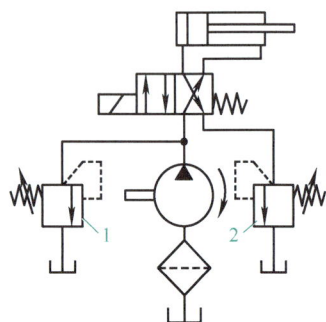

图 7.10 背压回路

1—溢流阀 2—背压阀

七、卸荷回路

卸荷回路是指液压系统执行元件在短时间停止工作时，因不能关闭电动机（频繁起动和关闭会影响电动机和泵的寿命），泵就会一直在溢流阀调定的高压下供油，并经溢流阀回油箱，造成很大的功率浪费。为了减少功率损耗，降低发热，延长泵和电动机的寿命，应使液压泵在功率损耗（$P=p_\text{P}q_\text{P}$）接近于零的情况下运转，这就需要卸荷回路。因功率是流量和压力的乘积，两个参数任一个接近于零即是卸荷回路。所以卸荷回路分为流量卸荷和压力卸荷两种类型。

流量卸荷主要是使用限压式变量泵，使泵仅为补偿泄漏而以最小流量运转，但泵仍处在高压状态，磨损比较严重；压力卸荷是使泵的出口接回油箱，使其在接近零压下运转。实际中，常采用压力卸荷。卸荷回路主要有以下几种形式。

1. 限压式变量泵的流量卸荷回路

如图 7.11 所示，当液压缸活塞运动到行程终点或换向阀处于中位时，泵的压力升高，而流量减小，当压力接近变量泵的极限值时，泵的流量减小到只补充液压缸或换向阀的泄漏，回路实现保压卸荷，系统中的溢流阀作安全阀用。因系统在卸荷状态下具有很高的压力，比较适合模具成型中合模保压阶段的工作情况。

以下均为压力卸荷回路。

图 7.11　变量泵的流量卸荷回路

2. 换向阀中位机能的卸荷回路

如图 7.12 所示，当电磁换向阀中位机能为 M、H 和 K 型时，泵打出的油液直接回油箱，即泵卸荷。但回路中必须设置单向阀等背压阀，以使泵卸荷时仍能保持 0.3 ～ 0.5MPa 左右的压力，保证系统重起时有足够的控制油压。

3. 二位二通电磁换向阀的卸荷回路

如图 7.13 所示，三位四通换向阀的中位机能为 O 型。当工作缸停止工作时，二位二通电磁换向阀的电磁铁通电，泵输出的油液经二位二通电磁换向阀流回油箱而卸荷，此时泵的流量和二位二通电磁换向阀的流量应匹配，此种卸荷方式适于小流量系统。

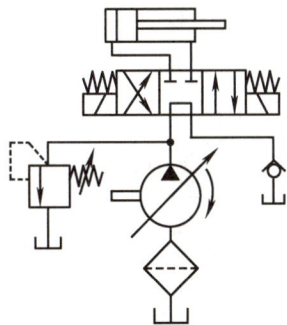

图 7.12　换向阀中位机能卸荷回路

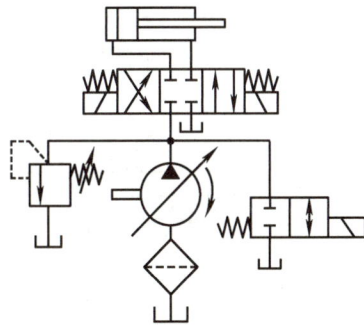

图 7.13　二位二通电磁换向阀卸荷回路

4. 电磁溢流阀卸荷回路

如图 7.14 所示，先导型溢流阀的外控口直接与二位二通电磁阀相连（组成电磁溢流阀）。当电磁铁通电时，外控口控制的压力为零，这时泵通过溢流阀卸荷，这种回路卸荷时的压力冲击比图 7.13 直接用二位二通电磁换向阀卸荷时要小，此二位二通电磁阀也可以选用小流量规格的。

当电磁铁通电时，外控口控制的压力为零，这时泵通过溢流阀而卸荷，这种回路卸荷时的压力冲击比直接用二

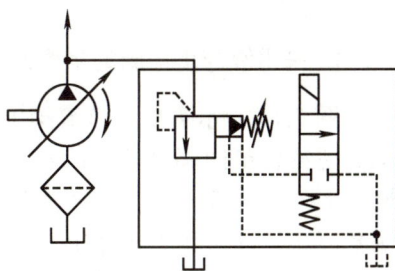

图 7.14　电磁溢流阀卸荷回路

位二通阀卸荷时要小，二位二通电磁阀也可以选用小流量规格的。

八、平衡回路

平衡回路的作用是在执行机构沿垂直方向运动时，为了防止液压缸和与之相连的工作部件因自重而自行下落或因超速而使操作动作失控，在回油路上都要保持一定的背压，以此来实现对系统的可靠控制。

1. 采用单向顺序阀的平衡回路

图 7.15a 所示为采用内控单向顺序阀（平衡阀）的平衡回路。当换向阀在左位时，活塞下行，回油路上存在着一定的背压，只要将这个背压调得能支承住活塞和与之相连的工作部件自重 W，活塞就可以平稳地下落，即调整顺序阀的开启压力 p，使 $p \geq W / A_2$；当换向阀处于中位时，顺序阀关闭，活塞就会被锁紧到一定的位置。由于顺序阀和换向阀一般都是滑阀结构，闭锁不严，会因泄漏而缓慢下落。此外，若工作过程中负载变小，为打开顺序阀，泵的输出压力依然比较高，使功率损失增大。因此，它只适用于工作部件重量不大、活塞锁住时定位要求不高且工作负荷固定的场合。

图 7.15b 所示为采用外控顺序阀的平衡回路。由于顺序阀的打开与运动部件重量无关，只取决于外控口，即进油腔的压力，没有背压，所以功率损失较小。这种平衡回路的优点是只有上腔进油时活塞才下行，比较安全可靠；缺点是活塞下行时平稳性较差。这是因为活塞下行时，液压缸上腔油压降低，使液控顺序阀关闭，当顺序阀关闭时，因活塞停止下行，使液压缸上腔油压升高，又打开液控顺序阀。因此，液控顺序阀外控口压力的变化造成顺序阀时开时关，使活塞走走停停，运动的平稳性较差，为此，可在下行油路中接入单向节流阀以改善这种状况。

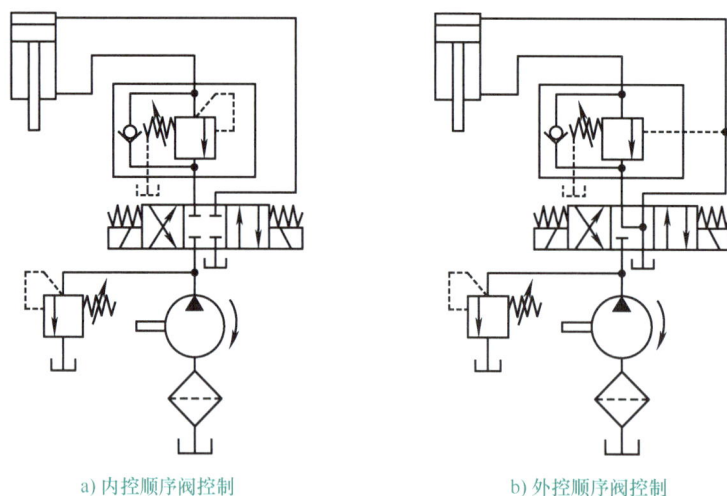

a) 内控顺序阀控制   b) 外控顺序阀控制

图 7.15　单向顺序阀平衡回路

2. 采用液控单向阀的平衡回路

图 7.16 所示为单向节流阀串联一液控单向阀组成的平衡回路。当换向阀在左位，上行液压油把液控单向阀打开，活塞下行。若没有节流阀，回油腔没有背压，运动部件由于自重而加速下降，使液压缸上腔供油不足甚至出现真空，致使液控单向阀关闭。液控单向阀关闭后，活塞停止运动，压力开始上升，控制油路又建立起压力，此阀再次被打开。液控单向阀时开时闭，使活塞在向下行过程中产生振动和冲击。所以在回油路上串接一单向节流阀，用于保

证活塞下行时运动的平稳性。由于液控单向阀是锥面密封，泄漏量小，故其闭锁性能好，活塞能够较长时间停止不动。

➤➤ 技能训练

训练 2　根据现有设备和实训条件制订实训计划，选择性地组装不同的调压回路、减压回路、增压回路、卸荷回路、平衡回路及保压回路等。验证它们的工作原理，了解它们的性能特点，学习常见故障的诊断及排除方法。

1）在 FluidSIM 软件里建立液压回路图（必要时还要建立电气控制图），进行液压仿真，模拟调试回路运行过程，直至能够按照预定要求正确运行。

2）根据仿真生成的回路图选择所需要的元器件。

3）将各元器件按合适的布局位置安装在液压综合实训台面板上（液压元器件都比较重，搬动时要注意安全）。

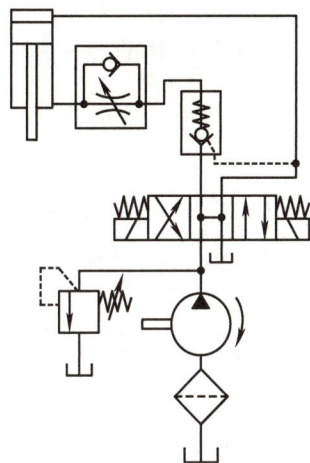
图 7.16　液控单向阀平衡回路

4）按油路逻辑顺序完成各油管的连接。注意各元器件油孔标识字符等，弄清各进出油口的连接顺序；同时要防止接头体或螺母的螺纹出现伤痕，使密封性能下降，造成泄露；选用适当长度的软管，不要使软管和管接头造成附加的受力、扭曲、急剧弯曲、摩擦等不良工况。

5）学生请教师检查回路连接情况。无误后方可开机，以确保无人身安全隐患；操作者须爱护实训室各设备，谨慎操作。

6）安全操作：接通主油路，调节好系统工作压力，调试回路。操作过程中注意观察压力表指针的变化，分析回路原理，并看看实训结果是否和仿真情况相一致，如果不一致，检查回路，发现问题，解决问题。

7）验证结束后，拆卸回路，清理元器件、实验台，打扫实训室卫生。

8）规章制度：教师和学生都必须遵守实训室各项规章制度，包括操作流程、着装要求、清洁整理等内容。

任务三　速度控制回路分析

➤➤ 任务概述

了解和掌握调速回路、快速运动回路和速度换接回路的作用、构成、回路原理及应用。

➤➤ 知识与技能

速度控制回路是用于控制调节液压系统中执行元件运动速度的回路。这种回路工作性能的好坏直接决定着整个系统的工作性能，它是系统的核心。液压传动系统中的速度控制回路包括调速回路、快速运动回路和速度换接回路。

一、调速回路

调速回路是用来调节执行元件工作行程速度的回路。液压缸的运动速度为

$$v = \frac{q_v}{A}$$

液压马达的转速为

$$n = \frac{q_v}{V_M}$$

式中　q_v——输入液压执行元件的流量（m/s）；

　　　A——液压缸的有效面积（m²）；

　　　V_M——液压马达的排量（m³/r）。

由以上两式可知，改变输入液压执行元件的流量 q_v（或液压马达的排量 V_M）就可以达到改变速度的目的。

所以调速回路可分为三种形式。

① 节流调速回路：定量泵供油，节流阀（或调速阀）调节进入执行元件的流量。

② 容积调速回路：采用变量泵或变量马达实现调速。

③ 容积节流（联合）调速回路：变量泵和节流阀（或调速阀）相配合调速。

1. 节流调速回路

节流调速回路由定量泵供油，用流量阀改变进入执行元件的流量实现调速。该回路结构简单，成本低，使用维修方便，在机床液压系统中得到广泛的应用。但其能量损失大，效率低，发热大，故一般只用于小功率场合。

节流调速回路按其流量阀安放位置的不同，分为进油路节流调速、回油路节流调速和旁油路节流调速三种形式。

（1）进油路节流调速回路　节流阀串联在液压泵和执行元件之间，图 7.17 所示为采用节流阀的液压缸进油路节流调速回路。节流阀控制进入液压缸的流量，以达到调速的目的。定量泵多余的油液通过溢流阀流回油箱，泵的出口压力 p_P 为溢流阀的调整压力并基本保持定值。在这种调速回路中，节流阀和溢流阀联合使用才能起调速作用。

1）速度负载特性。从图 7.17 可看出，活塞运动速度取决于进入液压缸的流量 q_{v1} 和液压缸进油腔的有效面积 A_1，即

$$v = \frac{q_{v1}}{A_1} \tag{7-1}$$

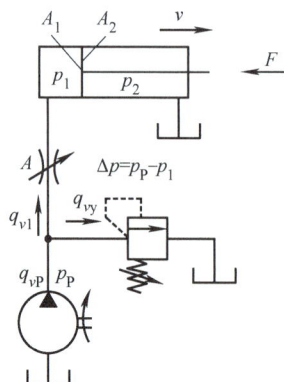

图 7.17　进油路节流调速回路

节流调速回路

　　进入液压缸的流量 q_{v1} 就等于通过节流阀的流量，而通过节流阀的流量可由节流孔的流量特性方程决定，即

$$q_{v1} = CA_{\mathrm{T}}\Delta p^m \qquad (7\text{-}2)$$

　　当活塞以稳定的速度运动时，作用在活塞上的力平衡方程为

$$p_1 A_1 = p_2 A_2 + F \qquad (7\text{-}3)$$

式中　　F ——负载力（N）；

　　　　p_2 ——液压缸回油腔压力（Pa），此处回油管直接接油箱，$p_2 \approx 0$；

　　A_1、A_2 ——分别为液压缸无杆腔和有杆腔的有效面积（m²）。

　　所以，$p_1 = F/A_1$，将其代入式（7-2）得

$$q_{v1} = CA_{\mathrm{T}}\left(p_{\mathrm{P}} - \frac{F}{A_1}\right)^m \qquad (7\text{-}4)$$

　　故液压缸的运动速度为

$$v = \frac{q_{v1}}{A_1} = \frac{CA_{\mathrm{T}}\left(p_{\mathrm{P}} - \dfrac{F}{A_1}\right)^m}{A_1} \qquad (7\text{-}5)$$

　　式（7-5）即为进油路节流调速回路的速度负载特性方程。由该式可知，液压缸的运动速度 v 和节流阀通流面积 A 成正比。调节 A 可实现无级调速，这种回路的调速范围较大（速比最高可达 100）。若按式（7-5）选用不同的 A 值作 V–F 坐标曲线图，可得一组曲线，即为该回路的速度负载特性曲线，如图 7.18 所示。

　　速度负载特性曲线表明了速度随负载变化的规律：曲线越陡，说明负载变化对速度的影响越大，即速度刚性差。曲线越平缓，刚性越好。因此，从速度负载特性曲可知：

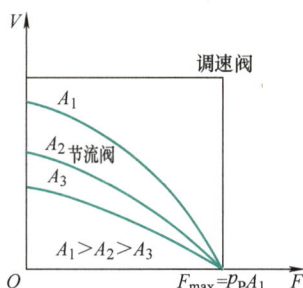

图 7.18　速度负载特性曲线

　　① 当节流阀通流面积不变时，随着负载的增加，活塞的运动速度随之下降。因此，这种调速的速度负载特性较软。

　　② 当节流阀通流面积 A 一定时，重载区域比轻载区域的速度刚性差。

　　③ 在相同负载的情况下，节流阀通流面积大的比小的速度刚性差，即高速时的速度刚性差。

　　④ 回路的最大承载能力为 $F_{\max} = p_{\mathrm{P}} A_1$。液压缸面积 A_1 不变，所以在液压泵供油压力 p_{P} 已经调定的情况下，其承载能力不随节流阀通流面积 A 的改变而改变。

　　2）功率和效率。液压泵的输出功率 $P_{\mathrm{P}} = p_{\mathrm{P}} q_{v\mathrm{P}} = $ 常量，而液压缸的输出功率 $P_1 = Fv = F\dfrac{q_{v1}}{A_1} = p_1 q_{v1}$，所以该回路的功率损失为

$$\begin{aligned}
\Delta P &= P_{\mathrm{P}} - P_1 = p_{\mathrm{P}} q_{v\mathrm{P}} - p_1 q_{v1} \\
&= p_{\mathrm{P}}(q_{v1} + q_{vy}) - (p_{\mathrm{P}} - \Delta p) q_{v1} \\
&= p_{\mathrm{P}} q_{vy} + \Delta p q_{v1}
\end{aligned}$$

式中　　q_{vy} ——通过溢流阀的溢流量（m³/s）。

由上式可知，这种调速回路的功率损失由两部分组成，即溢流损失功率 $\Delta P_y = p_P q_{vy}$ 和节流损失功率 $\Delta P_T = \Delta p q_{v1}$。

回路的效率为

$$\eta = \frac{P_1}{P_P} = \frac{p_1 q_{v1}}{p_P q_{vp}} \qquad (7\text{-}6)$$

由于存在两部分功率损失，故这种调速回路的效率较低。当负载恒定或变化较小时，$\eta = 0.2 \sim 0.6$；当负载变化时，回路的效率 $\eta = 0.385$。机械加工设备常有快进 – 工进 – 快退的工作循环，工进时，液压泵的大部分流量溢流，回路效率极低，导致温升和泄漏增加，进而影响速度稳定性和效率。回路功率越大，问题越严重。

进油路节流调速回路适用于轻载、低速、负载变化不大和对速度稳定性要求不高的小功率液压系统，且要求系统负载为正值。

（2）回油路节流调速回路　在这种调速回路中，把节流阀串联在执行元件的回油路上。图 7.19 所示为采用节流阀的液压缸回油路节流调速回路。用节流阀调节液压缸的回油流量，也就控制了进入液压缸的流量。定量泵多余的油液经溢流阀流回油箱，泵的出口压力 p_P 为溢流阀的调整压力并基本稳定。

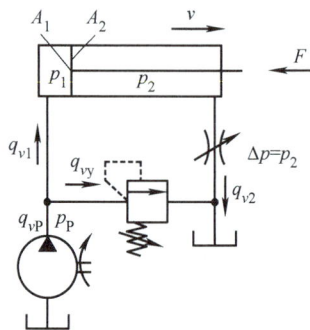

图 7.19　回油路节流调速回路

1）速度负载特性。液压缸的运动速度为

$$v = \frac{q_{v2}}{A_2} = \frac{q_{v1}}{A_1} \qquad (7\text{-}7)$$

液压缸排出的流量等于通过节流阀的流量，即

$$q_{v2} = CA_T \Delta p^m \qquad (7\text{-}8)$$

式中　Δp——节流阀两端的压差，$\Delta p = p_2$。

p_2 可由活塞受力平衡方程求得，即

$$p_1 A_1 = p_2 A_2 + F$$

这里，$p_1 = p_P$，所以有

$$p_2 = p_P \frac{A_1}{A_2} - \frac{F}{A_2} \qquad (7\text{-}9)$$

将式（7-9）代入式（7-8），得

$$q_{v2} = CA_T \left(p_P \frac{A_1}{A_2} - \frac{F}{A_2} \right)^m$$

故液压缸的运动速度为

$$v = \frac{CA_T (p_P \frac{A_1}{A_2} - \frac{F}{A_2})^m}{A_2} \qquad (7\text{-}10)$$

比较式（7-5）和式（7-10）可以发现，进油路节流调速回路和回油路节流调速回路的速度负载特性基本相同。如果液压缸是两腔有效面积相同的双出杆液压缸（$A_1 = A_2$），那么两种调速回路的速度负载特性就完全一样，功率特性也一样。因此，进油路节流调速回路的一些分析对回油路节流调速回路完全适用。但是这两种调速回路仍有许多不同之处。

2）进、回油路节流调速回路比较。

① 承受负值负载的能力。回油路节流调速回路的节流阀使液压缸回油腔形成一定的背压，在负值负载时，背压能阻止工作部件的前冲，即能在负值负载下工作；而进油路节流调速由于回油腔没有背压力，因而不能在负值负载下工作。

② 停车后的起动性能。长时间停车后，当液压泵重新向液压缸供油时，在回油节流调速回路中，由于进油路上没有节流阀控制流量，会使活塞前冲；而在进油路节流调速回路中，由于进油路上有节流阀控制流量，故活塞前冲很小，甚至没有前冲。

③ 实现压力控制的方便性。在进油路节流调速回路中，进油腔的压力将随负载而变化，当工作部件碰到死挡铁而停止后，其压力将升到溢流阀的调定压力，利用这一压力变化来实现压力控制是很方便的；但在回油路节流调速回路中，只有回油腔的压力才会随负载而变化，当工作部件碰到死挡铁后，其压力将降至零，虽然也可以利用这一压力变化来实现压力控制，但其可靠性差，一般不采用。

④ 油液发热的影响。在进油路节流调速回路中，经过节流阀发热后的液压油将直接进入液压缸的进油腔，影响较大；而在回油路节流调速回路中，经过节流阀发热后的液压油将直接流回油箱冷却，影响较小。

⑤ 运动平稳性。在回油路节流调速回路中，由于有背压力存在，它可以起到阻尼作用；而在进油路节流调速回路中则没有背压力存在。因此，回油路节流调速回路的运动平稳性好一些，但是在使用单出杆液压缸的场合，无杆腔的进油量大于有杆腔的回油量，故在缸径、缸速均相同的情况下，进油路节流调速回路的节流阀通流面积较大，低速时不易堵塞。因此，进油路节流调速回路能获得更低的稳定速度。

⑥ 回油腔压力。在回油路节流调速回路中，回油腔压力 p_2 较高，特别是在轻载时，回油腔压力有可能比进油腔压力 p_1 还要高。这样会使节流功率损失大大提高，且加大泄漏，因而其效率实际上比进油路节流调速回路要低。

为了提高回路的综合性能，常采用进油路节流调速并在回油路上加背压阀的回路，使其兼具两者的优点。

（3）旁油路节流调速回路 这种节流调速回路是将节流阀装在与液压缸并联的支路上，如图7.20所示。节流阀调节了液压泵溢回油箱的流量，也就控制了进入液压缸的流量，调节节流阀的通流面积即可实现调速。由于溢流作用已由节流阀承担，故溢流阀实际上是安全阀，常态时关闭。因此，液压泵工作过程中的压力完全取决于负载而不恒定，所以这种调速方式又称为变压式节流调速。

1）速度负载特性。活塞运动速度为

$$v = \frac{q_{v1}}{A_1} = \frac{q_{vP} - q_{vT}}{A_1} \qquad (7\text{-}11)$$

通过节流阀的流量为

$$q_{vT} = CA_T \Delta p^m \qquad (7\text{-}12)$$

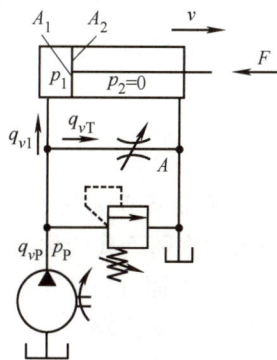

图7.20 旁油路节流调速回路

式中 $\Delta p = p_P = p_1$，p_1 可由平衡式求得，即

$$p_1A_1 = p_2A_2 + F \qquad (7\text{-}13)$$

由于此时 $p_2 = 0$ 所以 $p_1 = F/A_1$，将其代入式（7-12）得

$$q_{v\text{T}} = CA_{\text{T}}\left(\frac{F}{A_1}\right)^m \qquad (7\text{-}14)$$

故液压缸的运动速度为

$$v = \frac{q_{v\text{P}} - CA_{\text{T}}\left(\dfrac{F}{A_2}\right)^m}{A_1} \qquad (7\text{-}15)$$

根据式（7-15），选取不同的 A 值可作出一组速度负载特性曲线，如图 7.21 所示。

分析曲线可知，旁油路节流调速回路有如下特点：

① 开大节流阀阀口，活塞运动速度减小；关小节流阀阀口，活塞运动速度增加。

② 当节流阀通流面积 A 不变，负载增加时，活塞运动速度减小，其刚性比进、回油路节流调速更软。

③ 当节流阀通流面积一定时，负载越大，速度刚度越大。

④ 当负载一定时，节流阀通流面积 A 越小（即活塞运动速度越高），速度刚度越大。

⑤ 由图 7.21 可知，速度负载特性曲线在横坐标上并不交汇，其最大承载能力随节流阀通流面积 A 的增加而减小，即低速承载能力差，调速范围小。

2）功率与效率。液压泵的输出功率为

$$P_{\text{P}} = p_{\text{P}}q_{v\text{P}} = p_1q_{v\text{P}}$$

液压缸的输出功率为

$$P_1 = p_1q_{v1}$$

故功率损失为 $\quad \Delta P = P_{\text{P}} - P_1 = p_1q_{v\text{P}} - p_1q_{v1} = p_1(q_{v\text{P}} - q_{v1}) = p_1q_{v\text{T}} = \Delta p q_{v\text{T}} \qquad (7\text{-}16)$

式中　Δp ——节流阀进、出口压力差（Pa）；

$\quad q_{v\text{T}}$ ——通过节流阀的流量（m^3/s）。

回路的效率为

$$\eta = \frac{P_1}{P_{\text{P}}} = \frac{p_1q_{v1}}{p_1q_{v\text{P}}} = \frac{q_{v1}}{q_{v\text{P}}} \qquad (7\text{-}17)$$

旁油路节流调速回路只有节流损失而无溢流损失；泵的压力随负载变化，即节流损失和输入功率随负载变化而增减，不像上两回路泵压为恒定值。因此，此回路的效率较高。

从上面分析可得出，旁油路节流调速回路速度负载特性很软，低速承载能力又差，故其应用比上两回路少，一般只用于高速、重载和对速度平稳性要求很低的较大功率系统，如牛头刨床主运动系统、输送机械液压系统等。

（4）采用调速阀的节流调速回路　使用节流阀的节流调速回路，速度负载特性都比较软，变载荷下的运动平稳性都比较差。为了克服这个缺点，回路中的节流阀可由调速阀来代替。

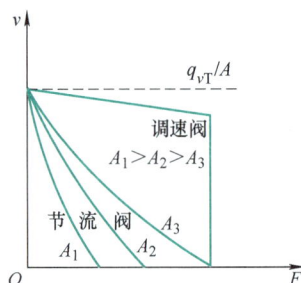

图 7.21　旁油路节流调速速度负载特性曲线

由于调速阀本身能在负载变化的条件下保证节流阀进、出油口间的压差基本不变，因而使用调速阀后，节流调速回路的速度负载特性将得到改善。旁油路节流调速回路的承载能力也不会因活塞速度降低而减小。但须注意，为了保证调速阀中定差减压阀起到压力补偿作用，调速阀两端压差必须大于一定数值，中低压调速阀为 0.5MPa，高压调速阀为 1MPa，否则调速阀和节流阀调速回路的负载特性将没有区别。由于调速阀的最小压差比节流阀的压差大，所以其调速回路的节流功率损失比节流阀调速回路要大一些。

2. 容积调速回路

容积调速回路是用改变变量泵或变量液压马达的排量进行调速的。在节流调速回路中，定量泵供应一定的流量，它不会因速度的降低而变少，供多用少，多余的流量要经溢流而损失；容积调速回路是泵供出的流量随着执行元件的需要而变化，没有多余的流量损失，系统发热少，效率高。但速度稳定性不高，速度会随着负载的增加而下降。它主要用在高速、大功率的工程、矿山、农业机械、大型机床、压力机等设备的液压系统中。

按油路循环方式的不同，容积调速回路可分为开式回路（泵－缸）和闭式回路（泵－马达）两种。开式回路是泵从油箱吸油，执行元件的回油再返回油箱进行油液循环的回路；闭式回路不经油箱进行循环，而是泵的吸油口和执行元件的回油口直接封闭循环连接。

（1）泵－缸式容积调速回路　如图 7.22a 所示，它是由变量泵和液压缸组成的容积调速回路。改变变量泵的排量，就可调节液压缸的运动速度，溢流阀 2 是安全阀。这种回路多应用于升降机、拉床、推土机等大功率设备中。

（2）泵－马达式容积调速回路　这种回路有三种形式。

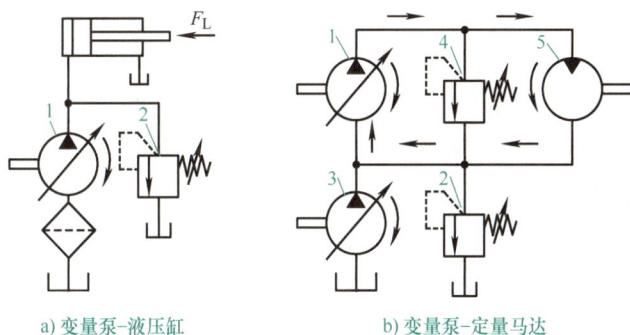

a) 变量泵-液压缸　　　　b) 变量泵-定量马达

图 7.22　容积调速回路（一）

1—变量泵　2，4—溢流阀　3—定量泵　5—液压马达

1）变量泵－定量马达组成的调速回路。如图 7.22b 所示，其原理是变量泵 1 打出的液压油进入液压马达 5 中，使液压马达旋转，液压马达的回油直接回到变量泵 1 的吸油口，形成一个闭式回路。因泵和马达都有泄漏，所以定量泵 3 是补油低压泵，压力由溢流阀 2 调节，溢流阀 4 则作为安全阀使用。改变变量泵的排量，就可调节液压马达的转速，常用于工程机械和塑料机械中。

2）定量泵－变量马达组成的调速回路。如图 7.23a 所示，泵的流量为定值，要调整马达的转速，则需要调整变量马达的排量，其原理同上。

3）变量泵－变量马达组成的调速回路。如图 7.23b 所示，双向变量泵 4 和双向变量马达 9 组成闭式容积调速回路，马达可正反向旋转，单向阀 7 和 8 使溢流阀 3 起双向过载保护作用。单向阀 5 和 6 能使泵 1 双向补油。

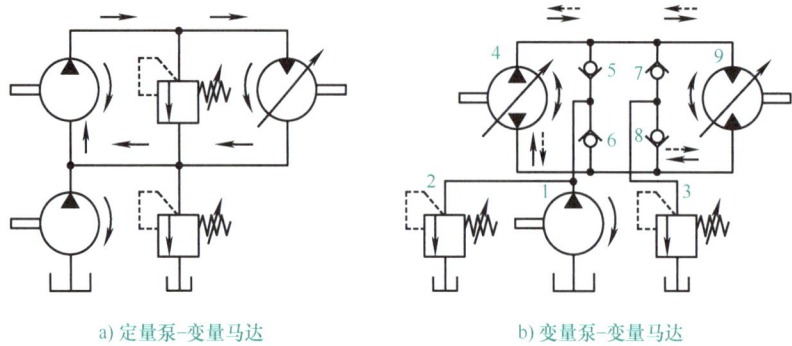

a) 定量泵–变量马达　　　　b) 变量泵–变量马达

图 7.23　容积调速回路（二）

1—定量泵　2，3—溢流阀　4—双向变量泵　5～8—单向阀　9—双向变量马达

3. 容积节流调速回路

容积调速回路虽然具有效率高、发热少的优点，但随着负载的增加，容积效率将下降，于是速度发生变化，尤其低速时稳定性更差，此时可采用容积节流调速回路。这种回路的特点是效率高，发热少，速度刚性比容积调速回路好。

图 7.24a 所示为容积节流调速回路。这种回路的工作原理是采用限压式变量泵供油，用流量阀调定进入液压缸的流量，而变量泵的输油量能自动地与通过调速阀进入液压缸的流量相适应。若关小调速阀，q_1 减小，泵的流量来不及跟着变化，这时，$q_P > q_1$，泵口堆积的多余油液使泵的供油压力 p_P 上升，经过变量泵的反馈调整，偏心率变小，输出流量自动减小，直到 $q_P = q_1$；反之，若开大调速阀，q_1 增大，泵的流量来不及跟着变化，这时 $q_P < q_1$，泵口压力 p_P 减小，经过变量泵的反馈调整，偏心率增大，输出流量自动增加，直到 $q_P = q_1$。调速回路虽有节流损失，但没有溢流损失，效率较节流调速回路高，速度稳定性比容积调速回路好，常用在速度范围大的中、小功率液压系统。

图 7.24b 所示为容积节流调速回路压力 – 流量特性曲线。D 点为液压泵的工作点，F 点为液压缸的工作点，泵的工作压力和流量分别为 p_P 和 q_1，缸的工作压力和流量分别为 p_1 和 q_1，Δp 是调速阀两端的压力差，Δp_{min} 是保证调速阀正常工作的最小压力差。工作时，应合理调整泵的特性曲线 BC 段，使 Δp 约等于 Δp_{min}，使泵的功率损失（图中阴影部分的面积）最小。

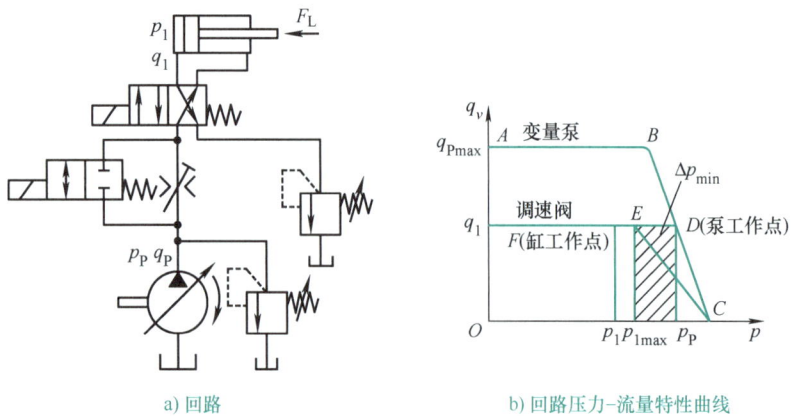

a) 回路　　　　b) 回路压力-流量特性曲线

图 7.24　容积节流调速回路

二、快速运动回路

快速运动回路又称为增速回路，当液压缸空载运行时，为了缩短空程运行时间，提高生产效率，要求液压执行元件高速运行，一般把能够实现这种要求的回路称为快速运动回路，例如，快进或快退阶段。当液压缸带负载工作时，要求其运动速度慢，以获得较高的产品质量，实现这种要求的回路称为慢速运动回路，例如，工进阶段。

在机床"快进—工进—快退"的自动工作循环中，在快进和快退时，负载轻、压力低、流量大，工作进给时刚好相反。若用大流量的定量泵供油，则慢速时大部分流量从溢流阀溢回油箱，将造成很大的功率损失。为此，在选用小流量泵的情况下，利用几种快速运动回路可达到节能降耗的目的。

快速运动回路有多种，常见的有差动连接、双泵供油、蓄能器供油、充液增速等回路。

1. 差动连接快速运动回路

图 7.25a 所示为差动连接快速运动回路。该回路能够实现"快进—工进—快退"的工作循环，它能在不增大液压泵流量的情况下提高液压缸的运动速度。

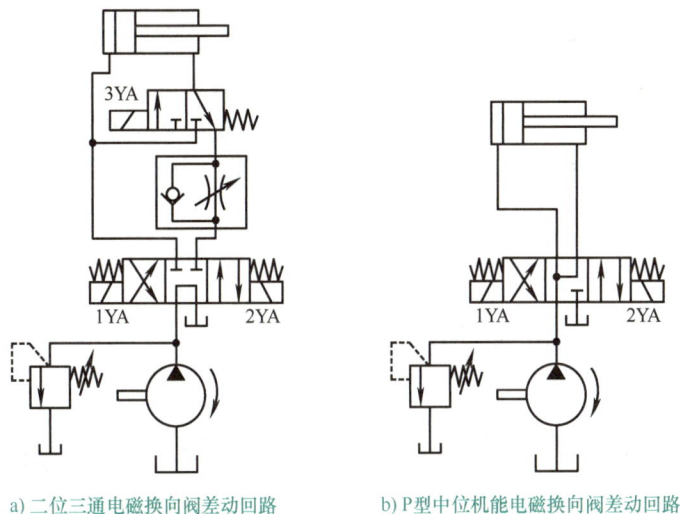

a) 二位三通电磁换向阀差动回路　　　　b) P型中位机能电磁换向阀差动回路

图 7.25　差动连接快速运动回路

（二维码注释：液压缸差动连接快速回路）

快进时，定量泵打出的液压油经三位四通电磁换向阀的右位（2YA 通电）进入液压缸的左腔，推动活塞向右运动；液压缸右腔的回油经二位三通电磁换向阀的左位（3YA 通电）又进入液压缸的左腔，从而加大了液压缸左腔的流量而实现快速运动。工进时，定量泵打出的液压油经三位四通电磁换向阀的右位进入液压缸的左腔，推动活塞向右运动；液压缸右腔的回油经二位三通电磁换阀的右位（3YA 断电）向下，通过节流阀，再通过三位四通电磁换向阀的右位回油箱，实现了慢速进给。

快退时，定量泵打出的液压油经三位四通电磁换向阀的左位（1YA 通电），通过单向阀，再经二位三通电磁换阀的右位进入液压缸的右腔，推动活塞向左运动；液压缸左腔的回油通过三位四通电磁换向阀的左位回油箱，实现了快速退回运动。

以上差动连接快速运动回路中，使用了二位三通电磁换阀和三位四通电磁换向阀配合实现差动连接，也可以直接用 P 型中位机能的三位四通电磁换向阀来实现。图 7.25b 所示为 P 型中位机能电磁换向阀的差动连接快速运动回路。

差动回路简单实用，但其快速运动的速度有限。且只能用于单杆缸，对于双杆缸则无此种连接方式。

2. 双泵供油快速运动回路

图 7.26 所示为双泵供油快速运动回路。它由高压小流量泵 1 和低压大流量泵 2 组成的双联泵作为动力源，也可以是两台独立的单泵。溢流阀 6 调定高压小流量泵 1 供油时的工进最高工作压力（高压），卸荷阀 3（外控内泄顺序阀）调定的压力应高于空载快进时系统压力的 0.5MPa，而应低于工进系统压力，即卸荷阀 3 应比溢流阀 6 的调定压力至少低 10% ～ 20%。

快进时，因无负载，系统压力低，卸荷阀 3 关闭，低压大流量泵 2 打出的液压油经单向阀 4 与高压小流量泵 1 打出的液压油合并，一起通过二位二通电磁换向阀 8 的左位和二位四通电磁换向阀 9 的左位进入液压缸左腔，推动活塞快速向右运动；液压缸右腔的回油经换向阀 9 的左位回油箱，从而实现快速运动。

工进时，系统压力升高，卸荷阀 3 被打开，低压大流量泵 2 经此阀卸荷。单向阀 4 的右侧是高压、左侧是低压，使通道被关闭，此时高压小流量泵 1 打出的液压油经节流阀 7 和二位四通电磁换向阀 9 的左位进入液压缸左腔，推动活塞慢速向右运动，实现工进。

快退时，卸荷阀 3 再次关闭，双泵打出的液压油一起通过二位二通电磁换向阀 8 的左位和二位四通电磁换向阀 9 的右位进入液压缸右腔，推动活塞快速向左运动；液压缸左腔的回油经阀换向 9 的右位回油箱，从而实现了快速退回运动。

双泵供油快速运动回路工进时大流量泵卸荷，减少了功率消耗，效率较高。这种回路常用在执行元件轻载快进时需要低压大流量、重载工进时需要高压小流量的速度相差较大的场合。但这种泵的成本较高，主要用于组合机床、注塑机等设备的液压系统中。

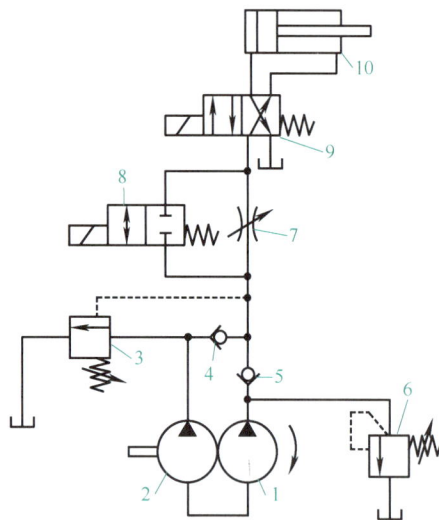

图 7.26　双泵供油快速运动回路

1—高压小流量泵　2—低压大流量泵　3—卸荷阀　4，5—单向阀　6—溢流阀
7—节流阀　8—二位二通电磁换向阀　9—二位四通电磁换向阀　10—液压缸

3. 蓄能器快速运动回路

图 7.27 所示为蓄能器快速运动回路。通过接入蓄能器，可以在不增大液压泵流量的情况下提高液压缸运动的速度。

当缸停止工作时，三位四通电磁换向阀处于中位，泵经单向阀向蓄能器充液；当蓄能器压力升到卸荷阀（外控内泄顺序阀）调定压力时，泵卸荷；当缸工作时，三位四通电磁换向阀换到左位或右位，蓄能器和泵同时向液压缸供油，实现了快速运动。回路中卸荷阀的调定压力应高于系统最高工作压力，以防止工作行程时卸荷阀使泵卸荷导致的液压缸无法工作。

这种回路只适用于短时期内需要大流量的场合，中间应有足够停歇时间向蓄能器充液。

4. 自动补液快速运动回路

图 7.28 所示为自动补液快速运动回路。对于立式、运动部件重量大的设备（如液压机），可以利用其下行过程中运动部件的重量作为动力实现空行程时快速向下运动，该系统结构简单，功率消耗少。

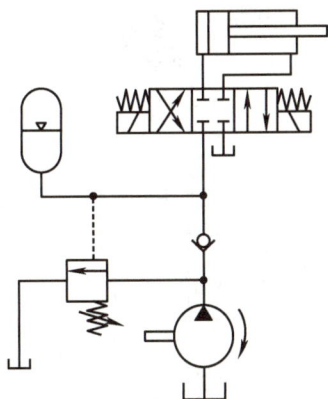

图 7.27　蓄能器快速运动回路

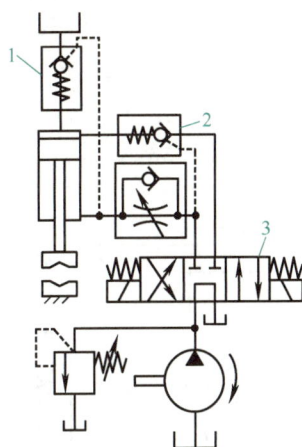

图 7.28　自动补液快速运动回路

1，2—单向阀　3—三位四通电磁换向阀

快速下行时，三位四通电磁换向阀 3 换到左位，泵打出液压油进入缸的上腔，活塞下行。因运动部分很重，靠本身自重下降很快，这时泵的供油量不能满足上腔的需油量，上腔形成真空，上面的高位油箱中的油液在大气压的作用下自动经液控单向阀 1 向缸的上腔进行补油，实现了快速运动。

工进时，模具接触工件进行成型压制，上腔压力升高而大于大气压力，上面的液控单向阀 1 自动关闭，这时只有泵的供油，开始慢速运动。

快退时，电磁换向阀 3 换到右位，泵的供油进入下腔，活塞上行。上腔回油一部分经液控单向阀 2 回油箱，一部分经液控单向阀 1 充入上面的高位油箱。

三、速度换接回路

速度换接回路是指执行元件在完成一个自动工作循环的过程中，需要从一种运动速度转换到另一种运动速度。如从快进自动转换为工进，机床的二次进给：由第一工进速度转换为第二工进速度。这种回路要求换接时速度平稳，换接位置精度高，不允许有前冲现象发生。常见的转换有快、慢速的换接和两种慢速之间的换接。

1. 快、慢速换接回路

以上的快速运动回路都可以使液压缸的运动由快速转换为慢速，以下再介绍两种常用的换接回路。

（1）采用行程阀的快、慢速换接回路　如图7.29所示，当换向阀2换到左位，行程阀1处于下位导通状态，则液压缸的运动为快进；当活塞所连接的挡块运动到压下行程阀1时，该阀处于上位关闭状态，液压缸的回油只有通过节流阀回油箱，这时的运动就变为工进；当换向阀2换到右位时，则泵打出的液压油主要通过单向阀进入液压缸的右腔，液压缸实现快退。

行程阀的快、慢速换接回路因行程阀在被压下的过程中其阀口是逐渐关闭的，所以，速度的换接比较平稳，液压冲击小，换接点的位置比较精确，但是行程阀的安装位置必须在液压缸附近能触碰到的位置，不能任意布置，管路连接起来较为复杂。

（2）采用电磁阀的快、慢速换接回路　图7.30所示为将以上的行程阀改为二位二通电磁阀，并通过挡块压下电气行程开关进行操纵，安装连接起来比较方便，且动作快，便于实现自动快、慢速的转换。但这种回路速度换接的平稳性差，液压冲击大，可靠性及换向位置精度都不太理想。

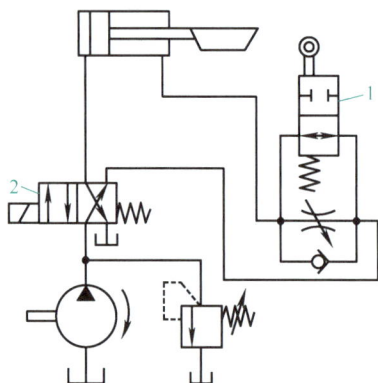

图7.29　行程阀快、慢速换接回路
1—行程阀　2—换向阀

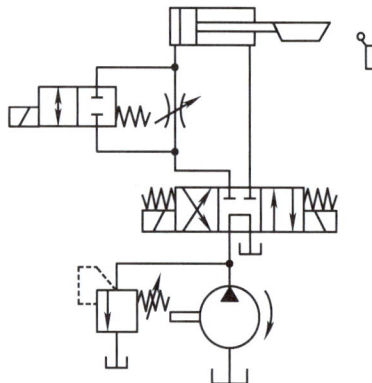

图7.30　电磁阀快、慢速换接回路

2. 两种慢速换接回路

某些设备需要在自动工作循环中有两种工进速度进行转换，第一工进往往为稍高的速度，以实现粗加工；第二工进速度较低，多用于精加工。要实现这两种速度的转换，一般通过两个预调好的调速阀迅速切换实现，这两个调速阀的安装形式有串联和并联两种。

（1）串联调速阀的两种慢速换接回路　图7.31为串联调速阀的慢速换接回路。当2YA通电时，泵打出的液压油经三位四通电磁换向阀右位和左边二位二通电磁换向阀的右位进入液压缸的左腔，实现液压缸的快进；2YA、3YA通电，则泵打出的液压油经调速阀1和二位二通电磁换向阀4的左位进入液压缸，实现第一次工进；2YA、3YA、4YA均通电，则泵打出的液压油经调速阀1和2进入液压缸，实现第二次工进，其速度由调速阀2调定，且应比调速阀1的流量小，因通过的流量由流量小的阀来限定。

这种回路换接时不会使液压缸产生前冲现象，速度换接平稳性高，但缺点是一个工进要比另一工进的速度小才可使用，又因需要经过两个阀，压力损失大，效率低。

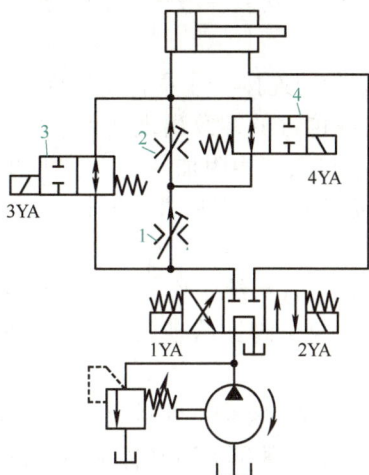

图 7.31　串联调速阀的两种慢速换接回路

1，2—调速阀　3，4—二位二通电磁换向阀

（2）并联调速阀的两种慢速换接回路　图 7.32 为并联调速阀的慢速换接回路。这种回路的两次工进速度可单独调节，两个调速阀开度大小互不影响。分别经过调速阀 1 和 2，便可得到两次工进速度，但液压缸会发生前冲现象。因一阀工作时，另一阀无油液通过，减压阀处于非工作状态，阀口全开，瞬间换接时，它不起减压作用，液压油大量通过此阀而产生液压冲击。因此，它不能用在加工过程中的速度换接。

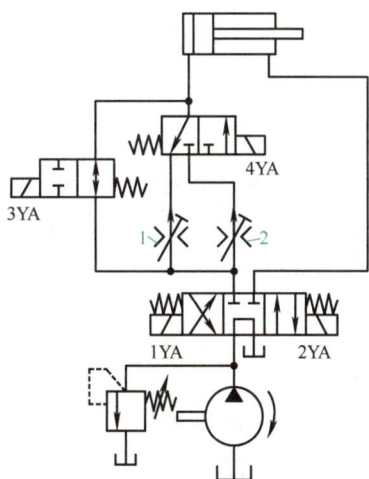

图 7.32　并联调速阀的两种慢速换接回路

1，2—调速阀

技能训练

训练3　根据现有设备和实训条件制订实训计划，选择性地组装不同的调速回路。验证其工作原理，了解其性能特点，学习常见故障的诊断及排除方法。

1）在 FluidSIM 软件里建立液压回路图（必要时还要建立电气控制图），进行液压仿真，模拟调试回路运行过程，直至能够按照预定要求正确运行。

2）根据仿真生成的回路图选择所需要的元器件。

3）将各元器件按合适的布局位置安装在液压综合实训台面板上（液压元器件都比较重，搬动时要注意安全）。

4）按油路逻辑顺序完成各油管的连接。注意各元器件油孔标识字符等，弄清各进出油口的连接顺序；同时要防止接头体或螺母的螺纹出现伤痕，使密封性能下降，造成泄漏；选用适当长度的软管，不要使软管和管接头产生附加的受力、扭曲、急剧弯曲、摩擦等不良工况。

5）学生请教师检查回路连接情况。无误后方可开机，以确保无人身安全隐患；操作者需爱护实训室各设备，谨慎操作。

6）安全操作：接通主油路，调节好系统工作压力，调试回路。将流量阀调到不同的开度，观察回路现象，分析回路原理。如果出现回路现象不能验证原理的情况，检查回路，发现问题，解决问题。

7）验证结束后，拆卸回路，清理元器件、实验台，打扫实训室卫生。

8）规章制度：教师和学生都必须遵守实训室各项规章制度，包括操作流程、着装要求、清洁整理等内容。

任务四 多缸控制回路分析

▶▶ 任务概述

了解多缸控制的顺序动作回路、同步回路、互锁回路和互不干扰回路的作用、构成、回路原理及应用。

▶▶ 知识与技能

在液压系统中，用一个油源给两个或多个液压缸提供液压油，各缸的运动关系可按一定的要求进行控制。但各个液压缸会因压力和流量的彼此影响而在动作上相互牵制或干涉，为此，必须使用一些特殊的回路才能实现预定的动作要求，如顺序动作回路、同步回路和互不干扰回路等。

一、顺序动作回路

在多缸液压系统中，控制各个液压缸严格按规定的先后顺序进行动作的回路就是顺序动作回路。按控制的方式不同，顺序动作回路可分为行程控制的顺序动作回路和压力控制的顺序动作回路。

1. 行程控制的顺序动作回路

行程控制就是利用液压缸运动到指定的位置时触碰控制装置或使其发出控制信号，用以起动下一个液压缸的动作开始，使各个液压缸之间实现顺序动作的控制过程。行程控制可以用行程阀、行程开关等来实现。

（1）行程阀控制的顺序动作回路 如图7.33a所示，两液压缸的动作顺序为①→②→③→④，工作循环开始前，两液压缸的停留位置如图中所示。

行程控制的顺序动作回路

178

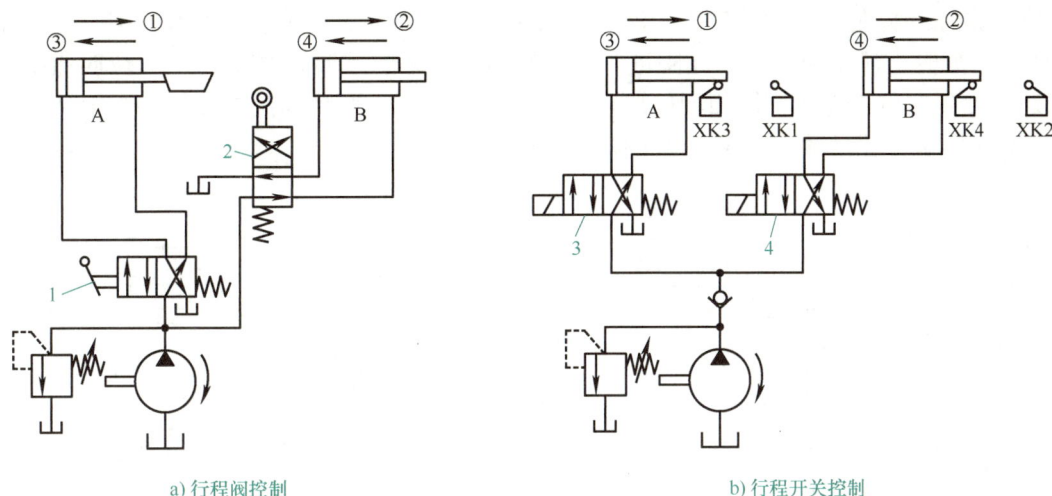

a) 行程阀控制　　　　　　　　　　　　　　　　b) 行程开关控制

图 7.33　行程控制的顺序动作回路

1—二位四通手动换向阀　2—二位四通机动换向阀　3, 4—二位四通电磁换向阀

当搬动二位四通手动换向阀 1 到左位时, 泵打出的液压油经此阀进入液压缸 A 的左腔, 推动活塞向右运动, 完成动作①; 当液压缸 A 到达其预定的位置时, 其挡块压下阀 2 后, 其阀芯下移, 此阀换到上位工作, 液压油进入液压缸 B 的左腔, 推动活塞右移, 完成动作②; 当液压缸 B 到达终点后, 松开手动换向阀 1 使之回到右位工作, 液压油进入液压缸 A 的右腔, 推动活塞左行, 完成动作③; 当液压缸 A 的挡块离开阀 2 时, 此阀复位, 回到下位工作, 液压油进入液压缸 B 右腔使其向左运动, 完成动作④。

这种回路工作可靠, 不会产生误动作, 顺序动作换向平稳, 位置精度高, 行程位置可调, 但须调整行程阀的安装位置, 动作顺序一经确定再改变就比较困难, 同时管路长, 布置较麻烦。

（2）行程开关控制的顺序动作回路　如图 7.33b 所示, 两液压缸的动作顺序仍为①→②→③→④, 把它改为用行程开关控制来实现这一动作循环。

当二位四通电磁换向阀 3 得电时, 其在左位工作, 泵打出的液压油经此阀进入液压缸 A 的左腔, 推动活塞向右运动, 完成动作①; 当液压缸 A 到达其预定的位置时, 其挡块触动行程开关 XK1 后, 通过电气控制线路使换向阀 4 得电换到左位工作, 液压油进入液压缸 B 的左腔, 推动活塞右移, 完成动作②; 当液压缸 B 到达预定点后, 其挡块触动行程开关 XK2 后, 使换向阀 3 失电回到右位工作, 液压油进入液压缸 A 的右腔, 推动活塞左行, 完成动作③; 当液压缸 A 的挡块触动行程开关 XK3 后, 使换向阀 4 失电回复到右位工作, 液压油进入液压缸 B 右腔使其向左运动, 完成动作④, 至此, 便完成了一个工作循环过程。液压缸 B 的挡块触动行程开关 XK4 后, 即可以开始下一个循环过程。

这种回路是通过行程开关和电气控制线路对电磁换向阀进行控制, 从而实现顺序动作。因行程开关布置灵活方便, 改变电气线路或程序即可方便地改变动作顺序, 所以液压缸动作的顺序和行程调整都比较方便, 易于可靠地实现自动控制。但其转换平稳性不好, 且动作顺序的可靠性主要取决于电气元件的质量, 多用于机床等转换位置精度较高的设备。

2. 压力控制的顺序动作回路

压力控制的顺序动作回路就是利用液压系统在工作过程中的压力变化来实现执行元件顺序动作的回路。一般用单向顺序阀或压力继电器来实现这种回路。

压力控制的顺序动作回路

（1）顺序阀的压力控制顺序动作回路　如图 7.34a 所示, 当三位四通换向阀 1YA 通电换到右位工作时，实现缸 A 的动作①；液压缸 A 右行到终点时，系统压力升高，当升到顺序阀 2 的调定压力时，液压油便打开此阀进入液压缸 B 的左腔，实现动作②；当三位四通换向阀 2YA 通电换到左位工作时，用相同的原理完成动作③和④；两换向阀电磁铁均断电回复到中位时，两液压缸停止运动，完成一个工作循环过程。

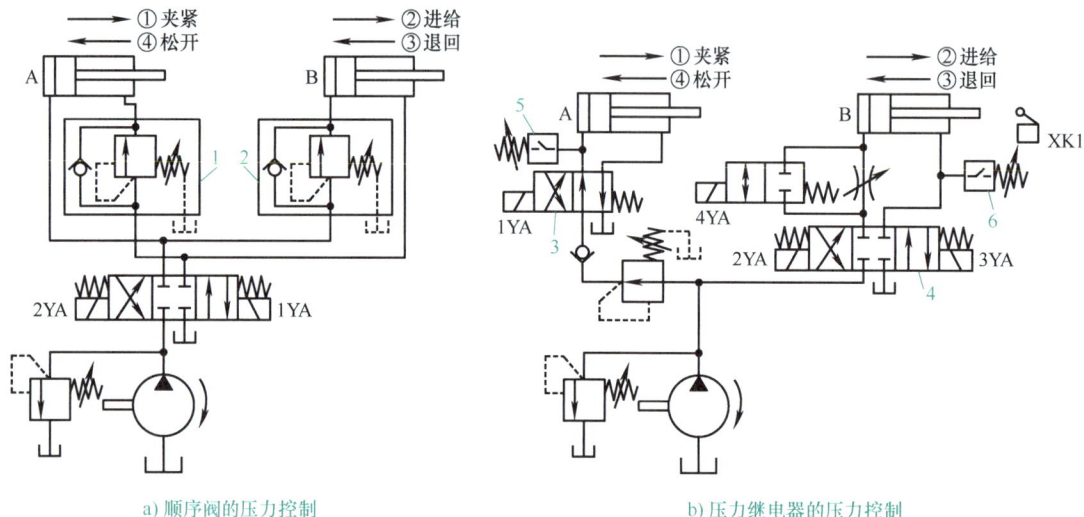

a) 顺序阀的压力控制   b) 压力继电器的压力控制

图 7.34 压力控制的顺序动作回路

1, 2—单向顺序阀 3—二位四通电磁换向阀 4—三位四通电磁换向阀 5, 6—压力继电器

这种回路动作灵敏，安装连接较方便，但可靠性不高，位置精度低。它的动作可靠性主要取决于顺序阀的性能及其压力调定值。为防止因压力冲击或波动而造成顺序阀的误动作，顺序阀的调定压力应比前一个缸动作时的工作压力高出 10% ~ 15%（0.5 ~ 1MPa）。这种回路适用于缸数不多、负载变化小的场合。

（2）压力继电器的压力控制顺序动作回路 图 7.34b 所实现的顺序动作是与上相同的 4 个步骤。开机时，二位四通换向阀 3 在右位工作，实现液压缸 A 的动作①；液压缸 A 右行到终点时，系统压力升高，当升到压力继电器 5 的调定压力时，控制右边换向阀 4 右端电磁铁 3YA 得电，液压油便通过此阀的右位进入液压缸 B 的左腔实现动作②；液压缸 B 右行到终点时，其挡块触动行程开关 XK1，使 2YA 得电，换向阀 4 换到左位工作，液压油便通过此阀进入液压缸 B 的右腔完成动作③；缸 B 左行到达终点后，系统压力升高，当升到压力继电器 6 的调定压力时，换向阀 3 得电左位工作，液压油进入液压缸 A 的右腔，推动活塞左行，完成动作④，至此，完成一个工作循环过程。

顺序动作②和④是由压力继电器实现的，动作③是由电气控制（行程开关）实现的，压力继电器的调定压力应比前一动作时的压力高约 10% ~ 15%（0.5 ~ 1MPa），才不至于因系统压力波动而产生误动作。

二、同步回路

同步回路就是保持两个或多个液压缸在运动中的相对位置不变或以相同的速度运动。

在多缸液压系统中，影响同步精度的因素有很多，如泄漏、摩擦阻力、制造精度、外负载等，都会使同步难以保证，为此，同步回路要尽量克服或减少这些因素的影响。

1. 串联液压缸同步回路

图 7.35 所示为两液压缸串联的同步回路。油路连接时，两液压缸串联，液压缸 1 下腔的

有效面积与液压缸 2 上腔的有效面积相等。把三位四通电磁换向阀 5 接入右位时，两缸应同步下行。因液压缸 1 下行时，从下腔排出的油液进入液压缸 2 上腔后，液压缸 2 也同时下行，两液压缸的升降便得到同步，但会有不确定因素使两个活塞产生同步位置误差。

若液压缸 1 先运动到下终点，液压缸 2 的上腔就得不到来自液压缸 1 下腔的供油，但液压缸 1 的活塞杆会触动接入它下端的行程开关，使三位四通电磁换向阀 4 的 4YA 得电换到右位工作，压力油就经液控单向阀进入液压缸 2 上腔，使液压缸 2 继续下行到终点为止。

若液压缸 2 先运动到下终点，液压缸 1 的下腔就会因无法回油而停止运动，但液压缸 2 的活塞杆会触动接入它下端的行程开关，使三位四通电磁换向阀 4 的 3YA 得电换到左位工作，液控单向阀的反向通道打开，液压缸 1 下腔的剩余压力油就经液控单向阀 3、电磁换向阀 4 的左位回油箱，使液压缸 1 继续下行终点为止。

补偿措施使两液压缸的同步误差在每一次下行运动中得以及时消除，避免了累积误差。因这种回路是串联液压缸，泵的供油压力至少是两液压缸工作压力之和，所以它只适用于负载较小的液压系统。

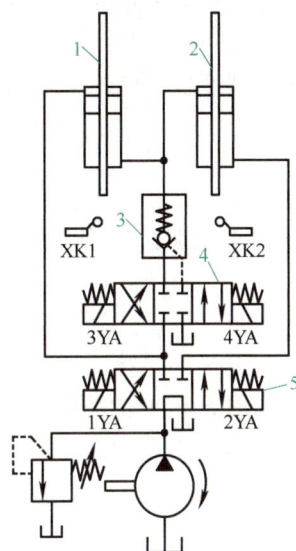

图 7.35　串联液压缸同步回路

1，2—液压缸　3—液控单向阀
4，5—三位四通电磁换向阀

2. 刚性连接式同步回路

图 7.36 所示为刚性连接式同步回路。刚性连接式同步回路就是将两个或几个液压缸的活塞杆用机械装置（如齿轮或刚性梁）连接在一起，使它们的运动相互受牵制，从而使这两个或几个液压缸运动同步。这种同步方法结构简单，工作可靠，但不宜使用在两缸距离过大或两缸负载差别过大的场合。

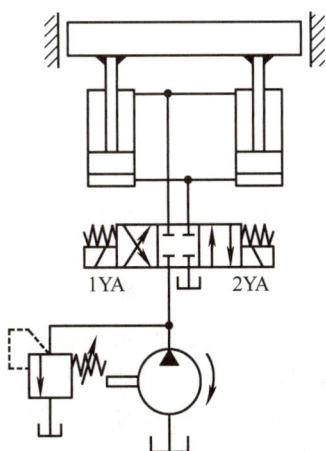

图 7.36　刚性连接式同步回路

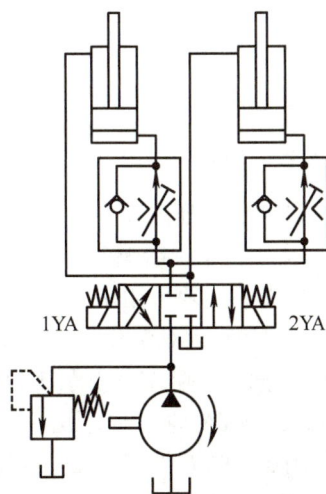

图 7.37　调速阀控制的速度同步回路

3. 调速阀控制的同步回路

图 7.37 所示为采用调速阀控制的速度同步回路。图中两个调速阀可分别调节进入两个并

联液压缸下腔的流量，使两液压缸活塞向上伸出的速度相等。这种回路可用于两液压缸有效工作面积相等的情况，也可用于两液压缸有效工作面积不相等的情况，其结构简单，使用方便，且可以调速。缺点是受油温变化和调速阀性能差异等影响，不易保证位置同步，速度的同步精度也较低，一般为 5% ～ 7%，常用于同步精度要求不高的系统中。

三、互锁回路

在多缸工作的液压系统中，有时要求在一个液压缸运动时不允许另一个液压缸有任何运动。这时就要用到液压缸互锁回路。

图 7.38 所示为双缸并联互锁回路。当三位六通电磁换向阀 5 位于中位，液压缸 B 停止工作时，二位二通液动换向阀 1 右端的控制油路（图中虚线）经阀 5 中位与油箱连通，因此其左位接入系统。这时，压力油可经阀 1、阀 2 进入液压缸 A 使其工作。当阀 5 左位或右位工作时，压力油可进入液压缸 B 使其工作。这时，压力油还进入了阀 1 的右端使其右位接入系统，因而切断了液压缸 A 的进油路，使液压缸 A 不能工作，从而实现了两液压缸运动的互锁。

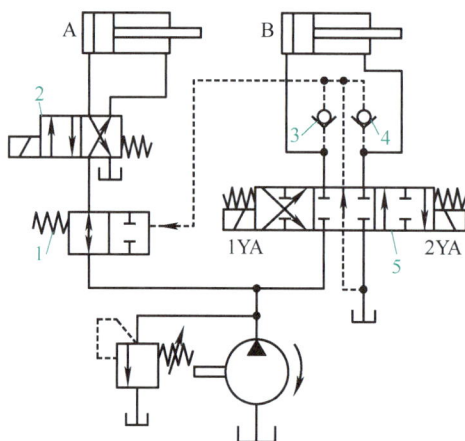

图 7.38　双缸并联互锁回路

1—二位二通液动换向阀　2—二位四通电磁换向阀　3，4—单向阀　5—三位六通电磁换向阀

四、互不干扰回路

在一泵多缸的液压系统中，往往由于其中一个液压缸快速运动，大量的液压油进入该缸，使整个系统压力下降，影响其他液压缸进给速度的稳定性。因此，在进给速度要求比较稳定的多缸液压系统中，须采用快慢速互不干扰回路。

图 7.39 图所示为双泵供油多缸快速互不干扰回路。各缸快速进退都由大泵 2 供油，当任一缸进入工进时，则改由小泵 1 供油，彼此无牵连，也就无干扰。图示状态下，各缸原位停止。当 3YA，4YA 通电时，阀 7、阀 8 左位工作，两缸都由大泵 2 供油，做差动快进，小泵 1 的油在阀 5、阀 6 处被堵截。若液压缸 A 先完成快进，由行程开关使电磁铁 1YA 通电，3YA 断电，此时大泵 2 至液压缸 A 的进油路被切断，而小泵 1 的进油路打开，液压缸 A 由调速阀 3 调速做工进，液压缸 B 仍做快进，互不影响。当各缸都转为工进后，它们全由小泵供油。此后，若液压缸 A 率先完成工进，则行程开关应使阀 5 和阀 7 的电磁铁都通电，液压缸 A 即由大泵 2 供油快退。当各电磁铁都断电时，各液压缸都停止运动，并被锁于所在位置上。

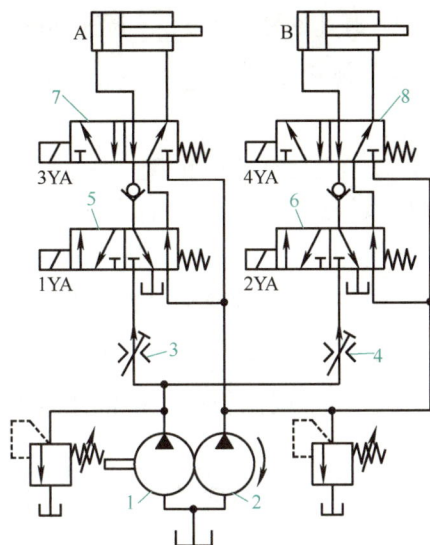

图 7.39 双泵供油多缸快速互不干扰回路

1，2—液压泵 3，4—调速阀 5～8—二位五通电磁换向阀

技能训练

训练4 根据现有设备和实训条件制订实训计划，选择性地组装各类多缸控制回路。验证其工作原理，了解其性能特点，学习常见故障的诊断及排除方法。

1）在 FluidSIM 软件里建立液压回路图（必要时还要建立电气控制图），进行液压仿真，模拟调试回路运行过程，直至能够按照预定要求正确运行。

2）根据仿真生成的回路图选择所需要的元器件。

3）将各元器件按合适的布局位置安装在液压综合实训台面板上（液压元器件都比较重，搬动时要注意安全。）

4）按油路逻辑顺序完成各油管的连接。注意各元器件油孔标识字符等，弄清各进出油口的连接顺序；同时要防止接头体或螺母的螺纹出现伤痕，使密封性能下降，造成泄漏；选用适当长度的软管，不要使软管和接头引起附加的受力、扭曲、急剧弯曲、摩擦等不良工况。

5）学生请教师检查回路连接情况。无误后方可开机，以确保无人身安全隐患；操作者须爱护实训室各设备，谨慎操作。

6）安全操作：接通主油路，调节好系统工作压力，调试回路。如果各个液压缸没按照仿真要求动作，应检查管路是否接好，压力油是否送到位，发现问题，解决问题。

7）验证结束后，拆卸回路，清理元器件、实验台，打扫实训室卫生。

8）规章制度：教师和学生都必须遵守实训室各项规章制度，包括操作流程、着装要求、清洁整理等内容。

项 目 训 练

一、填空题

1. 液压基本回路是由一定数量的_____组成的，能实现_____的典型回路。

2.常用的调速回路有_____调速回路、_____调速回路和_____调速回路。

3.节流调速回路有_____节流调速回路、_____节流调速回路和_____节流调速回路。

4.使用的最多的快速回路有_____快速回路和_____快速回路。

5.调压回路的功能是使液压系统或系统中的一部分压力_____，或为了安全而限定系统的_____。

6.减压回路的功能是使液压系统中某一支路的工作压力_____系统的工作压力。

7.卸荷回路的功能是使液压泵在功率消耗_____的状态下_____。

8.平衡回路的功能是_____垂直或倾斜放置的液压缸和与之相连的工作部件因自重而_____。

9.多缸控制回路主要有_____控制回路、_____控制回路、_____控制回路和_____控制回路。

10.常用的顺序动作控制回路有_____控制和_____控制两大类。

二、选择题

1.下列基本回路中，属于容积节流调速回路的是（　　　）。

A.定量泵和节流阀调速回路　　　　　B.变量泵调速回路

C.变量泵与调速阀调速回路　　　　　D.变量泵和定量马达调速回路

2.要实现快速运动可采用（　　）回路。

A.差动连接快速回路　　　　　　　　B.调压回路

C.卸荷回路　　　　　　　　　　　　D.进油节流调速回路

3.为使减压回路可靠地工作，其减压阀的最高调整压力应（　　　）系统压力。

A.大于　　　　　B.小于　　　　　C.等于　　　　　D.不低于

4.在三位换向阀中位机能卸荷回路中，不能采用（　　　）中位机能的换向阀。

A.M型　　　　　B.H型　　　　　C.K型　　　　　D.O型

5.在图7.40所示三级调压回路中，溢流阀1的调整压力为8MPa，溢流阀2和3的调整压力分别为3MPa和2MPa，问当1YA通电时，系统能够得到的最高工作压力为（　　　）。

A.8MPa　　　　　B.3MPa　　　　　C.2MPa　　　　　D.0

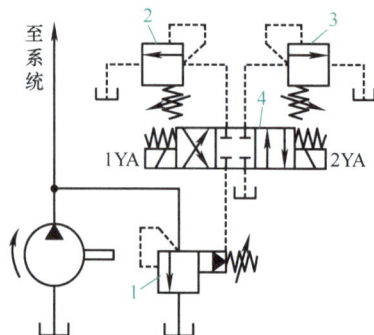

图7.40　选择题5图

1—先导式溢流阀　2，3—直动式溢流阀　4—三位四通电磁换向阀

三、简答题

1. 什么是液压基本回路？常用的液压基本回路按其功能可分为哪几类？

2. 常用的换向回路有哪几种？一般应用在什么场合？

3. 什么是速度控制回路？主要有哪几种类型？

4. 什么是节流调速？什么是容积调速？各有哪几种类型？

5. 在液压系统中为什么设置背压回路？背压回路与平衡回路有何区别？

6. 比较采用两调速阀串联或并联的二次工进回路的特点。

7. 在图 7.3b 所示的液压锁紧回路中，为什么采用 H 型中位机能的三位换向阀？如果换成 M 型中位机能的三位换向阀，会出现什么情况？

8. 在液压系统中为什么要设置快速运动回路？实现执行元件快速运动的方法有哪些？各适用于什么场合？

9. 什么是压力控制回路？主要有哪几种类型？

10. 容积节流调速回路的流量阀和变量泵之间是如何实现匹配的？

四、计算题

1. 如图 7.41 所示，若已知负载 $F_A > F_B$，试判断液压缸 A 和液压缸 B 哪一个先运动？哪一个运动速度快？为什么？

2. 如图 7.42 所示，回路中定量泵是怎样卸荷的？压力继电器和蓄能器起何作用？

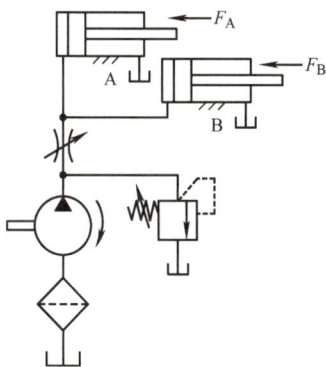

图 7.41　计算题 1 图

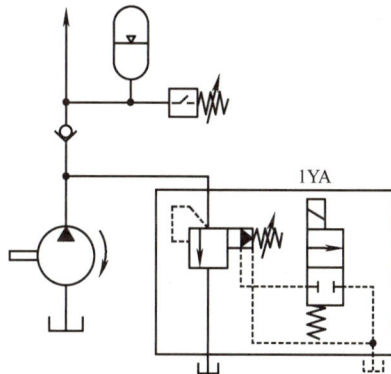

图 7.42　计算题 2 图

3. 在图 7.43 所示的液压回路中，活塞直径为 70mm，活塞杆直径为 30mm，快进速度为 12m/min，工进速度为 1m/min，负载为 6kN，节流阀两端的压差为 0.5MPa，其余损失不计，计算回路工进时的效率；若要提高回路效率，可采用什么方案？

4. 在图 7.44 所示的液压回路中，溢流阀的调定压力如图中所示，分析它是几级调压回路？回路能否卸荷？

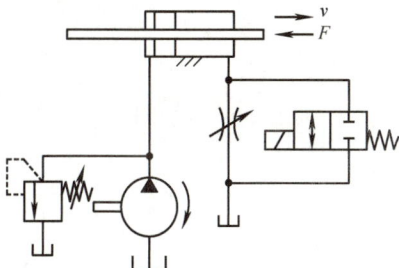

图 7.43　计算题 3 图

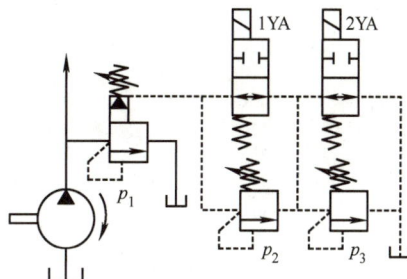

图 7.44　计算题 4 图

5. 图 7.45 所示是用液控单向阀实现的平衡回路。当液压缸下行时，会出现断续停顿现象，并引起振动。说明产生此现象的原因，并分析如何修改回路以避免这种现象。

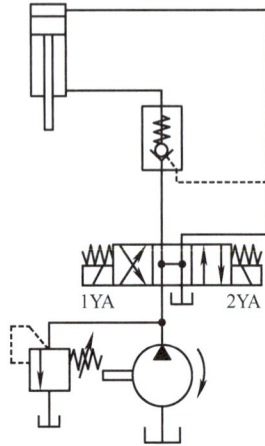

图 7.45　计算题 5 图

项目八

典型液压系统分析

液压系统是根据液压设备的工作要求，由各种不同功能的基本回路构成的。液压系统的工作原理一般用液压系统原理图来表示。液压系统原理图表示了系统内各类液压元件的连接情况及执行元件实现各种运动的工作原理。本项目通过对液压技术在工业中几种典型应用实例的分析，使学生掌握阅读液压系统的方法，了解液压系统的构成、工作原理和性能特点，并能结合工作循环图和电磁铁动作顺序表写出液压系统进、回油的流动路线。同时掌握液压系统的安装、调试和维护方法。

项目目标

➤ 知识目标：

1. 理解液压系统的工作原理和液压系统的组成；
2. 掌握液压系统的分析方法；
3. 掌握液压系统原理图的读图方法；
4. 了解液压系统的安装、调试与维护方法。

➤ 能力目标：

1. 能分析液压设备对其液压系统的动作要求；
2. 能把整个液压系统原理图进行子系统划分；
3. 会分析液压系统各子系统的组成及动作过程；
4. 能归纳整个液压系统的组成及特点。

➤ 素质目标：

1. 培养学生严谨求实的科学态度、形成科学的世界观；
2. 树立"科技兴国、科技强国、科技报国"的使命感；
3. 弘扬劳动精神、奋斗精神、奉献精神、创造精神、勤俭节约的精神；
4. 培养学生信息化处理工作的意识和能力；
5. 培养学生的质量意识、安全意识、环保意识。

➤ 职业能力：

1. 会画典型液压系统原理图；
2. 会分析液压系统原理图中各元件的作用；
3. 会分析液压系统原理图中各回路的组成及运行；

4. 会分析液压系统每一运行环节的进油和回油路线；

5. 会画电磁铁动作顺序表；

6. 会对简单液压系统进行安装、调试和维护。

任务一 组合机床动力滑台液压系统分析

▶▶ 任务概述

组合机床动力滑台要求实现"快进→第一次工进（一工进）→第二次工进（二工进）→止挡铁停留→快退→原位停止"的自动工作循环，通过阅读液压系统图了解和掌握液压传动系统的组成、原理和性能特点。

▶▶ 知识与技能

液压系统是根据液压设备的工作要求，由各种不同功能的基本回路构成的，应用涉及机械、轻工、纺织、船舶和航空航天等领域。为了能正确阅读、分析各种类型液压系统的工作原理和特点，增强综合应用能力，应掌握以下方法和步骤。

① 了解液压设备对液压系统的动作要求。

② 初步浏览整个系统，了解系统中包含哪些元件，并以各个执行元件为中心，将整个系统分解为多个子系统。

③ 分析每一个子系统含有哪些基本回路，参照动作循环表读懂这一子系统。

④ 根据液压设备中各执行元件的要求，分析各子系统之间的联系。

⑤ 在读懂整个系统的基础上归纳整个系统的特点，以加深对系统的理解。

一、组合机床动力滑台的设备结构

组合机床是由通用部件（如动头、动力滑台、床身、立柱等）和部分专用部件（如专用动力箱、专用夹具等）组成的高效、专用、自动化程度较高的机床。加工时，工件一般不旋转，而是由刀具的旋转运动和刀具与工件的相对直线进给运动来实现钻、扩、铰、镗、铣及攻螺纹等各种加工工序。它的生产率比通用机床高几倍至几十倍，兼有低成本和高效率的优点。卧式组合机床的结构如图 8.1 所示。组合机床的主运动由动头或主轴箱的运动实现，进给运动由动力滑台的运动实现。动力滑台上常安装各种旋转的刀具，其液压系统的功用是使这些刀具做轴向进给运动，完成"快进→一工进→二工进→止挡铁停留→快退→原位停止"的半自动循环。

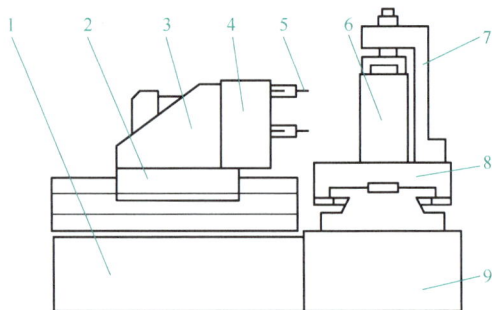

图 8.1 卧式组合机床结构

1—床身 2—动力滑台 3—动头 4—主轴箱 5—刀具
6—工件 7—夹具 8—工作台 9—底座

二、组合机床动力滑台的工作要求

组合机床一般情况下为多刀加工，快、慢速差异比较大，切削负荷变化也大，要求进给速度平稳、刚性好，有较大的调速范围，进给行程终点的重复位置精度高，有严格的顺序动作，系统发热少、效率高等。所以组合机床动力滑台液压系统是以速度变换为主的液压系统，且快进与工进时速度、负载相差均比较大。

三、组合机床动力滑台液压系统原理图

下面以 YT4543 型动力滑台为例，分析其液压系统工作原理。该滑台的工作压力为 $4 \sim 5MPa$，最大进给力为 $4.5 \times 10^4 N$，进给速度为 $6.6 \sim 660mm/min$。动力滑台液压系统工作原理图如图 8.2 所示。该动力滑台的直线运动是由单杆活塞缸活塞杆固定、缸筒移动来实现的，各个动作的循环主要依靠行程阀的压下换位，行程开关切换，电磁换向阀通、断电来实现的。动力滑台液压系统的动作顺序见表 8.1。表中"+"号表示电磁铁通电、行程阀压下、触碰行程开关发出电信号、压力继电器动作发出电信号；"−"号表示与"+"号相反的意义。

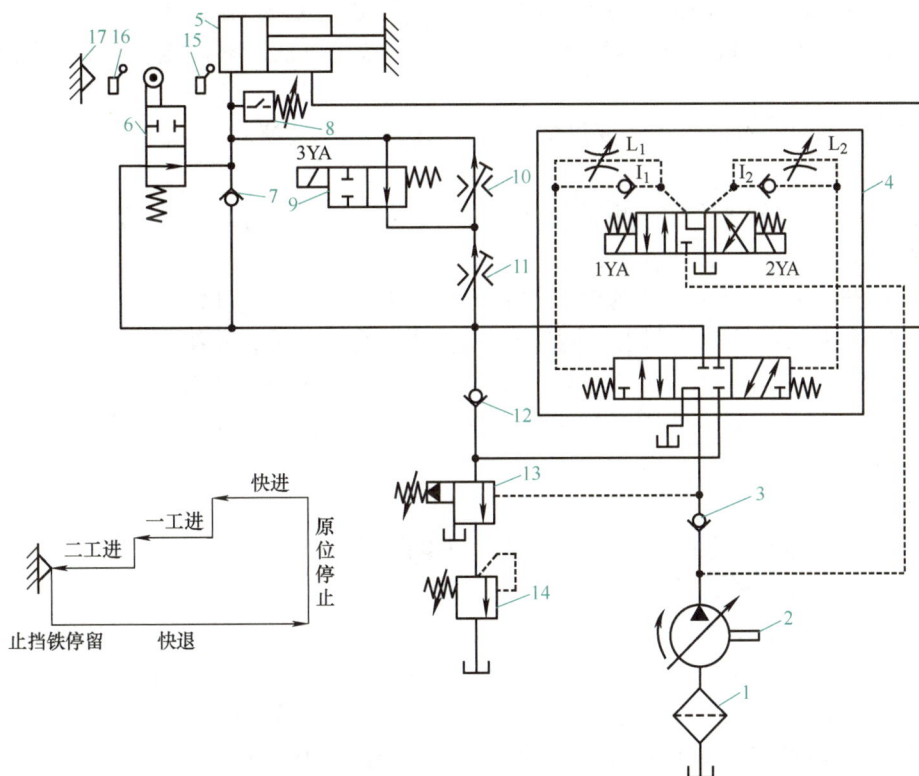

图 8.2　YT4543 型动力滑台液压系统工作原理图

1—过滤器　2—变量泵　3，7，12—单向阀　4—电液换向阀　5—液压缸　6—行程阀　8—压力继电器
9—换向阀　10，11—调速阀　13—液控顺序阀　14—背压阀　15，16—行程开关　17—止挡铁

表 8.1　组合机床动力滑台液压系统动作顺序表

动作 工况	压力继电器	电磁铁			行程阀
		1YA	2YA	3YA	
快进	−	+	−	−	−
一工进	−	+	−	−	+
二工进	−	+	−	+	+
止挡铁停留	+	+	−	+	+
快退	−	−	+	−	+ → −
原位停止	−	−	−	−	−

该液压系统采用了限压式变量泵供油和电液换向阀换向，快进由液压缸差动连接来实现，行程阀实现快进与工进的转换，二位二通电磁换向阀用来进行两个工进速度之间的转换，为了保证进给的尺寸精度，采用了止挡铁停留来限位。

▷▷ 技能训练

训练1 分析组合机床动力滑台的液压系统工作过程。

组合机床动力滑台液压系统的工作过程分析如下：

（1）快进　按下起动按钮，电磁铁1YA通电，变量泵2的液压油经单向阀3、电液换向阀4左位、行程阀6进入液压缸左腔（无杆腔），由于动力滑台空载，系统压力低，液控顺序阀13关闭，液压缸右腔的回油经电液换向阀4的左位也进入液压缸的左腔，使液压缸成差动连接。此时，变量泵2有最大的输出流量，滑台向左快进（活塞杆固定，滑台随缸体向左运动）。其主油路如下。

① 进油路：油箱→过滤器1→变量泵2→单向阀3→电液换向阀4（左位）→行程阀6（下位）→液压缸5左腔。

② 回油路：液压缸5右腔→电液换向阀4（左位）→单向阀12→行程阀6（下位）→液压缸5左腔。

（2）一工进　快进到一定位置时，滑台上的止挡铁压下行程阀6，油路被切断。此时，换向阀9电磁铁3YA处于断电状态，调速阀11接入系统进油路，系统压力升高。此时，一方面使液控顺序阀13打开，另一方面使限压式变量泵的流量减小。进入液压缸无杆腔的流量由调速阀11的开度大小决定。液压缸有杆腔的油液则通过电液换向阀4后经液控顺序阀13、背压阀14回油箱（两侧的压力差使单向阀12关闭）。液压缸5以第一种工进速度向左运动，其主油路如下。

① 进油路：油箱→过滤器1→变量泵2→单向阀3→电液换向阀4（左位）→调速阀11→换向阀9（左位）→液压缸5左腔。

② 回油路：液压缸5右腔→电液换向阀4（左位）→液控顺序阀13→背压阀14→油箱。

（3）二工进　当滑台以一工进速度行进到一定位置时，止挡铁压下行程开关16，使电磁铁3YA通电。此时，油液须经调速阀11、10才能进入液压缸无杆腔。由于调速阀10的开度比调速阀11小，滑台的速度再次减小，速度大小由调速阀10的开度决定。其主油路如下。

① 进油路：油箱→过滤器1→变量泵2→单向阀3→电液换向阀4（左位）→调速阀11→调速阀10→液压缸5左腔。

② 回油路：液压缸右腔→电液换向阀4（左位）→液控顺序阀13→背压阀14→油箱。

（4）止挡铁停留　当滑台以二工进速度行进到碰上止挡铁17后，滑台停止运动。液压缸无杆腔压力升高，压力继电器8发出信号给时间继电器（图中未示），使滑台停留一段时间，这是为了满足加工端面或台肩孔的需要，使其轴向尺寸精度和表面粗糙度达到一定要求。然后泵的供油压力升高，流量减少，直到限压式变量泵流量减少到仅能满足补偿泵和系统的泄漏量为止，此时泵的流量近似为零，系统处于保压状态。

（5）快退　滑台停留时间结束后，时间继电器发出信号，电磁铁1YA断电，2YA通电，电液换向阀4右位接入系统。因滑台快退时负载小，系统压力低，泵的流量自动恢复到最大，滑台快速退回。其主油路如下。

① 进油路：油箱→过滤器1→变量泵2→单向阀3→电液换向阀4（右位）→液压缸5右腔。

② 回油路：液压缸5左腔→单向阀7→电液换向阀4（右位）→油箱。

（6）原位停止　当滑台快退到原位时，止挡铁压下终点行程开关15，使电磁铁1YA、

2YA 和 3YA 都断电，电液换向阀 4 处于中位，滑台原位停止运动。这时，变量泵 2 输出的油液经单向阀 3 和电液换向阀 4 的液动阀中位流向油箱，泵实现低压卸荷。

训练 2 分析该组合机床动力滑台液压系统的特点。

通过对 YT4543 型动力滑台液压系统的分析可知，该系统具有以下特点。

1）调速回路采用了由限压式变量泵和调速阀组成的进油路容积节流调速回路，这种回路能够使动力滑台拥有稳定的低速运动和较好的速度负载特性，而且由于系统无溢流损失，因而效率较高。另外，回路中设置了背压阀，可以改善动力滑台运动的平稳性。

2）增速回路采用了由限压式变量泵和液压缸的差动连接回路实现快速运动，使能量的利用比较经济合理。动力滑台停止运动时，液压泵处于压力卸荷状态，减少了能量损失。

3）快、慢速换接回路采用了行程阀和液控顺序阀实现快进与工进的速度转换，动作可靠，速度转换平稳。同时，调速阀可起到加载的作用，可在刀具与工件接触之前就能可靠转入工作进给，因此不会引起刀具和工件的突然碰撞。

4）两次慢速换接回路采用了调速阀串联二次进给调速方式，可减小起动和速度转换时的前冲量。

5）换向回路采用了三位五通电液换向阀进行换向，其工作平稳、可靠，用压力继电器和时间继电器发出电信号控制换向信号。

6）卸荷回路所有电磁铁均断电，利用三位五通电液换向阀的中位卸荷。

7）在行程终点采用了止挡铁停留，不仅提高了进给时的位置精度，还扩大了动力滑台的工艺范围，更适合锋削阶梯孔、刮端面等加工工序。

任务二　机械手液压系统分析

➤➤ 任务概述

熟悉机械手的工作性能，分析实现"手臂上升→手臂前伸→手指夹紧物料→手臂回转→手臂下降→手指张开卸料→手臂缩回→手臂反转→手臂停止待料"工作循环的液压传动系统的原理和特点。

➤➤ 知识与技能

一、机械手的性能结构

机械手是能模仿人的手和臂的某些动作功能，用以按给定程序抓取、搬运物件或操作工具的自动操作装置，如图 8.3 所示。其最大优势是在机械正常运转的情况下，可以重复地做同一动作永远也不会觉得累，通常用作机床或其他机器的附加装置，如在自动机床或自动生产线上装卸和传递工件，在加工中心更换刀具等。它可代替人的繁重劳动以实现生产的机械化和自动化，能在有害环境下代替人的操作以保护人身安全，它的应用将会越来越广泛。

机械手主要由执行机构、驱动机构和控制系统三大部分组成。手部是机械手的执行机构，是用来抓持物料（或工具）的部件；驱动机构主要有液压驱动、气压驱动、电气驱动和机械驱动，其中，液压驱动、气压驱动应用广泛，液压驱动式机械手通常由液压缸、液压马达、液压泵、油箱、换向阀等组成驱动系统；控制系统控制的要素主要包括工作顺序、到达位置、动作时间、运动速度等，以完成特定的动作。

a) 工业机器人机械手外观　　　　　b) 动作示意图

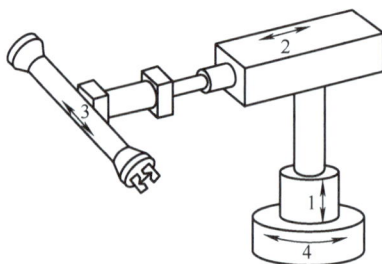

图 8.3　机械手

二、机械手的工作要求

机械手通常采用液压驱动，使其执行机构完成升降、抓取、旋转、松开等动作。要求机械手动作平稳、耐冲击和振动。为防泄漏，液压元件要有较高的制造精度和密封性能。具体应能实现"手臂上升（1）→手臂前伸（2）→手指夹紧物料（3）→手臂回转（4）→手臂下降（1）→手指张开卸料（3）→手臂缩回（2）→手臂反转（4）→手臂停止待料"的工作循环，如图 8.3b 所示。

三、机械手的液压系统原理图

图 8.4 所示为机械手的液压系统原理图。由图可知，机械手的手臂升降运动、伸缩运动、手指的夹紧和张开运动均采用缸体固定、活塞杆移动的单杆活塞缸实现，手臂的回转运动采用单叶片摆动缸完成。

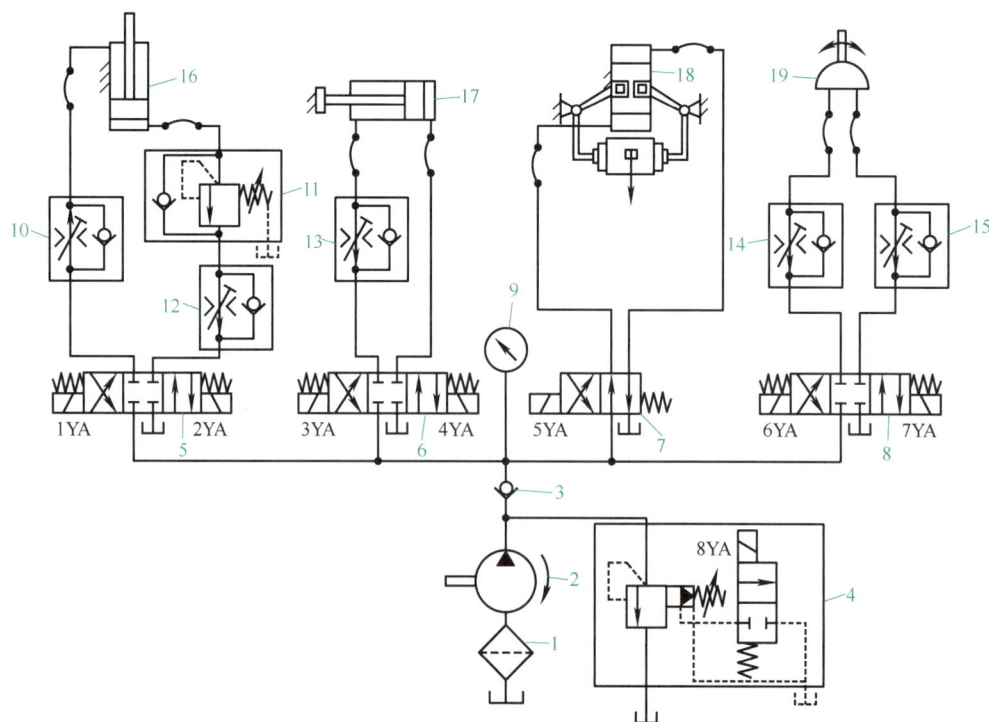

图 8.4　机械手液压系统原理图

1—过滤器　2—定量泵　3—单向阀　4—电磁溢流阀　5，6，8—三位四通电磁换向阀　7—二位四通电磁换向阀　9—压力表
10，12～15—单向调速阀　11—平衡阀　16—手臂升降缸　17—手臂伸缩缸　18—手指夹紧放松缸　19—手臂回转缸

各个动作的循环主要是依靠电磁换向阀通、断电来实现的，其信号来源由行程开关发出。为了实现以上的自动工作循环，电磁铁等的动作顺序见表 8.2，表中"＋""－"号的表示与表 8.1 相同。

表 8.2　机械手液压系统电磁铁动作顺序表

工况 动作	电磁铁							
	1YA	2YA	3YA	4YA	5YA	6YA	7YA	8YA
手臂上升	＋	－	－	－	－	－	－	－
手臂前伸	－	－	＋	－	＋	－	－	－
手指夹紧	－	－	－	－	－	－	－	－
手臂回转	－	－	－	－	－	＋	－	－
手臂下降	－	＋	－	－	－	－	－	－
手指张开	－	－	－	－	＋	－	－	－
手臂缩回	－	－	－	＋	－	－	－	－
手臂反转	－	－	－	－	－	－	＋	－
手臂停止待料	－	－	－	－	－	－	－	＋

▶▶ 技能训练

训练 3　分析机械手液压系统的工作过程。

机械手液压系统的工作过程如下：

（1）手臂上升　当按下起动按钮时，电磁铁 1YA 通电，三位四通电磁换向阀 5 由中位换到左位工作。因采用了回油路节流调速回路，上升运动平稳。其液压油路如下。

①进油路：过滤器 1 →定量泵 2 →单向阀 3 →三位四通电磁换向阀 5 的左位→单向调速阀 12 的单向阀→平衡阀 11 的单向阀→液压缸 16 的下腔（活塞向上运动）。

②回油路：液压缸 16 的上腔→单向调速阀 10 的调速阀→三位四通电磁换向阀 5 的左位回油箱。

（2）手臂前伸　电磁铁 3YA 通电，三位四通电磁换向阀 6 由中位换到左位工作。采用了回油节流调速回路，前伸运动平稳。其液压油路如下。

①进油路：过滤器 1 →定量泵 2 →单向阀 3 →三位四通电磁换向阀 6 的左位→液压缸 17 的右腔（活塞向右运动）。

②回油路：液压缸 17 的左腔→单向调速阀 13 的调速阀→三位四通电磁换向阀 6 的左位回油箱。

（3）手指松开　要求 5YA 通电，二位四通电磁换向阀 7 换到左位工作，手指松开。其液压油路如下。

①进油路：过滤器 1 →定量泵 2 →单向阀 3 →二位四通电磁换向阀 7 的左位→液压缸 18 的上腔（活塞向下运动）。

②回油路：液压缸 18 的下腔→二位四通电磁换向阀 7 的左位回油箱。

（4）手指夹紧物料　二位四通电磁换向阀7右位工作。其液压油路如下。

①进油路：过滤器1→定量泵2→单向阀3→二位四通电磁换向阀7的右位→液压缸18的下腔（活塞上移）。

②回油路：液压缸18的上腔→二位四通电磁换向阀7的右位回油箱。

（5）手臂回转　电磁铁6YA通电，三位四通电磁换向阀8由中位换到左位工作。其液压油路如下。

①进油路：过滤器1→定量泵2→单向阀3→三位四通电磁换向阀8的左位→单向调速阀15的单向阀→液压缸19右腔（叶片逆时针转动）。

②回油路：液压缸19的左腔→单向调速阀14的调速阀→三位四通电磁换向阀8的左位回油箱。

（6）手臂下降　电磁铁2YA通电，三位四通电磁换向阀5在右位工作。采用了平衡阀及回油路节流调速回路，下降运动平稳。其液压油路如下。

①进油路：过滤器1→定量泵2→单向阀3→三位四通电磁换向阀5的右位→液压缸16的上腔。

②回油路：液压缸16的下腔→平衡阀11的顺序阀→单向调速阀12的调速阀→三位四通电磁换向阀5的右位回油箱。

（7）手指松开卸料　电磁铁5YA通电，二位四通电磁换向阀7左位工作，活塞下降。其液压油路如下。

①进油路：过滤器1→定量泵2→单向阀3→二位四通电磁换向阀7的左位→液压缸18的上腔。

②回油路：液压缸18的下腔→二位四通电磁换向阀7的左位回油箱。

（8）手臂缩回　电磁铁4YA通电，三位四通电磁换向阀6右位工作。其液压油路如下。

①进油路：过滤器1→定量泵2→单向阀3→三位四通电磁换向阀6的右位→单向调速阀13的单向阀→单杆液压缸17的左腔。

②回油路：液压缸17的右腔→三位四通电磁换向阀6的右位回油箱。

（9）手臂反转　电磁铁7YA通电，其液压油路如下。

①进油路：过滤器1→定量泵2→单向阀3→三位四通电磁换向阀8的右位→单向调速阀14的单向阀→单叶片摆动缸19左腔（叶片顺时针转动）。

②回油路：液压缸19的右腔→单向调速阀15的调速阀→三位四通电磁换向阀8的右位回油箱。

（10）手臂停止待料　电磁铁8YA通电，其余均断电，二位二通电磁换向阀由下位换到上位工作，开通了卸荷回路。其液压油路如下。

过滤器1→定量泵2→单向阀3→电磁溢流阀4→油箱。

训练4　分析该机械手液压系统的特点。

从上面的工作过程可以看出，机械手液压系统的主要特点如下。

1）换向回路采用了三位四通电磁换向阀进行换向，用行程开关发出电信号控制换向阀的得电、失电，换向方便、灵活。

2）调速回路手臂升降和伸缩运动均采用了回油路节流调速回路，运动平稳性好。

3）平衡回路。因升降缸为立式液压缸，为支承手臂运动部件的质量，防止手臂自行下滑或超速而失控，采用了平衡阀（单向顺序阀）的平衡回路。

4）卸荷回路。为了在手臂停止待料时节省功率，在先导式溢流阀的外控口接入了二位二通电磁换向阀，使之通电时液压泵卸荷，提高了工作效率。

5）采用失电夹紧，避免了停电时的安全隐患。

任务三　液压压力机液压系统分析

任务概述

通过阅读液压系统原理图，了解和掌握主缸（工作缸）实现"快速下行→慢速加压→保压延时→泄压快速回程→原位停止"的自动工作循环，顶出缸实现"向上顶出→停留→向下退回→原位停止"的原理和特点。

知识与技能

一、液压机的设备结构

液压压力机（简称"液压机"）是最早应用液压传动的机械之一，可分为油压机和水压机两种。液压机是模具成型、粉末冶金、锻压、冲压、冷挤、校直、弯曲、打包等工艺中广泛应用的压力加工机械。

液压机按机身结构形式的不同，可分为单臂式、柱式和框架式三种类型，常用的是柱式液压机。常见的为图 8.5a 所示的一种四柱万能液压机，它是一种具有广泛用途的通用液压机，由 4 个立柱、两个横梁、两个滑块和两个液压缸组成。

二、液压机的工作要求

图 8.5a 所示液压机有上、下两个液压缸，即工作缸和顶出缸，安装于四个立柱之间。液压机上部的工作缸带动上滑块完成加压运动以使毛坯产生塑性变形，得到所需形状的工件，下部的顶出缸带动下滑块以使成型好的工件从型腔中顶出，工作循环如图 8.5b 所示。上滑块实现"快速下行→慢速加压→保压延时→泄压快速回程→原位停止"的动作循环，下滑块实现"向上顶出→停留→向下退回→原位停止"的动作循环。在进行薄板件拉伸压边时，要求顶出缸实现"上位停留→浮动压边下行（即下滑块随上滑块短距离下降）→停留→顶出"的动作循环。设备要求液压系统的压力高、流量大、功率大，以压力的变换和控制为主，空行程和加压行程的压力、速度差别很大。

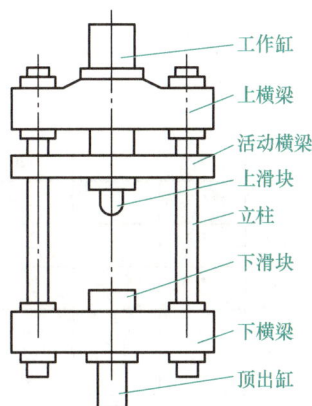

a) 液压机的组成　　　　b) 工作循环图

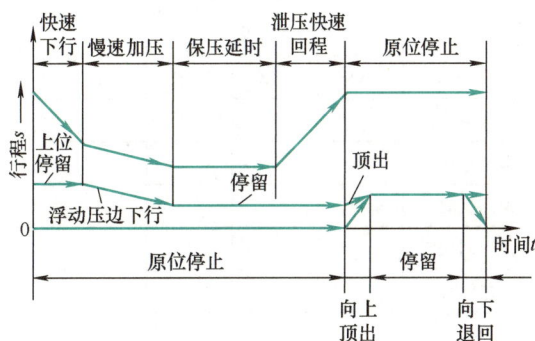

图 8.5　四柱万能液压机的组成和工作循环图

三、液压机的液压系统原理图

四柱万能液压机液压系统原理图如图8.6所示。液压机的液压系统由两个液压泵供油，主泵2是高压、大流量变量柱塞泵，其工作压力由远程调压阀6控制先导式溢流阀5调定，最高压力可达到40MPa。辅助泵3为低压、小流量定量泵，用于供应两电液换向阀7、22和液控单向阀16的液压油，液压油压力由溢流阀4调定。

为了实现以上的自动工作循环，电磁铁等的动作顺序见表8.3。

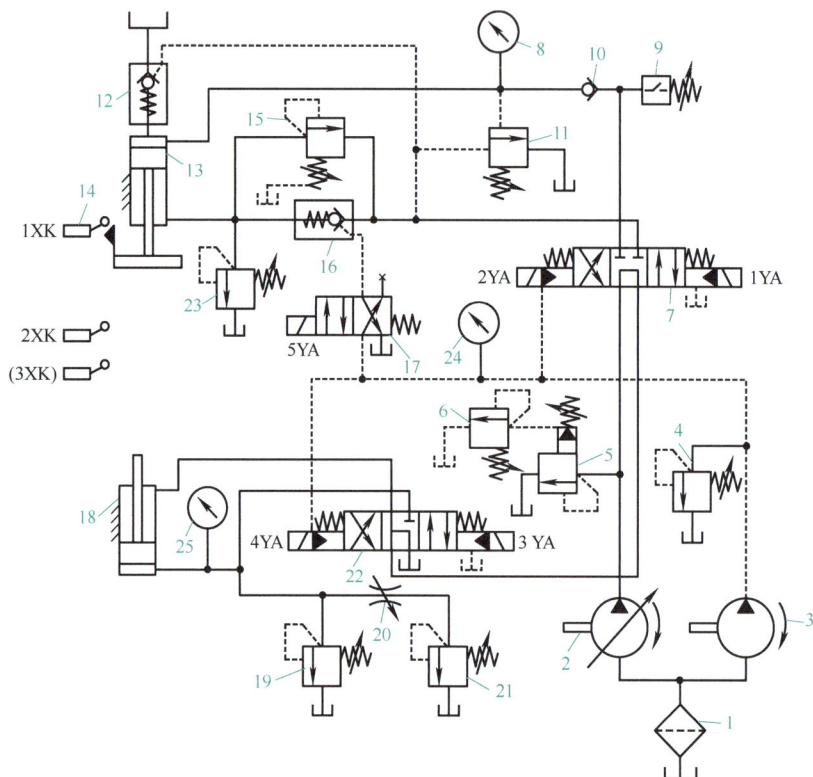

图8.6　四柱万能液压机液压系统原理图

1—过滤器　2—变量泵　3—辅助泵　4—溢流阀　5—先导式溢流阀　6—远程调压阀　7，22—三位四通电液换向阀
8，24，25—压力表　9—压力继电器　10—单向阀　11—卸荷阀　12，16—液控单向阀　13—主缸
14—行程开关　15，21—背压阀　17—二位四通电磁换向阀　18—顶出缸　19，23—安全阀　20—节流阀

表8.3　四柱万能液压机液压系统电磁铁和行程开关动作顺序表

工况动作		信号来源				电磁铁				
		行程开关			压力继电器	1YA	2YA	3YA	4YA	5YA
		1XK	2XK	3XK						
压制主缸	快速下行	按下起动按钮				+	−	−	−	+
	慢速加压	−	+	−	−	+	−	−	−	−
	保压延时	−	−	−	+	−	−	−	−	−
	泄压回程	−	−	+	−	−	+	−	−	−
	原位停止	+	−	−	−	−	−	−	−	−
顶出辅缸	顶出	按下起动按钮				−	−	−	+	−
	退回	按下退回按钮				−	−	+	−	−
	浮动压边	−	−	−	−	−	−	−	+	−

技能训练

训练5 分析液压机液压系统的工作过程。

液压机上部主缸（工作缸）带动的模具在未接触压制工件之前，系统做低压空载的快速运动；当模具接触工件后，系统压力快速升高，主缸的运动速度迅速降低而进入压制阶段；主缸不再下行，但工件要彻底变形还须对它进行一定时间的保压，之后再快速上行回程。下面的顶出缸为了使模具中的零件出模，要快速上行把零件顶出；之后快速下行退回原位。要完成以上步骤，液压机的液压系统工作过程如下。

1. 主缸运动过程

（1）快速下行　按下下行起动按钮，1YA、5YA通电，三位四通电液换向阀7由辅助泵3供油换到右位工作。二位四通电磁换向阀17换至左位，辅助泵3输出的液压油经阀17将液控单向阀16打开回油。由于主缸活塞在自重作用下快速下降，虽然变量泵2的流量此时最大，但仍不能满足主缸快降时因容积增大而对流量的需求，从而形成局部真空，主缸上部的液控单向阀12在上部油箱大气压的作用下向上腔补充油液。其液压油路如下。

① 进油路：过滤器1→变量泵2→电液换向阀7的右位→单向阀10→主缸13的上腔；上部油箱→液控单向阀12→主缸13的上腔。

② 回油路：主缸13的下腔→液控单向阀16→三位四通电液换向阀7的右位→三位四通电液换向阀22的中位→油箱。

（2）慢速加压　在主缸下行到设定位置时，其上安装的活动挡块压下行程开关2XK时，5YA断电，电磁换向阀17换至右位，液控单向阀16的回油路被切断，下腔回油须流经背压阀（顺序阀）15，阻力增大，主缸13的上腔压力升高，液控单向阀12补液通道被关闭，只有液压泵供油，速度自动减慢。当模具接触工件后，负载增大，压力继续升高，变量泵2的打出流量随着压力增大而自动减小，主缸更为慢速地对工件进行加压。其液压油路如下。

① 进油路：过滤器1→变量泵2→电液换向阀7的右位→单向阀10→主缸13的上腔。

② 回油路：主缸13的下腔→背压阀15→电液换向阀7的右位→电液换向阀22的中位→油箱。

（3）保压延时　主缸上腔的压力达到压力继电器的预定调定值时，压力继电器9发出电信号使1YA断电，电液换向阀7回到中位，使上、下油腔油路断开进行封闭，主缸的上腔保压。保压时间可由压力继电器9控制的时间继电器进行调定，这时变量泵2处于卸荷状态。在保压期间，若压力有所下降，且降到压力表8的调定压力时，它便发出电信号使1YA得电，重新向上供油，以提高主缸上腔压力，当压力重新达到压力继电器的调定压力时，其又发出电信号使1YA断电，直到时间继电器发出信号回程。其液压油路如下。

卸荷回路：过滤器1→变量泵2→主缸电液换向阀7的中位→辅缸电液换向阀22的中位→油箱。

（4）泄压、快速回程　保压结束后，时间继电器发出电信号（用于定程压制成型时，可由行程开关3XK发出信号）使2YA通电，电液换向阀7换至左位。若此时立即回程，保压时上缸内储存的高压油突然释放会产生很大的液压冲击，引起振动和噪声，所以回程之前必须先使上腔卸压。当换向阀7换到左位后，主缸上腔压力很高，足以打开带有阻尼孔的卸荷阀11，变量泵2打出的液压油经该阀阻尼孔回油箱。此时，主缸下腔的压力很低，不足以使主缸回程，但可使上腔的液控单向阀12开启，主缸上腔油液通过此阀卸压回上油箱。当上腔压力降到一定值时，卸荷阀 11 关闭，变量泵 2 向主缸下腔供油，使它快速回程。其液压油路如下。

①卸荷：过滤器 1→变量泵 2→电液换向阀 7 的左位→卸荷阀 11→油箱。

②泄压：主缸 13 上腔→液控单向阀 12→油箱。

泄压结束后，主缸驱动滑块快速回程。

①进油路：过滤器 1→变量泵 2→电液换向阀 7 的左位→液控单向阀 16→主缸 13 的下腔。

②回油路：主缸 13 的上腔→液控单向阀 12→油箱。

（5）上位停止　当主缸退到行程末端时，其上挡块压下行程开关 1XK，2YA 断电使电液换向阀 7 回到中位，主缸被换向阀 7 的中位锁紧而停止运动。变量泵 2 经换向阀 7 和 22 的中位处于卸荷状态。在主缸运动过程中，可随时按"停止"按钮，使主缸停止在运行中的任意位置上。其液压油路如下。

卸荷回路：过滤器 1→变量泵 2→电液换向阀 7 的中位→电液换向阀 22 的中位→油箱。

2.顶出缸运动过程

（1）向上顶出　按下顶出按钮，4YA 通电，换向阀 22 换至左位。为保证安全，通过电气联锁使顶出缸和主缸的运动实现联锁。其液压油路如下。

①进油路：过滤器 1→变量泵 2→电液换向阀 7 的中位→电液换向阀 22 的左位→顶出缸 18 的下腔。

②回油路：顶出缸 18 的上腔→电液换向阀 22 的左位→油箱。

（2）退回　按下退回按钮，4YA 断电，3YA 通电，顶出缸下降。其液压油路如下。

①进油路：过滤器 1→变量泵 2→电液换向阀 7 的中位→电液换向阀 22 的右位→顶出缸 18 的上腔。

②回油路：顶出缸 18 的下腔→电液换向阀 22 的右位→油箱。

③浮动压边：进行薄板拉深工艺时，需要对板料施压以防皱，这就要求顶出缸既要保持一定压力，又能随主缸滑块的下压而下降。这时，4YA 通电，换向阀 22 换至左位，其油路与顶出时相同，而顶出缸上升到顶住被拉深的工件。主缸滑块下压时，顶出缸活塞被迫随之下行，从而有如下油路：顶出缸 18 下腔→节流阀 20→背压阀 21→油箱。

调节背压阀 21 的开启压力，即可改变浮动压边力的大小，安全阀 19 起过负荷保护作用。

训练 6　分析该液压机液压系统的特点。

该液压机液压系统主要由压力控制回路、换向回路、快/慢速转换回路和泄压回路等组成，其液压系统有如下特点。

1）换向回路。因液压机是高压、大流量液压系统，两缸均采用三位四通电液换向阀进行换向。

2）调速回路。采用高压、大流量、压力补偿式变量轴向柱塞泵供油的容积调速回路，工作时基本是恒功率输出，避免了溢流损失，节省能量。

3）快速运动回路。利用主缸自重的快速下行使充液阀自动对主缸充液，因而减小了泵的规格，回路结构简单，布置方便。

4）保压回路。利用密封性能好的单向阀进行上腔保压，简单可靠。

5）泄压回路。为了减少由保压转换为快速回程时的液压冲击，采用了由卸荷阀和液控单向阀组成的泄压回路。

6）互锁回路。主缸与顶出缸的协调动作由两电液换向阀 7 和 22 联锁来保证。只有电液换向阀 7 处于中位、主液压缸不运动时，液压油才能经电液换向阀 22 使顶出缸运动。

7）控制回路。采用了辅助泵供给液控单向阀和电液换向阀控制液压油，减少了主泵的工作负荷。

8）过载保护。两缸均有保护装置，即安全阀进行系统的保护。

项 目 训 练

一、填空题

1.液压系统原理图表示了系统内各类液压件的_____以及执行元件实现各种运动的_____。

2.组合机床动力滑台液压系统的动作循环是_____、_____、_____、_____、_____和原位停止。

3.组合机床动力滑台液压系统快速运动的实现是因为采用了_____、_____。

4.万能液压机液压系统主缸的动作循环是_____、_____、_____、_____和原位停止。

5.万能液压机液压系统主缸的快速下行是由上滑块的_____来实现的，此时利用充液阀对主缸的上腔进行_____以防上腔出现气穴现象。

6.万能液压机液压系统主缸的泄压回程动作过程是先让主缸上腔_____，当主缸上腔的压力下降到一定值后，主缸再_____。

二、问答题

1.阅读液压系统原理图应按哪些方法和步骤进行？

2.图8.2中YT4543型动力滑台液压系统中的13、14有何作用？

3.YT4543型动力滑台液压系统由哪些基本回路组成？如何实现差动连接？

4.四柱万能液压机液压系统由哪些基本回路组成？为什么要设置背压回路？背压回路与平衡回路有何区别？

三、分析题

1.用所学的液压元件组成一个能完成"快进→一工进→二工进→快退"动作循环的液压系统，并画出电磁铁动作表，指出该系统的特点。

2.图8.7所示为一液压支架系统工作原理图。液压支架是重要的采煤设备，它能支承工作面顶板，与采煤机和输送机配套使用，有效地提高工作的安全性能，减轻工人劳动强度，提高生产率。要求液压支架具备升、降、推、移4个基本动作，它是由泵站所供的高压乳化液推动液压缸完成的。根据动作循环要求，写出各循环阶段的油路，并说明所标液压元件在系统工作中所起的作用。

3.图8.8所示为一压力机液压系统原理图，它能够实现"快进→工进→保压→快退→停止"的工作循环，由一传递压力的大缸（主缸）和一实现快速运动的小缸（辅缸）来完成任务。阅读分析该系统原理图，写出各循环阶段的油路，并说明所标液压元件的名称和作用。

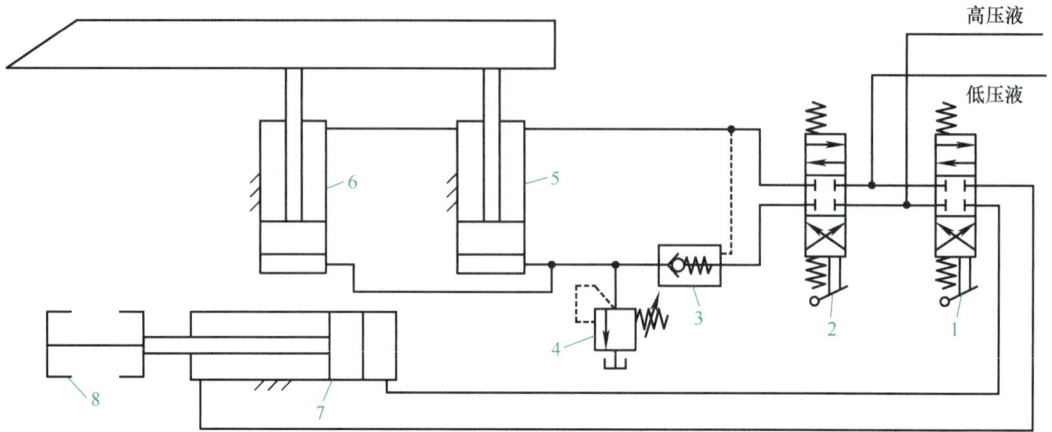

图 8.7　液压支架系统工作原理图

1，2—三位四通手动换向阀　3—液控单向阀　4—安全阀
5，6—立柱缸　7—推移千斤顶　8—输送机

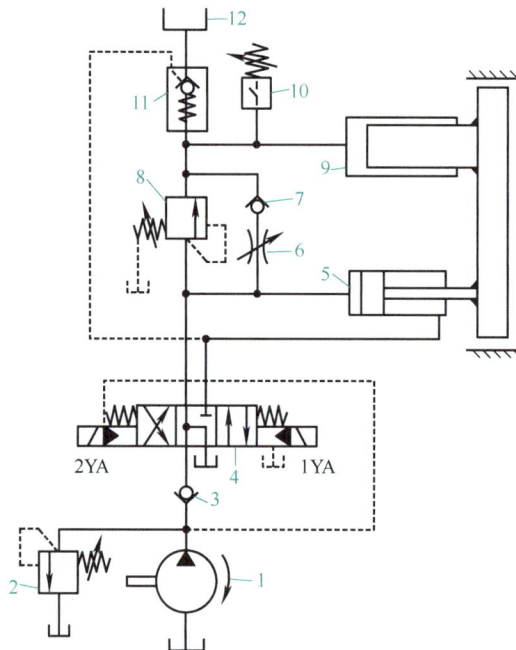

图 8.8　压力机液压系统原理图

项目九

气压传动的认知与使用

项目描述

气压传动（简称气动）是以压缩空气作为工作介质进行能量传递的一种传动方式。气压传动及其控制技术目前在国内外工业生产中应用广泛，它与液压、机械、电气和电子技术互相补充，已成为实现生产过程自动化的一个重要手段。

与液压传动一样，气压传动也利用流体作为工作介质实现传动，在工作原理、系统组成、元件结构和图形符号等方面，两者之间存在很多相似之处，所以在学习本项目时，液压传动的一些基本知识具有很强的参考和借鉴作用。

项目目标

➢ **知识目标：**

1. 熟悉气压传动的工作原理；
2. 了解气压传动的发展概况、优缺点及其在工业中的应用；
3. 了解气源装置，掌握气动元件的结构组成、工作原理及应用；
4. 掌握气动基本回路的功能及工作原理；
5. 掌握常用气动系统回路的分析方法。

➢ **能力目标：**

1. 了解气压传动技术；
2. 知道气源装置的组成；
3. 能分析气动元件的结构组成及工作原理；
4. 能分析气动基本回路和气动系统的组成及工作原理。

➢ **素质目标：**

1. 了解气动技术在众多学科和社会生活中的广泛应用，进一步认识该技术的科学价值、应用价值；
2. 树立"科技兴国、科技强国、科技报国"的使命感；
3. 培养学生爱岗敬业、一丝不苟、勇于创新的职业道德；
4. 培养学生的质量意识、安全意识、环保意识；
5. 弘扬劳动精神、奋斗精神、奉献精神、创造精神、勤俭节约的精神。

➢ **职业能力：**

1. 会绘制各种气动元件的图形符号；

2. 会根据要求搭建基本气动回路；

3. 会识读分析基本气动系统。

任务一　走进气动技术

≫ 任务概述

了解气压传动系统的工作原理、组成、特点及应用。

≫ 知识与技能

一、气压传动系统的工作原理

气压传动是以压缩空气为工作介质进行能量转换和信号传递的一门技术。气压传动的工作原理是利用空压机把马达或其他原动机输出的机械能转换为空气的压力能，然后在控制元件的作用下，通过执行元件把压力能转换为直线运动或回转运动形式的机械能，从而完成各种动作，并对外做功。

为了对气压传动系统（简称"气动系统"）有一个概括了解，现以气动剪切机为例介绍气动系统的工作原理。图 9.1 所示为剪切机气压传动系统图，图示位置为剪切前的预备状态。空气压缩机 1 产生的压缩空气经过冷却器 2、油水分离器 3 进行降温及初步净化后，送入储气罐 4 备用；压缩空气从储气罐引出，先经过分水滤气器 5 再次净化，然后经减压阀 6、油雾器 7 和气动换向阀 9 到达气缸 10。此时，换向阀 A 腔的压缩空气将阀芯推到上位，使气缸上腔充压，活塞处于下位，剪切机的剪口张开，处于预备工作状态。当送料机构将工料 11 送入剪切机规定位置时，工料将行程阀 8 的阀芯向右推动，行程阀将换向阀的 A 腔与大气连通。换向阀的阀芯在弹簧的作用下移到下位，使气缸上腔与大气连通，下腔与压缩空气连通。压缩空气推动活塞带动剪刃快速向上运动将工料切下。工料被切下后即与行程阀脱开，行程阀阀芯在弹簧作用下回位，将排气通道封闭。换向阀的 A 腔压力上升，阀芯移至上位，使气路换向。气缸下腔排气，上腔进入压缩空气，推动活塞带动剪刃向下运动，系统又恢复到图示的预备状态，待第二次进料剪切。气路中，行程阀的安装位置可以根据工料的长度左右调整。换向阀是根据行程阀的指令来改变压缩空气的通道使气缸活塞实现往复运动。气缸下腔进入压缩空气时，活塞向上运动将压缩空气的压力能转换为机械能使剪切机构切断工料。此外，还可根据实际需要在气路中加入流量控制阀，控制剪切机构的运动速度。

二、气压传动系统的组成

由上述气动剪切机气压传动系统可以看出，气压传动与液压传动都是利用流体作为工作介质，具有许多共同点。气压传动系统也是由五个部分组成的。

1. 动力元件（气源装置）

它是将原动机（如马达）供给的机械能转换为气体的压力能，为各类气动设备提供动力。其主体部分是空气压缩机（图 9.1 中元件 1）。用气量较大的厂矿企业都专门建立压缩空气站，以方便管理并向各用气点输送压缩空气。

a) 结构原理图

b) 图形符号图

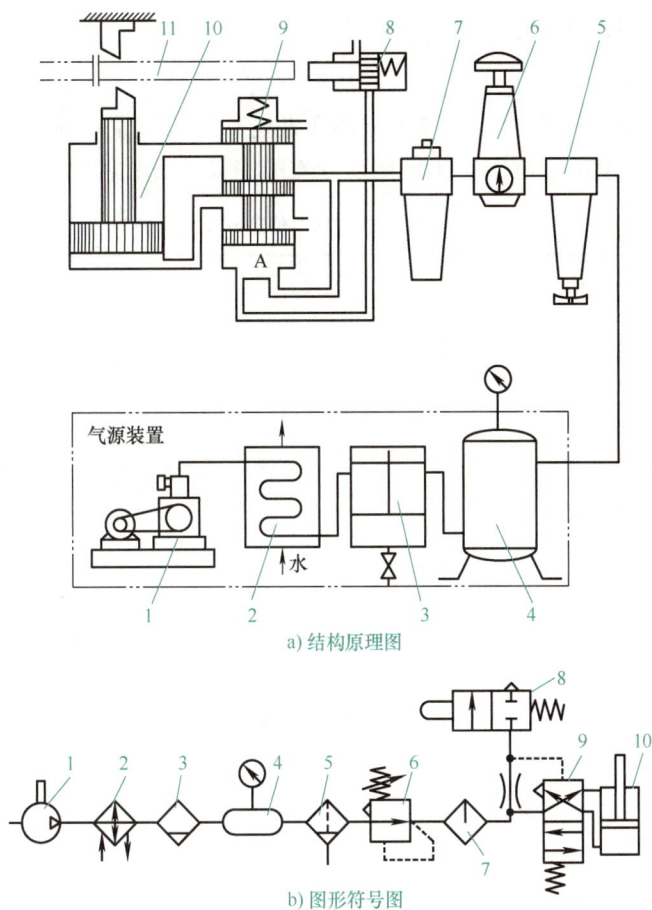

图 9.1 剪切机气压传动系统

1—空气压缩机 2—冷却器 3—油水分离器 4—储气罐 5—分水滤气器
6—减压阀 7—油雾器 8—行程阀 9—气动换向阀 10—气缸 11—工料

2. 执行元件

它是将气体的压力能转换成机械能的一种能量转换装置，包括各种气缸（图9.1中元件10）和气动马达。

3. 控制元件

控制元件包括各种阀类。如压力阀（图9.1中元件6）、方向阀（图9.1中元件8、9）、流量阀、逻辑元件等，用以控制压缩空气的压力、流量、流动方向以及执行元件的工作程序，以便使执行元件完成预定的运动。

4. 辅助元件

辅助元件是使压缩空气净化、润滑、消声以及用于元件间连接等所需的装置，如各冷却器、油水分离器、储气罐、分水滤气器、油雾器（图9.1中元件2、3、4、5、7）及消声器等。它们对保持气动系统可靠、稳定和持久工作起着十分重要的作用。

5. 工作介质

工作介质即传动气体，为压缩空气。气动系统是通过压缩空气实现运动和动力传递的。

三、气压传动系统的特点

由于气压传动的工作介质是空气，具有压缩性大、黏性小、清洁和安全性高等特点，与液压油差别较大。因此，气压传动与液压传动在性能、使用方法、使用范围和结构上存在较大的差别。气压传动与液压、电气、机械传动方式的比较见表 9.1。

表 9.1　气压传动与其他传动方式的比较

	气压传动	液压传动	电气传动	机械传动
输出力大小	中等	大	中等	较大
动作速度	较快	较慢	快	较慢
装置构成	简单	复杂	一般	普通
受负载影响	较大	一般	小	无
传输距离	中	短	远	短
速度调节	较难	容易	容易	难
维护	一般	较难	较难	容易
造价	较低	较高	较高	一般

通过比较可知，气压传动具有以下特点。

1. 气压传动的优点

1）气动动作迅速、反应快（0.02s），调节控制方便，维护简单，不存在介质变质、补充等问题。

2）便于集中供气和远距离输送控制；因空气黏度小（约为液压油的万分之一），在管内流动阻力小，压力损失小。

3）气动系统对工作环境适应性好，特别在易燃、易爆、多尘埃、强磁、辐射、振动等恶劣的工作环境中工作时，安全可靠性优于液压、机械和电气系统。

4）由于空气具有可压缩性，能够实现过负荷保护，也便于储气罐储存能量，以备急需。

5）以空气为工作介质，易于取得，节省了购买、储存、运输介质的环节，用后的空气直接排入大气，处理方便，也不污染环境。

6）气动元件结构简单、成本低、寿命长，易于标准化、系列化和通用化。

7）因排气时气体膨胀，温度降低，可以自动降温。

8）与液压传动一样，气压传动操作控制方便，易于实现自动控制。

2. 气压传动的缺点

1）运动平稳性较差。因空气可压缩性较大，其工作速度受外负荷影响大。

2）工作压力较低（0.3 ~ 1.0MPa），不易获得较大的输出力或转矩。

3）空气净化处理较复杂，气源中的杂质及水蒸气必须净化处理。

4）因空气黏度小，润滑性差，因此须设润滑装置。

5）有较大的排气噪声。

四、气压传动系统的应用

气压传动在相当长的时间内被用来执行简单的机械动作，但近年来，气动技术在自动化技术的应用和发展中起到了极其重要的作用，并得到了广泛应用和迅速发展。表 9.2 列举了气压传动在工业领域中的应用。

表 9.2　气压传动的应用

工业领域	应用
机械工业	自动生产线，各类机床，工业机械手和机器人，零件加工及检测装置
轻工业	气动上下料装置，食品包装生产线，气动罐装装置，制革生产线
化工业	化工原料输送装置，石油钻采装置，射流负压采样器等
冶金工业	冷轧、热轧装置气动系统，金属冶炼装置气动系统，水压机气动系统
电子工业	印制电路板自动生产线，家用电器生产线，显像管转运机械手的气动装置

五、气压传动系统的发展趋势

（1）小型化、节能化　气动元件的有些使用场合具有空间限制的要求，此时，就需要气动元件外形尺寸尽量小，因此小型化是其主要发展趋势。微型气动元件不仅用于机械加工及电子制造业，而且用于制药业、医疗技术、包装技术等。在这些领域中，已经出现活塞直径小于 2.5mm 的气缸、宽度为 10mm 的气阀及相关辅助元件，并正在向微型化及系列化方向发展。

（2）组合化、集成化　常见的组合是带阀和开关的气缸。在物料搬运中，还使用了气缸、摆动气缸、气动夹头和真空吸盘的组合体，同时配有电磁阀、程控器，其结构紧凑，占用空间小，行程可调。

（3）精密化　目前开发了非圆活塞气缸、带导杆气缸等可减小普通气缸活塞杆工作时的摆转；为了使气缸精确定位，开发了制动气缸。为了使气缸的定位更精确，使用了传感器、比例阀等实现反馈控制，定位精度可达 0.01mm。

（4）高速化　目前气缸的活塞移动速度范围为 50 ～ 750mm/s。为了提高生产率，自动化的节拍正在加快。今后要求气缸的活塞速度提高到 5 ～ 10m/s。相应地，阀的响应速度也将加快，要求由现在的 0.001s 级提高到 0.0001s 级。

（5）高寿命、高可靠性　气动元件大多用于自动化生产中，元件的故障往往会影响设备的运行，导致生产线停止工作，造成严重的经济损失，因此，对气动元件的工程可靠性提出了更高的要求。

（6）智能化　智能气动是指具有集成微处理器，并具有处理指令和程序控制功能的元件或单元。最典型的智能气动是内置可编程控制器的阀岛，以阀岛和现场总线技术的结合实现的气电一体化是目前气动技术的一个发展方向。

（7）机电一体化　为了精确达到预定的控制目标，应采用闭环反馈控制方式。为了实现这种控制方式，要解决计算机的数字信号、传感器反馈模拟信号和气动控制气压或气流量三者之间相互转换的问题。目前市场上先进的厂家生产的气 – 电一体化气控单元，如 CKD 公司的阀岛，已包含传感器、总线接口、可编程控制等各种功能；而在气缸上，除常见的机械功能以外，还有多维动作的组合或兼有伺服调节作用的位移传感功能等。

气动技术是一门多学科性技术，既涉及传动技术，又涉及控制技术。气动技术未来几年的主要发展方向还是在器件的高精度、小型化、复合化、智能化、集成化和节能化等方面。为了适应工业自动化领域的需求，经过研究者多年来不断努力，推出了许多新元件，在很多场合替代了过去的机械控制、液压控制及电气控制形式；尤其是在智能化和网络化方面，对中央控制或集散控制的方式选择上将产生很大的影响。可以预料，气动技术将得到更大发展并在工业自动化系统中得到更广泛的应用。

技能训练

训练 1 按照图 9.2 搭接调试气动基本回路。

1）依据本训练的要求选择所需的气动元件：单作用气缸、单向节流阀、二位三通单电磁换向阀、三联件、长度合适的连接软管，并检验元件是否正常。

2）在看懂原理图 9.2 的情况下，按照原理图搭接气动回路。

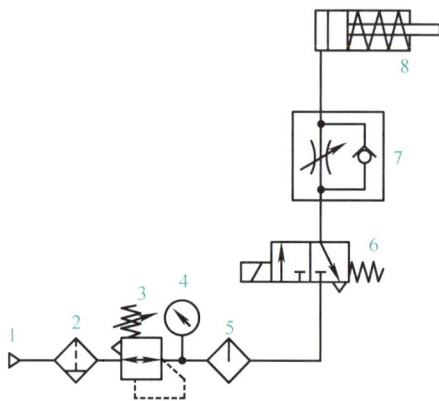

图 9.2 单作用气缸工作原理图

1—气源　2—分水滤气器　3—减压阀　4—压力表　5—油雾器
6—二位三通单电磁换向阀　7—单向节流阀　8—单作用气缸

3）将二位三通单电磁换向阀的电源输入口插入相应的电气控制面板输出口。

4）确认连接安装正确，把三联件的调压旋钮旋松，通电，开启气泵。当泵的压力达到设定值后，再次调节三联件的调压旋钮，使回路中的压力在系统工作压力范围内。

5）让二位三通单电磁换向阀通电，左位接入，气缸左腔进气，活塞杆伸出；让电磁换向阀断电，气缸靠弹簧的弹力复位。在缸的伸缩过程中，通过调节回路中的单向节流阀控制气缸动作的快慢。

6）实验完毕后，关闭泵，切断电源，待回路压力为零时，拆卸回路，清理元件并放至指定的位置。

任务二　气源装置的使用

任务概述

了解气源装置和辅助元件的工作原理、结构组成，熟悉辅助元件（过滤器、干燥器、消声器、管道连接件等）的使用。

知识与技能

气源装置是气压传动系统的重要组成部分，其作用是为气动系统提供满足一定质量要求的压缩空气。

一、气源装置

1. 对压缩空气的要求

1）压缩空气应具有一定的压力和足够的流量。压力低则不能保证执行机构产生足够的推力，控制机构难以正确地动作；流量不足，执行机构的运动速度和动作程序就不能满足要求。

2）压缩空气应是清洁和干燥的。由空气压缩机排出的压缩空气虽然能满足一定的压力和流量要求，但不能被气动装置直接使用。因为一般气动设备使用油润滑的活塞式空气压缩机，从大气中吸入含有水分和灰尘的空气，经压缩后，空气温度均提高到 $140 \sim 180℃$，变成气态的油分、水分及灰尘，形成不良胶体微尘与杂质混在压缩空气中。

如果将此压缩空气直接输送给气动装置使用，将会产生下列不良影响。

① 混在压缩空气中的油蒸气有引起爆炸的危险；气化后的润滑油形成的一种有机酸对金属设备、气动装置有腐蚀作用。

② 混在压缩空气中的杂质会沉积在气动系统管道和气动元件通道内，使管道阻力增加甚至堵塞通道，使压力信号不能正确传递，整个气动系统不能稳定工作甚至失灵。灰尘中的硬质微粒等杂质会对气动系统中做往复运动或转动的气动元件（如气缸、气马达、气动换向阀等）的运动副产生研磨作用，使这些元件因漏气而降低效率，影响它们的使用寿命。

③ 压缩空气中含有的饱和水分子在一定条件下会凝结成水，并聚集在个别管道中。在寒冷的冬季，凝结的水会使管道及附件结冰而受损，从而影响气动装置的正常工作。

因此，气源装置必须设置一些除油、除水、除尘的辅助设备，并使压缩空气干燥，提高压缩空气质量。

2. 气源装置的组成

气源装置一般包括产生压缩空气的空气压缩机和净化气源的辅助设备。图 9.3 是气源装置的组成示意图。

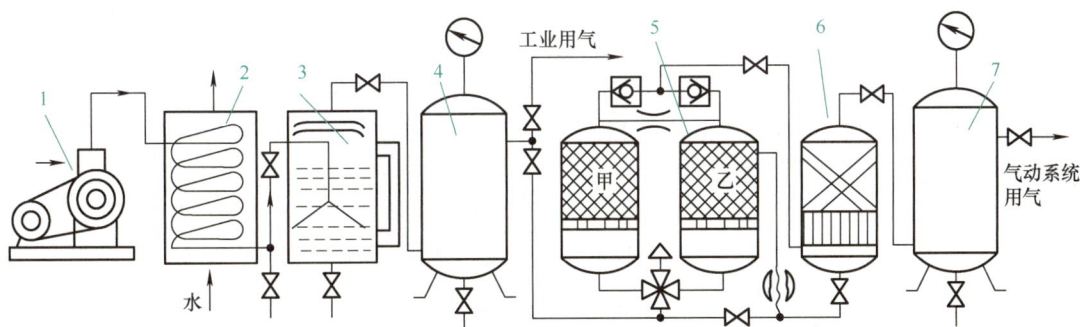

图 9.3 气源装置的组成示意图

1—空气压缩机 2—冷却器 3—油水分离器 4，7—储气罐 5—干燥器 6—过滤器

空气压缩机 1 用于产生压缩空气，一般由马达带动，其吸气口装有空气过滤器，以减少进入空气压缩机中气体的杂质。冷却器 2 用于冷却压缩空气，使汽化的水、油凝结。油水分离器 3 用以分离并排出冷却凝结的水滴、油滴、杂质等。储气罐 4 用于储存压缩空气，稳定压缩空气的压力，并除去部分油分和水分。干燥器 5 用于进一步吸收或排除压缩空气中的水分及油分，使之变成干燥空气。过滤器 6 用于进一步过滤压缩空气中的灰尘、杂质颗粒。储气罐 4 输出的压缩空气可用于一般要求的气压传动系统，储气罐 7 输出的压缩空气可用于较高要求的气动系统（如气动化仪表及射流元件组成的控制回路等）。

3. 空气压缩机

（1）空气压缩机分类　按输出压力分为低压压缩机（0.2MPa$<p\leqslant$1MPa）、中压压缩机（1MPa$<p\leqslant$10MPa）、高压压缩机（10MPa$<p\leqslant$100MPa）和超高压压缩机（$p>$100MPa）。

按输出流量分为微型压缩机（$q<$1m³/min）、小型压缩机（1m³/min$\leqslant q<$10m³/min）、中型压缩机（10m³/min$<q\leqslant$100m³/min）和大型压缩机（$q>$100m³/min）。

按工作原理的不同可分为容积式空气压缩机和动力式空气压缩机两类。在气压传动系统中，一般都采用容积式空气压缩机。容积式空气压缩机是通过机件的运动使气缸容积大小发生周期性变化，从而完成对空气的吸入和压缩过程。这种压缩机又分为几种不同的结构形式，其中活塞式空气压缩机是十分常用的一种。

（2）空压机的工作原理　图9.4a为最常见的往复活塞式空气压缩机的外观，其工作原理如图9.4c所示。

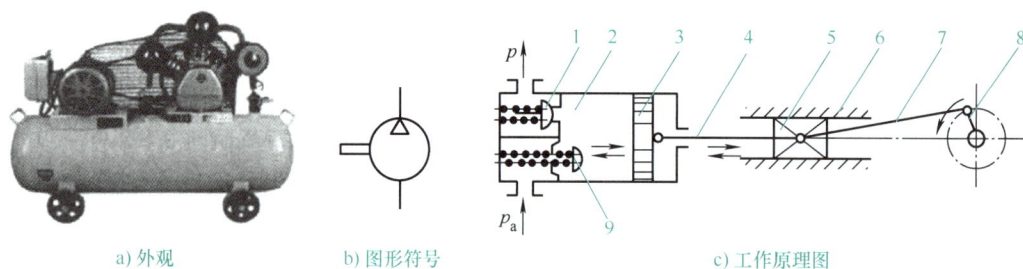

a）外观　　　　　b）图形符号　　　　　c）工作原理图

图9.4　往复活塞式空气压缩机

1—排气阀　2—气缸　3—活塞　4—活塞杆　5—滑块　6—滑道　7—连杆　8—曲柄　9—进气阀

常用的活塞式空气压缩机有卧式和立式两种结构。卧式空气压缩机的工作原理如图9.4c所示，它是利用曲柄滑块机构将马达的回转运动转变为活塞的往复直线运动。当活塞3向右运动时，气缸2的容积增大，压力降低，排气阀1关闭，外界空气在大气压的作用下打开进气阀9进入气缸内，此过程称为进气过程。当活塞3向左运动时，气缸2的容积减小，空气受到压缩，压力逐渐升高而使进气阀9关闭、排气阀1打开，压缩空气经排气口进入储气罐，这一过程称为压缩过程。单级单缸压缩机就是这样循环往复运动，不断产生压缩空气。大多数空气压缩机是多缸多活塞的组合。

（3）空气压缩机的选用原则　选用空气压缩机的依据是气动系统所需的工作压力和流量。气动系统常用的工作压力为0.5～0.8MPa，可直接选用额定压力为0.7～1MPa的低压空气压缩机，特殊场合也可选用中、高压或超高压的空气压缩机。

输出流量要根据整个气动系统对压缩空气的需要，再加一定的备用余量，作为选择空气压缩机流量的依据。

二、气动辅助元件

气动辅助元件分为气源净化装置和其他辅助元件两大类。

1. 气源净化装置

压缩空气净化装置一般包括后冷却器、油水分离器、储气罐、干燥器、过滤器等。

（1）后冷却器　安装在空气压缩机出口，也称为后冷却器，用于冷却空气压缩机排出的压缩空气，一般使压缩空气温度由140～170℃降至40～50℃，使压缩空气中的油雾和水汽迅速达到饱和、析出并凝结成油滴和水滴，以便经油水分离器排出。后冷却器的结构形式有蛇形管式、列管式、散热片式、管套式。冷却方式有水冷和风冷两种，其工作原理及图形符号如图9.5所示。

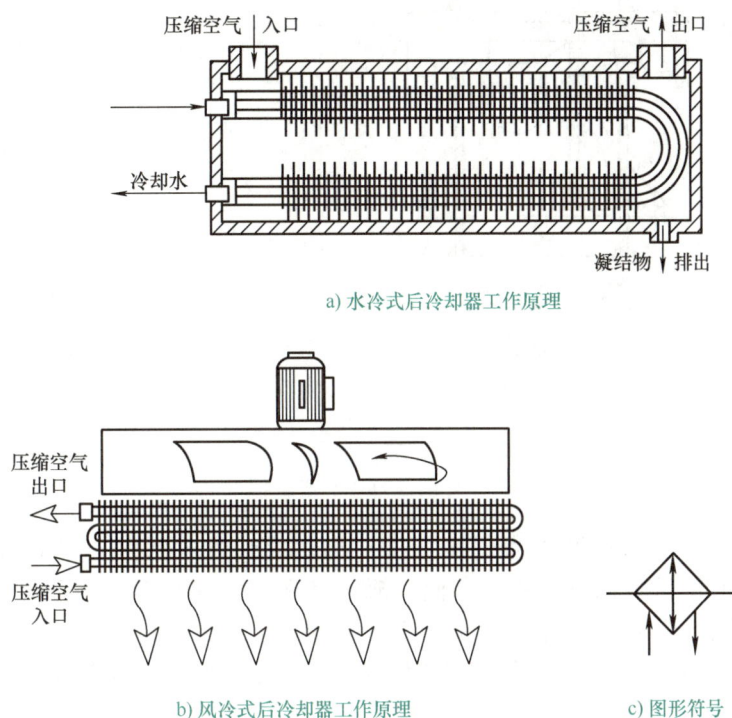

a) 水冷式后冷却器工作原理

b) 风冷式后冷却器工作原理　　　　c) 图形符号

图 9.5　后冷却器

1）水冷式后冷却器。图9.5a为水冷式后冷却器的工作原理图。冷却器的壳体是个高压容器，在壳体内排有冷却水管，水管外壁装金属片，以增强冷却效果。在冷却过程中生成的冷凝水通过排水器排出。在此种冷却器上应安装安全阀、压力表。最好还安装水和空气的温度计。水冷式后冷却器适用的进口压缩空气最高温度为180～200℃，压力为0.8～1MPa。冷却后出口压缩空气的温度比冷却水温度最多高出约10℃。

2）风冷式后冷却器。图9.5b为风冷式后冷却器的工作原理图。从空压机排出的压缩空气进入冷却器后，经过较长而且多弯曲的管道进行冷却后从出口排出。为了增强散热效果，管道上有很多散热片。风扇将冷空气吹向管道及散热片，从而使压缩空气冷却。通常，风冷式后冷却器适用的进口压缩空气最高温度为100℃，最高适用压力为0.8～1MPa。冷却后出口压缩空气的温度比室温高15℃。

（2）油水分离器　又称为除油器，安装在后冷却器出口，其作用是分离并排出压缩空气中凝聚的油分、水分和灰尘杂质等，使压缩空气得到初步净化。油水分离器的结构形式有环形回转式、撞击折回式、离心旋转式、水浴式及以上形式的组合等。它主要是利用回转产生离心撞击、水洗等方式使水、油等液滴和其他杂质颗粒从压缩空气中分离出来。图9.6所示为撞击折回并回转式油水分离器，它的工作原理：当压缩空气由入口进入分离器壳体后，气流先受到隔板阻挡而被撞击折回向下（见图9.6中箭头所示流向），一部分水和油留在隔板上；之后又上升产生环形回转，这样凝聚在压缩空气中的油滴、水滴等杂质受惯性力作用而分离析出，沉降于壳体底部，由放水阀定期排出。

为保证油水分离有较好的效果，必须控制气流在回转后上升的速度，一般不超过0.3～0.5m/s。

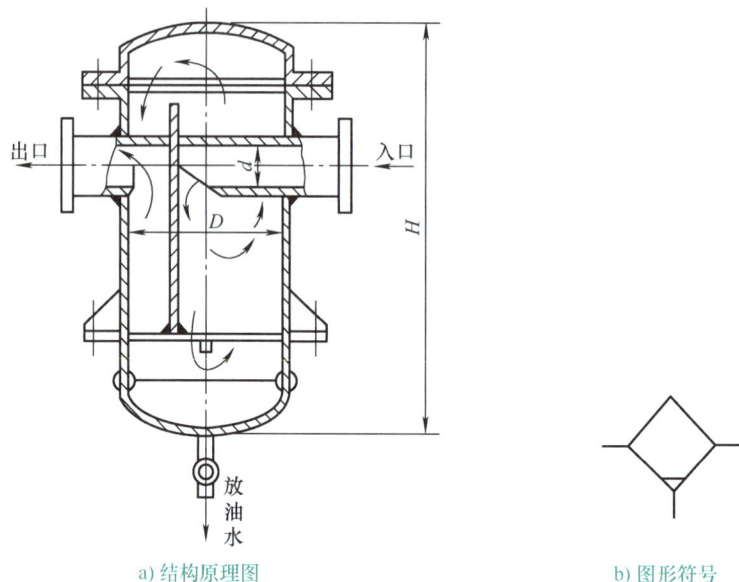

a) 结构原理图　　　　　　　　　　　b) 图形符号

图 9.6　油水分离器

（3）储气罐　一般采用圆筒状焊接结构，有立式和卧式两种，以立式居多，其外观、结构原理图和图形符号如图 9.7 所示。储气罐的功用：一是消除压力波动；二是储存一定量的压缩空气，维持供需气量之间的平衡；三是进一步分离空气中的水、油等杂质。储气罐进气口在下，出气口在上，应尽可能加大两口之间的距离，以利于分离空气中的油水杂质。

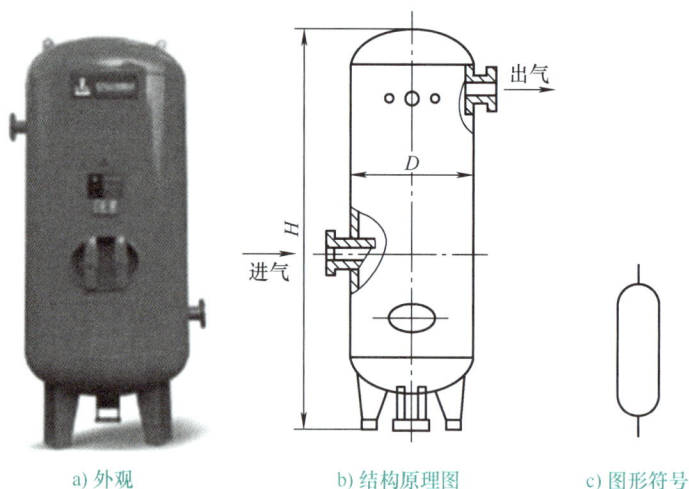

a) 外观　　　　　　　　b) 结构原理图　　　　　　c) 图形符号

图 9.7　储气罐

（4）干燥器　经过后冷却器、油水分离器和储气罐后得到初步净化的压缩空气，已能满足一般气压传动的需要。但压缩空气中仍含一定量的油、水以及少量的粉尘。如果用于精密的气动装置、气动仪表等，上述压缩空气还必须进行干燥处理。

压缩空气干燥方法主要有吸附法和冷却法。

吸附法是利用具有吸附性能的吸附剂（如焦炭、硅胶、铝胶、分子筛、粗滤器等）来吸附压缩空气中含有的水分，从而使其干燥。吸附法是干燥处理中应用十分普遍的一种方法。吸附式干燥器的结构、外观和图形符号如图 9.8 所示。它的外壳呈筒形，其中分层设置栅板、吸附剂、粗滤器等。湿空气从进气管 1 进入干燥器，通过上吸附剂层 21、钢丝粗滤器 20、上栅板 19 和下吸附剂层 16 后，其中的水分被吸附剂吸收而变得很干燥。然后经过钢丝粗滤器 15、下栅板 14、毛毡层 13 和钢丝粗滤器 12，过滤掉气流中的灰尘和其他固体杂质，最后干燥、洁净的压缩空气从输出管 8 输出。

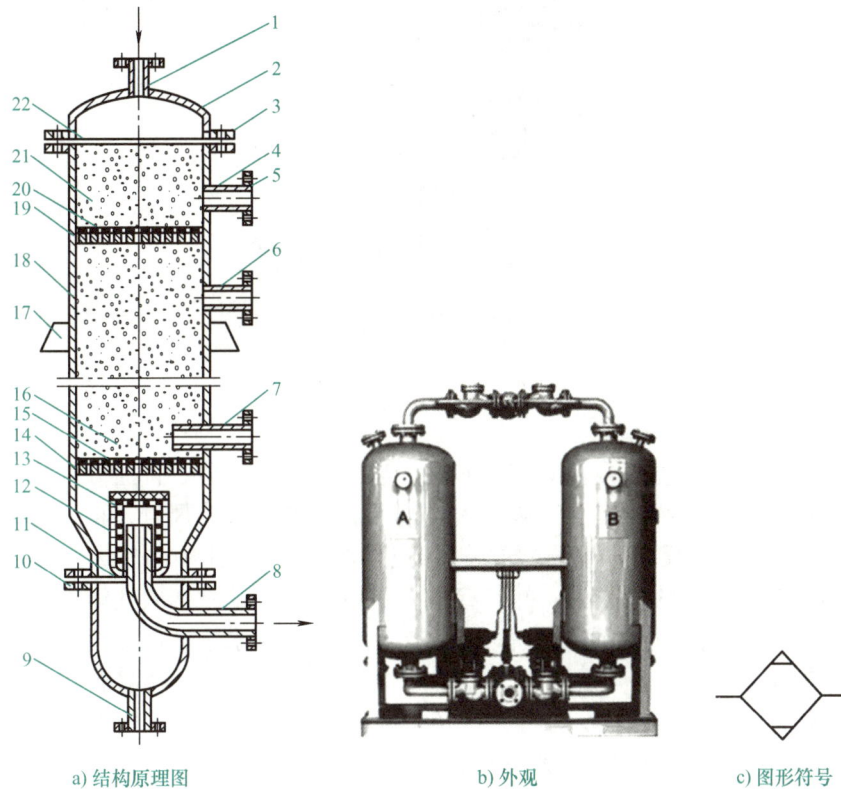

a) 结构原理图　　　　b) 外观　　　　c) 图形符号

图 9.8　吸附式干燥器

1—湿空气进气管　2—顶盖　3，5，10—法兰　4，6—再生空气排气管　7—再生空气进气管
8—干燥空气输出管　9—排水管　11，22—密封座　12，15，20—钢丝粗滤器　13—毛毡
14—下栅板　16，21—吸附剂　17—支承板　18—筒体　19—上栅板

当干燥器使用一段时间之后，吸附剂吸水达到饱和状态而失去吸湿能力，因此须设法除去吸附剂中的水分，使其恢复干燥状态，以便继续使用，这就是吸附剂的再生。由于水分和干燥剂之间没有化学反应，所以不需要更换干燥剂，但必须定期再生干燥。其过程是：先将干燥器的进、出气管关闭，使之脱离工作状态，然后从再生空气进气管 7 输入干燥的热空气（温度一般为 180～200℃），热空气通过吸附层时将其所含水分蒸发成水蒸气并一起由再生空气排气管 4、6 排出；经过一定的再生时间后，吸附剂被干燥并恢复了吸湿能力；这时，将再生空气的进、排气管关闭，将压缩空气的进、出气管打开，干燥器便再次进入工作状态。因此，为保证供气的连续性，一般气源系统设置两套干燥器，一套用于空气干燥，另一套用于吸附剂再生，两套交替工作。

（5）过滤器　其作用是进一步滤除压缩空气中的杂质。常用的过滤器有一次性过滤器（也称简易过滤器，滤灰效率为 50%～70%）；二次过滤器（滤灰效率为 70%～99%）。在要求高的特殊场合，还可使用高效率的过滤器（滤灰效率大于 99%）。

1）一次过滤器。图 9.9 所示为一种一次过滤器，气流由切线方向进入筒内，在离心力的作用下分离出液滴，然后气体由下而上通过硅胶、焦炭、粗滤器等过滤吸附材料，干燥清洁的空气从筒顶输出。

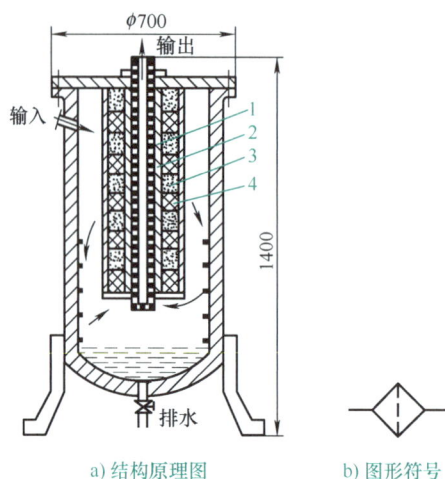

a) 结构原理图　　　　　b) 图形符号

图 9.9　一次过滤器

1—密孔网　2—细钢丝网　3—焦炭　4—硅胶

2）分水滤气器。分水滤气器滤灰能力较强，属于二次过滤器。普通分水滤气器的结构如图 9.10 所示。其工作原理：压缩空气从输入口进入后，被引入旋风叶子 1，旋风叶子上有很多小缺口，使空气沿切线反向发生强烈的旋转，这样夹杂在气体中的较大水滴、油滴、灰尘（主要是水滴）便获得较大的离心力，并与存水杯 3 内壁高速碰撞，从气体中分离出来，沉淀于存水杯 3 中，然后气体通过中间的滤芯 2，部分灰尘、雾状水被滤芯 2 拦截而滤去，洁净的空气便从输出口输出。挡水板 4 是防止气体漩涡将杯中积存的污水卷起而破坏过滤作用。为保证分水滤气器正常工作，必须及时将存水杯中的污水通过手动排水阀 5 放掉。在人工排水不方便的场合，可采用自动排水式分水滤气器。

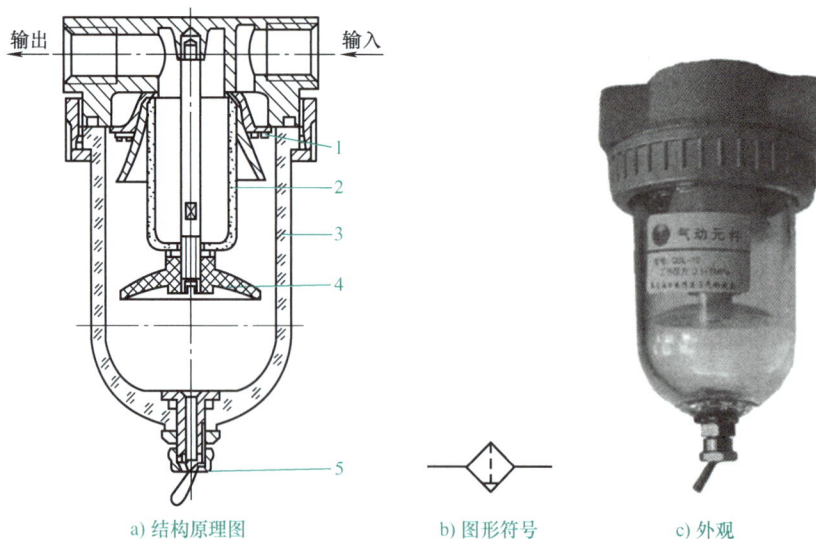

a) 结构原理图　　　　　b) 图形符号　　　　　c) 外观

图 9.10　分水滤气器

1—旋风叶子　2—滤芯　3—存水杯　4—挡水板　5—手动排水阀

2. 其他辅助元件

（1）油雾器　压缩空气通过净化后，所含污油、浊水得到了清除，但是一般的气动装置还要求压缩空气具有一定的润滑性，以减轻其对运动部件表面的磨损，改善其工作性能。因此，要用油雾器对压缩空气喷洒少量的润滑油。

油雾器是一种特殊的注油装置。它以空气为动力，将润滑油雾化后，注入空气流中，并随空气进入需要润滑的部位，达到润滑的目的。图 9.11 所示是普通油雾器（也称一次油雾器）的外观、结构原理图和图形符号。

压缩空气由气流入口 1 进入油雾器，其中一部分气体由小孔 2 进入单向阀 10 的阀座腔内；正常工作时，压力气体推开钢球，高压气体进入储油杯 5 的上腔 A，油面受压，迫使杯中油液沿吸油管 11 上升，顶开单向阀 6 流入透明的视油帽 8，然后经可调节流阀 7 滴入喷嘴小孔 3 中，由主管道流来的气体把小孔 3 中的油液引射出来，油滴被高速气流打碎雾化，并随气流由出口 4 输出，送入气动系统。

二次油雾器能使油滴在雾化器内进行二次雾化，使油雾粒度更小、更均匀，输送距离更远。二次雾化粒径可达 5μm。

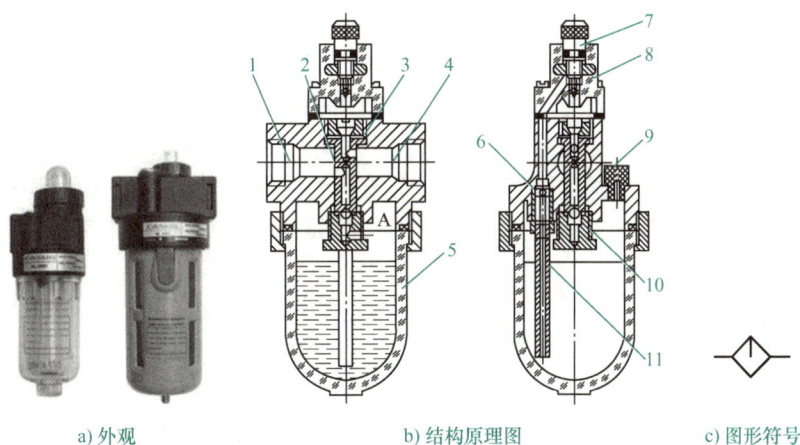

a) 外观　　b) 结构原理图　　c) 图形符号

图 9.11　油雾器

1—气流入口　2，3—小孔　4—气流出口　5—储油杯
6，10—单向阀　7—节流阀　8—视油帽　9—旋塞　11—吸油管

（2）气动三联件　油雾器的选择主要是根据气压传动系统所需额定流量及油雾粒径大小来进行。所需油雾粒径在 50μm 左右的选用一次油雾器。若所需油雾粒径很小，则可选用二次油雾器。油雾器一般应配置在分水滤气器和减压阀之后、用气设备之前较近处。

分水滤气器、减压阀、油雾器一起被称为气动三联件，是气动系统不可缺少的辅助元件，其外观及图形符号如图 9.12 所示。

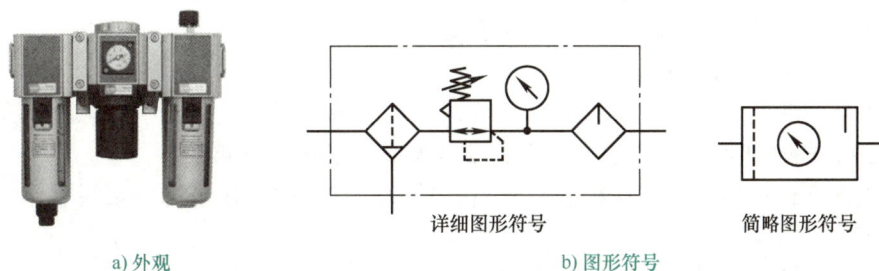

a) 外观　　b) 图形符号

详细图形符号　　简略图形符号

图 9.12　气动三联件

（3）消声器　在气压传动系统之中，气缸、气阀等元件工作时，排气速度较高，气体体积急剧膨胀，会产生刺耳的噪声。噪声的强弱随排气的速度、排量和空气通道的形状而变化。排气的速度和功率越大，噪声也越大，一般可达 100～120dB。为了降低噪声，可以在排气

口安装消声器。图 9.13 是吸收型消声器。

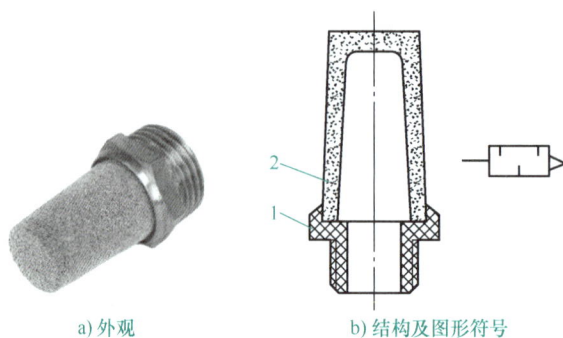

a) 外观   b) 结构及图形符号

图 9.13　吸收型消声器

1—连接件　2—消声罩

这种消声器主要依靠吸音材料消声。消声罩 2 为多孔的吸音材料，一般用聚苯乙烯或铜珠烧结而成。当消声器的通径小于 20mm 时，多用聚苯乙烯作消音材料制成消声罩，当消声器的通径大于 20mm 时，消声罩多用铜珠烧结，以增加强度。其消声原理：当压力气体通过消声罩时，气流受到阻力，声能量被部分吸收而转换为热能，从而降低了噪声强度。

吸收型消声器结构简单，具有良好的消除中、高频噪声的性能，消声效果大于 20dB。

▷▷ 技能训练

训练 2　气源装置的选用及安装。

1）根据管路通径、流量大小、调压及过滤精度等技术性能参数选择系统所需要的气动组合件。

2）空气过滤器的过滤精度有 2μm、5μm、10μm、20μm、40μm、70μm、100μm 七种，可根据要求选用合适的产品。

3）在使用减压阀时，尽量避免使用调压范围的下限值，按使用压力的要求选择合适的减压阀。

4）安装顺序：从气源的流入端开始，依次连接空气过滤器、减压阀、油雾器，元件壳体上的箭头方向为气流方向，不可反接。

5）空气过滤、油雾器必须竖直安装并使带有罩杯侧朝下。

6）油雾器一旦逆流，就会造成内部零件损坏和发生危险，故应避免。

7）安装时，避免将密封胶带、铁锈等杂质混入管路内。

训练 3　气动系统的简单维护。

1）工作介质要使用洁净干燥的压缩空气，并将配管内用空气充分吹净以防将杂质带入系统内，引起缸、阀动作不良，需要润滑时，要在配管系统中加油雾器。

2）系统正常运行后，要定期检查空气过滤器、油雾器的工作情况，及时放水（自动排水的除外）、加油。

3）缸、阀长期不用时，要保证最小工作频率 1 次 /30 天。

4）要经常检查各种气动元件的运行情况，检查紧固螺钉是否松动，元件的密封处是否有损坏泄漏现象，发现问题及时处理。

5）维护保养时，务必事前关闭气源，并将管路系统中的压缩空气排空后方可进行，以防止发生事故。

6）元件重新装配时，必须将零部件清洗干净，不能将杂质等带入系统内部。

任务三　气动执行元件的使用

▶▶ 任务概述

了解气动执行元件的类型、结构特点、工作原理和使用方法，掌握气缸的基本计算。

▶▶ 知识与技能

将压缩空气的压力能转换为机械能，驱动机械做直线往复运动、摆动和旋转运动的元件，称为气动执行元件。气动执行元件可分为气缸和气马达两类，气缸用于实现往复直线运动或摆动，气马达用于实现回转运动。

一、气缸

1. 气缸的分类、典型结构与特点

气缸的应用十分广泛，其结构形式也多种多样，可分为单作用气缸、双作用气缸和特殊缸三大类。下面简单介绍几种典型气缸的结构与特点。

（1）普通型单活塞杆双作用气缸　图 9.14 所示为普通型单活塞杆双作用气缸的外观和结构原理图。气缸由缸筒 11、前缸盖 13、后缸盖 1、活塞 8、活塞杆 10、密封件和紧固件等组成。缸筒在前、后缸盖之间由四根拉杆和螺母将其连接锁紧（图中未画出）。活塞与连杆相连，活塞上装有密封圈 4、导向环 5 和磁性环 6。为防止漏气和外部粉尘的侵入，前缸盖上装有活塞杆用防尘组合密封圈 15。磁性环用来产生磁场，使活塞接近磁性开关时发出电信号，即在普通气缸上安装磁性开关就能成为可以检测气缸活塞位置的开关气缸。

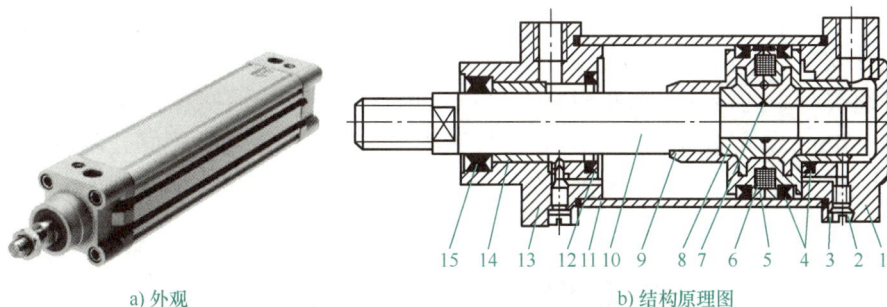

a) 外观　　　　　b) 结构原理图

图 9.14　普通型单活塞杆双作用气缸

1—后缸盖　2—缓冲节流针阀　3，7—密封圈　4—活塞密封圈　5—导向环　6—磁性环　8—活塞
9—缓冲柱塞　10—活塞杆　11—缸筒　12—缓冲密封圈　13—前缸盖　14—导向套　15—防尘组合密封圈

（2）气液阻尼缸　普通气缸工作时，由于气体的可压缩性使气缸工作不稳定。为了使活塞运动平稳，普遍采用了气液阻尼缸。气液阻尼缸是由气缸和液压缸组合而成的，它以压缩空气为能源，利用油液的近似不可压缩性控制流量以获得活塞平稳运动和调节活塞的运动速度。图 9.15 所示为串联式气液阻尼缸，左半部为气缸，右半部为液压缸。气缸活塞与液压缸活塞通过一根活塞杆连成一体。当压缩空气进入气缸右腔时，推动活塞左行，液压缸左腔液

压油流出，经节流阀进入液压缸右腔，节流阀对活塞的运动产生阻尼作用。调节节流阀即可改变阻尼缸的运动速度。当压缩空气进入气缸左腔时，推动活塞右行。液压缸右腔排油，顶开单向阀 3，油液快速流回液压缸左腔，无阻尼作用，阻尼缸即可快速返回。

（3）冲击气缸　冲击气缸可把压缩空气的压力能转换为活塞高速运动的动能，利用此动能做功，可完成型材下料、打印、破碎、冲孔、锻造等多种作业。如图 9.16 所示，当压缩空气进入蓄能腔 3 时，其压力只能通过喷嘴口 4 的小面积作用在活塞上，还不能克服活塞杆腔的排气压力所产生的向上推力以及活塞与缸体间的摩擦力，喷嘴处于关闭状态，从而使蓄能腔的充气压力逐渐升高。当充气压力升高到能使活塞向下移动时，活塞的下移使喷嘴口开启，聚集在蓄能腔中的压缩空气通过喷嘴口突然作用于活塞的全面积上。高速气流进入活塞腔 2进一步膨胀并产生冲击波，波的阵面压力可高达气源压力的几倍到几十倍，给予活塞很大的向下推力。此时，活塞杆腔 1 内的压力很低，活塞在很大的压差作用下迅速加速，在很短的时间内以极高的速度向下冲击，从而获得很大的动能。利用这个能量实现冲击，可产生很大的冲击力。如内径 230mm、行程 403mm 的冲击气缸可产生 400 ～ 500kN 的冲击力。

冲击气缸广泛用于锻造、冲压、下料和压坯等各方面。

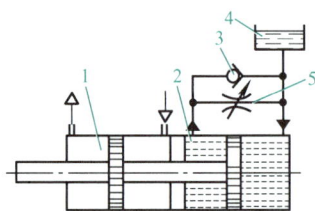

图 9.15　串联式气液阻尼缸

1—气缸　2—液压缸　3—单向阀　4—油箱　5—节流阀

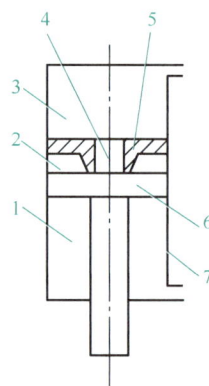

图 9.16　冲击气缸

1—活塞杆腔　2—活塞腔　3—蓄能腔　4—喷嘴口
5—中盖　6—活塞　7—缸体

（4）膜片式气缸　图 9.17 所示为膜片式气缸的工作原理图，它主要由膜片和中间硬芯相连来代替普通气缸中的活塞，依靠膜片在气压作用下的变形使活塞杆运动。其活塞的位移较小，一般小于 40mm。这类气缸的特点是结构紧凑、重量轻、密封性能好、制造成本低、维修方便。它适用于气动夹具、自动调节阀及短行程的工作场合。

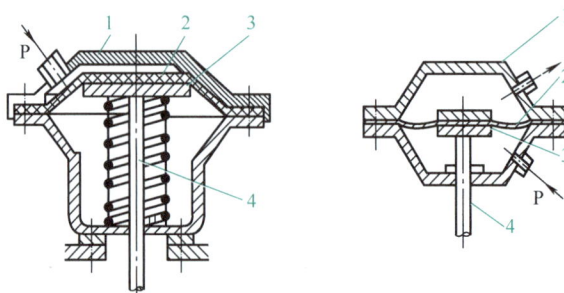

a) 单作用式　　　　b) 双作用式

图 9.17　膜片式气缸

1—缸体　2—膜片　3—膜盘　4—活塞杆

（5）无油润滑气缸　其结构与普通气缸没有什么两样，只是气缸内的一些相对运动零件，如活塞、密封圈、导向套等采用一种特殊的树脂材料制成，有自润滑作用，运动摩擦阻力小。因此，这种气缸在运行时不需要在压缩空气中加入起润滑作用的油雾就能长时间工作。由于气缸的排气中不含油分，故这种气缸特别适用于食品、医药工业。

2. 气缸的使用要求

1）气缸的正常工作的条件通常是周围介质温度为 $-30 \sim 800℃$，工作压力为 $0.1 \sim 1MPa$。

2）安装前，应在 1.5 倍工作压力下进行试验，不应漏气。

3）装配时，所有密封件的相对运动工作表面应涂润滑脂。

4）安装的气源进口处必须设置油雾器，以利于工作中润滑。气缸的合理润滑极为重要，若润滑不良，则可能出现气缸爬行，甚至不能正常工作。

5）安装时要注意动作方向，活塞杆不允许承受偏心负载或横向负载。

6）负载在行程中有变化时，应使用输出力有足够余量的气缸，并要附加缓冲装置。

7）不使用满行程。特别是当活塞杆伸出时，不要使活塞与气缸盖相撞击，否则容易引起活塞和缸盖等零件受损。

二、气马达

气马达是利用压缩空气的能量实现旋转运动的机械。

1. 气马达的分类与特点

按结构形式的不同，气马达可分为叶片式、活塞式、齿轮式等。常用的是叶片式气马达和活塞式气马达。叶片式气马达制造简单，结构紧凑，但低速起动转矩小，低速性能不好，适宜性能要求低或中功率的机械，目前在矿山机械及风动工具中应用普遍。活塞式气马达在低速情况下有较大的输出功率，低速性能好，适宜载荷较大和要求低速、转矩大的机械，如起重机、绞车绞盘、拉管机等。

2. 气马达的工作原理

图 9.18 所示为叶片式气马达，压缩空气由孔 A 输入时，分为两路：一路经定子两端盖内的槽进入叶片底部（图中未画出）将叶片推出，使其贴紧定子内表面；另一路则进入相应的密封容腔，作用于悬伸的叶片上。由于转子与定子偏心放置，相邻两叶片伸出的长度不一样，这就产生了转矩差，从而推动转子沿逆时针方向旋转。做功后的气体由孔 C 排出，剩余残气经孔 B 排出。若使压缩空气改由孔 B 输入，便可使转子沿顺时针方向旋转。

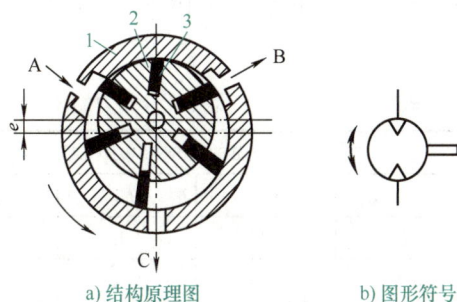

a) 结构原理图　　　　　　b) 图形符号

图 9.18　叶片式气马达

1—定子　2—转子　3—叶片

3. 气马达的应用与润滑

气马达工作适应性强，可适用于无级调速、起动频繁、经常换向、高温潮湿、易燃易爆、负载起动、不便于人工操纵及有过载可能的场合。

气马达主要应用于矿山机械、专业性的机械制造业、油田、化工、造纸、炼钢、船舶、航空、工程机械等行业。许多风动工具如风钻、风扳手、风砂轮、风动铲刮机等均装有气马达。随着气压传动的发展，气马达的应用日趋广泛。

气马达的润滑是保证其正常工作必不可少的环节，气马达得到良好的润滑后，可在两次检修期间至少实际运转 2500～3000h。一般应在气马达操纵阀前配置油雾器，并经常补油，以使雾状油混入压缩空气进入马达中，从而得到不间断的良好润滑。

▶▶ 技能训练

训练 4　计算气缸直径。

气缸直径的设计计算须根据其负载大小、运行速度和系统工作压力来决定。首先，根据气缸安装及驱动负载的实际工况分析计算出气缸轴向实际负载 F，再由气缸平均运行速度选定气缸的负载率，初步选定气缸工作压力（一般为 0.4～0.6MPa），再计算出气缸理论输出力 F_t，最后计算出缸径，并按标准圆整得到实际所需的缸径。

气缸推动工件在水平导轨上运动。已知工件等运动件质量 $m=250kg$，工件与导轨间的摩擦系数 $\mu=0.25$，气缸行程 $s=400mm$，1.5s 时间工件运动到位，系统工作压力 $p=0.4MPa$，试选定气缸直径。

解：气缸实际轴向负载 $F=\mu G=\mu mg=0.25 \times 250 \times 9.81N=613.13N$

气缸平均速度为

$$v = \frac{s}{t} = \frac{400}{1.5} \text{mm/s} = 267 \text{mm/s}$$

由速度选定负载率 $\beta=0.5$

则气缸理论输出力为

$$F_t = \frac{F}{\beta} = \frac{613.13}{0.5} \text{N} = 1226.26 \text{N}$$

气缸直径为

$$D = \sqrt{\frac{4F_t}{\pi p}} = \sqrt{\frac{4 \times 1226.26}{3.14 \times 0.4 \times 10^6}} \text{m} \approx 6.25 \times 10^{-2} \text{m} = 62.5 \text{mm}$$

按标准选定气缸缸径为 63mm。

实际中，也可简化计算过程，根据负载、工作压力、动作方向从表格中选择合适的缸径尺寸，见表9.3。

表 9.3　双作用气缸缸径 – 输出力换算表

空气压力 /MPa		气缸的理论输出力（推力）/kg						
		0.2	0.3	0.4	0.5	0.6	0.7	0.8
缸径 / mm	10	1.57	2.36	3.14	3.93	4.71	5.50	6.28
	16	4.02	6.03	8.04	10.1	12.1	14.1	16.1
	20	6.28	9.42	12.6	15.7	18.8	22.0	25.0
	25	9.81	14.7	19.6	24.5	29.4	34.4	39.2
	32	16.0	24.1	32.2	40.2	48.3	56.3	64.4

（续）

空气压力 /MPa	气缸的理论输出力（推力）/kg						
	0.2	0.3	0.4	0.5	0.6	0.7	0.8
40	25.1	37.7	50.3	62.8	75.4	88.0	100.5
50	39.2	58.9	78.5	98.2	117	137	157
63	62.3	93.5	125	156	187	218	250
80	100	151	201	251	300	352	402
100	157	236	314	393	471	550	628
125	245	368	491	615	736	859	982
160	402	603	804	1005	1206	1407	1608
180	508	763	1018	1272	1527	1781	2036
200	628	942	1257	1571	1885	2199	2514
250	981	1473	1963	2454	2945	3436	3926
320	1608	2412	3216	4021	4825	5629	6432
400	2531	3796	5026	6283	7539	8796	10052

注：缸径/mm 为左侧第一列标签。

任务四 气动控制元件的使用

▶▶ 任务概述

气压传动的控制元件有三类控制阀，即方向控制阀、压力控制阀和流量控制阀。本任务学习这三类阀的结构特点、工作原理和使用方法。

▶▶ 知识与技能

气动控制元件是用来控制和调节压缩空气的方向、压力和流量的，以使气动执行机构获得必要的运动方向、输出力和运动速度，并按规定的程序工作。

一、方向控制阀

方向控制阀是气压传动系统中通过改变压缩空气的流动方向和气流的通断来控制执行元件起动、停止及运动方向的气动元件。按其功用可分为单向型控制阀和换向型控制阀。

1. 单向型控制阀

单向型控制阀主要有单向阀、梭阀、快速排气阀等。单向阀的结构和符号与液压阀中的单向阀基本相同，这里不做介绍。

（1）"或"门型梭阀　图 9.19 所示为"或"门型梭阀的工作原理图和图形符号。该阀的结构相当于两个单向阀的组合。当通路 P_1 进气时，将阀芯推向右边，通路 P_2 被关闭，于是气流从 P_1 进入通路 A，如图 9.19a 所示；反之，气流从 P_2 进入 A，如图 9.19b 所示；当 P_1、P_2 同时进气时，哪端压力高，A 口就与哪端相通，另一端自动关闭。这种梭阀在气动回路中起到"或"门（P_1 开或 P_2 开）的作用。

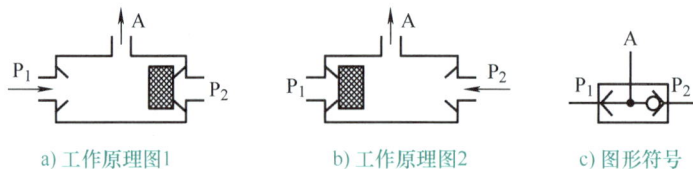

a) 工作原理图1　　　　b) 工作原理图2　　　　c) 图形符号

图 9.19　"或"门型梭阀

（2）"与"门型梭阀　该阀又称为双压阀，其工作原理图和图形符号如图 9.20 所示。其结构也相当于两个单向阀的组合。特点：当两个输入口 P_1、P_2 只有一个进气时，A 口无输出，如图 9.20a、b 所示；当两个输入口 P_1、P_2 同时进气时，A 口才有输出，如图 9.20c 所示。当两端进气压力不等时，则压力低的一端气体从 A 口输出。

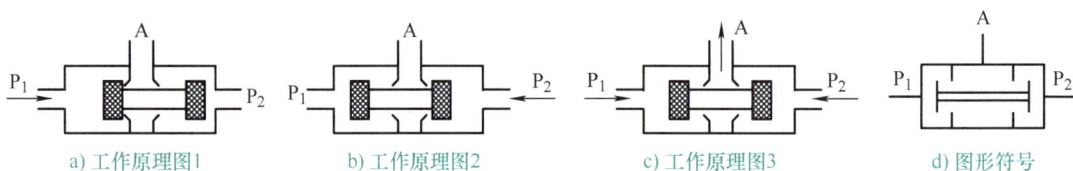

a) 工作原理图1　　b) 工作原理图2　　c) 工作原理图3　　d) 图形符号

图 9.20　"与"门型梭阀

（3）快速排气阀　该阀简称快排阀，其作用是使气缸快速排气。图 9.21 所示为快速排气阀的结构原理图和图形符号。当 P 口有输入时，膜片 1 向下变形，通过膜片上的小孔 a，P 与 A 相通；同时关闭排气口 T，当 P 口有压缩空气进入时，在 A 口与 P 口压差的作用下，膜片向上恢复，关闭 P 口，使 A 口通过 T 口快速排气。快速排气阀常安装在气缸的排气口。

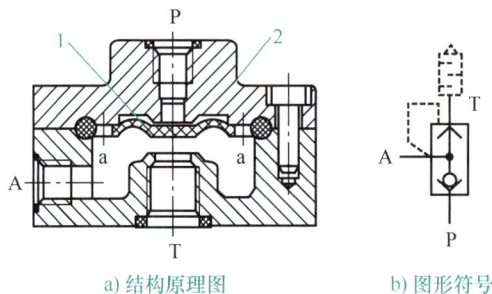

a) 结构原理图　　　　b) 图形符号

图 9.21　快速排气阀

1—膜片　2—阀体

2. 换向型控制阀

换向型控制阀简称换向阀。按阀芯的结构形式可分为滑柱式（又称为滑阀式）、截止式（又称为提动式）、平面式（又称为滑块式）和膜片式等几种；按阀的控制方式又可分为许多类型，图 9.22 列出了气动换向阀的主要控制方式。

（1）电磁控制换向阀　简称电磁换向阀，是利用电磁力的作用实现阀的切换以改变气流的流动方向。

在气压传动中，电磁控制换向阀的应用较为普遍。按电磁力作用方式的不同，电磁控制换向阀分为直动型和先导型两种。

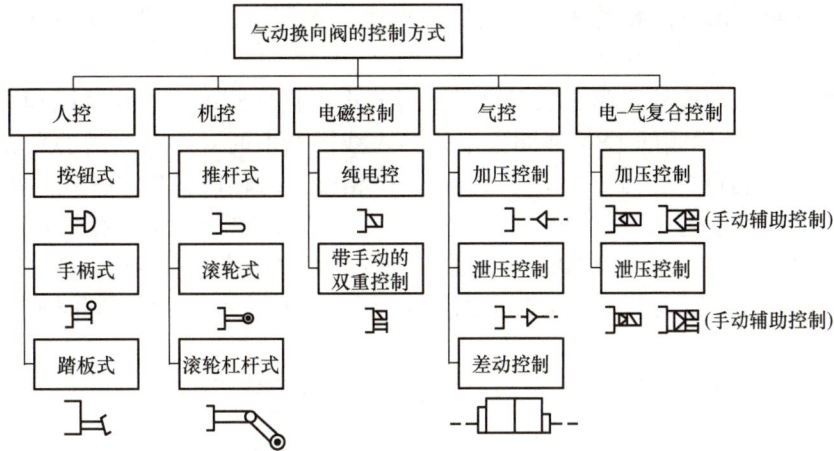

图 9.22   气动换向阀的主要控制方式

图 9.23 所示为采用截止式阀芯的单电控直动式电磁换向阀的工作原理图和图形符号。它只有一个电磁铁。图 9.23a 为常态情况，励磁线圈不通电，此时，阀在复位弹簧的作用下处于上端位置。其通路状态为 A 口与 T 口相通、A 口排气。当线圈通电时，电磁铁吸引阀芯向下移动，气路换向，其通路为 P 口与 A 口相通，A 口进气。

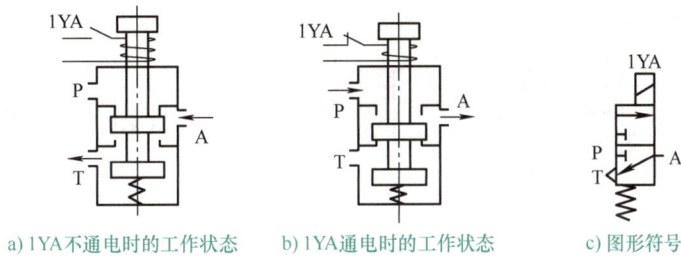

a) 1YA不通电时的工作状态   b) 1YA通电时的工作状态   c) 图形符号

图 9.23   单电控直动式电磁换向阀

图 9.24 所示为采用滑柱式阀芯的双电控直动式电磁换向阀的工作原理图和图形符号。它有两个电磁铁。从图 9.24a 可知，当左线圈 1YA 通电、右线圈 2YA 断电时，阀芯被推向右端，其通路状态是 P 与 A、B 与 T_2 相通，A 口进气、B 口排气。当线圈 1YA 断电时，阀芯仍处于当前状态，即具有记忆功能。从图 9.24b 可知，当电磁线圈 2YA 通电、1YA 断电时，阀芯被推向左端，其通路状态是 P 与 B、A 与 T_1 相通，B 口进气、A 口排气。当电磁线圈 2YA 断电时，气流通路仍保持当前状态。

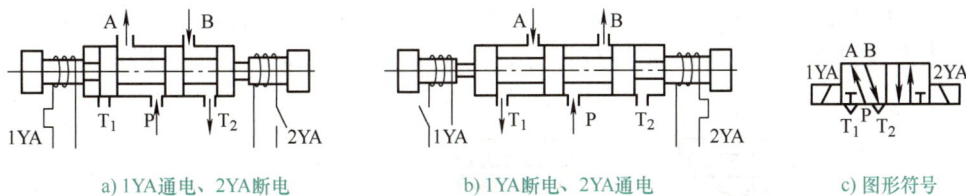

a) 1YA通电、2YA断电   b) 1YA断电、2YA通电   c) 图形符号

图 9.24   双电控直动式电磁换向阀

双电控换向阀可做成二位阀，也可做成三位阀。为保证双电控换向阀正常工作，两个电磁铁不能同时通电，电路中要考虑互锁。双电控二位换向阀具有记忆功能，即通电时换向，断电时仍能保持原有工作状态。

直动式电磁阀是由电磁铁直接推动阀芯移动的，当阀通径较大时，用直动式结构所需的电磁铁体积和电力消耗都必然加大，为克服此弱点可采用先导式结构。

先导式电磁阀是由电磁铁首先控制气路，产生先导压力，再由先导压力推动主阀阀芯，使其换向。

图 9.25 所示为采用滑柱式阀芯的双电控先导式电磁换向阀的工作原理图和图形符号。在图 9.25a 中，当电磁先导阀的 1YA 线圈通电、2YA 线圈断电时，中间主阀的左腔进气、右腔排气，使主阀阀芯向右移动。此时，P 与 A、B 与 T_2 相通，A 口进气、B 口排气。在图 9.25b 中，当电磁先导阀的 2YA 通电、1YA 断电时，主阀的右腔进气、左腔排气，使主阀阀芯向左移动。此时，P 与 B、A 与 T_1 相通，B 口进气、A 口排气。双电控先导式电磁换向阀具有记忆功能，即通电换向，断电保持原状态。为保证主阀正常工作，两个电磁阀不能同时通电，电路中要考虑互锁。

先导式电磁换向阀便于实现电、气联合控制，所以应用广泛。

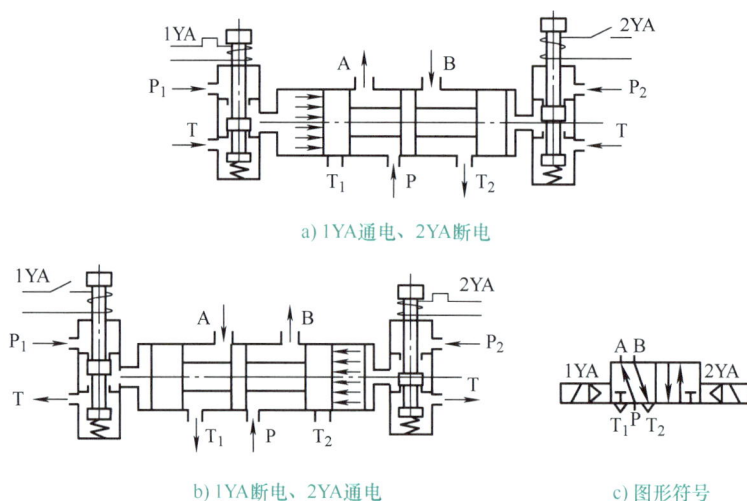

a) 1YA通电、2YA断电

b) 1YA断电、2YA通电

c) 图形符号

图 9.25　双电控先导式电磁换向阀

（2）气压控制换向阀　是以气体压力使主阀阀芯运动，从而使气路换向或通断的阀类。气压控制换向阀的用途很广，多用于组成全气阀控制的气压传动系统或易燃、易爆及高净化等场合。

按压力控制方式有加压控制和差压控制两种。加压控制是指所加的压力控制信号是逐渐上升的，当气压增加到阀芯的动作压力时，主阀便换向。

1）单气控加压式换向阀。图 9.26 为单气控加压式换向阀的工作原理图和图形符号。图 9.26a 是无气控信号 K 时的状态（即常态），此时，阀芯 1 在弹簧 2 的作用下处于上端位置，使阀口 A 与 O 相通，A 口排气。图 9.26b 是在有气控信号 K 时的状态，在大气压力的作用下，阀芯 1 克服弹簧力下移，使阀口 A 与 O 断开，P 与 A 接通，A 口有气体输出。

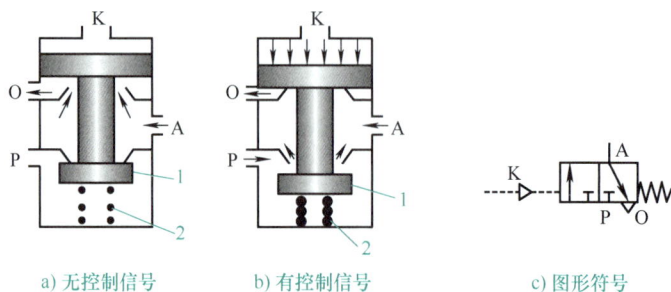

a) 无控制信号

b) 有控制信号

c) 图形符号

图 9.26　单气控加压式换向阀

1—阀芯　2—弹簧

2）双气控加压式换向阀。图 9.27 为双气控加压滑阀式换向阀的工作原理图和图形符号。图 9.27a 为有控制信号 K_1 时阀的状态，此时阀停在右边，其通路状态是 P 与 B、A 与 O_1 相通。图 9.27b 为有控制信号 K_2 时阀的状态（此时信号 K_1 已不存在），阀芯换位，其通路状态变为 P 与 A、B 与 O_2 相通。双气控加压滑阀具有记忆功能，即控制信号消失后，阀芯仍保持在最后一个控制信号作用时的工作状态。

a) 有控制信号 K_1　　　　　b) 有控制信号 K_2　　　　　c) 图形符号

图 9.27　双气控加压滑阀式换向阀

3）差动控制换向阀。差动控制换向阀是利用控制气压作用在阀芯两端不同面积上所产生的压力差来使阀换向的一种换向阀。图 9.28a 所示为进气口 P 控制阀芯换向、单控制信号 K_1 控制阀芯复位；图 9.28b 所示为 K_2 控制阀芯换向、K_1 控制阀芯复位。这种控制可应用于各种结构的主阀。气压复位省去了弹簧，提高了可靠性。差动控制的特点是复位信号一直存在，一旦换向信号消失，阀芯立即复位。所以，这类阀不具有记忆功能，且控制换向的信号和复位信号均须为长信号。

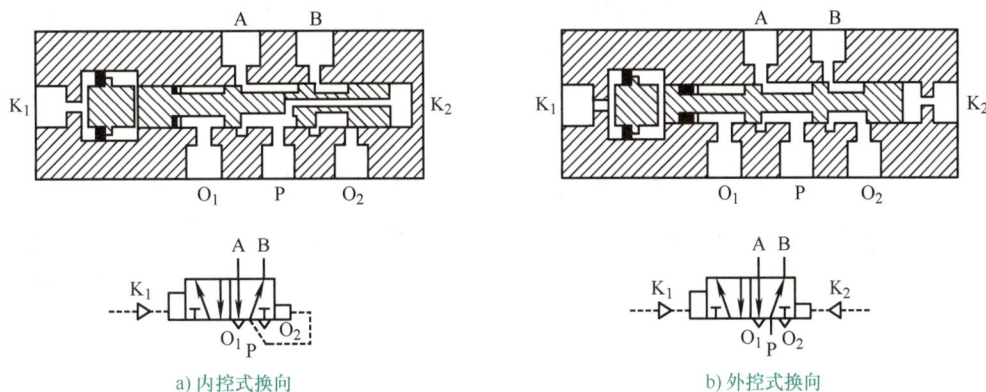

a) 内控式换向　　　　　　　　　　b) 外控式换向

图 9.28　差动控制换向阀

二、压力控制阀

按功能的不同，压力控制阀可分为减压阀（调压阀）、安全阀（溢流阀）和顺序阀。

按结构特点的不同，压力控制阀可分为直动型压力控制阀和先导型压力控制阀。直动型压力控制阀的气压直接与弹簧力相平衡，操纵调压困难，性能差，因此精密的高性能压力控制阀都采用先导型结构。

1. 减压阀

气动设备和装置的气源一般都来自压缩空气站。它所提供压缩空气的压力通常都高于每台设备和装置所需的工作压力，且压力波动较大，因此需要用调节压力的减压阀来降低空气站的空气压力，使其适合每台气动设备和装置实际需要的压力，并保持该压力值的稳定。

图 9.29 所示为 QTY 型直动式减压阀。当阀处于工作状态时，调节旋钮 1，调压弹簧 2、3 及膜片 5 使阀芯 8 下移，进气阀口 10 被打开，气流从左端输入，经阀口 10 节流减压后从

右端输出。输出气流的一部分由阻尼孔 7 进入膜片气室 6，在膜片 5 的下面产生一个向上的推力，这个推力总是企图把阀口开度关小，使其输出压力下降。当作用在膜片上的推力与弹簧力互相平衡后，减压阀的输出压力便保持一定值。

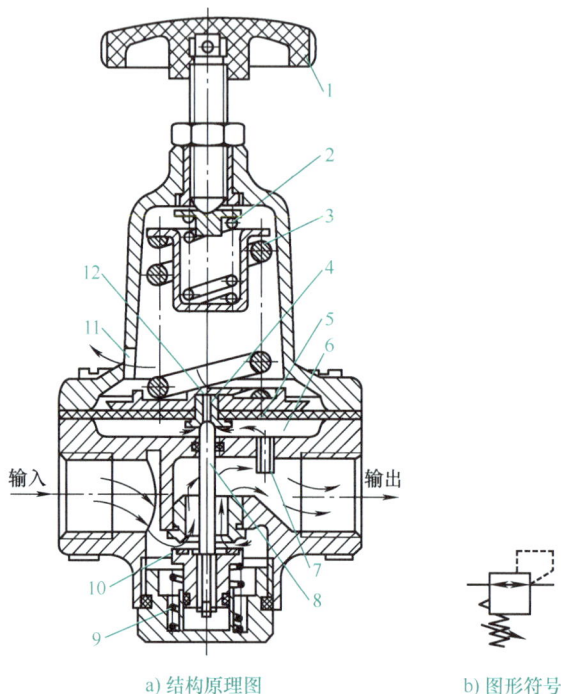

a) 结构原理图 b) 图形符号

图 9.29　QTY 型直动式减压阀

1—旋钮　2，3—调压弹簧　4—溢流阀座　5—膜片　6—膜片气室
7—阻尼孔　8—阀芯　9—复位弹簧　10—进气阀口　11—排气孔　12—溢流孔

当输入压力发生波动时，如输入压力瞬时升高，输出压力也随之升高，作用在膜片 5 上的气体推力也相应增大，破坏了原来的力平衡，使膜片 5 向上移动。有少量气体经溢流孔 12、排气孔 11 排出。在膜片上移的同时，因复位弹簧 9 的作用，阀芯 8 也向上移动，进气阀口开度减小，节流作用增大，输出压力下降，直至达到新的平衡为止。重新平衡后的输出压力又基本上恢复至原值。反之，输入压力瞬时下降，输出压力相应下降，膜片下移，进气阀口开度增大，节流作用减小，输出压力又基本上回升至原值。调节旋钮 1，使弹簧 2、3 恢复自由状态，输出压力降至零，阀芯 8 在复位弹簧 9 的作用下关闭进气阀口 10。这样，减压阀便处于截止状态，无气流输出。

QTY 型直动式减压阀的调压范围为 0.05～0.63MPa。为限制气体流过减压阀所造成的压力损失，规定气体通过阀内通道的流速在 15～25m/s 范围内。

安装减压阀时，要按气流方向和减压阀上所示箭头方向，依照分水滤气器→减压阀→油雾器的安装次序进行安装。调压时，应由低向高调，直至调至规定的调压值为止。减压阀不用时，应把旋钮放松，以免膜片变形。

2. 安全阀

气动安全阀在系统中起安全保护作用。当系统压力超过规定值时，打开安全阀可保证系统的安全，图 9.30 所示即为安全阀。在图 9.30a 中，当系统中气体压力在调定范围内时，作用在活塞 3 上的压力小于弹簧 2 的压力，活塞处于关闭状态。当系统压力升高，作用在活塞 3 上的压力大于弹簧 2 的调定压力时，活塞 3 向上移动，阀门开启排气。直到系统压力降到调定范围以下，活塞又重新关闭。调节弹簧的预压缩量可以改变安全阀的开启压力。

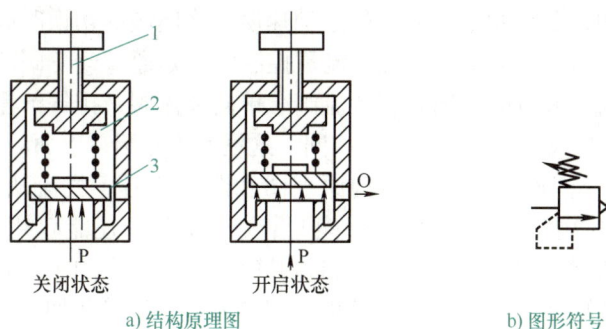

a) 结构原理图　　　　　b) 图形符号

图9.30　安全阀

1—调节手柄　2—弹簧　3—活塞

3. 顺序阀

顺序阀是依靠气路中压力的作用控制执行元件按顺序动作的压力控制阀，其原理图和图形符号如图9.31所示。它根据弹簧的预压缩量来控制其开启压力。当输入压力达到或超过开启压力时，活塞被顶起，于是P到A才有输出；反之A无输出。

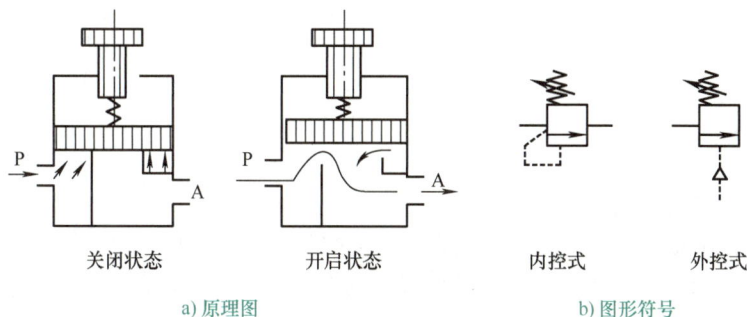

关闭状态　　　　开启状态　　　　内控式　　　外控式

a) 原理图　　　　　　　　b) 图形符号

图9.31　顺序阀

顺序阀一般很少单独使用，往往与单向阀配合，构成单向顺序阀，如图9.32所示。当压缩空气由左端进入阀腔后，作用于活塞3上的压力超过压缩弹簧2上的压力时，将活塞顶起，压缩空气从A输出，如图9.32a所示，此时单向阀6在压差力及弹簧力的作用下处于关闭状态。反向流动时，输入侧变成排气口，输出侧压力将顶开单向阀6由P口排气。

调节旋钮就可改变单向顺序阀的开启压力，以便在不同的开启压力下控制执行元件的顺序动作。

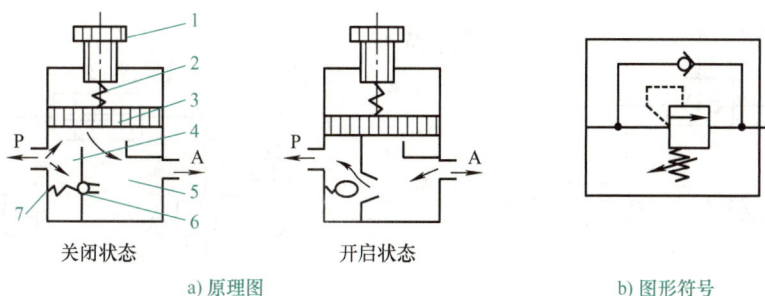

关闭状态　　　　开启状态

a) 原理图　　　　　　　b) 图形符号

图9.32　单向顺序阀

1—调节手柄　2，7—弹簧　3—活塞　4，5—气腔　6—单向阀

三、流量控制阀

在气压传动系统中，要控制执行元件的运动速度、换向阀的切换时间或气动信号的传递速度，都需要通过调节压缩空气流量来实现。流量控制阀就是通过改变阀的通流截面积来实现流量控制的元件。用于调节流量的控制阀有节流阀、单向节流阀、排气节流阀等。由于节流阀和单向节流阀的工作原理与液压阀中的同型阀相同，这里不再介绍，下面只介绍排气节流阀。

图9.33所示为排气消声节流阀的结构原理图和图形符号。气流从A口进入阀内，由节流口1节流后经消声套2排出。因而它不仅能调节空气流量，还能起到降低排气噪声的作用。排气节流阀通常安装在换向阀的排气口与换向阀联用，能起到单向节流阀的作用。它实际上只是节流阀的一种特殊形式。由于其结构简单、安装方便、能简化回路，因此得到广泛应用。

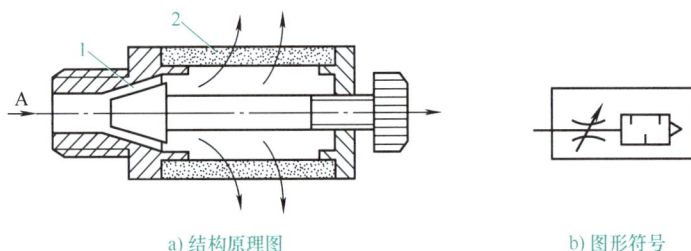

a) 结构原理图   b) 图形符号

图9.33　排气消声节流阀

1—节流口　2—消声套

▶▶ 技能训练

训练5　方向控制阀的应用。

1）图9.34为手动控制阀、气压控制阀和梭阀的应用实例。当按下两个手动按钮阀1S1和1S2中任何一个时，都有气压信号通过梭阀1V2进入气压控制阀1V1而使其处于左位，此时，压缩空气经1V1进入气缸左腔，使气缸活塞杆伸出。只有同时松开两个按钮阀，无气压信号经过梭阀1V2，气压控制阀1V1在弹簧作用下复位（右位），气缸活塞杆才回缩。

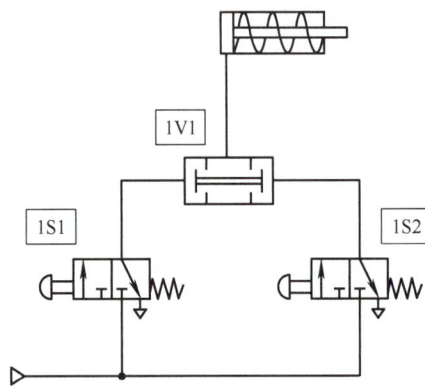

2）图9.35为由双压阀组成的一个安全回路。只有当两个按钮阀1S1和1S2都压下时，双压阀（与阀）1V1才有气压信号输出，单作用气缸活塞杆才伸出。若1S1和1S2中有任何一个不动作，则气缸活塞杆在弹簧的作用下将缩回至初始位置。

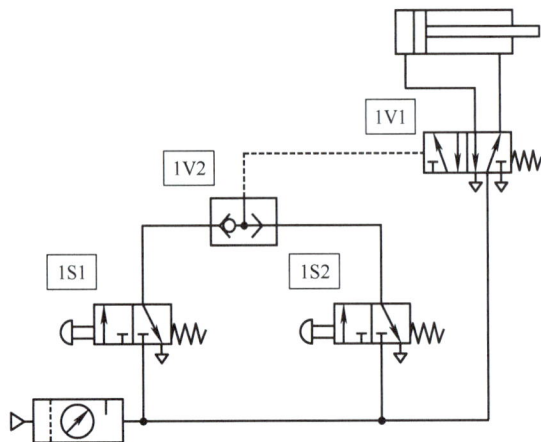

图9.34　手动控制阀、气压控制阀和梭阀工作实例   图9.35　双压阀组成的安全回路

训练6 流量控制阀的应用。

1）图9.36为单向节流阀应用实例。图9.36a为进气节流，无论气缸伸出或缩回，都在进气回路起到节流作用。它具有响应速度快，容易和系统用气量匹配，从而在一定气量范围内保持压力基本恒定。如果负载增大，就会有一个等待压力升高的过程才能推动负载，一旦负载突然减小，因无背压支撑，就会产生冲击。图9.36b为排气节流，无论气缸伸出或缩回，都在排气回路起到节流作用。排气节流时本身就产生了负载阻力，避免因失速产生冲击，一旦负载减小，其背压就能起到缓冲作用，可使气缸运行平稳，减少冲击，但是起动时有前冲现象。

2）图9.37所示为快速排气阀应用实例。快速排气阀用于使气动元件和装置迅速排气的场合。为了减小流阻，快速排气阀应靠近气缸安装，例如，把它装在换向阀和气缸之间（应尽量靠近气缸排气口或直接安装在气缸排气口上），使气缸排气时不用通过换向阀而直接排出。这对于大缸径气缸和缸阀之间管路长的回路尤为重要。

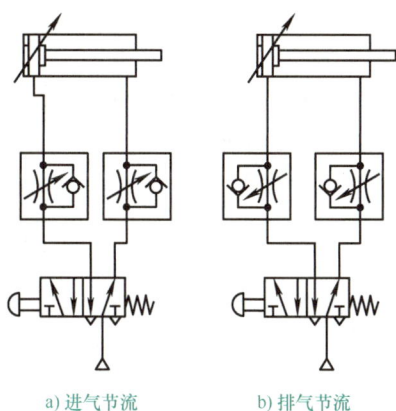

a) 进气节流　　　b) 排气节流

图9.36　单向节流阀调速回路

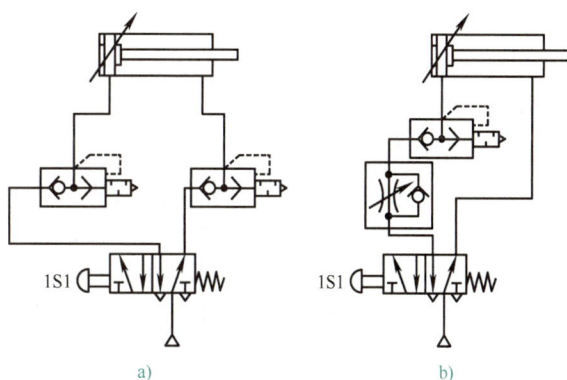

图9.37　快速排气阀应用实例

训练7 压力控制阀的应用。

图9.38为顺序阀的控制回路。当按下按钮阀1时，气动换向阀2换向，压缩空气通过阀2和阀3进入气缸左腔，气缸伸出并对工件进行加工。加工结束，气缸无杆腔压力升高，到达4中外控顺序阀的调定压力时，阀4换向，压缩空气通过阀4到达阀2右侧，控制阀2换到右位，气缸缩回。

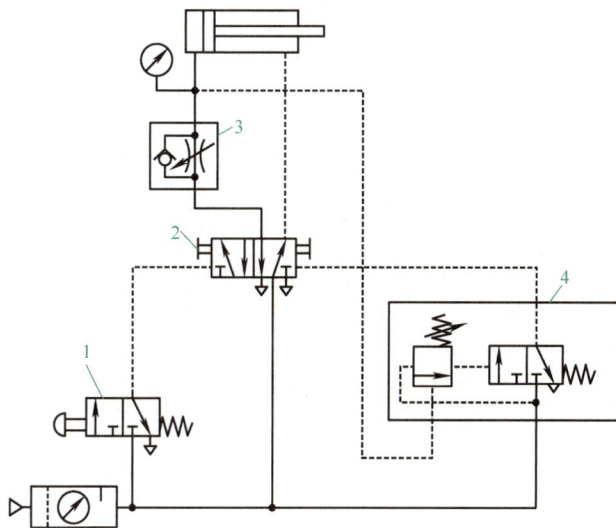

图9.38　顺序阀控制回路

1—手动换向阀　2—气动换向阀　3—单向节流阀　4—组合阀

任务五 识读分析气动回路与气动系统

任务概述

气压传动技术是实现工业生产自动化的方式之一。由于气压传动系统安全、可靠，可以在高温、振动、腐蚀、易燃、易爆、多尘埃、强磁、辐射等恶劣环境下工作，所以气动技术应用日益广泛。本任务通过分析气压传动技术在实际工程中的应用，学习阅读和分析气压传动系统的步骤和方法。

知识与技能

气动基本回路是整个气动控制系统的核心，熟悉常用的基本回路才能正确分析或设计气压传动系统。气压传动系统与液压传动系统一样，都是由不同功能的基本回路所组成的。分析气压传动系统的步骤如下。

1）分析气动设备对气动系统的动作要求。

2）分析气动系统的组成及各元件在系统中的作用。

3）分析系统中含有哪些基本回路，参照动作循环表看懂气动系统原理图。

4）归纳整个系统的特点以加深对系统的理解。

一、气压传动基本回路

（一）换向回路

1. 单作用气缸换向回路

换向回路是利用换向阀实现气动执行元件运动方向的变化。

图 9.39a 所示为用二位三通电磁换向阀控制的单作用气缸上、下回路。在该回路中，当电磁换向阀得电时，气缸向上伸出；失电时，气缸在弹簧的作用下返回。图 9.39b 所示为用三位四通电磁换向阀控制的单作用气缸上、下和停止的换向回路，该阀在两电磁铁均失电时自动对中，使气缸停于任何位置，但定位精度不高，且定位时间不长。

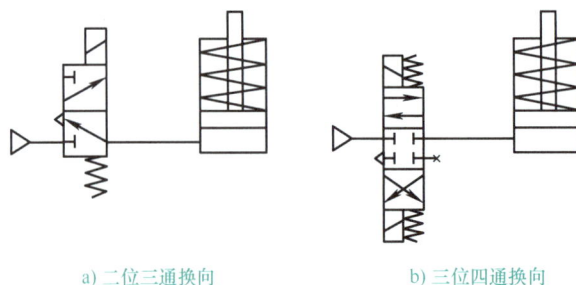

a) 二位三通换向   b) 三位四通换向

图 9.39 单作用气缸换向回路

2. 双作用气缸换向回路

图 9.40 所示为几种双作用气缸的换向回路。

a) 二位五通气控换向　　b) 三位五通气控换向　　c) 二位五通手动气控换向

d) 二位四通电磁换向　　e) 二位四通手动气控换向　　f) 三位四通电磁换向

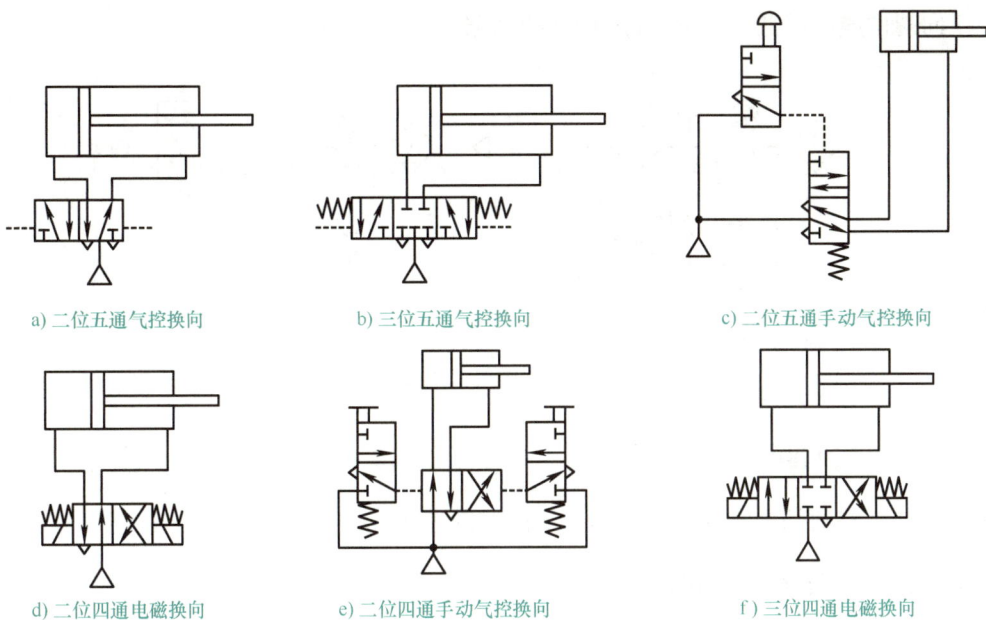

图 9.40　双作用气缸换向回路

（二）压力控制回路

压力控制回路的作用是使系统保持在某一规定的压力范围内。

1. 一次压力控制回路

图 9.41 所示为一次压力控制回路，其作用是使储气罐送出的气体压力不超过规定压力。一般在储气罐上安装一只安全阀，罐内压力超过规定压力时即向大气放气，或在储气罐上装一个电接点压力表，罐内压力超过规定压力时即控制压缩机断电。采用安全阀控制时，结构简单、工作可靠，但气量损失较大；采用电接点压力表控制时，对马达及控制要求较高。

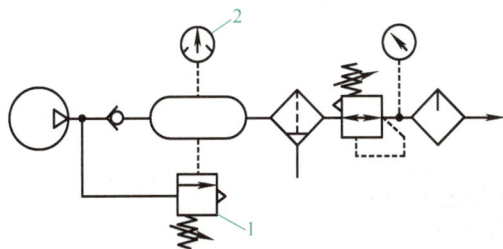

图 9.41　一次压力控制回路

1—安全阀　2—电接点压力表

单气控换向阀换向回路

单电控电磁阀换向回路

磁感应开关控制的换向回路

单缸循环往复运动回路

2. 二次压力控制回路

图 9.42 所示为用气动三联件（空气过滤器 – 减压阀 – 油雾器）组成的二次压力控制回路，主要是控制气动系统二次压力，其作用是保证系统使用的压力为一定值。图 9.42a 所示回路同时输出高低压力 p_1、p_2，该回路适用于负载差别较大的场合。图 9.42b 所示为利用两个减压阀

和一个换向阀构成的高低压力 p_1 和 p_2 的转换回路。

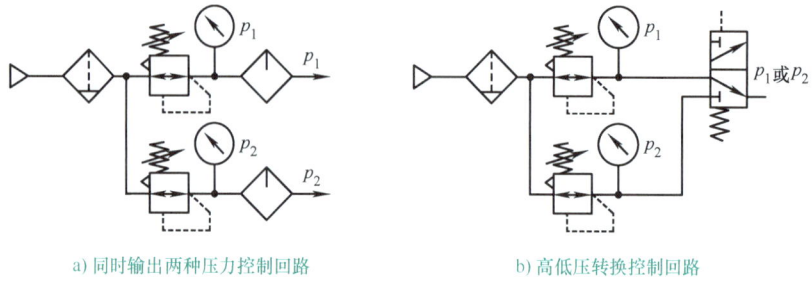

a) 同时输出两种压力控制回路　　　　　b) 高低压转换控制回路

图 9.42　二次压力控制回路

（三）速度控制回路

速度控制回路的基本实现方法是用节流阀控制进入或排出执行元件的气流量。

1. 单作用气缸速度控制回路

（1）节流阀调速　图 9.43a 所示为两反向安装的单向节流阀分别控制活塞杆伸出和缩回的速度。

（2）快速排气阀节流调速　图 9.43b 所示为上升时可调速（节流阀），下降时通过快速排气阀排气，快速返回。

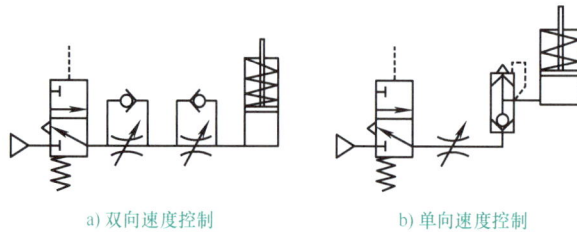

a) 双向速度控制　　　　　　b) 单向速度控制

图 9.43　单作用气缸速度控制回路

2. 双作用气缸速度控制回路

1）图 9.44a 所示为在换向阀前进行节流控制的回路，它是采用单向节流阀的双向节流调速回路。

2）图 9.44b 所示为在换向阀后进行节流控制的回路，它是采用排气节流阀的双向节流调速回路。

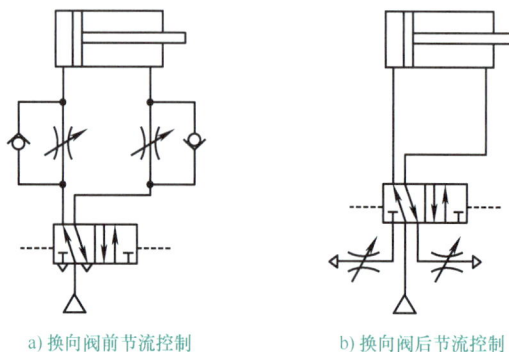

a) 换向阀前节流控制　　　　　b) 换向阀后节流控制

图 9.44　双作用气缸速度控制回路

（四）气液联动回路

在气动回路中，若采用气液转换器或气液阻尼缸后，相当于把气压传动转换为液压传动，可使执行元件的速度调节更加稳定，运动也更加平稳。

1. 气液转换器的速度控制回路

如图 9.45 所示，利用气液转换器把气压变为液压，利用液压油驱动液压缸，得到平稳易于控制的活塞运动速度，调节节流阀可改变活塞运动速度。

2. 气液阻尼缸的速度控制回路

图 9.46 所示回路采用气液阻尼缸实现"快进→工进→快退"的工作循环。其工作情况如下。

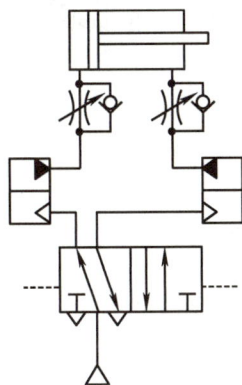

图 9.45　气液转换器的速度控制回路

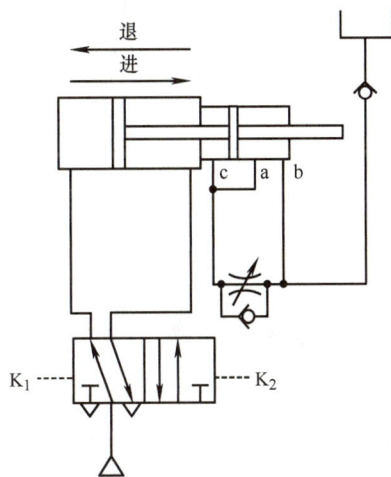

图 9.46　气液阻尼缸的速度控制回路

1）快进。K_1 有输入信号，换向阀左位工作，活塞向右运动，液压缸右腔的油经 a 口流向 c 口进入液压缸左腔，气缸快速右进。

2）工进。随着活塞杆伸出，活塞将 a 口封闭，液压缸右腔的油经 b 口、节流阀流向 c 口进入液压缸左腔，由于节流阀的阻尼作用，活塞慢速工进。

3）快退。K_1 信号消失，K_2 有输入信号，换向阀右位工作，液压缸左腔的油通过单向阀流向 b 口进入液压缸右腔，活塞快退。

（五）延时控制回路

1. 气缸延时伸出回路

图 9.47 所示为延时伸出回路。当控制信号切换阀 4 后，压缩空气经单向节流阀 3 向储气罐 2 充气；当储气罐 2 充满气、控制压力上升至一定值后，阀 1 换向，压缩空气从阀 1 输出，气缸 5 伸出。

2. 气缸延时退回回路

图 9.48 所示为延时退回回路。按下按钮阀 1，主控阀 2 换向，活塞杆伸出，至行程终端，挡块压下行程阀 5，控制气体经节流阀 4 向储气罐 3 充气；当储气罐 3 充满气、控制压力上升至一定值后，主控阀 2 换向，活塞杆退回。

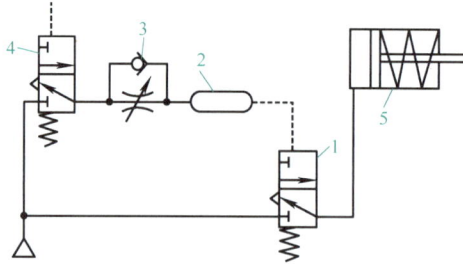

图 9.47　延时伸出回路

1—阀　2—储气罐　3—单向节流阀　4—信号切换阀　5—气缸

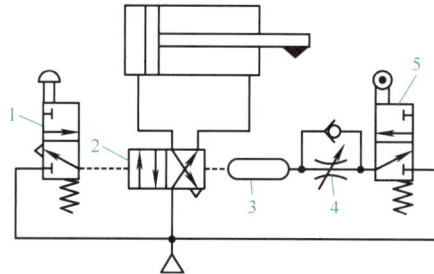

机动换向阀换
向回路

图 9.48　延时退回回路

1—按钮阀　2—主控阀　3—储气罐　4—节流阀　5—行程阀

（六）安全保护和操作回路

由于气动机构的过载、气压的突然降低以及气动机构执行元件的快速动作等原因都可能危及操作人员和设备的安全，因此在气动回路中常常加入安全回路。

1. 过载保护回路

图 9.49 所示为过载保护回路。当活塞杆在伸出过程中遇到突发障碍使气缸过载时，无杆腔压力升高，打开顺序阀 3，使阀 2 换向，阀 4 随即复位，活塞立即缩回，实现过载保护；若中途无障碍，气缸一直向前运动到压下机动换向阀 5，活塞即刻返回。

2. 互锁回路

图 9.50 所示为互锁回路。主控阀的换向受三个串联的机动三通阀控制，只有三个阀都接通，主控阀才能换向。

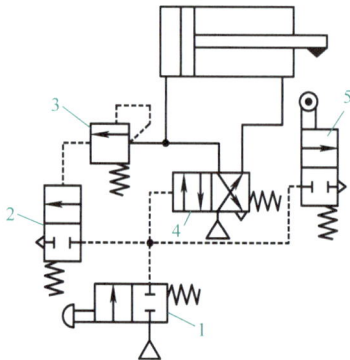

图 9.49　过载保护回路

1，2，4，5—换向阀　3—顺序阀

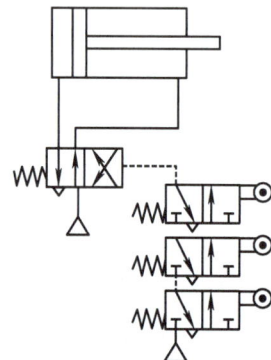

图 9.50　互锁回路

3.双手同时操作回路

双手同时操作回路就是使用两个手动起动阀，只有同时按动两个阀，气缸才动作。这种回路主要是为了安全。在锻造、冲压机械上常用来避免误动作，以保护操作者的安全。

图9.51所示为使用逻辑"与"回路的双手同时操作回路，为使主控阀换向，必须使压缩空气信号进入其左端，故两个二位三通手动阀要同时换向。另外，这两个阀必须安装在单手不能同时操作的位置上，操作时，如果任何一只手离开，则控制信号消失，主控阀复位，活塞杆退回。

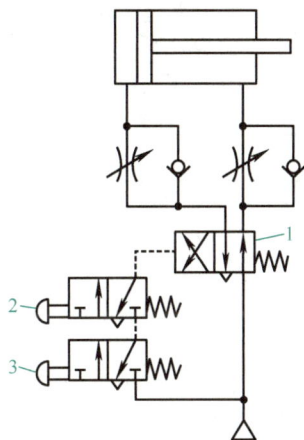

图9.51　双手同时操作回路

1—主控换向阀　2，3—手动换向阀

二、气动系统实例

1.旋转门自动开闭系统

旋转门是左右两扇门绕两端的枢纽旋转而开的门。图9.52所示为旋转门的自动开闭回路。此回路只能实现单方向开启，不能反向打开，常用于为防止危险而只适于单向通行的地方。

若行人踏上旋转门前面的脚踏板，则因人的重力而使脚踏板产生微小的下降，检测阀LX被压下，双气控阀7、8换向，压缩空气经单向节流阀进入气缸3、6的无杆腔，活塞杆伸出，通过齿轮齿条机构，两边的门同时向同一方向打开。行人通过后，踏板上升回复到原位，检测阀LX自动复位。双气控阀7、8换向到原来的位置，压缩空气经单向节流阀进入气缸3、6的有杆腔，气缸活塞杆后退，使门关闭。

2.拉门自动开闭系统

如图9.53所示，该装置在拉门内、外装踏板6和11，通过行人踩踏板的动作控制超低压气动换向阀，从而控制气缸活塞杆的伸缩，再通过连杆机构将气缸活塞杆的伸、缩转换成拉门的关闭与开启。两个踏板的下方装有完全封闭的橡胶管，管的一端分别与气动换向阀7和12的控制口连接。当人站在踏板上时，橡胶管里的气压上升，控制超低压气动换向阀动作。

首先，使手动换向阀1上位接入工作状态，空气通过气动换向阀2、单向节流阀3进入气缸4的无杆腔，活塞杆伸出（门关闭）。当人站在踏板6上后，气动换向阀7动作，空气通过梭阀8、单向节流阀9和储气罐10使气动换向阀2换向，压缩空气进入气缸4的有杆腔，活塞杆缩回（门打开）。

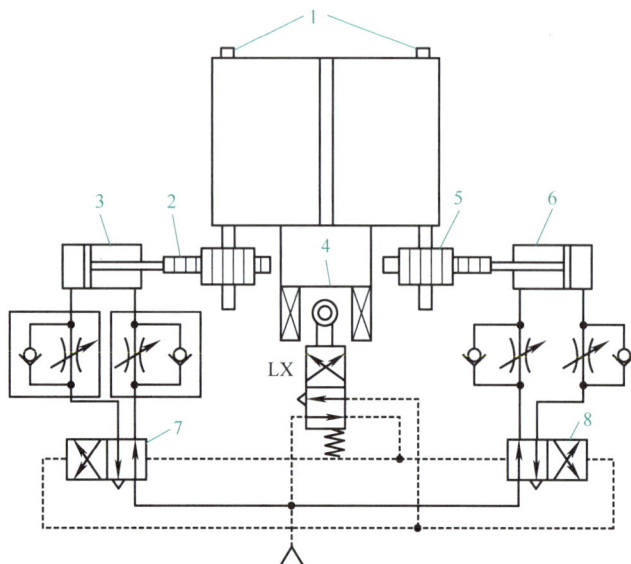

图 9.52　旋转门自动开闭回路

1—旋转轴　2—齿条　3，6—气缸　4—踏板　5—齿轮　7，8—双气控阀

　　当行人经过门后踏上踏板 11 时，气动控制阀 12 动作，使梭阀 8 上面的通口关闭，下面的通口接通（此时由于人已离开踏板 6，阀 7 已复位），储气罐 10 中的空气经单向节流阀 9、梭阀 8 和阀 12 放气（人离开踏板 11 后，阀 12 已复位），经过延时（由节流阀 9 控制延时的时间）后阀 2 复位，气缸 4 的无杆腔进气，活塞杆伸出（门关闭）。

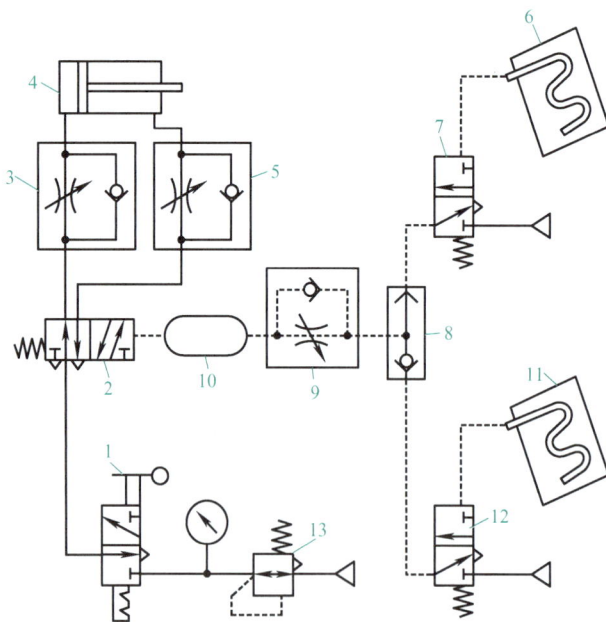

图 9.53　拉门自动开闭系统

1—手动换向阀　2，7，12—气动换向阀　3，5，9—单向节流阀　4—气缸
6，11—踏板　8—"或"门型梭阀　10—储气罐　13—减压阀

　　该回路利用逻辑"或"的功能，回路比较简单，很少产生误动作。行人从门的哪一边进出均可。减压阀 13 可使关门的力自由调节，十分便利。

3. 折弯机气动控制系统

（1）分析气动系统的控制流程　图 9.54 所示为折弯机气动控制系统图，其工作原理：当工件右行到指定位置后（见图 9.54a），气缸 A 的活塞杆伸出，将工件定位锁紧后，两侧的气缸 B 和 C 的活塞杆同时伸出，从两侧面压紧工件，实现夹紧（见图 9.54b），然后折弯气缸进行折弯加工（见图 9.54a）。

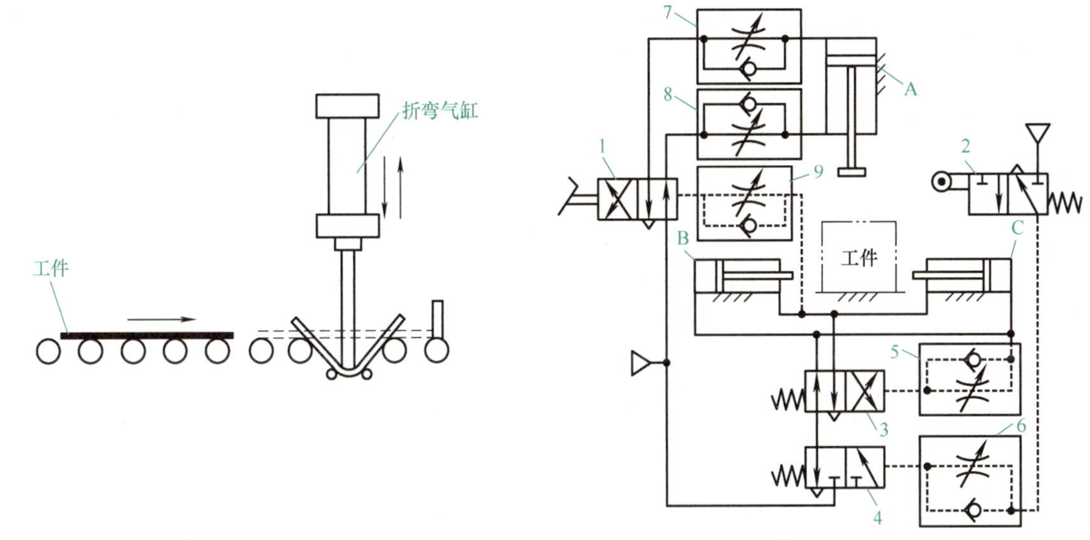

a) 折弯机折弯过程　　　　　　b) 折弯机气动夹紧

图 9.54　折弯机气动控制系统图

1—脚踏换向阀　2—机动换向阀　3，4—气控换向阀　5～9—单向节流阀
A—定位缸　B，C—夹紧缸

（2）分析控制动作顺序　其动作顺序：① A 缸伸出→② B、C 缸同时伸出→③ B、C 缸同时缩回→④ A 缸缩回。下面分析该系统的主气路和控制气路。

用脚踏下换向阀 1。

1）A 缸伸出。

进气：▷（气源气体，下同）→阀 1（左位）→单向节流阀 7→气缸 A（上腔）。

排气：气缸 A（下腔）→单向节流阀 8→阀 1（左位）→大气。

控制气路：气缸 A 伸出到位后，撞下机动换向阀 2，使换向阀 2 换至左位。▷→阀 2（左位）→单向节流阀 6→阀 4（右端），阀 4 换向至右位。

2）B、C 缸同时伸出。

进气：▷→阀4(右位)→阀3(左位)
- 气缸B(左腔)→B右伸。
- 气缸C(右腔)→C左伸。
- 单向节流阀5(控制换向时间)→阀3(右端)，使阀3逐渐换向至右位(节流阀5的开度保证在B、C气缸完全伸出夹紧、并且折弯气缸完成折弯后换向)。

排气：气缸B(右腔)、气缸C(左腔)→阀3(左位)→大气。

3）B、C气缸同时缩回。

进气：▷→阀4(右位)→阀3(右位)
- 气缸B(右腔)→B左移。
- 气缸C(左腔)→C右移。
- 单向节流阀9(控制换向时间)→阀1(右端)，使阀1逐渐换向至右位(节流阀9的开度保证在B、C气缸完全缩回后阀1再换向)。

排气：气缸B(左腔)、气缸C(右腔) →阀3(右位)→大气。

同时，阀3右位→单向节流阀5→大气，使阀3逐渐换至左位（节流阀5的开度在保证B、C气缸完全缩回后再换向）

4）A缸缩回。

进气：▷→阀1（右位）→单向节流阀8→气缸A（下腔）。

排气：气缸A（上腔）→单向节流阀7→阀1（右位）→大气。

5）复位。

气缸A缩回的同时使机动换向阀2复位至右位，则：阀4右端→单向节流阀6（控制换向时间）→大气，使阀4逐渐复位至左位（单向节流阀6的开度要保证在气缸A上升到位后再换向）。

只有再次踏下换向阀1，才能开始下一个工作循环。

注意：单向节流阀5、6、9分别控制换向阀3、4、1的换向时间，节流阀要调整到一个比较合适的开度，保证上一个动作完成后再进行换向，以免影响气缸的正常动作。

▶ 技能训练

训练8 分析公共汽车车门气压传动控制系统。

公共汽车车门气压传动控制系统用来控制公共汽车车门开关，且当车门在关闭过程中遇到障碍时，车门能再自动开启，起安全保护作用。图9.55所示为公共汽车车门气动控制系统图。

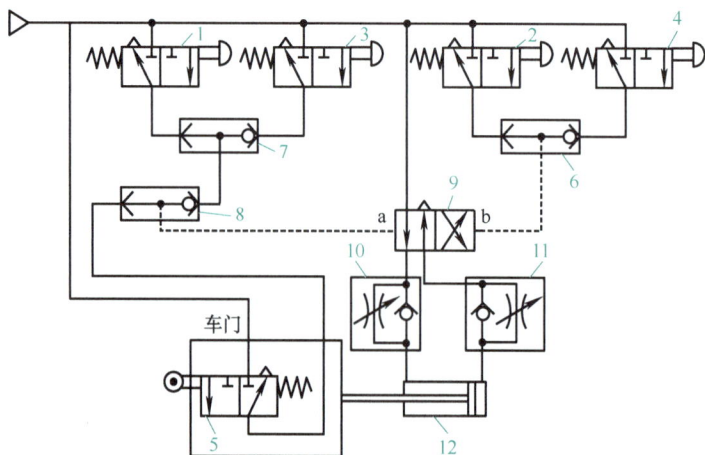

图9.55　公共汽车车门气动控制系统图

1～4—按钮换向阀　5—机动换向阀　6～8—"或"门型梭阀
9—气动换向阀　10，11—单向节流阀　12—气缸

1. 各元件的作用

车门的开关靠气缸 12 来实现，气缸由气动换向阀 9 来控制。而气动换向阀由 1、2、3、4 四个按钮换向阀操纵，气缸运动速度的快慢由单向节流阀 10 和 11 来调节。通过阀 1 或阀 3 使车门开启，通过阀 2 或阀 4 使车门关闭。起安全保护作用的机动换向阀 5 安装在车门上。

2. 分析控制原理

当操纵按钮换向阀 1 或阀 3 时，压缩空气便经阀 1 或阀 3 到梭阀 7、8，把控制信号送到阀 9 的 a 侧，使阀 9 向车门开启方向切换。压缩空气经阀 9 左位和阀 10 中的单向阀到气缸有杆腔，推动活塞运动使车门开启。

当操纵按钮换向阀 2 或阀 4 时，压缩空气经阀 6 到阀 9 的 b 侧，使阀 9 向车门关闭方向切换。压缩空气经阀 9 右位和阀 11 中的单向阀到气缸的无杆腔，使车门关闭。

车门在关闭过程中若碰到障碍物，便推动机动换向阀 5，使压缩空气经阀 5 把控制信号由阀 8 送到阀 9 的 a 端，使车门重新开启。需要指出的是，若阀 2 或阀 4 仍然保持按下状态，则阀 5 起不到遇到障碍时自动开启车门的作用。

训练9　分析计数回路的工作过程。

计数回路可以组成二进制计数器，如图 9.56 所示。

其工作过程如下。

1）第一次按下阀 1 按钮：▷→阀 2 右位→阀 4 左位，阀 4 换向至左位，气缸伸出；同时，阀 5 换向至右位。

2）阀 1 复位：阀 4 左位（也即阀 5 右位）控制气信号→阀 2 右位→阀 1 下位→大气；阀 5 复位至左位，气缸无杆腔压缩空气→阀 5 左位→阀 2 左位，阀 2 换向至左位，等待阀 1 来气。

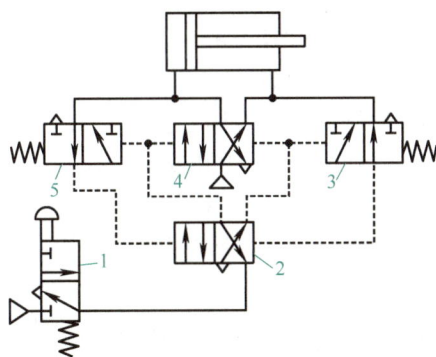

图 9.56　计数回路

1～5—换向阀

3）第二次按下阀 1，▷→阀 2 左位→阀 4 右位，阀 4 换向至右位，气缸退回；同时，阀 3 换向至左位。

4）阀 1 复位：阀 4 右位（也即阀 3 左位）控制气信号→阀 2 左位→阀 1 下位→大气；阀 3 复位至右位，气缸有杆腔压缩空气→阀 3 右位→阀 2 右位，阀 2 换至右位，等待阀 1 来气。

第 1、3、5、7……次（奇数次）压下阀 1，气缸伸出；第 2、4、6、8……次（偶数次）压下阀 1，气缸退回。

项目训练

一、填空题

1.气压传动系统一般由_____、_____、_____、_____和_____组成。

2._____将机械能转换为气体的压力能。

3.气源净化装置由_____、_____、_____、_____和_____组成。

4.后冷却器的冷却方式有_____和_____两种。

5._____、_____和_____称为气动三联件，是气动系统中不可缺少的元件。

6.快速排气阀常安装在_____和_____之间，使气缸的排气不用通过换向阀而快速排气。

7.梭阀包括_____梭阀和_____梭阀两种，它们是构成逻辑回路的重要元件。

二、简答题

1.简述活塞式空气压缩机的工作原理。

2.气源净化装置各元件的作用是什么？

3.简述顺序阀的工作原理。

4.气动三联件是什么？它们的安装顺序如何？

5.气缸有哪些类型？与液压缸相比，气缸有哪些特点？

6.叶片式气动马达的工作原理是什么？

7.换向阀的操作方式有几种？试以符号表示。

8.简述二位三通阀在气动系统中的功能。

9.简述梭阀的工作原理，并举例说明其应用。

10.快速排气阀为什么能快速排气？在使用和安装快速排气阀时应注意什么问题？

11.画出下列阀的图形符号：二位三通双气控加压换向阀；双电控二位五通先导式电磁换向阀；中位机能 O 型三位五通气控换向阀；二位三通手动换向阀；梭阀；快速排气阀；二位三通延时阀；减压阀。

12.在气动控制元件中，哪些元件具有记忆功能？记忆功能是如何实现的？

13.什么是一次压力控制、二次压力控制？其方法如何？

14.什么是气液联动？画图说明气液阻尼缸速度控制回路的工作过程。

三、计算题

1.单作用气缸的内径 $D=63$mm，复位弹簧的最大反力为 150N，工作压力 $p=0.5$MPa，气缸负载率为 0.4，该气缸的推力为多少？

2.单杆双作用气缸内径 $D=120$mm，活塞杆直径 $d=30$mm，工作压力 $p=0.8$MPa，气缸负载率为 0.6，试求气缸的推力和拉力？

四、分析题

分析图 9.57 所示的气 – 液动力滑台气压系统。

1）在阀 4 处于右位时，在动力滑台"快进—工进—快退—停止"工作循环中，气路和油路的路线是怎样的？

　　2）在阀4处于左位时，在动力滑台"快进—工进—慢退—快退—停止"工作循环中，气路和油路的路线是怎样的？

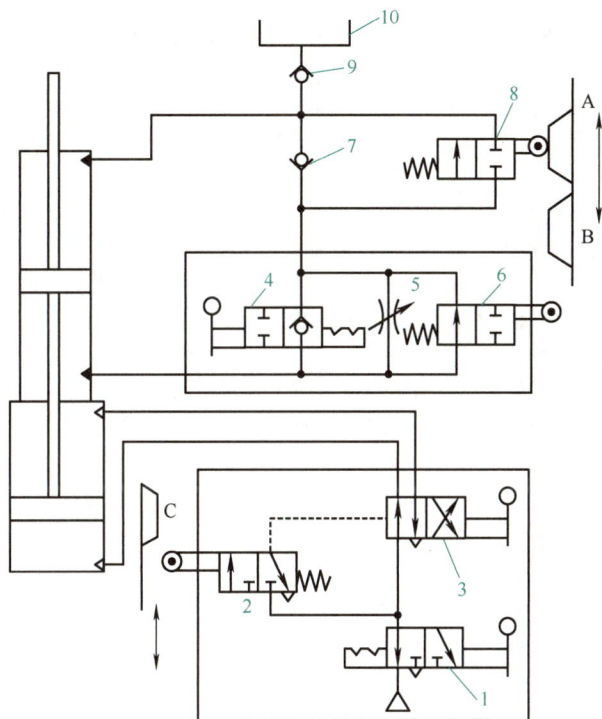

图 9.57　气 – 液动力滑台气压系统

1，3，4—手动阀　2，6，8—行程阀　5—节流阀　7，9—单向阀　10—补油箱

参 考 文 献

［1］郭侠，薛培军.液压与气动技术［M］.北京：化学工业出版社，2015.
［2］邹建华，彭宽平，张雄才.液压与气压传动［M］.武汉：华中科技大学出版社，2021.
［3］袁承训.液压与气压传动［M］.2版.北京：机械工业出版社，2017.
［4］李新德.液压与气动技术［M］.2版.北京：清华大学出版社，2015.
［5］马振福.液压与气压传动［M］.3版.北京：机械工业出版社，2021.
［6］张利平.现代液压气动系统结构原理·使用维护·故障诊断［M］.北京：化学工业出版社，2023.
［7］曹燕，宋正和.液压与气动技术［M］.北京：机械工业出版社，2019.
［8］丁问司，丁树模.液压传动［M］.4版.北京：机械工业出版社，2020.
［9］陈桂芳.液压与气动技术［M］.4版.北京：北京理工大学出版社，2019.
［10］梅荣娣.液压与气压传动控制技术［M］.2版.北京：北京理工大学出版社，2017.
［11］张萌，李波，康红梅.液压与气动技术［M］.北京：科学出版社，2018.
［12］鲁佳，吴琼峰.液压与气动技术［M］.南京：东南大学出版社，2014.
［13］杨晓宇.液压与气压传动控制技术［M］.北京：机械工业出版社，2018.